王玲◎著

北京文化通史

先秦—金代卷

中国社会科学出版社

图书在版编目（CIP）数据

北京文化通史.先秦~金代卷/王玲著.—北京：中国社会科学出版社，2019.4
ISBN 978-7-5161-8280-2

Ⅰ.①北… Ⅱ.①王… Ⅲ.①文化史—北京市—先秦时代—金代 Ⅳ.①K291

中国版本图书馆CIP数据核字（2016）第116758号

出 版 人	赵剑英
责任编辑	刘 艳
责任校对	陈 晨
责任印制	戴 宽

出　　版	中国社会科学出版社
社　　址	北京鼓楼西大街甲158号
邮　　编	100720
网　　址	http://www.csspw.cn
发 行 部	010-84083685
门 市 部	010-84029450
经　　销	新华书店及其他书店
印　　刷	北京明恒达印务有限公司
装　　订	廊坊市广阳区广增装订厂
版　　次	2019年4月第1版
印　　次	2019年4月第1次印刷
开　　本	710×1000 1/16
印　　张	26
插　　页	2
字　　数	431千字
定　　价	96.00元

凡购买中国社会科学出版社图书，如有质量问题请与本社营销中心联系调换
电话：010-84083683
版权所有　侵权必究

目　　录

第一章　灿烂的幽燕远古文明 ……………………………………（1）
　第一节　从蒙昧到文明的门槛——北京的旧石器时代文化 ……（2）
　　一　旧石器时代北京人类生活环境 ……………………………（3）
　　二　"北京人"的文明火种 ………………………………………（4）
　　三　新洞人与旧石器时代中期文化 ……………………………（5）
　　四　精神创造的开端——山顶洞人及其他旧石器时代晚期
　　　　文化 ……………………………………………………………（6）
　第二节　三大文化版块的枢纽——北京新石器时代 ……………（8）
　　一　考古学条块论与北京周围地区区系关系 …………………（9）
　　二　北京新石器早期文化遗存 …………………………………（11）
　　三　北京新石器时代中、晚期遗存 ……………………………（14）
　第三节　北京的传说时代与中华民族首次最大的文化
　　　　碰撞与融合 ……………………………………………………（15）
　　一　辽西女神庙与北京远古文化的来龙去脉 …………………（16）
　　二　北京与"华夏族群"——关于炎帝、黄帝、蚩尤、共工、
　　　　后土与北京的关系 …………………………………………（19）
　　三　尧舜与北京文化 ……………………………………………（22）

第二章　夏商时期的北京文化 ……………………………………（24）
　第一节　对夏代北京文化的基本估量 ……………………………（25）
　　一　"夏家店下层文化燕南型"的性质与时间 …………………（25）
　　二　夏代北京保持土著文化之原因 ……………………………（28）
　第二节　商代的北京文化 …………………………………………（30）
　　一　商族起源及其远祖与北京的关系 …………………………（31）

二　商代北京地区多民族文化的交融 ……………………… (32)
　第三节　从考古发现看商代北京文化面貌 …………………… (36)
　　一　从刘家河青铜器看商代北京青铜器文化 ………………… (37)
　　二　刘家河金玉器物及商代北京人的审美观 ………………… (38)

第三章　从巫术神权到礼乐制度
　　　　——周代北京地区的文化转变 ………………………… (40)
　第一节　启以商政，疆以周索——北京周初的双轨文化现象 …… (41)
　　一　周初的分封和北京地区的实际情况 ……………………… (41)
　　二　召公奭、燕侯家族及周文化在北京地区的推进 ………… (43)
　　三　燕国的殷遗与土著文化 …………………………………… (47)
　第二节　关于蓟文化的探讨 ……………………………………… (48)
　　一　昌平白浮西周墓葬的发现及其族属的争议 ……………… (48)
　　二　燕蓟文化之比较 …………………………………………… (50)
　第三节　精神的物化与物化的艺术——周代北京器物文化 …… (51)
　　一　周代北京的青铜器文化与时代脉搏及区域特征 ………… (52)
　　二　"正行""节步"与周代北京玉器文化 …………………… (54)
　　三　漆器与其他器物文化 ……………………………………… (55)
　第四节　周代燕蓟的占卜文化 …………………………………… (56)
　第五节　丰富多彩的山戎文化 …………………………………… (57)
　　一　山戎人的葬俗 ……………………………………………… (58)
　　二　喜爱装饰的山戎人 ………………………………………… (59)
　　三　山戎人的游猎生活 ………………………………………… (60)

第四章　战国时期的北京
　　　　——方国都城文化的形成 ……………………………… (62)
　第一节　蓟城中心地位的确立与方国都城文化的大体面貌 …… (63)
　　一　燕昭王励精图治与蓟城的兴旺 …………………………… (63)
　　二　蓟城中心地位的确立及对制度文化的贡献 ……………… (66)
　　三　蓟城方国都城文化的大体面貌 …………………………… (69)
　第二节　燕地蓟城的学术流派 …………………………………… (71)
　　一　阴阳家邹衍及其学说 ……………………………………… (71)

二　纵横家苏秦 …………………………………………… (77)
　　三　方士 ………………………………………………… (79)
第三节　民风民俗、语言文字与艺术 ……………………………… (81)
　　一　民风民俗与人民性格——兼论游侠 …………………… (81)
　　二　语言、文字 ………………………………………… (83)
　　三　音乐、舞蹈及其他艺术 …………………………… (84)

第五章　秦汉大一统与中原传统文化在燕蓟地区的大规模抬升 …… (87)
　第一节　秦朝的统一与文化专制及燕蓟文化人的对策 ………… (88)
　　一　燕文化对秦朝国家制度方面的影响 …………………… (89)
　　二　秦始皇与燕国的神仙方士 …………………………… (91)
　第二节　从历代燕王看汉代燕蓟地区的文化走向 ……………… (93)
　　一　汉初的燕王与匈奴的关系及燕蓟吏民与中央的
　　　　心理差距 ……………………………………………… (94)
　　二　从汉朝中后期燕王情况看燕蓟文化转变 ……………… (96)
　第三节　地下的宫廷文化——大葆台汉墓的文化内涵 ………… (98)
　　一　诸侯的墓葬，天子的葬制 …………………………… (98)
　　二　从大葆台汉墓的随葬品看汉代燕蓟器物文化 ………… (100)
　　三　王室墓葬文化对吏民的影响及幽州石刻艺术 ………… (101)
　第四节　汉代燕蓟地区之学术与文教 …………………………… (102)
　　一　韩婴·韩诗·韩氏《易》 …………………………… (103)
　　二　官学、私学与崔氏、卢氏 …………………………… (104)
　第五节　秦汉时期燕蓟地区与北方民族及其他国家的
　　　　　文化交流 ……………………………………………… (106)
　　一　燕蓟与匈奴、乌桓、鲜卑等北方民族的文化交流与
　　　　碰撞 …………………………………………………… (107)
　　二　秦汉时期幽燕地区与日本、朝鲜的文化交流 ………… (110)

第六章　魏晋十六国北朝时期的民族大融合与幽蓟文化再次
　　　　整合 …………………………………………………… (113)
　第一节　人口大流动与胡汉文化杂糅及整合 …………………… (114)
　　一　天灾人祸与人口大流动 ……………………………… (114)

二　胡人学汉,汉人学胡与胡汉文化杂糅 …………………… (116)
第二节　世家大族与学术文教 ………………………………………… (120)
　　一　范阳卢氏,贤才辈出 ………………………………………… (120)
　　二　范阳祖氏,南北称雄 ………………………………………… (124)
　　三　无终阳氏家学与渔阳高氏著述 ……………………………… (126)
　　四　地方官学与世家私学 ………………………………………… (127)
第三节　史地、博物、其他科学及文化艺术 ………………………… (128)
　　一　郦道元和他的《水经注》及其他学术成就 ………………… (129)
　　二　数学天才与天文大师祖冲之 ………………………………… (130)
　　三　张华和他的《博物志》 ……………………………………… (132)
　　四　史学和方志 …………………………………………………… (133)
　　五　书法、音乐、戏剧 …………………………………………… (134)
第四节　宗教信仰 ……………………………………………………… (135)
　　一　佛教在燕蓟的兴起 …………………………………………… (136)
　　二　寇谦之与北朝道教改革及燕蓟民间信仰 …………………… (138)

第七章　百川汇流,有容乃大
　　　　——隋唐五代时期的幽州学术与诗文 ……………………… (141)
第一节　隋唐时期影响幽州文化的诸因素 …………………………… (142)
　　一　统一的王朝,豪迈的时代与幽州文化的拓展和
　　　　升级 …………………………………………………………… (142)
　　二　门阀世族的衰落与幽州文人的困境及心理调整 …………… (145)
　　三　宽松的政策,特殊的环境,使幽州民族文化的融合
　　　　继续加深 ……………………………………………………… (149)
第二节　幽州的诗人与诗人笔下的幽州 ……………………………… (152)
　　一　隋朝与唐初的幽州诗人 ……………………………………… (152)
　　二　盛唐诗坛的幽州诗人 ………………………………………… (154)
　　三　外地诗人笔下的幽州 ………………………………………… (158)
第三节　学术、典籍、学校教育 ……………………………………… (160)
　　一　幽州的哲人 …………………………………………………… (160)
　　二　幽州人所著典籍与典籍中的幽州 …………………………… (163)
　　三　幽州的教育 …………………………………………………… (165)

第八章　隋唐五代时期幽州的宗教、艺术、民间文化与对外文化交流 …………………………………………………………（166）

第一节　幽州佛教的崛起与兴盛 ………………………………（166）
一　隋唐五代佛教在幽州迅速崛起之原因 ………………（166）
二　由律宗为主到禅风盛行——从幽州佛教宗派看文化演变 …………………………………………………（168）
三　佛刹、信徒与佛事 ……………………………………（170）

第二节　"东部敦煌"云居寺及其隋唐石经 ……………………（172）
一　高僧静琬与房山石经 …………………………………（172）
二　云居寺其他文物与"宝外之宝" ………………………（174）
三　云居寺影响下的房山其他佛教文化艺术 ……………（175）

第三节　幽州的道教 ……………………………………………（177）
一　道教中心白云观的前身——天长观的兴起 …………（177）
二　从刘仁恭父子"尊道"看唐末五代初幽州道教之一斑 ……………………………………………………（178）

第四节　音乐、舞蹈、戏剧、绘画及茶道 ………………………（179）
一　宫廷乐律家祖孝孙与房山唐代乐谱的重大发现 ……（179）
二　舞蹈与戏剧、杂技 ……………………………………（182）
三　绘画 ……………………………………………………（183）
四　"茶风"北渐与"亚圣"卢仝 ……………………………（184）

第五节　对外文化交流 …………………………………………（187）
一　幽州在中国与朝鲜半岛文化交流中的作用 …………（187）
二　文化使者和旅行家——高僧义净 ……………………（189）

第九章　政治的北风劲吹与文化的南风北渐
——幽燕文化与契丹建国及辽初的文化冲突 …………（190）

第一节　契丹文化源流及其与幽燕的关系 ……………………（191）
一　从契丹的先祖和早期的契丹看他们与幽燕的关系 …（192）
二　追溯远古，渊源更深 …………………………………（193）
三　从契丹所处民族环境看其适应能力 …………………（195）

第二节　幽州文化与契丹建国 …………………………………（196）
一　契丹建国的催化剂——草原上的俘奴与流民 ………（196）

二　草原上的"文化特区"——头下州县 …………………………（199）
　　三　契丹建国与幽燕文人 …………………………………………（201）
第三节　南风北雨，始有大辽——辽初南京的文化冲突 ……………（203）
　　一　契丹升幽州为南京与早期对汉人的文化政策 ………………（204）
　　二　军事的胜利与文化的失利——契丹对幽燕文化的
　　　　再认识 …………………………………………………………（206）

第十章　北方捺钵文化与中原都城
　　　——辽南京新型都城文化的初步建立 ……………………………（209）
第一节　"头鹅宴"与"入阁礼"——辽南京的礼仪文化 …………（209）
　　一　从自然崇拜到帝王至尊 ………………………………………（210）
　　二　延芳淀的"头鹅宴"及其他 …………………………………（212）
　　三　辽朝捺钵文化对幽燕的影响 …………………………………（214）
第二节　州县与宫帐——辽南京的管理文化 …………………………（215）
　　一　辽朝的大环境与因俗而治方针的确立 ………………………（215）
　　二　以京辖道和辽南京的双重职责 ………………………………（217）
　　三　辽南京的"草原之风" ………………………………………（219）
第三节　南面官与北面官——辽南京的制度文化 ……………………（221）
　　一　由简到繁和中央两套官制的形成 ……………………………（221）
　　二　辽南京的政权机构与职官 ……………………………………（223）

第十一章　中原传统与草原文化的碰撞、交融 ……………………（225）
第一节　儒学、科举与教育 ……………………………………………（225）
　　一　辽南京儒学及其对辽朝社会的推动 …………………………（225）
　　二　中原的科举形式与草原的刚劲气息 …………………………（229）
第二节　史学、文学、文字学、音韵学及其他 ………………………（232）
　　一　幽燕文人开北方民族修史之先河 ……………………………（232）
　　二　辽南京的史学家及其著作 ……………………………………（234）
　　三　质朴无华，重在应用——辽南京的文学家及其
　　　　作品 ……………………………………………………………（236）
　　四　音韵学、文字学及其他 ………………………………………（239）
第三节　多元化的辽南京艺术与体育竞技 ……………………………（241）

一 "鼓角横吹"与"踏追""莽势" ………………………… (241)
　　二 杂剧的初兴 ……………………………………………… (243)
　　三 绘画与雕塑 ……………………………………………… (244)
　　四 体育竞技 ………………………………………………… (248)

第十二章　辽南京的宗教 …………………………………………… (252)
　第一节　辽南京佛教之盛况、原因及对整个辽朝的影响 ………… (253)
　　一 幽燕地区是辽朝佛教发展的策源地 ………………… (253)
　　二 辽南京佛教盛况 ……………………………………… (254)
　　三 辽南京佛教之特点与兴盛的原因 …………………… (258)
　第二节　辽南京的佛教宗派与《契丹藏》的编纂印制 ……………… (260)
　　一 辽南京众多的佛教宗派、学僧及著述是《契丹藏》
　　　　编纂的基础 …………………………………………… (260)
　　二 佛经的整理与《契丹藏》的雕印 ……………………… (261)
　第三节　辽代云居寺石经的续造 ………………………………… (263)
　　一 房山云居寺石经辽代续造之背景 …………………… (263)
　　二 云居寺石经的续刻 …………………………………… (265)
　　三 云居寺辽代刻经的价值 ……………………………… (266)
　第三节　其他宗教 ………………………………………………… (268)
　　一 道教 …………………………………………………… (268)
　　二 萨满教 ………………………………………………… (269)
　　三 伊斯兰教 ……………………………………………… (270)
　　四 景教 …………………………………………………… (271)

第十三章　中国历史发展的大势与南北文化交流中心的形成 …… (272)
　第一节　辽南京南北文化交流中心地位的形成 ………………… (272)
　　一 澶渊之盟与民族文化交流史上的划时代篇章 ……… (272)
　　二 辽南京成为南北文化交流中心之原因 ……………… (274)
　　三 从辽宋双方的学习态度看南北文化发展趋向 ……… (277)
　第二节　空前的交流规模与丰富的文化信息 …………………… (279)
　　一 规模空前的南北文化交流 …………………………… (279)
　　二 著名宋使及他们笔下的辽朝与燕京 ………………… (280)

三　燕京书肆及沿边图书交流 …………………………………（284）
　　四　辽朝对宋的文化影响 ……………………………………（286）
第三节　对域外的文化交流 …………………………………………（287）
　　一　与高丽的文化交流 ………………………………………（287）
　　二　辽燕京文化对日本及西亚等国的影响 …………………（289）

第十四章　金代南北文化冲突与中都文化格局的确立 …………（290）
第一节　宋辽金三国角逐与燕京文人举足轻重的作用 ……………（291）
　　一　女真人国家的骤兴与文化的贫困 ………………………（291）
　　二　从宋辽金在燕京的角逐看幽燕文人重大作用 …………（294）
第二节　新旧文化的冲突与女真民族精神的得与失 ………………（298）
　　一　金初奴隶制度对中原传统的破坏 ………………………（298）
　　二　女真人对华夏文化的积极态度 …………………………（301）
　　三　金朝迁建中都与女真全面汉化——兼对世宗文化
　　　　政策的讨论和再评估 ……………………………………（305）
第三节　金中都文化地位的大提升与黄河古都文化的衰降 ………（310）
　　一　金中都文化格局 …………………………………………（310）
　　二　金中都文化地位的大规模提升与黄河古都文化
　　　　衰降 ………………………………………………………（312）

第十五章　金中都设计思想与建筑文化 …………………………（315）
第一节　金中都的规划、设计思想和总体布局 ……………………（315）
　　一　金中都的设计者和督建者 ………………………………（315）
　　二　中国都城制度的演变与金以前北京城市变化 …………（318）
　　三　金都多重方城的总体布局 ………………………………（321）
　　四　金中都的坊与市 …………………………………………（325）
第二节　中正与对称——金中都的皇城、宫城结构及郊坛 ………（326）
　　一　宫城中殿起伏，东西两宫相佐 …………………………（326）
　　二　千步廊左右与皇城 ………………………………………（327）
　　三　南北文化的结合——金中都的郊坛 ……………………（329）
第三节　北京园林的奠基时期——金中都皇家园林 ………………（331）
　　一　莲花河的利用与皇城同乐园、鱼藻池 …………………（331）

二　近郊水泊的利用与园林、行宫 …………………………（332）
　　三　西山风景区的开发与寺院、桥梁建筑 ………………（334）
第四节　彼岸建筑艺术——金陵 …………………………………（336）
　　一　女真人对山林的依恋与金初帝陵的启示 ……………（336）
　　二　大房山金陵陵域及几个葬区的分布 …………………（338）
　　三　金陵的考古发现及诸陵分布 …………………………（339）

第十六章　学术、教育与科技 …………………………………………（342）
第一节　教育与科举 ………………………………………………（342）
　　一　多层次、多系统的教育制度 …………………………（342）
　　二　科举制度与人才的选拔 ………………………………（347）
第二节　中都学术 …………………………………………………（348）
　　一　儒学统治地位的进一步确立及典籍的翻译 …………（348）
　　二　金中都的史学 …………………………………………（350）
第三节　科学技术 …………………………………………………（353）
　　一　天文与历法 ……………………………………………（354）
　　二　医药与名医 ……………………………………………（356）
　　三　地理与方志 ……………………………………………（358）

第十七章　承前启后的金中都文学艺术 ………………………………（360）
第一节　诗词与评论 ………………………………………………（360）
　　一　金代早期诗人与士人的苦闷 …………………………（361）
　　二　从海陵王和章宗诗词看武功与文治 …………………（364）
　　三　金代中后期的诗人和诗人笔下的金中都 ……………（366）
第二节　清新隽永的民间文艺与戏剧 ……………………………（370）
　　一　气势恢宏、成就卓绝的"诸宫调" ……………………（370）
　　二　"杂剧"与"院本"及其在中都流行的情况 …………（374）
　　三　"话本"与"小说人" …………………………………（379）
第三节　书画、音乐与舞蹈 ………………………………………（380）
　　一　书法与绘画 ……………………………………………（380）
　　二　音乐与舞蹈 ……………………………………………（382）

第十八章　金中都的宗教 …………………………………………（385）
　　第一节　女真人的原始宗教及其在中都的演变 ……………（385）
　　　　一　女真人萨满教的原始状况 ………………………（385）
　　　　二　萨满教的自然崇拜与中都祭祀活动 ……………（386）
　　第二节　金中都的佛教 ………………………………………（388）
　　　　一　适当控制和严密管理的佛教政策 ………………（388）
　　　　二　中都名刹与佛教活动特点 ………………………（393）
　　　　三　金代房山石经的续刻 ……………………………（395）
　　第三节　金中都的道教和全真派的贡献 ……………………（396）
　　　　一　金中都的道观 ……………………………………（397）
　　　　二　全真教及其在金中都的活动与贡献 ……………（398）

主要参考文献 ……………………………………………………（401）

第一章 灿烂的幽燕远古文明

　　北京的"远古文明"或"远古文化",是指旧石器时代、新石器时代,以及原始社会后期的传说时代的各种文化现象。

　　对于北京的远古文化,人们印象最深的是旧石器时代。因为,周口店的远古人类影响太大了,它不仅是中国考古学的里程碑,而且在世界古人类学研究中占有极为重要的地位。不仅如此,在周口店从北京猿人到新洞人、山顶洞人还形成了一个完整的远古人类文化的发展系列,并且以其丰富的文化内涵和巨大的文物数量,展示了华北人类几十万年的前进历程。但是,对于北京的新石器时代和传说时代,相比之下在世人眼中就不那么出色了。北京的新石器时代考古发现并不少,但以往缺乏综合研究,因而未从理论上找出它的特殊定位。而对传说时代的北京文化,在传统史学中,由于一直受中原文化决定论的影响,把一切远古人物都附会于黄河中下游,而远远低估了北京地区在中国文化创始阶段的地位。这不仅不符合事实,在理论上也说不通。华北人类曾那样辉煌地影响过北半个中国,许多学者甚至认为他们曾追逐着兽类,穿过当时还是沼泽的白令海峡到达北美,成为印第安人的先祖,何以到了新石器时代和传说时代便突然衰降或暗淡下来了呢?固然,任何一个国家或地区的文化都不会一直路途坦荡而无起伏。在远古时代,这种起伏更多受到自然环境的变化影响。而北京地区的自然条件在那个时期虽有变化,但总的说来一直比较适合人类生存。或许,东西南北的许多地区新的文化出现崛起,甚至超越,而在各种文化的交融变迁中,北京地区的文化又起到什么作用呢?所以,本章对北京的远古文化记述便不只是一种区域文化现象的简单陈列,而重点在于找到它在整个中华民族早期发展中的较为准确的坐标。当你真正找到了这个坐标,便会发现,北京不仅在旧石器时代有辉煌的经历,在新石器时代仍是南北东西文化交融的枢纽。而到传说时代,更是中华远祖们带领最重大的部族集团交集、鏖战的主要地点。大家都知道，中华民族大融合的最后几步是在北京完成的。现在，我们可以毫不夸张地说：中华民族第一次最大的文化碰撞也是从这里开始的。在各种中华文明初创的时期，这里的文化不仅没有落后，而且与包括内蒙古东南、辽西地区、冀北和京津地区一起，形成了一个文化撞击的"金三角"，从而使北方文化领先一步。

第一节 从蒙昧到文明的门槛——北京的旧石器时代文化

无论说文明或文化，严格地讲都是人类发展到一定社会阶段的产物，是人类的特殊创造。当人猿刚刚揖别，人类还在茹毛饮血，当周口店的"北京人"还在河谷旁凭本能猎取些鹿、羊、鼠、鸟等幼小动物的时候，我们只能说人类还刚刚踏上文明的门槛，或者说一只脚在门里，一只脚仍在门外。所以，真正意义上的文明或文化，只是到新石器时代才形成一定规模。不过人类创造文化是一个渐进过程，许多问题倘若不从头说起，后来的事情便讲不清。而在考古学中所说的某种"文化"，又常指广义上的一切人类物质和精神的创造。可以说，从人类打造第一件石器起就开始了这种创造。更何况，人类最原始的观念，往往以物质形式来承载，在真正的精神文化出现以前，我们只能透过一器、一物来窥探其精神世界。所以，尽管旧石器时代的真正"文化"现象还很少，我们仍然从这里说起。

考古学家往往把人类开始出现，一直到农业、畜牧业、制陶业出现以前这段时间叫作旧石器时代。因为，当时人类进行生产的主要工具是打制粗糙的石器。这是一个相当漫长的时期，就世界范围来讲，始于200多万年以前，止于1万年前。就我国而言，从目前考古发现说，始于距今170万年左右的云南元谋人，此后又有距今70万年至80万年的蓝田人，再往下便是距今70万年左右的北京周口店的远古人类——"北京人"了。周口店的人类遗址上不只有"北京人"，还有距今4万年至5万年之间的"新洞人"，又有距今2万多年的"山顶洞人"。这样，就在北京地区形成了一个旧石器时代早期、中期、晚期的完整序列，这不仅在国内，在世界各地的古人类考古发现中也是罕见的。这样，就为我们提供了一个研究整个旧石器时代文化发展进程的有利条件。从猿而变人，从原始群到血缘关系的氏族部落的产生，从无序的原始采集、狩猎到有了简单的原始分工，从简单的物质生产到出现最原始的美的意识……我们都可以找到那一步步的脚印。于是，在我们面前铺展开一幅原始人类在北京大地上生活、劳动的生动画卷。

一 旧石器时代北京人类生活环境

众所周知，从周口店第一点所发现的"北京人"是远古人类的重要代表。它证明，北京是我们远古祖先的故乡，也是世界人类的发祥地之一。

为什么周口店会成为人类的重要发祥地呢？这首先要了解一下我国的地理背景和当时华北地区的自然气候条件。因为，自然因素是造成文化区域的主要因素。特别是在远古时代，地理背景尤为重要。

我国位于欧亚大陆的东南部，太平洋的西岸，地势西高东低，由西向东形成青藏高原、西北高原和东部平原地带的三个阶梯。大陆季风性气候造成西北干旱区、中部半干旱区和东南湿润地区的明显差异。考古发现证明，我国早期人类活动主要是在东部季风性气候和西北干旱区的边缘地带。因为西北干旱区自然环境太差，自古以来主要是畜牧经济，几乎没有产生农业文明的可能。而青藏高原由于海拔高而气温低，况且空气稀薄，同样限制了人类活动。东北虽然土地肥沃，但气候十分寒冷，多森林猛兽，也不适合古代人生存。南方气候又相当炎热，况且河湖水域甚多。所以，我国早期的人类活动主要是在黄河中下游地区。长江以南的古人类活动虽然不少，但规模远不能与华北地区相比。而在华北地区，又以周口店规模最大。

北京西南房山区周口店有一座小山，因为人们常在山洞或石灰岩的缝隙中发现被称为"龙骨"的化石，又被称作龙骨山。当地质年代处于更新世中期之时，这里的气候相当湿润，虽有旋回变化，寒冷期比现在低6—12℃，温暖期比现在高1—6℃，但总的来说适于人类生存。当时华北平原自然植被良好，雨量充沛，山间林木茂盛，丘陵上长着朴树，平原上绿草如茵。在植被方面，经历了针阔叶交混林—温代落叶阔叶林—温代落叶混交草原—温带灌丛草原的变化。动物方面，与北京猿人共存的哺乳动物，从数万个化石个体中分析，分属26种，有剑齿虎、翁氏兔、大河狸、鼢鼠、野猪、肿骨大角鹿、葛氏斑鹿、杨氏虎、中华缟鬣狗、梅氏犀和三趾马，还有硕猕猴、水牛、鸵鸟等喜暖动物。周口店周围，当时就有永定河、拒马河、大石河等重要河流。周口河，在当时水量要比现在大得多。而太行山、军都山、燕山又环抱在北京小平原的西部、西北部和北部，使这里比山后地区更为温暖。古代人类既畏滨海的水泽，又不适于过高的山岭，所以多息栖于山麓台地上，此后数十万年直到新石器时代，太行山东麓台地古人类活动频繁正是这种原因。总之，良好的自然条件，使周口店成为人类远祖的故乡，成为中华文明的重要发祥地。

二 "北京人"的文明火种

周口店的人类文化发现，在第一点的"北京人"遗址上主要反映在三个方面，即人类进化的本身及其意义、石器和用火。

1927年，加拿大解剖学家发现了第一枚人类臼齿，1929年裴文中发现了第一个北京猿人头盖骨。从那时到现在，周口店遗址上已发掘出来的人类骨骼化石有：完整的和比较完整的头盖骨6具，头骨碎片和单独面骨12件，下颌骨15件，牙齿157颗，股骨断片7件，肱骨3件，胫骨、锁骨、月骨各1件。这些骨骼分属40个老幼不同的个体。这样大规模的人类发现，在世界上也是绝无仅有的。这个遗址上有深达50米的文物堆积层，至今仍深未见底，迄今已发掘的17层，14层以下没有化石和遗物出现。人类化石出现于第11层至第3层，其年代应在距今60万年到20万年之间，也就是说，"北京人"在此生活前后持续长达40万年之久。

"北京人"介于猿和现代人之间，所以又称"北京猿人"或"中国猿人北京种"。他们的头盖骨比现代人厚一倍，脑量平均1043毫升，前额后倾，眉骨粗壮，面部较短，鼻骨、颧骨扁而宽，嘴部突出，没有明显的下颌。这说明其头部还保留了许多猿的特征，比较落后，但其下肢虽骨腔较小、管壁较厚外，在尺寸、形状、比例和肌肉附着方面皆与现代人大体相同，且已有股骨脊，说明肢体发育比脑部快，已能直立行走。能够直立，就解放了手，使手可以从事劳动。脑与肢体发展的不平衡，恰恰反映了由猿到人的演化过程。早在19世纪末20世纪初，就有印度尼西亚的爪哇人和德国的海德堡人及尼安德特人化石被发现，但其进化地位一直未被学术界肯定。"北京人"不仅数量大，而且有共存的文化遗物可以佐证。从而使上述各地直立人的存在得到肯定，使学术界基本明确了人类进化序列。这件事的意义无疑是十分重大的。人可直立以及手的解放使人类开始采摘、捕猎、创造工具，而区别于其他动物。同时，通过劳动又促进脑的发展和产生思维。目前还没有文物证明"北京人"纯思维和语言的状况。但随着众多石器的发现，说明他们在一步步学会创造，它预示着人类文明脚步的开始。

在"北京人"遗址上出土的石器数量是相当可观的，多达10万件以上，其分布范围半径达5公里。石料主要是石英石、水晶、砂岩和燧石。贾兰坡先生通过对华北地区旧石器时代各文化遗存进行分析后明确指出，华北的旧石器文化可分为两大体系：一个是匼河——丁村系，为大石片砍砸器——三棱大尖状器系统，小型石器很少，主要在豫西和山西。另一个便是周口店——峙峪系统，为船头状刮削器——雕刻器系统，除周口店外还有朔县一些遗址带有这类特点。周口店的石器又分为两大类：一类是用来制作石器工具的，犹如现代所说的"工作母机"，包括石砧、砸击石锤、疤击石等。石砧即打击工具时下面的垫石，多条状，中间有坑疤，呈盆状，是先砸成坑疤再用锤击法慢慢修整过的，长形而中凹，便于在中间置放石料，锤击成新工具。石锤则有椭圆形和条形，用以砸和锤。另一类即为制造出来用以直接经常使用的工具，有刮削器、尖状器、石锥、砍砸器、雕刻器等，其中以刮削器最多。与大量石器伴出的还有骨制器。鹿的头盖骨制成瓢状，可以盛水或果类。鹿角尖则可猎获剖割小动物并挖掘植物的根。此外，还发现有一些木制工具。

学会保存火种和用火是"北京人"的又一大贡献。在洞穴中保存了许多用火的灰烬，最厚处可达6米，证明保存火种有一个长期的过程。灰烬中有烧过的骨头和树籽，说明是用以烧熟食物的。火可以照明、御寒，对野兽有威慑力；火使"北京人"能够吃熟食，从而改善营养，利于人类发育。它预示着处于原始群的北京古代人类已经开始迎接自己的黎明。在长达几十万年的时间里，他们艰难地生活，但一直在发展，在创造。

北京人发展的历程，证明了从猿到人的学术观点，因而打破了各种唯心论的创世说。

三 新洞人与旧石器时代中期文化

在周口店龙骨山，继"北京人"之后又有新洞人，距今约4万年至5万年之间。新洞人生活在晚更新世早期。这一时期北京地区所发现的人类活动已不止周口店一地，除新洞遗址外，还有周口店第三、第十五、第二十四点。此外，在平谷、密云、怀柔、延庆等地也有发现，其地点多达

18处，但其代表还是周口店的新洞人。考古界把他们称为早期智人。1973年，在新洞发现一枚人类牙齿，学术界认为新洞人是"北京人"与"山顶洞人"的中间环节。新洞出土有几十件石器和灰烬层与烧骨，烧骨中以鹿类最多，其余为鼠、象、蛙等，以及朴树籽。在距新洞仅10米的第十五点，也出土了大量的石制品和哺乳动物化石。石器主要是以锤击法、砸击法和碰砧法制成的小型石片，多为梯形，也有三角形和长方形，形态比较稳定，看来制作也有了较为固定的程序。但从加工方法来看，与北京猿人晚期的基本相同，所以被看作"北京人"的直接继承，不过其石器已有明显的二次加工，说明新洞人已不完全是沿袭已有的劳动经验，而是产生了力求精细的心理。周口店第十五点还发现了尖形工具、小石斧、小石锛等，技术已有了明显进步。

新洞内同样有很厚的灰烬，虽不像"北京人"洞中那样厚，但最多处亦可达1米，中间杂有动物化石、石器和植物的种子。烧骨数量的明显增加，表明这一时期人类生活水平又有了很大改善，大量熟食肉类使人类必然得到更好的发育。

四 精神创造的开端——山顶洞人及其他旧石器时代晚期文化

"山顶洞人"因处于"北京人"所居住的猿人洞的顶部而得名。据碳素测定，山顶洞人生活的年代距今2.7万年，遗址中出土了分属于至少八个，男女老幼不同个体的头骨、上下颌骨、牙齿和体骨的化石，其头骨化石即有3具，以及装饰品、骨器和少量石器。

山顶洞的文化内涵是非常值得注意的。如果说，我们在描述"北京人"和"新洞人"大量的石器时，还难以判断物质创造和精神、思维的关系，而只能从考古学所说的"文化类型"上含混地谈广义的文化，那么，山顶洞的遗存证明：人类已开始进行真正意义上的精神文化创造。尽管数量还有限，但确实是一个了不起的开端。

首先，从山顶洞人的洞穴来分析。山顶洞的结构独具特点，有上室、下室、地窨三层。上室东西长14米，南北宽约8米；下室深约8米；再往下一处是凹陷的地窨。值得注意的是，在下室发现了4具人体遗骸，一具为老年男性，两具为年轻女性，还有少年头盖骨。而在骨骼周围发现有赤铁矿粉。参照民族学和其他考古资料，远古人类往往把赤铁矿粉撒在墓地。山顶洞下层的骨架较为完整，不像是跌落死亡，而似有意安置。所以，其上层为生活区，而下层则可能是墓葬。墓葬的出现，说明山顶洞人已开始产生灵魂的观念而对死者有意善待，并有礼仪。

山顶洞遗址中，还发现一枚骨针，长82毫米，针身直径最粗处3.3毫米，针眼直径3.1毫米，针眼是用石制尖状器挖掘出来的，通体光滑，略有弯曲。可以看出，从选料到加工成形，经过了多道工序精心制作。对于现代人来说，一枚骨针自然微不足道，但在当时却标志着人类一大文明进步。有了骨针，可以穿起饰物；有了骨针，可以缝制兽皮，做成衣裙；这不仅可以保暖护体，而且可以遮蔽羞耻。有了羞耻感，人类才谈得到文明，目下有人认为，人体越暴露越"现代"，岂不知，人类从赤身露体到懂得衣冠礼仪是经过了多少万年的努力。倘若以裸露为时尚，那猫啊，狗啊是否比人更"前卫"？人与动物的区别又在哪里？

山顶洞还出土有装饰品，而且数量多达140余件。其中，有穿孔石珠、穿孔海蚶壳、穿孔小砾石、穿孔兽牙、穿孔鱼骨和骨管等。其中最精细者为石珠，多以白色石灰岩为原料，最大直径仅6.5毫米，说明其技术已达到相当的水平。这些穿孔的东西估计是串起来作为项链等饰品的，它们可以日常饰用，同时也作为随葬品。饰品的出现说明人类已有美的感觉，已产生精神的需求。而复杂的饰品工艺，使山顶洞人更聪明起来，他们除了狩猎、捕鱼、采集之外，还产生了精神享受的需要。此时的山顶洞人已进入母系氏族阶段。

此时，人类的活动范围已经扩大，不仅活跃在山麓地带，而且开始进入平原。在密云东智、延庆佛峪口、怀柔杨树下、平谷罗汉石与马家屯、门头沟西胡林和齐家庄等地都有与山顶洞人大致相同年代的遗存出现。更值得关注的是在西城区西单的中银大厦和王府井东方广场工地上也出现了相关遗存。尤其是王府井人的出现更使人惊异。1996年，经过抢救性发掘，在王府井出土标本多达2000件，主要是石制品、骨制品和随火烬伴出的哺乳动物化石。石制品有石核、石屑、石锤、石钻、刮削器和雕刻器。动物化石有牛、羊、马、鹿、兔、鸵鸟等，说明人类捕捉大型哺乳动物的能力已大为提高。在远离山洞的平原地带发现旧石器文化实属罕见，它预示着华北旧石器人类逐步向周边迁徙、扩散的脚步已经开始，也证明人类适应不同自然环境能力的加强。

从"北京人"到"新洞人"，再到"山顶洞人"，证明了人类进步的时序系列。从山洞走向平原又说明人类生活空间的扩展。在北京湾这样一个小地区，旧石器时代的遗存不仅规模巨大，而且系列完整，在学术上的价值远远不是一个个考古"点"的分析所能解决的。它的规模化、序列化和演进过程之完整，说明北京的确不愧被称作人类远祖的故乡。由此，更带来新石器时代华北文化的新辉煌。

第二节　三大文化版块的枢纽——北京新石器时代

　　大约距今1万年左右，我国进入新石器时代。之所以称为"新石器时代"，是因为在这一时期的生产工具，是以更为精致的磨制石具为主。其实，这一阶段，比石器变革更大的是由于出现了大量的陶器，它表明原始农业和家畜饲养已成为人类的主要经济方式，人类从简单地利用自然而转变为改造自然：原来的狩猎变为人工饲养，简单的采集变为耕种，从而使生活资料的来源更有保证。由于原始农业的出现，使人们从山谷洞穴走入更适于耕种的河谷平原，而这样一来，又出现了房屋。房屋的出现，标志着定居的开始，使人类从原始群转变为以血缘关系为纽带的家庭和氏族，社会组织出现了，社会分工也更明显。男人们从事狩猎、耕种等粗重的劳动，妇女们则从事制陶、炊煮、缝纫等精细的工作，加之原始家庭以母亲为主，使妇女的地位更为突出，母系制原始氏族部落就出现了。氏族组织的出现，使人类开始自己管理自己，真正的人类文明由此诞生了。

　　生产和生活条件的改善，使人们生活的区域更广，以北京来说，目前发现的新石器时代遗址和墓葬即达40多处，遍布京郊大地。其中，最重要的有门头沟区东胡林墓葬、怀柔转年遗址、平谷北埝头和上宅遗址、房山镇江营遗址、昌平雪山遗址等。在这些遗址上，不仅发现有反映当时物质生活的大量生产、生活工具，而且还有体现人类精神世界的装饰品、艺术品。如果说旧石器时代的北京人类文化，还只能说是广义的文化，而现在，真正精神意义的狭义文化也大量出现了。

　　不过，由于我国土地广袤，各地的自然条件有很大差异，造成新石器时代不同的文化类型。同时，大量的考古资料还证明，在中华大地上文明源头并非一支，而是多元化的格局。研究北京新石器文化不能只是就北京说北京，而应当首先搞清它和周围文化版块的关系，从而进一步认识本地区文化的真正内涵。这样一来，我们在详细介绍北京各个新石器遗址及内容之前，就不得不先离开北京，了解一下考古界关于全国新石器文化的研究状况。

一 考古学条块论与北京周围地区区系关系

对中国的历史如何认识，几十年来一直受到三方面的影响，一是传统史学的考据派，二是近代的考古学，三是马克思主义关于社会发展规律的认识。这三者结合本来是件好事，但如何创造性地结合却存在不少问题。从先秦直到清，我国的儒者对上古史的认识主要靠对经书的考据，把《尚书》等经书视为至尊宝典，把三皇五帝时代视为黄金时代，好像从那时起中国就是一统天下，而后的夏、商、周又一以贯之。由于考据家们常把这些上古人物皆附会于中原，史学界更长期被中原文化决定论所统治着。"五四"以后，西方的考古学传入，有些以往被看作蛮荒之地的地区却发现了比中原同期并不落后的古文化遗存，于是一批新型学者又开始全面怀疑古书的真实性，由此被称为"疑古派"。疑古提出问题会促进学术的发展，但当时中原的仰韶文化比其他地区发现要早，安阳殷墟的发现又确立了商朝历史的信史地位，所以仍然打不破中原文化决定论和中原一统天下的思想。新中国建立之初，人们努力学习马克思主义，引进唯物史观，但又简单地把马克思所说的社会发展的一般规律套在中国历史上，结果仍然没有打破中原大一统的束缚。谈起周边历史和少数民族，只是出于"民族平等"的新观念而加以肯定。至于文化，似乎仍是一成不变的老路：中原永远是同化别人，周边永远是被同化的对象，中华文明好像只有中原光芒四射，只有中原这一支火种，然后才传遍四方；而社会发展则永远是中原先进，中原进入一种阶段，四周才慢慢跟上来，或者跳跃一下。这不仅影响着上古史，而且影响着整个中国古代史的构架。事实是否果真如此呢？

到上世纪七八十年代，我国新石器时代考古取得了突飞猛进的发展，三代及其以后的发现也层出不穷。人们不仅发现它们的共性，更多的是发现其个性。共性则是经过各个文化交流后才出现的，是先有四周各自的母体文化，然后才向中央辐辏，而并非一切从中原辐射。当然，中原也有主动向外流动的情形，但流动是双向的。到上世纪70年代，全国发现的新石器遗址数量已可万计，其文化面貌诸多差异，已被命名的考古学文化有数十种之多。[①]

---

① 苏秉琦：《中国文明起源新探》，生活·读书·新知三联书店1999年版。

以苏秉琦先生为首的考古界专家们，把众多的考古文化，按其本来的特点和变迁情况加以归纳、分类，创建了考古学区系类型理论。区是块块，指区域；系是条条，指一种文化的变化走向，所以又称"条块说"。根据这种理论，苏先生把全国分为六大文化区：以燕山南北、长城地带为重心的北方区；以山东为重心的东方区；以关中、晋南豫西为重心的中原区；以环太湖为重心的东南区；以环洞庭湖与四川盆地为重心的西南区；以鄱阳湖—珠江三角洲为中轴的南方区。[1] 这六大区各有自己的考古学渊源、特征与发展道路。这种实事求是的分析，一下子打破了传统史学的中原文化一统论。中华民族确有统一的文化格局，但那是经过多元文化的长期交流学习与融汇，并有多次高下较量，相互消长，才最终汇成一个浩瀚的文化海洋。各个区域之间时间或略有差异，但大体同步；也就是说，中华文明的起源并非中原一支火种，而是满天星斗、篝火处处。再加上关于国家产生的三部曲（古国—方国—帝国）、三类型（原生型、次生型、续生型）的理论，便形成中国自己的考古理论体系，而不再是原来的简单运用西方和苏联的考古理论模式。

这无疑是一个里程碑性质的巨大变革。

中国考古理论的这一大变局，不仅全面改变了考古学的面貌，也对整个中国历史的重新构建产生了巨大影响，同时也是研究北京文化史的主要入门之处。

北京一般被划分到北方文化区，而北方文化区又有广义与狭义之别。广义的北方分为西北、北方、东北三大块；狭义的北方指内蒙古东南的赤峰、河北北部及京津和辽西地区，这一块是北方文化的重心，被称为"金三角"。北京处于这个金三角的南沿。所以，它是北方文化区、中原文化区和以山东为重心的东方文化区的接壤地带。如果从经济方式来看，西北是草原畜牧经济，其南部是中原旱作物农耕经济，东北三省古代向以渔猎为主，山东则与海洋经济相关。北京是三大文化版块和四大经济方式的结合部。就北京本身来讲，考古学上虽把它放在北方"金三角"之内，更多地考虑其和红山文化及辽西文化的联系，但既然早在旧石器时代它就是人类的重要发祥地，它有没有自己的土著文化呢？长期地作为多种文化

---

[1] 邵望平：《考古学区系类型理论带来的史学变革》，见《苏秉琦与当代考古学》，科学出版社2001年版。

交流碰撞的枢纽，又有何独特之处呢？从目前考古情况来看，京津的新石器文化是连在一起的，这一地区虽以北方重心地带的总体特点为主线，但更多的是表现为多个文化版块和经济类型的交融。我在北京史研究中注意到本地区是民族融合的枢纽这一问题很早，但在以往的论著中主要是指秦以后的历史环节，现在看来，这种认识是远远不够的。实际上，这种融合是从新石器时代便已经大规模开始了。所以，我们在介绍北京的每一个新石器发现时，便不能就事论事，而应随时关注它与周围区系的关系。

二　北京新石器早期文化遗存

北京早期的新石器遗存，目前发现的有东胡林墓葬、转年遗址、上宅和北埝头遗址、镇江营一期文化等。从其文化内容看，很显然是周口店旧石器时代文化的继承和发展。如果说北京新石器时代的中后期开始更多地反映出不同地区文化对这里的冲击和影响，而在早期则更能表现其原生状态和土著性质。

转年遗址　转年遗址位于北京市怀柔区北部宝山乡转年村西白河的第二级阶地上，是目前北京地区发现最早的大型新石器时代遗址。遗址原文化堆集厚达3—4米，发掘前上部1—2米已经破坏，但从2米以下发掘中所发现的石制品与陶器即多达18000余件，其年代距今为9800—9200年。考虑到上部的破坏情况，这个遗址大约距今在10000年到9000年之间。

转年遗址最有价值的发现，是出土大量的石屑、石核、石片，但却缺乏成型石器的一处场所。这说明，这里很可能是一处大型的石器制造场。再加上附近出土的石磨盘、石磨棒、石容器（内壁并残存有炭化谷物）等，又进一步证明了这一推测；而出土器物数量之大同样说明了这一点。这种大规模生产，是原始群时代不可能出现的，所以它应是原始聚落定居时代的产物。

转年遗址石器工具占绝对优势，细石器尤为发达，有锥形石器、细石叶、圆头刮削器、雕刻器等。北京在旧石器时代便以打造小石器为主，是用石质较差的原料制作成精细、灵巧的工具，转年遗址显然继承了这一传统。至于那些加工谷物的石磨盘、石磨棒、小石斧和石容器更说明在石器工业中的巨大进步，同时表明，原始农业生产已经出现。

转年遗址的陶器以砂褐陶为主，质地疏松，硬度较低，火候不高，陶片上有多层粘贴的痕迹，均说明制陶初始阶段的情况，但已出现一些堆纹和凸钮装饰。主要器形是平底直壁，有筒形罐和直壁带钮盂。这是北京地区最早的陶器，它表明先民们的生活已发生巨大变化，是文明起步的重要标志。直壁平底陶器，此后在河北磁山文化中常有发现，彼此应有承袭关系。而在内蒙古敖汉旗的兴隆洼文化也是以夹砂陶和筒形平底器为主，虽然由于年代靠后而制作更精细些，但同样会存在因袭关系，说明转年文化向周围的继续延伸。

东胡林人墓葬 此处墓葬位于门头沟区清水河畔东胡林村之西，故以此命名。其年代比转年遗址还要早，埋葬着距今1万年以前的远古人类。墓中葬有三具尸骨，两名成年男性和一名16岁左右的少女。少女为一次葬，两名男子为二次葬，说明三人之间存在氏族内家庭关系，证明人类社会的明显进步。少女颈部戴有项链，腕部有手镯。项链由50枚生长于海滨的海螺组成，大小相当均匀，最大的长1.8厘米、宽1.6厘米，最小的长1.15厘米、宽0.8厘米。海螺的顶部均磨成小孔，串起来便是一件美丽的装饰品。手镯由7枚牛肋截断的骨管组成，有长型和短型：长型4枚，每件长3.9厘米，宽1.7厘米，厚0.95厘米；短型3枚，每件长2.9厘米，宽2.2厘米，厚1厘米。长短相间，用绳索串起便是一件美丽的手镯，在最初的发掘中未见更多的生活用品，因而很难对东胡林人做出考古文化方面的分析。但近年来又在附近发现有其他石器和陶片等，证明这一带确实是一处新石器时代人类生活的重要地点。东胡林人爱美的心理和葬俗给人留下了深刻的印象，但也留下一些费解的疑团。比如，项链是海滨螺壳，当时的海岸虽可能与现在有所变化，但距离总有百余公里，东胡林人是如何取来的？其活动范围若能至渤海之滨，生活能力便已相当强了。

上宅与北埝头遗址 这两处遗址都处于北京平谷区境内。上宅村位于平谷城东北17公里，北埝头位于县城西北，它们是一个类型，一般总称为上宅文化，距今7300年到6500年之间。

北埝头的重要意义在于发现了大片房屋遗址，目前发现的有10座布局密集，属于半地穴式建筑，平面基本呈椭圆形，直径一般在4米以上。每座房屋地面中部常有一两个较大的深腹罐，内存灰烬和木炭，可能是保存火种的灶膛。整个房屋先是挖一浅地穴，然后于四周立柱子，墙体以草拌泥巴砌成，以避风雨寒暑。今人看来，这种房屋自然还相当简陋，但在当时已是了不起的创造，它证明人类此时已脱离对自然洞穴的被动依赖，可以用自己的智慧创造更好的生活条件，从而离开山洞，扩大自己的生活空间。如此一来，原始聚落也就出现了。

上宅遗址中出土的有石器工具和大量陶器。石器有更加精致的石斧、石铲、石磨棒、石磨盘，还有复合刃石刀。至于陶器，则更明显地表现出其个性，不仅有实用的盆、杯、碗、罐、钵，还有用于祭祀或欣赏的陶猪头、鸟首镂空器、响球等艺术品。上宅的陶器日用品仍以夹砂陶和直壁平底器为主，但器物已大多饰有花纹，也有少量的圈足器。

上宅的陶制艺术器是十分引人注目的。一件陶猪头，形态逼真，双耳小而且向后背拢，嘴较长，两侧还刻出獠牙，说明当时驯养的猪是从野猪而来。有一件石猴形饰品，以黑色滑石制成，头部刻出眼睛、眉毛、耳朵、嘴、鼻，下部为蝉形身，肩部穿孔，是一件别致的佩饰物。还有石鸮形饰件，整体为三棱锥体，以贯孔为眼睛，眼上有鸡冠状凸棱，两侧刻双耳，构思十分巧妙。此外，还有空心陶球、石羊头形饰品、陶羊头形饰品、小石龟、陶蚕形饰物、海马形饰物……有一件鸟首形镂孔器，残高有21.8厘米，壁厚0.8厘米，夹砂红褐色，圆形平顶，前出一鸟喙，两侧刻眼，底部为渐粗壮的筒形，周身有四道竖长条镂孔，通体为羽状交叉线纹。考古界推测，一种可能是图腾崇拜；另一种可能与宗教有关，很可能是一种祭祀器物。结合上述陶猪头来看，不论图腾或宗教，总之是用于精神信仰的，是人类更高一个层次的文化。苏秉琦先生对上宅文化评价很高，他说："北京上宅、辽宁东沟后洼遗址也都出现了类似反映社会分化的一些'艺术神器'，而在中原，最早的'艺术神器'是河南濮阳西水坡的龙虎造型的蚌壳堆塑，但它的年代距今约六千年，要比燕山南北晚一步。"[1] 上宅文化与内蒙古、辽西同属一个文化体系，但又各有特征，红顶碗、深腹罐是两地区共有的，但上宅不见彩陶，其圈足器、鸟首镂孔器、盘状磨石及单面起脊的斧状器则表现出其自身文化的鲜明特征。[2]

镇江营一期文化 该遗址位于距房山县城东北30公里的镇江营村北台地上，其文化层很厚，最下层是距今9000年至7000年间的新石器时代早期文化——镇江营一期文化。镇江营一期文化出土的陶器仍然很粗糙、简陋，但值得注意的是釜和支脚的组合与三足钵的发现。郁金城先生指

---

[1] 苏秉琦：《中国文明起源新探》，生活·读书·新知三联书店1999年版。
[2] 北京市上宅考古队：《北京平谷县上宅新石器时代遗址发掘简报》，《文物》1989年第8期。

出:"镇江营一期遗存以夹云母红褐陶为主,夹云母折沿釜的演变是鼓釜程度越来越大,最后形成肩部;卷沿釜壁由鼓釜变成直釜。"[1] 转年文化可能是它的前身。而鲁西皖北也存在这种组合,但为叠唇、大口深腹。所以,两者虽有一定联系,但却是两个文化体系。镇江营一期文化中还有三足钵,实足甚矮。直架形和短足器可能就是后来独具特色的"燕式鬲"的前身。由此说明燕文化的土著原生性质。

三 北京新石器时代中、晚期遗存

所谓新石器时代"中期",指大约距今6000年至5000年间的遗存,在中原相当于仰韶文化的时期。这时,黄河中游文化确实崛起,出现了大量以玫瑰花为代表的装饰彩陶,而北京地区较之旧石器时代和新石器早期便相对处于落后状态,这一阶段北京的文化遗存主要有镇江营二期文化、密云燕落村遗址和雪山一期文化。其中以雪山一期文化最为重要。雪山村位于昌平区南口镇,其下层(一期)相当于中原仰韶时期,上层(二期)相当于龙山文化时期,雪山三期文化则已到青铜器时代,相当于内蒙古的夏家店下层文化。这是又一个跨度相当大的小序列,它用实物证实着北京地区从新石器中期、晚期到青铜器时代的发展过程,所以十分引人注目。雪山一期文化主要是陶器,数量不小,但种类较少,主要是红色、褐色的夹砂罐和钵,并出现了袋足器。有一件袋足的甗,整体瘦长,上部敞口盆形,但较长,下部为分裆鬲,显然是本地文化与北方地区的一种交融产物。还有一个猪嘴形支座,上为实心,下部空心且有孔。上部有乳钉装饰,下部有镂孔。顶部倾斜,可以更平稳地支起釜。这两件东西说明,雪山一期文化是继承了本地区支架和釜相组合的传统,但又出现了来自北方的新文化的因素。此外,还出现了带耳罐,个别钵并有红色条带花纹装饰。

但到新石器时代晚期,北京地区的文化显然受到河北中部、山东、山西、东北等多种文化的冲击与影响。新石器时代晚期,北京各区县几乎都有文化分布,其主要地点有雪山二期文化、房山镇江营二期文化。这时开始出现带有山东文化特征的薄壁黑陶,但也有代表其他地区文化的鼎、曲腹盆等等。花纹有方格纹、蓝纹、绳纹和堆加纹等多种形式。器物的种类

---

[1] 郁金城:《北京新石器时代考古发现与研究》,《跋涉集》,北京图书馆出版社1998年版。

也明显增多,有用以炊煮的甗、鬶,有盛储用的罐、盆、鼎、杯、豆,还有陶纺轮。在石器方面则有形态几与今日相似的石铲、石锄、石斧、石镰等多种生产工具,说明人类生产有了巨大进步。

自周口店的"北京人"以来,北京地区的旧石器、新石器更多表现出自己的土著原始性质,但距今6000—5000年的新石器晚期,北京文化格局却出现了一大变化,即多种文化在这里集结的现象。就同期与其他地区的比较而言,北京地区相对声名滞后,但多种文化的明显碰撞,则预示着一个崭新时期的到来,预示着在这一地区将发生的一场风暴式的革命:母系时代将被父系氏族所替代,最初的城镇、国家就要出现了。

第三节　北京的传说时代与中华民族首次
最大的文化碰撞与融合

如上所述,在北京新石器时代的早期和中期,北京的发展与全国比较发达的地区大体同步,既不像旧石器时代的周口店那样辉煌,但也没有滞后。然而,距今大约四五千年间,北京迎来自己发展史上的又一次大机遇,东西南北的各大文化集团开始在京津、冀北地区集结和撞击。这种情况的发生可能与自然地理环境的变化有很大关系。考古学证明,在距今8000年到6000年之间,我国许多地方出现了农耕文化,不仅在中原和南方,包括以红山文化为代表的北方和甘青文化区也进入农耕时代。这是因为此时的华北平原和北方各地正处于全新世以后的冰期最暖期,年平均温度甚至比现在高出2—5℃。[①] 但是,到了距今五千年左右的时候,原先红山文化分布的西拉木伦河流域,由原来的农耕文化为主演变为以富河为代表的狩猎型经济文化。而到距今4000年前,甘青地区的畜牧经济比重也开始上升。这说明,在距今四五千年之间,出现了大规模北方文化的南下和西北文化的东迁。为什么有这种文化的大迁移?说明北方和西北的温暖期已经结束,当地居民只好向南、向东寻找更适合农耕的地带。但是,东方的条件也未必全好。由于全新世的大暖,曾使雨水大增,冰川融化,海面升高,中原和华北东部形成集涝水泊之地,沿海也出现"海浸"。这使

[①] 郑绍宗:《华北古代自然环境和人类活动与发展》,《内蒙古考古文化集》,中国大百科全书出版社1994年版。

齐鲁及渤海地区生产条件变化，又造成东方文化区和中原文化区向西、向北的挤压。而只有太行左右的条状台地和近山平原才是较好的生存地带，遂以《禹贡》所称九州之首的冀州为中心奠定了华夏族文化的根基。当时的"冀州"与现在所指河北不同，其范围更大，苏秉琦先生曾把河曲、岱海至晋北、冀北称为"金三角"，"冀州"大体包括了这一带，冀北是"金三角"的重心，北京又处于冀北的中心。所以，讨论这次文化大撞击，就成为寻找"华夏族根"的大事。

文化撞击是产生新文化、更高一级文化的动力，正是包括北京在内的冀北文化大撞击为更高一级的文明——国家的诞生奠定了基础。

一 辽西女神庙与北京远古文化的来龙去脉

在讨论"冀北文化大撞击"之前，需要首先了解一下这个大撞击的前奏。

苏秉琦先生曾把我们国家发展的过程概括为"古国—方国—帝国"三部曲。而在讲到"古国"时又分为两个阶段："以红山文化为代表的北方模式、最早古国"和以"夏商周三代为代表的中原模式、较早古国"。[①] 把最早古国认定为北方模式，这是苏先生对传统史学的一个大突破、大挑战。也就是说，在文明发展中，不仅不是"中原一统论"，而是北方先走了一步。之所以如此，是因为在新石器时代北方有一个相当发达的"重心地带"。这个地带北起西拉木伦河，南至海河，东及辽河，西部在张家口地区的桑干河上游。这个地区自古以来就宜耕宜牧，既是农牧分界区，又是农牧交错地带，由于不同经济生活使这一地区更容易产生不同社会群体与不同精神文化；于是，"中国统一多民族国家形成的一连串问题似乎最集中地反映在这里，不仅秦以前如此，就是以后'五胡乱华'至辽、金、元、明、清，许多'重头戏'都是在这里演出的"[②]。按照苏先生的这种说法，北京应在这个"重心地带"的南沿。这个地区新石器时代的主要代表是红山文化，而红山文化的高峰则反映于辽西女神庙。

---

① 苏秉琦：《内蒙古考古研究所成立四周年纪念》，《内蒙古考古文集》，中国大百科全书出版社1994年版。

② 苏秉琦：《中国文明起源新探》，商务印书馆（香港）有限公司1997年版。

1987年，在内蒙古与辽宁交界的喀左、凌源、建平之间，发现一处很大的新石器后期遗址，其文化内涵十分丰富，由于主要由石祭坛、女神庙、垒石冢和城垣所组成，被看作一种文明国家出现的标志。有人把这种坛、庙、冢的格局比作"小北京"，就像北京南北中轴线上的天坛、太庙、十三陵，说明辽西古国对我国制度及文化影响之深远。苏秉琦先生把辽西的发现看作红山文化的代表与高峰，由此推断，在国家产生与文明发展方面，北方先走了一步。这里的祭坛有圆有方，说明已产生"天圆地方"的观念。在一些墓葬中，墓主人的随葬品很注意阴阳搭配，并出现了"三阳开泰"的图形，这是道家"三生万"思想的最初表现，因而有人称其为"五千年前的哲学王国"。祭坛的顶部还发现了大量炼铜的坩埚和铜片。炼铜在高处，大约并非为实用，可能是用以祭天。遗址中还发现大量玉器，还有玉猪龙，联系红山文化其他玉龙的发现，说明中国的"龙文化"产生在北方。考古界认为，红山文化之所以出现这样的高峰，是因为曾经有中原仰韶文化北上与红山文化交汇——以玫瑰花为代表的中原仰韶文化与龙文化结合，花（华）与龙的华夏文明初现端倪。

两种文化的交汇必然会影响到北京，或者说北京或许是参与了这种交融，我们在上节谈到，距今六七千年的北京上宅新石器遗址曾出土了一件鸟首镂孔器，考古界认为是最早的艺术神器，比河南濮阳出现的蚌堆神器要早一千多年。所以，北京的祭祀文化可能是辽西的前身。北京延庆的山戎墓地也发现以竖立的大石条做的圆形祭坛，这又表现为辽西祭坛的延伸，它们之间应有重要的亲缘关系。六七千年前上宅出现祭器，五千年前有了辽西东山咀祭坛，两千年前有延庆山戎祭坛，明代又有与辽西格局一致的天坛—太庙—十三陵，这种几千年文化的延续与相似，难道仅仅是巧合吗？它说明，在内蒙古、辽西、冀北、京津四个文化板块所组成的"金三角"中，有一种内在的自身文化根系，它可能从北京向外播出，在辽西开花，又回到北京结果。

让我们再回到辽西遗址。这个"五千年的神秘王国"，究竟是哪个部族呢？有人从女神庙想到了女娲。也有人认为，女娲只不过是传说，不必附会于某地、某族。其实，殷商以前，包括夏，我国的历史大半都是传说，但近年考古却又发现或印证了他们的踪迹，所以，由女神而联想到女娲未为不可。何况，进一步研究，辽西女神庙的内容似乎还真与女娲的传说有相通之处。《淮南子·览冥训》说："往古之时，四极废、九州裂、天不兼覆，地不周载……于是女娲炼五色石以补苍天，断鳌足以立四极，杀黑龙以济冀州，集芦灰以止淫水。"据此，我们可以这样分析：第一，女娲是一个女性部族首领，其去母系制不远；第二，当时自然灾害严重，应处于全新世大暖期之后的洪水期；第三，"最早古国"已经出现，故女娲可动员国中诸族而济冀州；第四，女娲文化地带应距今河北不远。而辽西遗址很符合这几方面的因素。辽西女神庙中供的是女神，主神可比真人大三倍，最小的也有真人大小，其塑像特点是突出众"神"的腹部和发达的下肢，反映了女性生殖崇拜。值得注意的是，今河北承德地区，直到坝上，一直流行"蛙崇拜"，滦平县博物馆有一组出土的石造女像，早期是人面蛙身；中期是人面、大腹人身，但仍有蛙足；后期才全为人形。但无论早、中、晚，皆突出巨大的腹部，似孕妇状，这与辽西女神庙风格一致。蛙多子，崇尚蛙仍反映女性崇拜。围场县坝上还有一座很小的女神庙，据说也是"蛙神"，证明由古至今，该地蛙崇拜一直流行，"蛙"与"娃"及"娲"同音，把承德地区的蛙崇拜看作女娲崇拜的后世流俗应有道理。辽西遗址上还发现有无足玉龟，为何无足？是否表示要断其四足的巨鳌，使它不再淫雨祸乱？还有祭坛上的炼铜遗址，铜矿多异色，是否是所谓女娲所炼"五彩石"？不过，"补天"只是传说，祭天才是目的罢了。如果这种判断有理，北京则应与女娲文化在燕山搭界。苏秉琦先生曾说辽西女神其实是活生生的人，她不仅是红山文化的祖先，也是中华民族的共祖。于是我想到女娲也被看作中华民族的共祖，把两者联系起来，再考虑到北京周口店的旧石器时代的耀眼光辉，对我们认识中华远祖生存发展的过程似乎会有很大启示。

  长期以来我一直在想，北京辉煌的旧石器文化哪里去了？如今，可以说从辽西女神庙找到去处。当然，或许可以走得更远，比如西北甘青文化与北方文化区就明显成一体系。也可以向东北，有的外国学者甚至认为周口店人追赶着猛犸，穿越当时还是沼泽的白令海峡，成为印第安人的祖先而生活到北美洲去了。但从当前考古发现来看，起码在新石器时代后期和国家出现之初，内蒙古东南的赤峰与辽西、冀北、京津这个"金三角"仍是全国文化发展中最耀眼的地方。因为，"与此同时代的中原地区，迄今未发现能与红山文化坛、庙、冢和成批成套玉礼器（玉龙、玉龟、玉兽形器）相匹敌的文明遗迹。古文化、古城、古国这一历史过程在燕山南北的地区看得清楚得多。而且先行一步"①。

而这样一来，此后北京和整个冀北刮起一场"文化旋风"，以及由此造就的"华夏根基"也就有了来路。

二 北京与"华夏族群"——关于炎帝、黄帝、蚩尤、共工、后土与北京的关系

距今五千年前后，我国进入传说中的三皇五帝时代。"三皇"有两种说法：一种是抽象的意义，指"天皇、地皇、泰皇"；另一种是指具体的代表人物。但究竟指谁又有分歧，如《风俗通义》说是指"伏羲、女娲、神农"。女娲的原迹我们已做考察，而伏羲和神农又都被人与五帝中的人物混合，如把伏羲看作黄帝，把神农看作炎帝，所以可能略去。五帝也有多种说法，《史记·五帝本纪》说是指黄帝、颛顼、帝喾、尧、舜；《吕氏春秋》《礼记》等则把太昊、炎帝、黄帝、少昊、颛顼称为五帝；汉以后又有其他说法。战国以来流行"五行说"，故将古帝配之以"五"，不必过分认真。而且"五帝"即使存在，也非像一以贯之的王朝，而是并列纷争的许多人物。其实，当时中国大地上是一个万国林立的时代，可叫作"帝者"还有不少，他们可能都是一些独霸一方的方国领袖。而某帝之称谓可能并非专指某人，或许如现在，这个国家叫总统，那个国家叫主席，否则，就不会有黄帝传几代、几百年，炎帝传几代、几百年的说法。而如史书记载，黄帝行进路线辗转东西南北，在当时条件下，一人一生也不可能如此，那应该是指某个部族或文化行进、转移的线路。所以，我们对传说诸帝在北京及其周围活动的考察也就是对各个族群的考察。五帝时期，大体相当于考古学中的中原龙山时代，但实际上，各种文化碰撞的焦点还不在中原，而是在北方，集中于京津、冀北地区。

关于黄帝与炎帝 黄帝和炎帝两族最初可能都活动于黄土高原。《国语·晋语》说："昔少典氏娶于有蟜氏，生黄帝、炎帝。黄帝以姬水成；炎帝以姜水成；成而异德，故黄帝为姬，炎帝为姜。"有人认为，少典是氏族部落的名称，不是指具体人名。不论炎、黄二帝是同一个父亲的兄弟，还是从一个氏族分化出来的两支，其最初状况应是比较相近的，但后来，却"异德"而相水火。大体上说，黄帝可能和北方牧猎民族有关，

---

① 苏秉琦：《中国文明起源新探》，生活·读书·新知三联书店1999年版。

文献上说他率领虎豹熊罴打仗，其实代表狩猎民族的图腾；而炎帝作大雾，并创八卦，从他对天文的关怀看，应和农业部族关系较大。这种差异，可能和其原始部族后来迁移的路线有关。黄帝族和炎帝族都有一个东迁的过程。徐旭先生在《中国古史的传说时代》一书中考证，说黄帝的东迁线路偏北，而炎帝则偏南，徐先生认为，黄帝大约顺洛水南下，到今大荔、朝邑一带东渡黄河，沿着中条山和太行山西部边缘向东北方向走。最后，可能是到达冀西北，建都于涿鹿。值得注意的是，黄帝文化和形成过程，恐怕不一定像考据家们认识的这样简单，苏秉琦先生认为，文明起源的形式可能有三种，第一种是裂变，第二种是撞击，第三种是融合。在谈到撞击时，他曾讲："距今五六千年间，源于关中盆地的仰韶文化的一个支系，即以成熟型玫瑰花图案彩陶盆为主要特征的庙底沟类型，与源于辽西走廊及燕山以北的辽河和大凌河流域的一个支系，即以龙形（包括鳞纹）图案彩陶和压印纹陶的瓮罐为主要特征的红山后类型……一南一北各自向外延伸到更广、更远的扩散面。它们终于在河北省的西北部相遇。"① 这就是说，早在黄帝部族大迁徙之前，中原文化与北方文化就有过一次大冲撞，其产生的文明火花表现于辽西女神庙。他认为，三种文明起源形式"大都与中原和北方文化的结合有关"，"所涉及的范围是从关中西部起，由渭河入黄河，经汾水通过山西全境，在晋北向西与河曲地区连接，向东经桑干河冀西北，再向东与辽西老哈河，大凌河流域连接，形成γ形文化带"，他认为这是中华文化总根中的一个"最重要的直根系"②。苏先生所指的这三种文明发源的时间是距今六千年到四五千年。另外，韩嘉谷先生认为：距今五千年前后，整个长城地带出现一次大变异，西部仰韶文化体系由面貌迥异的马家窑文化代替，中部河曲、岱海地区出现河生不浪文化，东部的赵宝沟和红山文化一起演变为小河沿文化，而小河沿文化发动大规模南下，影响到整个太行山东麓。③ 也就是说，这个时期上述地区整个从农耕为主变为牧猎为主。如果说黄帝的东迁是在辽西红山文化高峰之后，在他之前，则已经出现过关中文化向东北的推进。而苏先生所说三种文明起源由南向北的区域，具"γ"形的下部与徐旭先

---

① 苏秉琦：《中国文明起源新探》，生活·读书·新知三联书店1999年版。
② 同上。
③ 韩嘉谷：《用边角料做时装》，《苏秉琦与当代考古学》，科学出版社2001年版。

生所述黄帝东迁路线有惊人的相似，这说明黄帝的东迁并非完全是无稽之谈，整个部族的迁徙可能有很长的时间，而且是吸收了中原、北方、西北各种文化的成果。是北方寒冷和沙化，南方洪水为害，使南北相向挤压的必然结果。因此不能认为黄帝只是代表中原，这个部族的后期，可能更多吸收了北方牧猎氏族的文化。

炎帝东进的路线据徐旭先生考察，大约是沿渭水南下，由黄河南岸东行，并曾与江淮之地的苗蛮发生关系，融合、兼并了一些苗蛮氏族部落，最后可能到达山东，又与东夷文化相结合。这样，炎、黄两大氏族控制了当时南北两大块地区，是华夏诸部中最有势力的集团。炎帝可能受到东部海浸的困扰，于是又向西北扩展，便与冀西北的黄帝族发生激烈冲突，最后造成著名的"炎黄阪泉之战"。

阪泉在何处？有人认为在涿鹿，但那里的泉称为"黑龙潭"。北京社科院历史所的五位专家考证，认为阪泉就在今北京延庆区境内的张三营乡。那里有泉，至今称阪泉，还有高耸的阪山，山前开阔的阪坡地貌也说明该山以此而得名。此处还有上阪泉村、下阪泉村，都是长期遗留的村落名称。况且，以黄帝的力量和智慧，也不至于非要等对手打到家门口才会迎战，既然黄帝与蚩尤早已在涿鹿之野交锋，此次炎帝已穿越八达岭要害，为什么每一次都要待兵临城下才开战？无论从地理形势、战略防御、地名学等方面，说两军在延庆相遭遇都是讲得通的。即使在涿鹿，距北京也不过百里之遥。这次战争的结果是黄帝族战胜了炎帝族，炎帝族大部分融入黄帝族。一部分可能流向东北，所以后来许多东北民族自称为炎帝后裔，而我们中国人才自称为"炎黄子孙"。

蚩尤、共工与后土 与黄帝在幽燕争霸的还有蚩尤。据说蚩尤曾居东南，与苗蛮发生关系，有七八十个兄弟。看来蚩尤兼并的部族很多，作战能力很强。蚩尤曾先和神农氏部族遭遇，有"西逐神农"之说，后来又与黄帝作战。古籍中的神农和炎帝常被混同为一，他们可能是同一部族的前后首领，或者是同为一人。如上所述，神农（炎帝）原来部族在渭水流域，后来发生迁移，可能与蚩尤有关。蚩尤后来活动的区域大体在太行山东麓，与后李岗一期文化分布十分相近。后李岗一期文化约距今6000年，其东南皆未越过黄河洪水区，北面深入燕山山地，如平谷上宅、密云燕落皆发现其踪迹。在燕山以北的红山文化区也可见其影响。西部穿越太行山到晋中，一直达内蒙古中部。韩嘉谷先生认为"这个分布情况，恰和东夷集团的分布，尤其和蚩尤西逐神农的传说有着不谋而合之势，不能认为偶然的巧合"①。黄帝族受到蚩尤的威胁，攻打蚩尤，"九战不胜"。蚩尤北上，双方于涿鹿之野展开决战，黄帝制作号角战鼓，鼓舞士气，才杀了蚩尤。蚩尤是东南苗蛮和东夷文化的结合体，他们来到太行山和燕山后又与当时的土著文化相结合，这是又一支文化在幽燕的汇聚。

这一时期出现在幽燕地区的还有共工。据说原来共工与颛顼争帝，失败后被流放于幽州，共工怒触不周之山，使天柱折、地维绝，才形成冀中的大洪水。联系上述女娲济冀州、止淫水的考察，共工的活动，除掉那些折天绝地的神话外衣，其部族间的关系应找到线索。江浙地区的良渚文化被看作和颛顼文化有关，所以共工应源于东南文化区，是和颛顼竞争失败后，才来到幽燕的。

共工的后代是后土，仍然生活在幽燕地区。到商代，北京地区有许多不同部族，其中一支叫土方，有人认为即后土文化的遗存。

至此，我们看到，所谓南蛮、东夷、北戎、西狄，以及中原文化都汇聚于军都山左右和燕山南北了，说它是一股文化旋风毫不夸张；所以，我们完全可以说，不仅中华民族融合的最后几步是在北京完成的，而且最初的一次大撞击也是从这个地区开始的。中华民族数千年的文化、制度，如坛、庙、冢的布局，龙、凤等灵瑞物，后来青铜器时代流行的龙、凤、雷、云纹饰，都可以在赤峰、辽西、冀北、京津地区找到最初的渊源。文化撞击是产生更高一级文化的前奏，它预示着在中华大地上更辉煌的文明时代的到来。

三 尧舜与北京文化

考古界有人认为五帝时期可分为两个阶段：第一阶段是炎帝、黄帝、颛顼等，是群雄逐鹿的时期；第二阶段是尧舜时期，是各部族开始联合，对付自然灾害——大洪水的时期。儒家言必称尧舜，把尧舜看作三代以前的盛世；墨家把尧舜时期的唐虞当作一个朝代：可见当时的国家制度又有了新的发展。尧在制度文化方面已颇具规模，官职有四岳、十三牧、司空、司徒……尧还建立了刑法制度。当时国家大事，首先是领导生产、治理洪水，所以要依据天象授时指导农业；其次是祭天祭祖，所以宗教越在

---

① 韩嘉谷：《"黄帝南伐赤帝"刍议》，《北京文博》2003年第3期。

远古越受重视；最后是领导军事活动。

尧的活动在哪里，有人说在山西。其实，那是后来之事。尧的初封地在今河北顺平、唐县、望都之间，这在许多文献中都有记载，如《史记》《汉书》《元和郡县志》《括地志》《路史》等，均有所记述和考证。尧始封于唐，故至今有唐河、唐县。唐县东有顺平（原完县），其地有伊及山，相传为尧母生尧之地，山中有洞，说明当时未摆脱洞居生活。唐县北有孤山，相传为尧母庆都所居之处，故又有"望都"之县名。这一带还有唐河、广唐城、望都里等，皆尧之踪迹；所以，尧始封于此，早期活动在冀中大体无误，后来才西迁到山西，这样尧的势力肯定要把冀北幽燕包括在内，其去北京甚近。

舜的最初活动地点大约在今军都山以西。《太平寰宇记》卷七一《河北妫州怀戎县》载有"历山"，而《后魏舆地图风土记》则云历山之下有舜祠，据云舜都于"潘"，是汉代上谷所属十五县之一，在今涿鹿西南七十里，黄帝时即曾建都于涿鹿，舜把这一带作为根据地，应看作黄帝文化的延续。也有人把舜的活动说是在山西蒲坂、山东历城，甚至推到河南、浙江，这些地方也可能有舜活动的踪迹，但其初始阶段即是尧的助手，应距尧的都城不远。另外，《尚书·尧典》和《史记·五帝》本纪都有尧将自己的两个女儿嫁给舜于妫汭之地的记载。妫水在今延庆区东北发源，西南流至县城附近，又西流，在怀来境入桑干河。综合这些记述，把舜的早期活动定于军都山以西问题不大。这样，整个三皇五帝，除颛顼是间接关系外，其余都与北京有十分密切的关系。有人认为，其实夏朝初期的活动中心仍在北方，后来才转移到中原。这样，苏秉琦先生关于中华文明"北方先行一步"的论断便不仅有辽西考古可证，而且有京津、冀北的古帝王大碰撞再次证明。这是在周口店旧石器文化之后，北京地区第二次大辉煌的时代，其作用不亚于辽西地区的神秘王国。因为，正是由于这一次次的大冲突、大汇合，才形成我国华夏集团的真正轮廓。所以，重新认识北京在远古时期，特别是在国家建立之初的重大作用，便成为北京史研究中的一个重大课题。

第二章　夏商时期的北京文化

夏商时期的北京，历史文献记载甚少，这可能与三代以后中原文化崛起、全国群星灿烂的局面有所改变有关，同时也仍与传统史学中长期被中原文化决定论所影响有很大关系。从考古方面来说，夏代一般认为是中原龙山文化时期，与此相当的北方文化是源于赤峰地区的夏家店下层文化，京津地区则被看作夏家店下层文化的一个分支。然而，对夏家店下层文化的时间，早期认识争议颇多，有人甚至将其上限定于商代，这样，夏代的北方地区就成了空白。所以谈起这一段历史，无论史学界或考古界，往往将两代笼而统之地描述，或者干脆几笔带过。这带来学术研究的更大难度，但也为我们提出不少问题。就全国情况看，夏商时期无疑是国家制度进一步完善、提高和中华文明奠基、化成的时期，此时的中原文化起着领头兵的作用，对这个时期的中原文化绝不可低估。但是，京津、冀北地区的文化是否就因此一落千丈，甚至整个一代都成了空白呢？且不说旧石器时代和新石器时代这一地区一直处于多种文化碰撞、交流的风口浪尖和中华文明源起时期所起的作用，单从考古发现来讲，该地区的文化发展也是一脉相承的，所谓"断档"，可能是我们在认识上发生了错位。而以文献来说，夏代的记载确实比较少，这不仅是北方的问题。但我们从夏王朝建立的前期过程中，却仍然发现与幽燕地区有许多联系。从这些分析中我们起码形成两点认识：第一，不能用夏商时期中原文化简单替代北方文化；第二，北京地区在这一时期仍做着自己的贡献，不仅在本地区继续发展，而且对促进中原文化也起着重大作用。从总的情况看，夏商时期的北京形成了一种独具特色的土著文化，它既不完全是北方夏家店下层文化，也不简单等同于中原文化。这种情况甚至一直持续到周的前期。有人把它称之谓"燕文化"，是很有道理的。也就是说，这一段时期不仅不应当忽视，而且应看作为"燕文化"真正形成的时期。

第一节　对夏代北京文化的基本估量

一　"夏家店下层文化燕南型"的性质与时间

在红山文化之后，北京出现的最有影响的文化是夏家店文化，它因发现于赤峰夏家店而得名，该文化从时间和器物的变化看分为下层和上层。在很长时间内，人们把燕山南北相类的文化都看作夏家店文化，只是又分为燕北型和燕南型。所以，我们暂且仍从"夏家店下层文化燕南型"来称呼这个时期的京津冀北文化。夏家店下层文化分布地域，北起赤峰地区的西拉木伦河，南至河北的拒马河，西到张家口地区宣化一带，东至医巫闾山和天津一线，由于它基本覆盖了后来的燕国领域，早期有人曾把它称为"先燕文化"。这种文化在北京地区发现的有：昌平雪山和下苑、丰台榆树庄、房山琉璃河、密云燕落和凤凰山、平谷刘家河、房山镇江营和塔照等地。另外，在燕南、冀北其他地方也有许多该文化的发现，如张家口白庙，蔚县筛子绫罗、三关、东小泉，涞水西义安、庞家堡，易县岳各庄，唐山大城山、小庄、沽冶，天津蓟县张家园、围坊，宝坻歇马台和大厂县大坨头等。[①] 这些地区往往有夏家店上层文化的叠压。上层问题暂不讨论，我们首先集中讨论下层问题，因为它牵涉夏商两代北京地区文化的基本面貌与估量。

首先要解决的是这两种文化的时间，因为，假如该文化如有些学者所说的只是殷商文化，讨论夏文化便与此无关。如上所述，"夏家店下层文化燕南型"在形态上与燕北有很大差异，但在时间上确实大体相当。所以，其时间的确定仍应从整个夏家店下层文化入手，然后再谈其差别与属性。关于这个问题，陈平先生在《北京文物与考古》第五辑中发表了《夏家店下层文化研究综述》一文，对各家意见进行了相当详细的概括，很值得我们借鉴。陈先生文中指出，在早期研究中，由于出土材料尚不很丰富，一般将该文化时间定得较晚，如李恭笃、高美璇二先生，便认为整个京津地区的夏家店下层遗存时间相当于商末周初。早期持类似观点的还有其他学者。但是，随着考古资料的更多发现与研究的继续深入，许多学

[①] 陈平：《夏家店下层文化研究综述》，《北京文物与考古》第五辑，北京燕山出版社 2002 年版。

者认为这是继红山文化、小河沿文化之后，北方持续而起的一种文化，它的时间要早得多。如张忠培先生在1987年文物出版社出版的《考古学论文集》中，发表了《夏家店下层文化研究》一文，特将辽西、海河北、张家口地区的壶流河地区的"夏家店下层文化"的类型和分期年代做一张表（如下），使我们一目了然地看出他的观点：

壶流河流域	海河北系	西辽河系	年　代
Ⅰ	Ⅰ	Ⅰ	夏
Ⅱ	Ⅱ	Ⅱ	
Ⅲ	Ⅲ	Ⅲ	早商早期
Ⅳ		Ⅳ	早商晚期

该表中的海河北系自然包括了所谓"夏家店下层文化燕南型"，他把该文化分为三期，其一、二期认为跨越整个夏代，而第三期最晚也不过早商晚期。与张忠培相类的观点还有李伯谦先生，他曾于1900年发表《论夏家店下层文化》[①]，选择燕北药王庙、燕南大厂县大坨头和壶流河作为三种类型的代表，并同样列出一表（如下）：

年　代	分期	药王庙型	大坨头型	壶流河型
夏	一	1	1	
	二	2	2	1
		3	3	2
商前期	三	4	4	3
		5	5	

表中的大坨头型即燕南型，其时间同样认为是由夏而至商的前期。而郭大顺先生是将唐山大城山下层划为夏家店下层文化，并由此判定该文化上限突破距今4000年前，即突破龙山文化。关于夏家店下层文化的上下限目前仍继续讨论，但越来越多的学者认为不会晚到商周之际，而跨越夏代也为更多的人所认可。所以且不论所谓"燕南型"是不是归为夏家店

[①] 见《纪念北京大学考古专业三十周年论文集》，文物出版社1990年版。

下层文化,其时间属夏代和商代早期大体无误。这个问题的解决,对北京史研究有着十分重大的意义,这说明,北京历史在新石器时代的辉煌之后,不仅没有断档,而且考古学中有许多遗存。人们一般认为北京是所谓"夏家店下层文化燕南型"的中心地带,情况确实如此,即使著名的蓟县遗址、大厂遗址,实际上仍近在京郊。

那么,所谓"夏家店下层文化燕南型"究竟是怎样的面貌呢?不少学者对燕南、燕北进行了比较。邹衡先生拿辽西与燕南比较。他指出辽西型房屋几乎都有外石墙,内有土坯墙的半地穴,而墓穴大多有石棺,晚期有用陶范制的青铜礼器,石器有磨制、打制和细石器三种,陶器盛行卷缘筒状鬲,随葬品多彩绘黑陶。而燕山(即指燕南——笔者注)型以北京为中心,其房屋少见外石墙,墓葬多土穴,少见石椁,已出现青铜礼器、铁刃铜钺、金臂钏、金耳环等,卷缘筒状鬲和彩陶少见。[①] 李经汉先生则明确分为燕南型和燕北型,他认为燕北型的青铜器发现较少,流行打制石器,陶器以夹砂和泥制灰陶为主,直腹鬲极为流行。而燕南型青铜器比较普遍,石器以磨制为主,流行鼓腹鬲。[②] 但也有人指出,李先生所说的燕青铜器不属夏家店下层文化,是将更晚时期的一些文化遗存误划为夏家店下层文化产生的误解。但无论邹、李,在其他器物上和房屋、墓葬的分析都比较一致。这就使我们看到了这种所谓"燕南型"文化的大体轮廓。

在做了这些比较之后,人们开始发现,其实所谓"夏家店下层文化燕南型"虽然和长城以北的夏家店下层文化时间大体相当,有着一定的联系,但更多的却是个性。"燕南型"其实并不完全属于夏家店下层文化,而是一种独具特色的土著文化,它可能根系于雪山二期文化并渗透部分龙山文化因素,与夏家店下层文化相邻而不同源。如吴鹏、韩嘉谷等先生均持此种观点。

至于此种文化的族属,最早由于将其时间定得较晚,许多学者是将历史文献中记载的商代北京地区的部族,如孤竹、肃慎等归于夏家店下层燕南型,既然目前许多学者已认可此种文化是由夏而至商代早期的文化,这种对于族属的认识显然就不大妥当了。至于夏代本地区到底有哪些部族,

---

[①] 邹衡:《关于夏商时期北方地区诸邻境文化的初步探讨》,《夏商周考古论文集》,文物出版社1980年版。

[②] 李经汉:《试论夏家店下层文化的分期和类型》,《中国考古学会第一次年会论文集》,文物出版社1980年版。

目前尚有待进一步研究。由于夏代文献资料甚少，或许会长期给人们留下一个疑团。

二　夏代北京保持土著文化之原因

夏代是我国第一个有历史记载的王朝，从那时起中原文化开始起先导作用。北京地区虽然地域偏北，但距夏的中心地带并不甚遥远。考古情况表明，在河北省的中部已明显受龙山文化的大量影响，而京津、冀北却别具一格。北京地区之所以保持它的土著文化特征，是由多种原因造成的。

高寒·洪泛·大乐之野　首先，我们要从自然生态和生产条件来探讨北京地区在夏代的情况。如上章所述，在新石器时代有一个大暖期，而到新石器时代晚期，地球的大暖期结束，这使北方的气候变得高寒少雨，很不利于人类的生产和生活。早在距今5000年时，红山文化曾达到它的高峰，并出现了如辽西女神庙那样的神秘王国。当时的长城以北，已是农业甚为发达的地区。但到中原的龙山文化时代，北方普遍出现了由农变牧的现象，在考古学上则表现为小河沿文化的大规模南下，有些学者认为黄帝由西向东并南下征伐便是在这种背景下发生的。也就是说，长城以北的居民或改农从牧，或南下到燕山以南较温暖的地带谋求生存。所以，《山海经·海外西经》有一个很有意思的称呼叫"大遗之野"，可能就是指的长城以北的情况。意思是说，那里原本是很兴旺的地方，但却在被人们遗弃着。而燕山以南，宜耕宜牧，既无燕北的干旱与高寒，又不像中原那样洪水泛滥，所以被称为"大乐之野"。由于大暖期造成的海面上升，沿海出现海浸，而且大雨不止，所以早在夏建立以前，尧、舜、禹时期的中华大地上，许多部族都在饱受洪水的煎熬。从考古情况看，在黄河中下游和长江中下游史前的氏族部落已相当密集，但正是这些地区到新石器时代后期洪泛最为严重，所以尧、舜、禹几代的历史就是与洪水抗争的历史。因此，与中原比较，北京和冀北的山麓台地与丘陵地带便又避开了大洪水。北高寒，南洪涝，唯北京周围虽有气候变化但于生产生活并无大碍，确实可称为"大乐之野"了。这个"大乐之野"就是《山海经·海外西经》中所说的古冀州。应当指出，古书中所说的"冀州"，不能视为今河北省之地理范围，除北京、冀北之外还应包括晋北、晋中之地。陈连开先生曾从古代气候学、地理学、考古学等多方面进行考察，与我们这种观点是非常一致的。他认为,所谓"大遗之野"指由富庶而变贫瘠,其地域指今赤峰、辽西地区。[①] 而燕南地区虽然也受自然气候的影响,但总的说来变化不大。苏秉琦先生亦曾指出,燕地论土地不如中原肥沃,论出产也不如中原和南方丰富,但却历久不衰,和它宜耕宜牧的自然条件有关。可见,考古界与史学界对这一点有共同的认识。所以,直到战国,燕虽弱但独于东方六国而后亡,生命力十分强。北京历史所以绵延不绝,此重要原因之一也。这种得天独厚的自然条件使夏代的北京地区生活相对稳定,居民虽有迁徙,但不像北部的"大遗之野"和南部的洪涝地区那样复杂,所以能够形成和保持其土著文化的特点,它既有龙山文化的因素,也受夏家店下层文化的影响,但更多地表现出自己的特殊性,是一种独具特色的土著文化。其代表是北京近畿的河北大厂大坨头和北京雪山二期文化。如韩嘉谷先生就曾指出:"在燕山以北出现夏家店下层文化的同时,燕山南麓的龙山文化孕育出一支独具特色的地方文化,即大坨头文化。在昌平雪山遗址 H66 龙山文化灰坑中,作为大坨头文化基本器类的敛口鼓腹鬲已经出现,透露出其渊源。但由于在大坨头文化中有部分器物与夏家店下层文化相通,因此在这种文化发现之初,人们也将其归入夏家店下层文化之中,称作'雪山型'或'燕南型'。随着材料的积累,愈来愈表明它们不仅渊源不同,而且相通因素是局部的。"[②] 苏秉琦先生亦曾指出,后世流行的燕式鬲与兽纹瓦当,其实早露渊源。当时北京地区可能居住着许多不同部族的居民,但其生产和生活方式是大体相通的。北京的这种土著特点,甚至经历夏、商,一直到周前期。

中华民族独特的建国方式与北京土著文化 北京地区夏商时期的土著文化特征之所以形成并保持相当长久,与我国独特的国家建立方式有很大关系。夏朝是我国有文献记载的第一个王朝,所以传统史学把夏看作中国国家的起点,实际情况却并非如此。如上章所述早在红山文化的高峰时期,在辽西地区便出现了颇具规模的古国,从全国各地考古发现来看,这种古国可能还不只辽西一地。辽西地区无论从坛庙、冢的国家权力格局或大量的玉器与规模可观的城堡防御体系,都表明那里的部族已脱离原始形态而具备了国家的特征。到传说时代的炎帝、黄帝、蚩尤等,其军事组织

---

① 陈连开:《中华民族研究初探》,知识出版社 1994 年版。
② 韩嘉谷:《用边角料做时装》,《苏秉琦与当代中国考古》,科学出版社 2001 年版。

的庞大完整，生产条件的进步，天文气象、交通工具、原始的哲学观念、最早的数学概念等种种发明和部族间的战争规模等，也绝非原始部族所能达到的。所以，夏商周是在原始古国基础上的升华，按苏秉琦先生的说法，三代是国家形式的更高阶段——方国阶段，而并非此前没有国家。不过，夏朝的建立的确和以往古国有很大不同，如果说传说时代是万国林立、群雄竞争的局面，而夏代则更多的是许多古国或部族的相互容纳与联合。前者是战争和文化的冲撞，后者是联合，文化的包容。我国是在基本没有改变氏族结构的情况下进入阶级社会，所以在政治架构上保留着许多氏族制度的特点，在文化传统上保留了许多多元化的格局。《吕氏春秋·用民》说"当禹之时，天下万国，至于汤而三千余国"，这种数量的估计当然只是个概数，泛指其多，但当时的确有许多相对独立的古国存在，夏王朝只是一些大的部族集团或大的古国进一步联合的结果，所以它可以允许各古国或部族原始文化的独立存在。联合的结果在中原地区自然升华出更高层次的文化，但周边地区却必将其原有文化封杀。尧时担任司空的禹是夏人的祖先，担任司马的契是商人的祖先，担任田畴的后稷是周人的祖先，所以，夏、商、周都是尧部落联盟的核心成员，"以尧为首领的华夏集团是以夏族、商族和周族为主体的部落组成的联合体"[①]。尧本身的发祥地在冀中保定地区，舜的重要活动地点在军都山西部，禹才是中原夏人的祖先。实际上，这个集团是在黄帝部族的基础上进一步联合发展而来。而黄帝集团同样落足于北方。如上章所述，传说时代的许多大首领均与北京有关，因而夏朝建立后不可能取代诸部族文化。反过来说，北方文化为夏王朝的建立曾做出过重大贡献。禹虽然传子建立家天下，但只是改变了人事关系，尧、舜、禹都是禅让而来，而且在一个接班人掌权之后老首领还要继续摄政，夏王朝在这样一种情况下建立，是北京地区得以保持其土著特点的另一个重要原因。

第二节　商代的北京文化

继夏王朝而起的是商，张光直先生认为，夏、商、周三代"不仅是前赴后继的朝代继承关系，而且一直是同时代的列国之间的关系"，"而

[①] 王冠英主编：《中国文化通史》先秦卷，中共中央党校出版社2000年版，第106页。

朝代的更替只代表三国之间势力的沉浮而已"。① 所以，商代的政治制度和文化思想较夏代变化不大。此时的北京地区仍存在着许多不同的部族，它们与商的关系大体是一种"外服"关系。所以，商代的北京地区是既受到商王朝的影响，但又仍然继续保持自己土著文化的特征。从考古学看商代的早期北京地区仍属所谓"夏家店下层文化燕南型"，而中晚期则属所谓夏家店上层文化，并一直延续到周初。然而，这并不是说商代北京完全脱离商王朝的文化，二者是一种交互影响的关系。夏、商两代这种以土著文化为主的情况不仅使它在当时别具一格，而且对后世影响很大，即使到周代，虽然大量接受了中原文化思想，但仍保持强烈的北方文化特征。

一　商族起源及其远祖与北京的关系

关于商代的起源，学术界有许多不同说法。但大多是根据与"商"相关的地名而进行的推论。比如，河南商丘说、商洛山区说、河南濮阳帝丘说……但是，一个部族的起源仅凭地名考证而确定是不准确的，还应当有相关的考古资料来印证。史书记载，商的祖先在汤以前曾八迁其地，这可能是由于夏代的大洪水使商族为避水灾而迁移不定，但其活动总该有一个大体的范围。目前，大多数学者认为，商原是东夷的一个分支，后来逐渐西迁，主要活动在太行山东麓。孙淼先生指出，陕西商洛地区的古文化和商根本不是一个系统，它不可能成为商文化的一个来源，这里没有发现先商文化的遗存。从目前考古情况看，先商文化主要分布在河南、河北，尤以河北漳水流域为重点。其中以邯郸、磁县最具代表性。② 邹衡先生亦认为，"漳河型先商文化是时间最早的先商文化，其分布中心是：河北省的滹沱河与漳河之间的沿太行山东麓一线，而以漳河中游的邯郸、磁县地区的先商遗址为代表"③。所以，商族的早期活动地点距北京不远，因而不可避免地与北京地区发生种种联系。

关于商的先祖与北京地区的联系见于文献记载的关于王亥与上甲微的故事。《山海经·大荒东经》载："有困民国，勾姓而食，有人曰王亥，两手操鸟，方食其头。王亥托于有易，河伯仆牛，有易杀王亥，取仆

---

① 张光直：《从夏商周三代考古论三代关系与中国古代国家的形式》，《青铜器时代》，生活·读书·新知三联书店1983年版。
② 孙淼：《夏商史稿》，文物出版社1987年版。
③ 邹衡：《关于探讨夏文化的几个问题》，《文物》1979年第3期。

牛。"《竹书纪年》亦载："殷王子亥，宾于有易而淫焉。有易之君绵臣杀而放之，是故殷主甲微，假师于河伯以伐有易灭之，遂杀其君绵臣也。"这两条记载，《竹书纪年》更为清楚，说殷人王亥，到有易那个地方，带有仆牛，所谓"仆牛"可能指被驯养的牛。王亥在有易淫乐，被有易国君绵臣所杀，并夺去了他的牛。殷王上甲微借师于河伯，灭掉有易，又夺回了牛。此事在《易经》的卦辞中亦有记述，说"丧羊于易，无悔"（《易经·大壮》），又云："鸟焚其巢，旅人先笑后号咷，丧牛于易。凶。"（《易经·旅》）这里所说的"鸟焚其巢"，可能是说有易国是一个以鸟为图腾的国家，而王亥先是嬉戏欢乐后来被杀。大体相似的记载还有《楚辞·天问》，但记述中多了一个人物王恒，为亥之兄弟，王亥被杀，君王恒曾到有易求情得其兄丧失的牛羊，然后是上甲微征伐有易。而上甲微到有易后，又为女色所惑，使有易国土成为一片荆榛之地。

王亥《史记·殷本纪》记载的先商世系中"亥"作"振"，是先商的第六世祖，甲骨文为王亥，应以甲骨文为准，其子上甲微则是第七代了。"有易"之地，学术界认为指今易水流域，歧义不多。

这个故事说明了三件事：第一，夏代在北京西南部曾有一个有易国。它可能是以鸟为图腾的部族或古国。第二，商的祖先曾带着牛羊到达这个地方。商族据说是以农业为主的部族，他们的祖先相土曾驯养马匹以致远，而王亥又驯"仆牛"，因而肯定将驯养牲畜的技术带到北京地区，而同样使商的文化接受幽燕地区的文化因素。第三，上甲微曾灭掉了有易，并占领其地，而且惑于女色在此久留不去。这就是说，在商建立之前，商族人曾一度占领易水流域。因此，两地之间的文化联系是必然的。

由上甲微之后，又历五代而至汤，灭夏建立商朝，这才把政治重心由河北向河南转移。可见，就商的早期说，是吸收了东夷、幽燕和中原的诸多文化因素，北京地区对商文化的影响不可低估。比如，商代兽面纹器物大行其道，而北京地区很早便出现这种特有的纹饰，很难说是北京接受商的影响还是商吸收了燕文化的因素。近年来有些学者大倡商文化起源于北方之说似有道理，起码冀北是商的文化源头之一。

二　商代北京地区多民族文化的交融

商代北京地区，或说燕山以南的京津冀北之地居住着许多不同的部族，他们的文化、习俗大体相类，但又有区别，有的是自然生长的国家，如侯仁之先生很早便指出，早在商代，北京地区就存在两个"自然生长的国家"，燕与蓟。除了这两个著名的方国以外，在东部滨海的冀东北以至辽西，还有孤竹，有的认为还有肃慎；西北部则有山戎，有的认为土方也与该地区有关。关于这些国家、部族的具体情况尚有不少争议。但对北京地区商代是一个多民族杂处的地带却有共识。不过，与夏代相比，这些国家与部族和中原王朝的关系似乎进一步密切：有的与殷商有亲缘关系，有的后期还在商的中央政权为官，有的与商有深厚的感情，以至在武王灭商时存在强烈的反抗情绪。这说明，商代北京地区诸国和部族与中原不仅是一般的交往与贡纳，实际上已属商政权的控制范围之内，这种与中原关系的变化可能与商的祖先们，如王亥、王恒、上甲微等早在商建立以前就对冀北、京津大力拓展有关。所以，商代北京亦视为"中原"的一部分。周代初期的官员到北方视察，报告说"燕亳、肃慎，吾北土也"，进一步证明商代遗留下来的统治范围早已包括幽燕地区。不过，就文化风格而言，北京地区仍与中原有很大区别：同样是青铜器已很发达，但北京地区却别具风格；同样是青铜短剑，但却有明显的北方民族装饰；尤其是早期，仍更多与燕山以北的夏家店下层文化联系。这种以北方土著文化为主，又吸纳中原文化因素的格局，不仅反映该地区文化的个性，也说明它有很强的生命力。广泛吸纳而又不失本色正是一种文化生存发展的关键所在。北京于三代之后直到封建社会前期政治、经济均不占优势，而于封建社会中后期独担南北民族统一之重任，与它自古以来这种特有的文化生命力有很大关系。

关于商代北京地区的部族与国家，历史有所记载，但歧异较多，还需一一考证析辨。

关于蓟国考察与蓟文化　商代北京即有蓟国这是公认的，但蓟的地点与事迹不详。陈平先生认为蓟可能与商代的箕氏有关。箕为商代大族，为殷的直系亲属，今山西地名与箕有关者甚多，如山西榆社县有箕城镇，蒲县亦有箕城。陈平先生以为"春秋晋国之箕氏……为晋国新封到古箕地的箕氏，然其采地箕之地名却源于商代之箕氏"[①]。但无论如何，山西可能确实是商代箕氏的重要活动地区。然而，商代箕氏的活动或许并不止山西一地。而从许多出土的青铜器物来看，箕的政治中心可能是在北京地

---

① 陈平：《燕史纪事编年会按》，北京大学出版社1995年版。

区。北京近郊卢沟桥曾出土商末周初的"䏁候亚矣"铜盉;北京昌平白浮村西周墓中亦有带兄、兀(陈先生认为即"其"字)铭文的铜戈;辽西喀左北洞沟亦曾出土"䏁候亚矣"方鼎。这些器物集中在北京周围,故蓟国不可能与该地区无关,而且应视为统治者活动的中心地带。学术界熟知的箕子是箕氏商末的著名人物,其封地可能就是蓟,"箕"与"蓟"转音而已。联系到商的祖先在这一带活动的事实,这种推断很有道理。至于商代蓟城的具体地点争议颇多,但多数人认为周初的蓟邑就是商代原有箕国封地之内,大体在今北京或附近,较燕的封地靠北,且势力范围远比燕强大。

  箕族的事迹因商末出了一个箕子而著名。《史记·宋微子世家》云"箕子者,纣亲戚也"。是什么样的亲戚呢?有的认为是纣的庶兄,有的则认为是纣的诸父,也有的认为是外亲,但以"诸父说"为多,认为是纣的近亲。箕子与微子、比干并称商末三仁,纣淫逸无度,箕子忧国而谏之,纣不听,箕子佯装疯狂,被纣所囚。武王伐纣,释放箕子,使人"行商容之旧",复其位,但箕子不忍看殷商灭亡的景象,不久就逃亡到朝鲜。武王只好因势而行,加封箕子于朝鲜。后来箕子又返周来朝,过殷商旧地,吟《麦秀》之歌。《麦秀》见于《诗经》,是否为箕子所作多争议,但箕子见武王又曾对以《洪范》,可见箕子无论是否作《麦秀》,其文化根底很深是不错的。再从箕子在朝鲜教其民礼仪、田蚕、饮食、器具等情况来看,箕子确实对中原文化娴熟得很。当然,箕子是曾在殷的中央为官,其封地文化未必与商的中心地带完全一致,但殷为其封地,其思想文化不可能不受其影响。由此观之,到商代的后期,蓟国的文化应已相当发达,对殷商文化的感情亦很深。这说明由商初到商末,北京地区文化有一个由土著为主,到更多向中原靠拢的过程。也说明商文化与幽燕地区渊源可能相近,所以同样是朝代更替,由夏而变商,幽燕地区抵触情绪不大;而由商变周幽燕地区则对抗情绪很大,不仅箕子走朝鲜,还有孤竹君不食周粟的例子为证。

  商代的燕国及其文化 燕,同样是在商代便自然生成的国家。《左传》记载,昭公六年,周王派使者詹桓伯往晋,曾说道"肃慎、燕亳,吾北土也"。于是有的学者将燕与亳二字以顿号分之为二地,陈平先生认为这样解释不妥,应将"燕亳"视为一地,吾以为确当。概因"亳"是商代都邑之惯称,正如周人将都邑称之为"京",楚人习惯将都邑称之为

"郢"，故商代与"亳"相连的地名还有其他地点，而"燕亳"则指商之北燕，即周初分封于召公奭的商代旧国。关于燕国初封之地，亦即商代旧邑之所在，在很长时期内曾颇有争议，但随着北京房山区琉璃河周初大型遗址的出土，以及此地商代遗存的佐证，目前已基本统一，多数学者认为商代的古燕国即在该地，周初因之。燕于商时可能不及蓟强大，但亦为北方重要部族，其国还可能含着一些其他部族，尤其是西部山区的牧猎民族可能与燕关系甚为密切。《竹书纪年》说，商王太丁二年派周族季历"伐燕京之戎"，结果大败。"太丁"在其他文献中又作"文丁"。文丁是商纣王的祖父，季历是周武王的祖父，所以这次战争是商末之事。这次战争的地点，学者考证应在今山西管涔山下，但何以称"燕京之戎"却值得注意。管涔山是汾水与桑干河交界之处，两水皆在此发源，所以有的学者认为，或许因商的讨伐此处之"戎"向东北迁移而接近燕国，因而后来被称为"燕京之戎"，吾以为有一定道理。考虑到军都山、燕山两侧后世为山戎活动之地，此"燕京之戎"与"山戎"有无联系亦应加以考虑。

商代的孤竹文化 商代的幽燕地区还有一个诸侯国即孤竹国。《史记·伯夷列传》说："伯夷、叔齐，孤竹君之二子也。"《索隐》应邵云："伯夷之国，其君姓墨胎氏。"有的文献还称墨台氏、默台氏、默怡氏。孤竹国的地理范围史书记载不一，应结合出土文物加以考察。20世纪70年代在河北卢龙曾出土商代饕餮纹铜鼎、乳丁纹盘等礼器；辽宁兴城亦曾出土商代晚期的铜钺、戈等礼器和兵器；辽宁朝阳大庙村出土过商代中期的涡纹铜罍等孤竹国大批青铜礼器。故而唐兰先生说："喀左应属孤竹是无疑的。"但许多学者认为，辽西可能在孤竹国范围之内，但其中心应在今河北卢龙、迁安一带，由冀东北到辽西是其大概活动范围，该地区向来是山戎、东胡、东匈奴及东北民族交错之地，陈平先生曾指出："在商周时期正是以直刃匕首式青铜短剑为代表的先匈奴系统文化和以曲刃匕首式青铜短剑为代表的东胡系统文化的结合部，情况相当复杂。因此，将该地区考古文化，诸如夏家店下层文化、夏家店上层文化及商周中原北部文化与古文献中的孤竹、山戎、东胡、匈奴等国族相联系时，就要特别慎重。"[①] 此说甚是。所以，商代的孤竹国是一个民族关系更为复杂的地带，其国都则大多数人认为在今河北卢龙境内。

---

① 陈平：《燕史纪事编年会按》，北京大学出版社1995年版。

孤竹国也是因为在商末周初出了两个抗周的人物而著名，这就是伯夷、叔齐兄弟。据说，此二人为孤竹君之子。商末，周文王被封为西伯，伯夷和叔齐因其父死后互相谦让都不肯为君而逃亡投奔西伯。西伯（文王）死，武王伐纣，伯夷、叔齐因心系殷朝，曾"扣马而谏"。武王灭纣，伯夷、叔齐决心不食周粟，隐于首阳山采野菜而食，有人说："你们不吃周的粮米，但这土地也周朝的，你们吃的不是周的草木吗？"二人于是绝食而死。对于伯夷、叔齐的行为争议颇多，有的说是一种民族气节，有的说是阻挠武王革命；但无论如何，思念故国总是人们可以理解的感情，见仁见智，看从哪个角度来吸取，近代文化人饿死不吃美国救济粮，便是从积极方面学习伯夷、叔齐的精神。伯夷、叔齐与箕子逃亡朝鲜一样，虽承认周武王比纣王好，但对殷室的留恋是同样的，这恐怕很难用"先进""落后"等现代观点来衡量，大约同样是由文化上的差异而来。由此，再次证明了幽燕地区与商的文化渊源深厚，而与周人非一个系统。

除以上国家与部族外，有的学者认为北京地区还有肃慎、土方等，但颇有争议，且可备一说。

总之，商代的北京是一个不同古国、不同部族交错活动的地区，是文化习俗大体相近但又有区别，呈现出斑斓多彩的局面。

第三节　从考古发现看商代北京文化面貌

20世纪上半叶，北京商代考古几乎是个空白，虽有些传世文物，但亦不足证实历史的真实面貌。1977年，北京平谷县刘家河发现一座商代大型墓葬，遗址虽有破坏，但出土文物仍甚为丰富，使人们看到商代北京地区文化之一斑，其中有陶器、金器、玉器、铜器，最有代表性的还是青铜器。这些器物不仅使我们看到商代北京的生产和技术水平，而且反映了当时的制度文化、礼仪面貌、精神生活和艺术特点。除刘家河以外，在平谷的韩庄、安固，昌平张营、小北邵，房山琉璃河、皇后台、镇江营、塔照、焦庄等地也有商代遗址发现，但均不如刘家河典型丰富。所以，我们可以以刘家河为代表，从文化层面上加以探讨。刘家河商代墓葬，大多数人认为属于商代中期，但亦有学者指出，从其金耳环等物品特色看，仍不排除夏家店下层文化的可能。

一 从刘家河青铜器看商代北京青铜器文化

刘家河青铜器共出土有 32 件，其中礼器占 16 件，有弦纹铜瓿、弦纹铜鬲、雷纹小方鼎、兽纹小圆鼎、饕餮纹铜盉、饕餮纹铜爵、三羊铜罍、饕餮纹铜卣、饕餮纹方铜盉、三鱼铜盘、双鸟柱铜盘等。

商周时期是我国青铜时代的高峰，它创造了美轮美奂的青铜器艺术。这些青铜器在当时是象征权力，用于祭祀，葬于王侯墓葬的礼器，真正适用的东西比重反而小。因而，其工艺极其繁复，技术相当高超，特别注意其象征意义和观赏价值，往往艺术性很高，它是当时社会精神、文化面貌的一种物化的表现。

从刘家河青铜器的形制和纹饰来看，它和中原地区的商文化有着密切的联系。如商代流行的饕餮纹、雷纹、弦纹、鱼纹、鸟纹、象鼻纹等，在刘家河青铜器中皆有发现，许多纹饰与湖北黄陂盘龙城二里岗文化相似，其共同点是多为直耳器，足为中空到底的尖锥形，敛口，折沿，深腹，圆底。这说明，商代北京文化与中原地区是一种互动交流的关系。

然而，北京地区的青铜文化又表现出自己的个性。

刘家河出土的三羊罍是一件罕见的艺术精品，通高 26.8 厘米，口径 19.9 厘米。整体造型为敛口，方唇，短颈，折肩，深腹，颈部饰两道凸弦纹。这些总体特征与中原商代器物相近，但其肩部突起了三个形态生动、惟妙惟肖的羊首高浮雕。羊首的形象很有立体感，给人以极强的艺术感染力，虽然中部仍有兽面纹装饰，亦借用了兽面纹回旋曲折的形式，但那种象征统治者凶猛的特点似乎减少了许多，而给人的印象更多的是羊的温顺平和，似乎是北方民族生活的写照。

双鸟柱龟鱼纹铜盘是又一件艺术精品。此盘高 20.5 厘米，口径 28.8 厘米，敞口，宽折沿，腹内收，圈足、足上有大镂空，盘底平坦，中心绘有龟形图案，龟背甲饰以涡纹，边缘处饰以云纹，云纹内又增饰圆圈纹。而龟的周围，有三条鱼环游，鱼龟饰于殷商青铜器并不少见，但奇特的是在盘的口沿上矗立着两只相对的鸟柱，总体观察，似乎出现一种鱼龟游于浅底、鸟儿嬉于岸边的境界，在艺术构思上别出心裁。此种盘式中原不见，当为商代燕地所特有。

还有一件三足提梁铜盉，与二里岗商文化的盉颇为不同，通高 20 厘米，腹身作壶形，小口，有盖，细长颈，圆鼓腹，体似葫芦，管状流斜出于上腹部，盖钮与提梁间有铜环套接，三个锥形短足。这种形制的盉中原少见，但与内蒙古敖汉旗大甸子出土的黑陶壶近似，也是北京区域特点相当浓厚的器物。概因北方多牧猎活动，历来器物多小口、长身、鼓腹，后世辽金之鸡冠壶早期亦多皮袋形状，这种器形盛液体不易流洒，故多此形状。刘家河铜盉为礼器，不是实用之物，但礼器多为实际生活用品之转换而来，故仍反映当地习俗。

另一件精品器物是铁刃铜钺，残长 8.4 厘米，柄上有穿孔，钺身一面扁平，一面微凸，刃部为陨铁锻制，是先将陨铁锻造成 2 厘米的薄刃，再与青铜钺身浇铸为一体而成。此件铜钺弥足珍贵，据目前来说，只有河北藁城有一件类似的铜钺，说明北京地区用铁的历史早于中原地区。在北京昌平白浮西周墓中也有一件铜钺，其造型与商代刘家河铜钺惊人的相似，应是商代制造技术的延续。

刘家河商墓中还出土一些铜饰，颇耐人寻味。其中很有意思的是人面形铜饰，长 10 厘米，宽 10.5 厘米，高 0.9 厘米，像今之面具，双目为孔，大耳、蒜头鼻，两耳外张，皆作张口欢笑状，头顶有二孔，应是穿索系挂之用。由于安阳曾有同类面饰和洗盥器物壶、盂盆勺等共出，有的认为系浴室装饰物。但平和的面具饰物却颇有争议，不少人认为可能是衣饰。笔者以为此面饰可能与此方民族习俗有关，联系到后世辽金墓葬中多铜或金面具，或许是系于衣衫，有防灾避邪的用意。同墓出土的衣饰还有其他形状的铜泡，有蛙形、蟾蜍形等。我们在第一章曾讲到，燕山南北多有蛙信仰，这是又一证明。

从刘家河出土的商代青铜器总体面貌来看，它既有商代中心地区一般青铜器的特征，但又表现出明显的区域特色，似乎少了些中原器物的威严，但多了不少生动活泼的气息，更多地反映出北方民族自由开朗的一面。

二　刘家河金玉器物及商代北京人的审美观

北京地区早在旧石器时代晚期便已出现装饰品，到商周之际人们的审美观念无疑已提高到相当的水平，这在刘家河商代墓葬中同样得到证实。刘家河商代墓葬除发现铜饰件以外，还出土了一批金玉饰物，而且工艺水平已经很高。

金器有臂钏和耳环等。两件臂钏形制相同，系用直径 0.3 厘米的金条制成，两端对接处做成扇面形，使其形态更宽狭有致。金耳环制作更为巧妙，下部为喇叭形，喇叭底部有一沟槽，可能原来还镶嵌着其他饰件，随着喇叭收缩，上端渐细而成环状弯曲，末端尖细，与喇叭坠反差很大，显得玲珑优美。此种形制在北方其他夏家店下层文化中亦有发现，有些学者据此以及其他器物推断刘家河商代墓葬不排除夏家店下层文化的可能。此外，还有一件金笄，长 27.7 厘米，头宽 2.9 厘米，尾宽 0.9 厘米，一面平滑，一面有脊，截断面呈钝三角形，重达 108 克。可以想见，当时的贵族妇女头插金笄、耳挂金环、两臂佩金钏的那种摇曳多姿的面貌。

除金饰以外，还有玉饰，如以绿松石做成的珠串，九件玉珠皆对穿其孔，其中一颗还做成蝉形，串联起来便是一件美妙的玉项链。以蝉形做装饰同样在新石器时代即有发现，也是北京地区的一种传统。

与金玉饰物一起，还发现有麻织物残品，可见当时北京地区纺织技术亦达到一定水平。

第三章 从巫术神权到礼乐制度
——周代北京地区的文化转变

夏、商、周三代是华夏文化的形成时期，三种力量在三个时代里互有消长，但它们在总体上又相互吸纳与融合，从而形成了以中原为主的华夏文化。夏商时期，氏族和家族的界限并不明确，方国和部落均称为"氏"。所以，礼制于此时虽有萌发，但作用还不明显。《左传·宣公三年》载："昔夏之方有德也，远方图物，贡金九枚，铸鼎象征，百物而为之备。"但这种后来象征礼制的物品，在当时主要还是为宗教祭祀所用。所以，在夏商之时，宗教神权起着至关重要的作用。夏禹征三苗获胜，认为是"恭行天之罚"。《史记·夏本纪》说，"帝孔甲立，好方鬼神，事淫乱"，故"夏后氏德衰，诸侯畔之"。然而，由于人们对自然缺乏认识，商代并没有改变这种局面，到殷商时期反而更迷信鬼神，商王往往是以神权来强化王权，商代"人殉""人祭"现象十分严重。所以，夏商时期巫师的权力很大，史官往往和巫师一体，故殷墟甲骨中占卜之辞最多。

周代开始"封建亲戚"，"兴正礼乐"，以图尊卑有序，远近和合，它继承了商代的宗法制度，并更进一步扩大，规定了一系列的等级、名分。它是一种以血缘关系为纽带的等级制度，所谓君臣、父子、兄弟、夫妇、朋友，关系皆不僭越，这就是"礼"。"乐"则是以音乐，即文化教化臣民。在治国思想上，主张"敬天保民"，"天"仍是要敬的，否则难以证明统治者是代表上天的意志，但保民思想却是人类进一步向文明前进的一大证明。所以有人又提出不仅要敬天，而且要敬德，"皇天无亲，唯德是辅"①这种礼制和保民的思想，固然是维护统治者权力的需要，但比前代一味信鬼神而转变为人治、信人，应当说是一个很大的进步。

---

① 《左传·僖公五年》。

幽燕地区是商族重要发源地之一，其文化虽有许多北方其他民族的特点，但受殷商影响很大，幽燕地区在商末有不少颇有势力的王室亲族盘踞在这里，箕子、孤竹君的抗周就是最明显的例证。在这种情况下，周王朝不得不采取一些特殊政策，一方面逐渐推行周朝政治，另一方面仍然包容当地殷遗与土著文化。这一点在北京周代考古中得到明确的印证。特别是在西周，这种情况尤为显著。

纵观北京文化早期发展，从旧石器时代、新石器时代，一直到夏商之际，大体以北方文化为主，当然也部分接受东夷和黄河中游文化的影响。但北方文化、土著文化不等于落后文化，如第一章所述，在中华民族文明发展的进程中，北方甚至先走了一步。黄帝部族起源于北方，后来集中活动于京津、冀北、辽西的"金三角"地带，而后又曾南伐，与中原文化交汇。但到夏、商、周三代黄河中游确实成了文明中心，周代将礼乐文化向北京地区推进，又反过来促进北方文明发展，这种南北文化的交互作用与激荡正是北京文化的活力所在。

第一节 启以商政，疆以周索——北京周初的双轨文化现象

一 周初的分封和北京地区的实际情况

无论是夏还是商，都是以一个大部族为主体联合其他部族而形成的部族联合体，在这一点上，周代并无大的变化。但是，在以亲缘、家族为主的宗法制度方面却有了很大的发展，中国三千多年中所谓"家天下"的基本构架便是在周代形成的。

牧野一战，周人摧毁了商王朝的统治，但是，殷商遗民的势力还很大，周边还有蛮、夷、戎、狄等少数民族对抗，面对这种局面，周王朝采取大事分封以障屏藩的策略，即周初大封建。这里的"封建"非指社会制度而言，而是大建封国，封爵建疆。被分封的首先是周王室的叔伯、子弟、亲戚；其次是表示对先圣的尊崇所封的黄帝、尧、舜等古帝之后；而对殷商遗留下来的主要部族和贵族也采取分封政策，以示安抚。在这三种被分封的人员中，自然是以周人自己的亲缘与近戚为主。据《路史·后记》所云，"周之初兴，大封同姓五十有三国"。《荀子·君道》亦说，周初"立七十一国，姬姓独居五十三人"。这些数字或有差误，但周室大封

其亲族是不假的。当时大的诸侯国方伯及朝廷重臣，几乎都是姬周的同宗同族或姻亲外家骨肉至亲。特别是对那些原来商族势力非常大的地方，则必以朝廷重臣分封掌握。山东与河北，都是商族早期活动的重要地区，所以更为重视。太公、周公、召公为周初三公：太公为太师，被封于齐；周公为太傅，被封于鲁；召公为太保，被封于北燕。三人出则为大国方伯，入则为朝廷重臣。可见，幽燕地区对中原来说虽相对偏远，但却与山东地区一样受到特别的重视。

当时，河北北部和京津地区情况相当复杂。早在先商之时，商族的祖先就曾在这一带活动，入商以后，这里有殷商重臣箕子的封国，学术界一般认为即商代的蓟。箕子逃往朝鲜，表明对周的反抗，其遗民对殷商的感情可以想见。冀东地区则有势力相当强大的孤竹国，其势力范围地跨今山海关内外。而在军都山、燕山两侧还有其他北方游牧民族的活动。有的学者认为召公为商代即被封于燕的周人盟国，从大量史料看并无根据，召公姬姓，多数文献记载其应为文王庶子，武王之异母兄弟，所以得与周公分治周土之东西，并为朝廷三公之一。有人认为召公之所以被封于燕是因为这里势力强大，同样亦未确当，周朝封召公奭于燕的真正原因是这里殷遗势力甚重并且形势复杂，召公善抚远邦，故特委以重任。据《礼记·乐记》记载，与召公大体同时封于北京地区的还有黄帝之后于蓟。以先圣而替代旧商箕国势力，同样是一种削弱殷遗的策略。但这样的封国势力不会很大。以召公为首的燕才是周王室在这一地区统领全局的代表。蓟与燕都是在商代就存在的国家，但在商时蓟与商王朝的关系可能更为密切，所以箕子曾在纣王时为太师。武王克商，命召公释放被纣王囚禁的箕子，但箕子并未因此而服从于周王室，反而逃往朝鲜，周朝只好因势封箕子于朝鲜，后来箕子返于中原朝周，路过殷商旧地仍悲感伤怀，足见蓟人对商的关系非同一般。对于这样的旧国，周朝是不可能有足够信任的。所以，此后燕兴而蓟亡，其中也可能有其他具体原因，但燕代表周的统治，必被格外重视，这才是真正的原因。

面对幽燕地区这一复杂情况，周朝的政策是"启以商政，疆以周索"。所谓启以商政，并非完全的政治独立，而是在承认周王朝统一领导下保留其原来的管理方法、文化特点、民风民俗。在我们这样一个多民族的统一国家里，对不同地区采取不同治理方法，正是自周开其先河，此后如辽的"因俗而治""以汉治汉"等皆有所本，这实在是中国政治、文化治理中的一大智慧。

由于周朝的这一政策，形成周初北京地区明显的双轨文化现象。一方面，有周文化在该地区显著的推进；另一方面，殷遗现象和北方民族文化同时保留着自己突出的特点。这些，在北京地区周代考古中已得到明显的印证。

二 召公奭、燕侯家族及周文化在北京地区的推进

召公奭其人 召公奭，姬姓，为周初燕国始封之君，系文王庶子，武王的异母兄弟，曾历文王、武王、成王、康王四世。因文王时封采邑给奭于召，故称召公。武王克商，又被封于燕，但因召公在朝廷为太保，担当大任，故使其长子就封于燕。召公在文王时即与周公旦分掌内外之事，起码已经成年。周人克殷在武王十一年，不久武王去世，成王即位。成王在位共三十七年（包括周公摄政的七年），成王去世后康王即位，召公奭是在康王二十四年薨，如此算来，保守的估计召公也活了九十多岁，即使于周朝建立后还从政六十余年。所以，周初的政治文化离不开召公的思想，周初的燕国是召公的直接封地，自然也离不开召公的思想。有人说燕地偏远，与中原少交往，那是后来之事，从琉璃河出土的燕侯克的青铜器铭文来看，起码在召公在世的几十年内，燕侯克经常派人前往中央探望老父亲，召公本人也曾到燕地巡察，燕国与周朝中央联络是非常频繁的。

从大量文献记载看，召公奭不仅是一位杰出的政治家，而且是位外交家，特别是在周初礼乐制度的制定、推行方面，有着巨大的贡献。文王时，召公即与周公分治内外，《诗地理考·召南》引苏氏语说："文王治国，所以其国者，属之周公，所以交于诸侯者，属之召公。"《大雅》亦云："昔先王受命，有如召公，日辟国百里。"所谓日辟国百里，并非以武力征伐，而是通过召公的邦交政策来实现的。文王迁都于丰，仍命召公宣布于诸侯，"于是德化大成于内"，"而南方诸侯之国，江、沱、汝、汉之间莫不从化"[①]，使文王之天下三分有二。当武王伐纣之时，有庸、蜀、羌等八国相助，大约都是召公结下的盟邦。召公能选贤任能，有商臣辛甲，曾屡谏纣王而不听，召公与之交谈，认为他是位贤士，向文王推荐，文王亲迎，并给予封地。召公的这些策略对瓦解商王朝内部当起很大作

---

① 《诗集传》。

用。武王克商后问对那些殷遗应当怎么办？太公望说，这些顽固的遗民，与周为敌，杀了他们；而召公认为应酌情处理，有罪者杀，无罪者活；周公则进一步补充说，还应当给他们居住的地方，使他们能够生活。召公和周公这种比较灵活的政策，减少了入周后殷人的反抗情绪。召公这种兼容并蓄的思想肯定对后来的燕国有所影响，所以，周初燕地有周文化、殷遗文化及土著民族和北方民族多种因素。召公非常注意对敌对势力的策略。箕子是商纣的重臣，但却因谏言而被纣王所囚，武王攻打商朝，命召公释箕子之囚，但箕子对周的对抗心理仍很严重，乃走之朝鲜，周室因形就势，反而加封箕子于朝鲜。所以箕子虽眷恋故国，但后来仍回中原朝周。山东地区周初殷遗反抗激烈，固然因其商族旧势力很大，但可能与太公主张杀戮的思想有关，所以在那里周朝推进艰难。同样是商的重要基地，在燕地则很少有周初战争的记载。这恐怕并非因史家漏载，而与召公在这一地区的不同政策有关。

召公另一大贡献便是与周公一起负责对周朝礼仪制度的制定、实施与推行。武王灭商，入商宫，周公把大钺，召公把小钺，举行典礼时召公为之"赞采"。"赞采"即礼仪的主持者，可见召公对礼仪制度是非常熟悉的。纵观召公一生，都是十分重视礼仪制度，非常忠于周王室。武王逝后，成王年幼，周公摄政，召公恐不利于成王，不悦，周公解释说他是效法先贤辅保成王，召公才高兴起来；成王崩，召公又辅保康王，告诫康王尊先王之制，而又嘱臣子们严格遵循礼仪和为臣之道。

召公是一位勤政爱民的好相辅。武王灭商后，诸侯进贡方物，周公劝武王，天子应以德服九夷八蛮，分宝玉于伯叔之国，不贵稀有之物。他认为"玩人丧德，玩物丧志；志以道宁，言以道接"，"不宝远物"，"所宝唯贤"[①]，才能使生民富足，否则，即使为九仞之山亦可功亏一篑。召公本人常巡视四方，体察民情，有在甘棠树下听政决狱的美德，为后世所传颂，这些比较民主的思想在当时实为难能可贵。他是周代燕国始封之君，虽不经常在燕地主事，但其思想必影响其家族，惠及燕地百姓。

燕侯家族及周文化在北京地区的推进 召公奭封于燕这是众多史书已有记载的事实。但是，由于召公以下直到第九代燕惠侯中间有八代失载，所以对燕侯家族情况一直不甚了了。至于周初燕国都邑在何处，更曾有许

---

① 《尚书·旅獒》。

多争议。但在1993年至1994年间，由于北京琉璃河大批西周墓葬及带有铭文的青铜器出现，以及附近的琉璃河西周初期古代城址的发现，这些问题开始得到解决，证明琉璃河古城就是周初燕国的都邑，而古城附近的墓葬便是燕侯家族的墓葬。

琉璃河古城位于镇东董家林村之北，距今已有3000多年的历史。城址在大石河东北面的一块高地上，其东西长829米，南北宽700米，墙基宽约8米，分三层夯筑，墙内还有内护坡，在城的东北角还发现以卵石砌成的排水沟，距城墙外侧约10米处还有护城河。如此周密的规划，在3000年前实为难得。城北部大体中央部位为宫殿区。在宫殿区内已发现六处夯土台基，其中四处为圆形，两处为方形，可以想见，当初那些或方或圆的宫室建筑巍峨矗立的情形。这些台地规模或大或小，其中一处直径达28米，附近还发现有木壁水井。在宫殿区不仅发现了大型建筑构件如大板瓦等，而且还发现有陶制绳纹水管，连同城东北角的排水道考虑，可见早在西周初期我们的祖先就已十分注意城市的排水问题。在宫殿区内的西南部发现了四处车马坑和刻有文字的甲骨，说明是进行祭祀的场所。而城内的西北部则是手工业作坊和平民的生活区。

周代是我国城市制度的奠基时期，从王城到大小诸侯的都邑都有一定制度，目前发现的周初封国都邑不多，琉璃河燕国都城是最有根据和代表性的一座。而召公奭正是周代城市制度的制定者之一。成王欲迁都于洛邑，即曾命召公相地于瀍水之阳，涧水之东，并与周公共同营建。所以，作为召公的封国，燕国都城的一切规划制度应是周代城市文化的体现。

在琉璃河古城的东南约0.5公里处，发现了大批西周墓葬，从已发掘的数十座大中型墓葬中出土的青铜器铭文看，这里便是周初燕侯的家族墓地。在历史文献中，召公以下、惠侯以上八代燕侯情况失载。这段历史几乎成了空白。关于召公时期，亦仅知，"召公封燕，死谥曰康公。元子世之，其次子亦世守采地"（郑玄：《诗谱·周南召南谱》）。也就是说，只知道召公的长子就封于燕地，而其次子留在召公身旁并世袭召公原来的采邑。但这个就封于燕国的长子是谁则不得而知。但到清末民初，首先有《恒轩所见所藏吉金录》刊载了一则铭文"燕侯旨作父辛簋"，其器物何时何地出不详。后来，日本的《泉物清赏》又刊出了一则"燕侯旨鼎"的铭文，铭曰："燕侯旨初见事于宗周，王赏旨贝二十朋，用作有姒宝尊彝。"于是，当时的一批学者便认为"燕侯旨"就是替召公就封于燕的那位长子。此后,又在其他地区发现有燕侯铭文的礼器,特别是有所谓"梁山七器",其中的《宪鼎》《伯宪盉》等有"召伯父卒"的字样。又有学者认为"宪"是"燕侯旨"的兄弟行。这中间说法不一,可以说是众说纷纭。但毕竟证明周初的燕侯家族传世的文物不少,召公被封于燕,其长子就封是确切的事实。直到1989年,《考古》第十期发表了《北京琉璃河出土西周有铭铜器座谈纪要》,公布了1193号西周大墓出土的克罍、克盉铭文,事情才发生一大变化。因为克罍、克盉就出土在周初燕国古都的附近,其铭文中又明确记载了燕侯克被封于燕为侯的事实,铭文大意是:"周王说:太保,你用盟誓和清酒来供奉你的君王,我非常满意你的供享,命(你的儿子)克做燕地的君侯,管理和使用羌族、龟族、𩵋族、雩族、驭族、微族。克到达燕地。接受了土地管理机构,所以制作了这件宝器。"虽然文献记载武王克商未及下车就封召公于燕,但当时形势尚未稳定,召公的长子到燕的时间不会在克商当年,所以这两件器物记载之事可能是成王时之事。文中明确记述,当时召公在中央为太保,克被封为燕侯,并赐予六个部族,自然还有管理的领域与疆界。所以应是第一代燕侯无疑。至于"燕侯旨",陈平先生多方考证,认为是燕侯克的弟弟,其为燕侯就在克之后。[①] 笔者以为,陈先生广集资料,权衡真伪,言之有据,为我们弄清周初燕侯家族情况提供了有力的证据与观点。

燕侯家族墓葬区的情况和器物,为我们展示了周初燕国贵族们死后世界的"彼岸文化",也提供了周代礼制的基本画图。周代的礼制文化通过器物来表现,政治制度与器物文化相结合这可以说是中国特有的智慧与创造。世界其他国家的统治者虽然居室用具富丽堂皇,但其含义皆无中国如此深刻而明确。周朝以礼乐制度替代巫术神权,一切都分长幼尊卑,这不仅在承继顺序、礼仪方式等动态活动中体现,而且以形而下之器表现形而上之"道",或"礼"。天子、诸侯、士大夫,无论其衣冠、用具,生时的居室,死后的葬制皆有规定,长幼尊卑是绝不可混淆的。以琉璃河燕侯家族墓葬来说,目前发现的1193号大墓可能是燕侯及其夫人的墓葬,有棺,有椁,有四条墓道,还有陪葬的车马坑,动辄有几十匹马陪葬。而一般贵族则仅一条墓道。至于平民,不过一竖坑,有的甚至无棺,仅以草席裹尸。至于陪葬的器物多寡更为悬殊,贵贱十分分明。贵族们用宝鼎、重

---

① 陈平:《燕史纪事编年会按》,北京大学出版社1995年版。

器、金玉、骨角、漆器，琳琅满目，美不胜收，而平民不过是粗劣陶器而已。礼器的数量皆有搭配定制，周初虽不如后来那样规范，但已看出大体形制，从礼器的铭文中还可以看出周代尊尊亲亲的关系，在多处铭文中有燕侯派人去宗周探视、拜望周公的记载，而周公一般要赠使者贝币，使者回到燕国又以贝币制成宝器，以示对太保的尊崇，也为表现自己的荣耀。如著名的堇鼎，就记载了这一事实。燕侯的家族墓葬有明显的区划，不同的关系和不同身份的死者葬地同样不可混淆。这种"阴间"的彼岸文化便是阳世文化制度的复制。它说明，燕侯家族控制这一地区后在十分认真地推行周文化。

三 燕国的殷遗与土著文化

尽管燕国统治者在努力推行周文化，但对殷遗和土著文化仍然采取了相当宽容的政策。这一点从琉璃河的墓葬中也得到反映。

琉璃河燕国墓地地跨京广铁路东西，考古工作者曾把墓地分为Ⅰ区和Ⅱ区。铁路以西为Ⅰ区，铁路以东为Ⅱ区，两区之间的文化内容有着明显的差异。Ⅱ区很少发现有殉人现象，在埋葬习俗上，除Ⅱ区202在南墓道东壁有一殉人头骨外，其余各墓均未发现，殉狗现象也只在个别墓葬中发现。而从该区礼器铭文分析，这里应是燕侯家族墓地。周朝不殉人，这是一个很大的进步，个别殉人数量很少，应是殷商文化残余影响。

Ⅰ区则有很大不同，在已发掘的32座墓葬中，有8座墓和1座车马坑，共殉12人，经鉴定多为未成年的青少年。墓坑上部及棺下腰坑中都有殉狗，其铜器铭文中有"亚"形等文字，多被认为是殷人的族徽，而殉人、殉狗皆为殷人习俗。[①] 故不少学者认为这是殷遗贵族的墓葬，说明周朝对殷遗采取了相当宽容的政策。至于这些殷遗是何处而来则存在争议，有的认为是燕地旧有的商代贵族，有的则认为是自中原移民而来。但也有学者认为Ⅰ区的墓葬同样是燕国贵族。然而，其葬俗有如此大的差异笔者殊不能解，若不是不同族属，何以Ⅱ区大墓，即便更显贵的燕侯直系反而不得殉人呢？

但无论两个墓区族属如何判定，琉璃河西周墓地存在周文化和殷遗文化双重因素则是学者们的共识。

---

① 北京考古研究所：《琉璃河西周燕国墓地》，文物出版社1995年版。

雷兴山先生曾于1997年《北京文博》第4期发表《试论西周燕文化中的殷遗民文化因素》，他通过对琉璃河遗址西周燕文化诸因素的构成变化来揭示殷遗文化的发展和变化概况，特别是从器物特点和组合中探讨殷遗文化的变迁。他认为琉璃河早期遗存中，以陶器来说有四组文化因素。第一组以联裆鬲为代表，另有仿铜鼎、豆、盆等，这种联裆鬲多侈口、卷沿、尖圆唇，其文化物征为宗周文化，但与宗周文化本体又有区别，不见典型的折肩罐与圆肩罐。第二组以袋足鬲为代表，另有簋、盆、甗等搭配，袋足鬲多宽沿，沿面微凹，沿部起榫，裆甚低，整体形态与殷墟第四期器物近似。簋多细泥灰质，唇面微鼓，断面呈三角形，腹上多绳纹，并加饰三道划纹。该组文化因素当承袭殷墟商文化，但与北京地区的早商文化传统又不一致，故应是周初召公封燕移民的产物，是明显的殷遗文化。第三组以高领鬲为代表，还有施以旋纹的盆、甗等，多夹砂红褐陶，应是当地土著文化因素。第四组为以上三组文化的混合因素。而在此后的变迁中，殷遗因素却在上升。由此证明，西周初期燕地与周王朝联系确实密切，而后的确可能出现间断现象。殷遗文化在燕地之所以上升的原因，也可能与周初不同地区的政治形势有关。如齐鲁地区，由于出现叛乱，周公东征，可能以强制措施削弱殷遗；而在燕国，则给予更多的怀柔，这就是"启以商政"：所以燕文化中殷遗因素得以发展。总之，周初的燕文化是周文化、殷遗文化及当地土著文化结合的产物。

第二节　关于蓟文化的探讨

一　昌平白浮西周墓葬的发现及其族属的争议

1975年在昌平县东南八里的白浮村附近发现了三座保存基本完好的西周木椁墓，其出土文物甚为丰富，有数百件青铜器及陶器、玉器等。从墓葬的形制看与中原地区同期墓葬基本一致：墓主人头北足南，头前与东西两侧放随葬品，礼器在头前，两侧多兵器，衣甲、玉角等装饰物放于木椁内，车马饰件等可能是放在木椁盖上，由于椁盖腐朽而陷入椁内。木椁年代C_{14}测定为距今3070±90年，的确为周初墓葬无疑。但出土文物的文化内容却相当复杂：从墓室的结构、葬式等看为周文化；从有殉狗现象看似含中原殷商文化；墓中出土的青铜短剑式样过去在内蒙古、辽宁、河北一带屡有发现；而Ⅲ式剑以鹰首、马首装饰，颇具幽燕地方特色；其铃形器又带有浓郁的北方草原特征。于是，关于这几座墓葬的文化族属问题便引起许多争议与猜想。

学术界最先想到的便是蓟文化。因为，白浮墓葬中随葬兵器上有"𠦪"或"𠦬"的铭文，此二字被认为是"蓟"。即商代"箕"的古写或族徽。况且，昌平地处军都山、燕山前沿，自古为多民族交汇之地，燕国尚且有戎狄杂处，古蓟国情况当更为复杂，白浮墓地多种文化共处的情形与蓟的情况吻合。

但是，也有学者提出不同见解。如李维明先生在《北京文博》2003年第三期发表了《北京昌平白浮墓地分析》一文，认为这些墓葬"文化内涵中以渊于中原地区商周文化因素居于统治地位，其中又以西周文化因素为主导，商文化因素从之。北方地区青铜器文化因素虽然特征突出，但居于陪衬地位。南方青铜文化因素更少。据此判断白浮墓地文化性质属于周燕文化范畴"，"故其族属只能在来自中原地区的商周古族中择一"。李先生还从葬式及随葬礼器的1鼎配1簋和3鼎配2簋等组合方式与周礼符合为理由断定"选择周族较为有利"。而对其带有"𠦪""𠦬"铭文的兵器，"也可以解释为该家族与商遗箕族通过婚姻、馈赠、贡纳、战争等不同方式表现出来"。

李先生的观点确能自圆其说，对文化因素的分析方法也符合考古界文化分析的一般方式。然而，综合周初北京小平原上的总体情况，似又有多处令人不解之谜。

第一，从燕与蓟的地沿分析，周燕贵族越界埋葬不合常规。

燕与蓟都是商代即存在的自然生长的国家，这一点已是学术界的共识。商代两国的地理位置尚不甚清楚，但燕在南、蓟在北也大体认识一致。周代的燕国都城在琉璃河无疑，周初的蓟国都城何在尚待研究，但不少学者认为后来燕国以蓟为都，则可能是原周初蓟国都城，燕国因袭其名而来，其地应在今北京宣武门白云观一带，故有蓟丘之说。即使周初蓟都不在白云观附近，但今北京市区周初为蓟地亦不会有错，否则何能以蓟称之？既然如此，远在北郊的昌平应该是周初蓟国辖区。倘若墓主人是周室贵族，为何越界葬入蓟国？从白浮墓的C_{14}测定看，其年代为周初无疑。燕与蓟几乎是同时分封的，有的文献说是封的黄帝之后，也有的说封的是尧之后；不论是哪个，皆是尊崇先圣之意。燕国虽为周室直系，是北京地区的周王室的代理人，但总不至于完全代理蓟国政治统治。至于蓟亡之原因尚需探讨，但起码在分封之初不会即亡。因此，以后来燕国之地理概念，说白浮墓葬是周初燕国的论证是不妥的。

第二，说白浮墓葬中的兵器铭文系周燕贵族与蓟（箕）交往、通婚而来实为牵强。从大量随葬兵器看，墓主人显然是一军事将领，兵器不同于其他礼器，是墓主人随身使用之物，表示其族属的可能性最大。至于其礼器中为何中原文化因素那样多：一来箕族本来就是商代旧族；二来被封之蓟君可能带来周文化；同时，与幽燕之地周初局势相对稳定及周王室向北方推进周礼有关。正如琉璃河Ⅰ区是明显的殷遗文化，但葬制与燕国贵族仍有许多仿佛之处，故亦有人认为琉璃河Ⅰ区是燕国贵族一样，白浮墓的明显中原葬式给人以误导是可以理解的。燕蓟虽戎狄杂处，但早在商代即与中原文化发生直接联系，白浮墓的多种文化因素正说明这一点。

更为直接的证明是距白浮不远的牛栏山许多带有"π""朶"铭文礼器的出现。在北京顺义牛栏山，带有"箕"字铭文的礼器就出土过8件，有鼎、卣、尊、觯各1件，觚、爵各2件。这说明，今北京城区及以北的昌平、顺义等地商代确属箕（蓟）国。燕强蓟弱是入周以后之事，商代的箕较之燕不仅强大，而且与中原的关系更为直接。相反，燕倒可能与戎狄关系更为密切。故陈平、韩嘉谷先生皆认为"燕亳"与管涔山的燕京之戎有关。[①]而箕国早在商代便受中原文化影响很深。故箕子逃亡朝鲜后"教民以礼义，田织信厚，约以八法，而下知禁，遂成礼俗"[②]。因此，不能以西周之燕蓟形势揣度商代的燕亳与箕国。商代礼制虽不如周代那样完善，但箕子是很讲礼法的人，商代的箕国和入周之初的蓟国，礼仪、葬制与中原相近并不费解。

二　燕蓟文化之比较

周初的北京地区不仅有燕国而且有蓟国；周初北京地区的文化不能都视为燕文化，而且含蓟文化及其他土著文化。这是我们考察周代早期北京文化的前提。如果承认蓟国的存在，它就该与燕一样有其部族和辖区。如上所述，后来的燕都蓟城，或者原来即为蓟国之都，即使蓟国都城另有所

[①] 见陈平《燕史纪事编年会按·先燕纪事》，北京大学出版社1995年版；及韩嘉谷《关于燕国得名的思考》，《北京文博》2004年第1期。

[②] 《后汉书·东夷传》。

在，蓟都之所以以"蓟"命名，则应在蓟国辖区之内。如果这种推断合理，当时燕国的北界当在永定河一线，而蓟国则处于今北京市区和燕山以南。在这两个区域内，目前发现的西周遗存当以琉璃河与昌平白浮为各自的代表。假如我们将两地文化现象加以比较，就会发现它们既有共性，也有个性。

从共性来说，其墓葬均为南北向竖坑，随葬形式亦多与中原相近，均含许多周文化因素。但如从细部而言则又有不少区别。白浮墓葬的青铜器含有更多的北方民族特色，特别是墓中随葬的兵器，如戈、剑、戟、刀、匕首、头盔、盾饰等出现在女性墓中，耐人寻味。齐心先生曾对西周兵器作了详细分析①，在琉璃河西周墓中出土的戟上有铭文"匽侯大戈""匽医午戈"等，被视为燕侯墓葬；那么，在白浮墓葬 M2 墓中出土有"π"字铭文的戟，亦同样应表明墓主人的族属。该墓有戈 19 件，戟 9 件，还有两件器型奇异的戟，齐心认为"是否可认为是这位女将生前带兵打仗用的仪仗用具"。女将带兵，这在周代的中原不多见，但殷商时期却早有先例，所以可认为是箕国殷遗文化的表现之一。白浮周墓中还发现有带铜铃的匕首，此种匕首仅见于山西、内蒙古一带，其柄端带铃且有锥，柄在中央，刃部略内曲，既可正刺，亦可倒扎，铜铃作响，很有威慑力。白浮墓的弓同样带有铜铃，可见这种带铃铜器是北方民族特有的。琉璃河与白浮周墓都发现多种式样的青铜短剑，但白浮周墓的青铜短剑常饰以鹰首或马首。凡此种种，说明白浮西周墓的北方土著特点更为突出，这种情况也符合燕、蓟两地的自然条件和周边民族环境，周初的蓟可能比燕与北方各民族交往更多。

第三节　精神的物化与物化的艺术——周代北京器物文化

在中国文化中，精神与物质往往是很难分开的，所谓"形而上"的精神与"形成下"的器物只不过是相对而言，而以物载道、以物传神则很早便形成了传统。器物的创造本来源于生活，源于劳动；但是，由于珍贵的器物不易得、不易造，所以经常被统治者所垄断，然后经文化人的解

---

① 齐心：《北京出土西周兵器研究》，《北京文博》1998 年第 4 期。

释，赋予器物以丰富的精神内涵。自三代以来，以物通达神灵，以物象征权力，以物表达意志便已是经常的事，到周代礼乐严行，更是以物规范制度，以物区分尊卑贵贱，使器物与政治制度、道德规范、精神寄托等达到高度的统一。天子、诸侯、大夫、士以至平民，居住有定制，车马有定制，服饰有规则，吃饭的器皿也都有数量的限制，比如"豆"，本来只是一种摆放食物的高足器，但身份高低却使用数量不得相同，《礼记》载："天子之豆二十有六，诸公十有六，诸侯十有二，上大夫八，下大夫六。"至于祭祀，庆典所用的器乐、曲调更有严格规定，季氏八佾舞于庭，孔子认为："是可忍，孰不可忍也。"① 至于衣服、车马、器物……均有严格等级。把器物文化上升到这种高度，也只有古代文明如此发达的中国才有可能。

器物文化在原始社会后期已露端倪，如表示通天贯地的玉琮、象征权力的玉钺和北方崇拜的玉龙，便是在新石器时代已经发端了。在夏商时期的墓葬中，陶器的配伍已经出现。商周之时，由于青铜器的大量使用和工艺的娴熟，使器物文化达到一个新的高峰。但商代器物文化又不同于周代。夏商是神权巫术的世界，所以表现在器物中的文化思想充满了神秘感；周代严格实行礼乐制度，把规范等级制度放在第一位，其器物文化更多地表现对祖先的颂扬和反映人事活动，器物中除装饰性图案及纹饰外，还用大量的铭文刻于器上，以颂先人之德。艺术造型、装饰图案与优美的铭文组合在一起，形成一个完美的整体。在这些器物中，精神被物化了，器物又成为艺术和思想（甚至制度）的载体。

北京出土的周代青铜器、玉器、漆器等很多，特别是琉璃河燕国家族墓葬的发掘为我们展示了当时器物文化的丰富内容。而这一时期恰恰是由商至周，由神权到礼制的转变时期。所以，周初的北京器物文化不仅可以反映我国古代器物文化之一斑，而且是那个时代政治、思想转换的见证。

一 周代北京的青铜器文化与时代脉搏及区域特征

商周时期被人们称作"青铜器时代"，此时的青铜器无论在冶炼、铸造还是工艺方面都达到了相当高的水平，而当时的幽燕地区也是青铜器相当发达的地区之一。目前，北京地区发现的青铜器既有商代的，也有

---

① 《论语·八佾》。

周代的，特别是琉璃河燕初都城的发现及燕侯家族墓葬大量青铜器的出现，使我们看到当时青铜器技艺的具体情况，也为我们了解当时的文化、思想、制度提供了宝贵而又丰富的资料。目前北京地区周代青铜器种类和数量都很多，其中有大量的生产和生活用具，也有不少青铜兵器，而最能反映器物文化的则是贵族们所掌握的礼器。有大量的鼎、簋、鬲、甗、尊、罍、盉、壶、爵、觯等等，有的是炊具，有的盛放食物，有的是酒器，它似乎使我们看到贵族们钟鸣鼎食的奢侈生活；而这些器物又严格地按照一定规则组合，从而证明了周初严格的礼制情况。青铜兵器中则有戈、矛、剑、钺、刀、箭头、盾、盔等等，并有许多青铜车马构件，又好像使我们看到和听到当时诸侯、部族间征战的轰轰战车和战马的嘶鸣。这些青铜器中不少带有铭文，从史学角度讲，为研究周代北京历史提供了更确切的资料；从文字学角度看，使我们看到北京地区当时流行的文字情况。如燕侯家族墓中的铜器铭文，有的记载了周初燕侯被分封的情况，有的论述了燕国与中央的往来，有的记载了召公对燕国使臣的赏赐，弥补了文献记载的不少空白。而带有"π"字的青铜铭文，则证实了周初蓟国的真实存在。

在这众多的青铜器中不乏珍品。它们具有很高的艺术性，同时又反映了当时的时代脉搏以及周代北京地区的区域特征，证明周代燕地青铜器制造达到相当辉煌的地步。著名的堇鼎，重达83公斤，通高62厘米，以商代以来传统的兽纹来装饰，器形端庄厚重，纹饰细腻、繁复，仍保持着商代青铜器神秘的色彩。而乙公簋的造型则十分奇特，其通身以象纹来装饰，器身以鼻为中心，两侧绘眉、目、耳等，并以变形的几何纹遍布通体。尤其是其足，设计十分巧妙，皆以自然卷曲的象鼻做成，虽然保持了商末周初的繁复花纹，但却增加了不少生动活泼的成分。

值得特别一提的是伯矩鬲。该器不同于中原地区那些凶猛、神秘的猛兽纹饰，而以温驯的小牛装饰整个器物。鬲的三个袋足之上各雕一个完整的牛头，脸部内收，额头前倾，两支粗壮的角斜向上方翘起，其巨目如铃，似乎正在决斗，三个粗壮的足更显示了牛的力量与朴厚。鬲的盖做得也十分巧妙，器钮是用两个立体小牛头做成，钮下以两个高浮雕牛角向两侧延伸而附着于壶盖，尾部自然翘起至耳，使整个器盖凹凸鲜明、生动别致而又浑然一体。从这些器物看，当时的燕国一方面直接继承了商代以来的青铜器传统，但另一方面又多了些北方民族写实和生动的风格。

自商代以来，以兽面装饰青铜器已成传统，常以鼻为中心，两旁设目及须眉，下为口，上为额，而兽的身躯则被简化弯曲形成繁复的几何纹路。这反映了商代的信仰和精神。野兽给人以威慑力量，而繁复的花纹更增加了不少神秘感。商人重鬼神而轻人事，这些兽面纹便是神怪精神的体现。燕地青铜器中这种兽面的纹便是殷商遗风的表现，但它又不完全同于商朝腹地，而增加了许多北方生动写实的特色。但周代的礼乐制度毕竟是一场革命，所以在周人发祥地区的青铜器上带有大篇铭文记述或颂扬先人的功德。而在北京地区的周初青铜器中，虽然铭文不如周人发祥地区那样篇幅长大，但器上刻铭文同样已成规则。而到周代中后期的青铜器上则出现了描写战争、狩猎等人事活动的图案。不过，艺术总是伴随人类丰富的想象力而来，完全的写实或实用便失去了艺术的魅力。所以，到周代后期，青铜器艺术也就衰落了。

二 "正行""节步"与周代北京玉器文化

在中国文化中，常把自然物人格化，赋予它深刻的思想内涵，玉文化便是最突出的代表。玉，乃"石之美者"，它以其晶莹、纯洁、坚实、温润等多种优秀的品格为人们所喜爱，用玉做成的物品更以自然与精神的高度统一形成完美的艺术品。早在距今约6000年的内蒙古赤峰兴隆洼文化、辽西阜新查海文化中，就发现有很高艺术价值和表现精神力量的玉制品，既有显示权力的玉钺、兵器，也有许多用于美身的玉佩件，如玦、璜、珠、管等等。中国玉器制造的第一个高峰出现在新石器时代晚期，"大约距今6000—5000年，在北起内蒙古赤峰，经辽宁、山东、江苏、浙江，南迄广东曲江，形成一个弧形玉器带"①。

北京的玉文化可追溯到距今约7000年的上宅文化。在上宅遗址中有用黑滑石所雕的石鹗、石龟、石猴等，虽然所用不是真正的玉，在当时人看来，亦算"石之美者"。玉器在很早的时候便被异化为权力、财富，特别是人神沟通的媒介。张光直先生在《考古专题六讲》中就曾提出："琮方、圆表示天和地，中间的穿孔表示天地间沟通。从孔中穿过的绳子就是天地柱。"所以，中国历史博物馆有山东的龙山文化中的大玉琮，长达十九节，高47厘米，顶端并刻"&"形花纹。此种花纹见于大汶口文化，

---

① 于平：《北京地区的玉器》，《北京文博》2002年第4期。

有的说是最早的文字，有的则认为是祭祀的标志，但其象征山岭与太阳的含义是明显的。此类符号刻于琮上，足见琮不是一般的玩器。而在浙江瑶山良渚文化中用于祭祀的玉器则更多，并在玉琮上刻有完整的巫师形象，从而证明玉琮等物的确是作为特殊的祭器来使用。北京地区在商代已发现作为礼器的玉器，而在周初燕侯家族墓葬中，出土的玉雕器更是引人注目，在琉璃河燕都遗址中更发现数量很多的玉雕饰件。有璧、璜、玦、琮、圭、戈、斧、柄器及很多雕成动物的玉佩饰，有虎形、凤形、鱼形、蚕形、蝉形、鸟形、龟形……那些玉制的戈、斧显然是礼器，而佩饰则是贵族佩戴之日常用品。其中有一件凤鸟纹的玉刀可以说是当时的代表作。此刀呈扁平长方形，顶端和两侧有规整的对称脊齿，下端呈刃状，双面各雕一对凤鸟，高冠怒立，双翅欲飞，兜转过顶，采用了浪漫夸张的手法，用一斜一直、一宽一细的双钩弧线来刻画，超越形象模拟，以纯粹的线条图案状物与抒情，而不同于商代玉雕的粗重双刻线与几何花纹。

如果说周代以前玉的使用是表现一种原始的、神秘的、强制性的信仰，到周代则演变为人们自动规范行为准则的主观意念。这主要反映在佩玉的使用上。琉璃河出土有一套由21件玉饰、48件绿松石饰件和110件玛瑙组合的颈饰。可以想象，佩戴这种玉饰自然要"正行""节步"，不可能歪斜踉跄，随意舞之蹈之。更值得注意的是，燕都出土的这些玉饰大多为新疆和田玉，和田玉以质地坚硬、色泽温润、有凝脂之美而著称，大约在6000年前便沿河西走廊流入中原，所以，后来的丝绸之路，最初可称为玉石之路。周人特别崇尚和田玉，是因为他们将玉比德，以玉的温润比作仁，以玉的洁净比作廉，以玉声清越比喻乐，以瑜不掩瑕比作忠，并认为它吸收了天地山川的各种优秀品德。所以，西周的礼玉规定，以苍璧礼天，以黄琮礼地，以青圭礼东方，以赤璋礼南方，以白琥礼西方，以玄璜礼北方。反映出"五行"观念的初步形成。燕都玉文化反映了周代礼仪精神在幽燕地区的推行。

在燕国贵族墓葬中还发现了一串奇特的项链，虽然不是玉制，但有异曲同工之美，该项链是用一千多颗小石珠串成，每个小石珠只有小米粒般大小，中间还要钻孔，说明当时燕地的手工艺已达到相当高的水平。

三　漆器与其他器物文化

在琉璃河燕都遗址和墓葬中，还发现了许多其他艺术品，如陶器、象牙器、漆器等等，皆不乏上乘之作。尤其是漆器，可以说是美轮美奂。其中有一件漆罍，通高54.1厘米，朱地黑彩，通身花纹由刻花蚌片和彩绘组成，是漆器中的上品。另有两件漆觚，一件是自腰部以下带有三道粗细有致的金箍，显得简洁、富丽而庄重；另一件则在底部用玉镶出三道扉棱并以圆形小玉片点缀于扉棱之间，给人以玲珑纤巧的感觉。还有两件漆豆，一件为圆形，饰以圆形花纹；另一件为方豆，饰以条状和曲纹，造型典雅美丽。这些漆器皆以红漆为底色，而以黑、白、金黄来点缀。遗址中还发现许多陶器，有陶鬲、陶鼎、陶簋，以及罐、甗、豆、壶、瓮等等，多仿铜器花纹，制作亦相当精细。

第四节　周代燕蓟的占卜文化

　　提起占卜，人们便想起搞封建迷信的算命先生。其实，古人进行占卜，固然由于自然科学知识的贫乏，但从某种角度讲，却是人类主动探讨事物发展变化规律的一种尝试，所以不能一概否定。商代占卜的发达已是众所周知，殷墟的甲骨文早已蜚声中外。殷墟的甲骨已出土有15万字以上，发现单字约5000个，记载了祭祀、战争、年景、生产、疾病、出行等各种活动。大规模的占卜活动需要许多专门人员来从事，这些人被称为"贞人"。入周以后，仍然十分崇尚占卜，据说文王创造八卦，便是用来占卜的，但早期的占卜手段仍然是用火烧灼甲骨。不过，目前所发现的周甲骨文地点并不多，只有十处，而北京地区就有三处之多，一是在西周燕国都城遗址的祭祀区，发现不少钻、凿的甲骨，但多无文字，只有三片龟甲上发现文字：一片有"用贞"二字，另一片有"其驭口口"，第三片是"成周"二字。从"用贞"二字看，可能与《周易》有关，元、亨、利、贞等皆为《周易》对吉利事物的判词。而从"成周"二字则说明，所占卜的必是联系到周朝中央的大事。但三片文字的字体又与殷墟一致。据说，周王朝在大行分封的同时，把遗商的"贞人"也封到各国，所以，燕地的占卜文化是殷商的直接承继，又与周朝中央一致。

　　另一处发现甲骨的地点是昌平白浮村的墓葬，甲骨也很多，大多已破碎。但也发现有四片带文字的甲骨，一片为"贞"字，一片为"不止"，一片为"其祀"，还有一片为六个字："其上下韦驭囗"，其文字同样为殷墟风格，而凿刻特点同样为周初。

还有一处甲骨文发现地点是房山镇江营，在这里发现了一片刻有八卦符号的西周时期的卜骨，这说明八卦预测在周代已在北京地区流行。这片八卦卜骨与周人的发源地流行的风格一致，更进一步说明周代占卜文化与燕地的关系。

第五节　丰富多彩的山戎文化

山戎，是一个相当古老的民族。司马迁说："唐虞以上有山戎、猃狁、荤粥，居于北蛮，随畜牧而转移。"又云："燕北有东胡、山戎。"①特别是到春秋之季，山戎相当强大，文献中有山戎一再"病燕"的记载，并曾越过燕国而伐齐。燕国告急于齐，齐桓公乃北伐山戎，曾到达孤竹，即今河北卢龙之地，春去冬还，战争进行了几近一年，可见山戎势力的确非常强大，当时确实生活在燕山山区。但是，山戎究竟是一个什么样的民族，其生产、生活方式及文化特点如何，史料记载十分简略。而考古界最早又常把山戎与夏家店上层文化相提并论。夏家店上层文化一般被认为是东胡文化，那么，山戎与东胡如何区别？这就又出现新的问题。

直到20世纪50年代至70年代，在包括北京在内的冀北山区发现了多处以青铜直刃匕首式短剑为特征的古代文化遗存，其范围很大，形成了一个由西而东向北略凸的弧形文化带，根据其地理和历史文献的对照，正像古老的山戎处地。这样，人们才开始对山戎的具体情况进行考察和研究。这个文化带处于河北省北部和西北部，已发现的地点有承德、平泉、青龙、丰宁、隆化、滦平、怀柔、张家口、宣化、蔚县、赤城、沽源、崇礼、康保、张北、平山16个市县，再有北京军都山以西的延庆区。它大体集中于伊逊河、滦河、潮河、白河、洋河及桑干河的山间谷地，起于太行山以北，分布于军都山和燕山的燕北山地。②这种文化既不同于夏家店上层的以曲刃剑为特征的东胡文化，也不同于西北草原地区以鹤咀铜镐等为特征的匈奴文化，而是一个独立的文化体系。

从1985年至1988年年底，北京考古部门对延庆境内的葫芦沟、西梁

---

① 《史记》卷一百十《匈奴列传》。
② 北京市文物研究所考古队：《北京延庆军都山东周山戎部落墓地发掘纪略》；郑绍宗：《在北京东周山戎文化考古成果研讨会上的发言》（均见于《北京文物与考古》第二辑）。

坭和玉皇庙三处遗址进行了系统发掘，仅前七期发掘工作总面积即达25000平方米，清理出墓葬500余座，出土文物上万件。[①]其时间，上限在西周与东周之交，下限在春秋战国之交。根据文物特点与文献记载的参照研究，考古界推断为山戎文化，并于1989年8月在《文物》杂志上发表了发掘纪略。1990年8月又在延庆召开了"北京东周山戎文化考古成果讨论会"，与会专家对这批墓葬与文物的认识基本达成共识，认为其族属确实应推断为山戎。这样，才使世人了解到两千多年前的山戎这个古老民族在当时的生活状况和文化面貌。

一　山戎人的葬俗

越是在古代，人们越重视丧葬，在古人的心目中，死是生的继续，是另一个世界的另一种生活方式。不同的民族有不同的丧葬习俗，它反映了一个地区或民族不同的信仰、精神理念与生活内容。所以，我们可以通过葬俗来了解他们当时的生活情形和文化的一个侧面。山戎大批墓葬的发现为我们提供了宝贵的资料。

葬式　从延庆三个墓地和河北省其他遗址的共同情况看，山戎人的墓葬密集是一大特点，这说明他们有强烈的部族观念。墓葬一般在山间坡地上，由上向下排列，很有秩序。无论老幼一般均为单人仰身葬，没有多人葬于同墓的现象，也不见男女合葬墓。这或许说明，山戎人并没有接受周代的礼制观念。山戎墓一般为竖坑，死者均为头东脚西，有的以木椁为葬具，有的是木椁再加上象征性的石椁，有的是单纯的石椁，还有的无任何葬具。这种头东脚西的葬式与中原地区大不相同，反映了北方草原民族的特点。北方高寒，人们崇尚太阳，如后世的契丹、蒙古、居室、帐幕、庙宇皆有东向朝日之俗，这或许可以看作是周代北方游牧民族的普遍遗风。

殉牲习俗　山戎葬俗中殉牲现象相当普遍。玉皇庙墓地规模最大，可能是部族首领们的家族墓，约有60%的墓葬有殉牲；葫芦沟墓地有25%墓葬有殉牲；西梁坭大约也有25%墓葬殉牲。殉牲的种类为狗、羊、牛、马，其中以狗殉最为普遍，其次为羊和牛。殉马的可能是身份较高的人。据内蒙古考古工作者介绍，在鄂尔多斯匈奴文化中，殉马的现象已相当普

[①] 北京市文物研究所考古队：《北京延庆军都山东周山戎部落墓地发掘纪略》，《文物》1989年第八期。

遍，这说明，山戎人可能是介乎骑马游牧与农业之间的民族，但以畜牧为主应该是肯定的。

殉牲的方式并不是整个牲畜，而是肢解后以动物的四肢和头做代表，一般都是狗、羊等脚放在下面，上面再堆放动物的头。殉牲堆均放于死者头前，牲畜的吻部一律向东，似乎是让那些牲畜为前驱奔向太阳升起的地方。在一些较为贫薄的墓葬中，也有两墓或多墓共享一个殉牲堆的现象，殉牲的多少，显然反映了死者生前的经济贫富与地位的差异。妇女殉马罕见。说明进行骑猎者主要是男性。而殉狗的现象最为普遍，即使是儿童亦殉狗，这或许是一种信仰与崇拜。历史文献中，有的把"山戎"称"犬戎"，这证明他们与犬的关系可能确实密切。

覆面习俗 在山戎人的墓葬中，多发现面部有一些装饰性的铜泡，并附着有麻织品，铜泡底部有穿鼻，说明是用以穿缀于织物的。有的是几枚铜泡；有的女性在额部有一排小铜扣，形成美丽的装饰，那可能是较有身份的妇女。覆面习俗普遍见于成年人，也有少数儿童，只有婴儿例外，覆面，是对灵魂观念的一种表现，对死者的灵魂，人们是既敬且畏，以布覆面表示防止死者灵魂出窍危害生者。而婴儿不覆面，或许是认为其灵智尚未完全，也恰恰是覆面含义的一种反证。这种习俗流行于北方，一直到今天，北方民间仍常有覆面之俗。

二 喜爱装饰的山戎人

与许多少数民族一样，山戎人无论男女老少幼都喜欢装饰品，而且佩戴的很多。除个别儿童外，一般男女均佩戴耳环，耳环皆以铜丝绕成螺旋形，身份高贵的则佩戴金丝耳环，并附以松绿石珠或玛瑙珠等坠饰。多数男性和少数女性项下佩戴动物形的饰牌，少数身份高贵的男性佩以金虎牌。而无论男女老少都常戴长长的项链。比较而言，男子的饰物似乎更多、更复杂，特别是腰间，有各种铜带饰和实用器具。比如，玉皇庙M156号墓中的男主人，年龄已在50—55岁之间，除戴有耳环外，腰际和左右股骨内外侧的青铜带饰多达201枚，其中马形铜带饰82枚；另一种铜带饰119枚。当然，常用的削刀、匕首、铜链等也是必不可少的。这使我们似乎看到当年山戎族的部族首领们全套装饰和弯弓佩剑跃然马上的威武情景。山戎男子的带饰中还常有用以打火的砺石、刀子等物。这与东胡系统的带饰有相同之处，并一直影响到后世，如后来的契丹人便有所谓

"䩞鞢七事"。北方民族的这些佩饰固然用以表明身份，但同时也有很大的实用价值，那满身的饰件叮当作响，似乎还含有畜猎生活中的振奋精神和威慑力量。

女性的装饰品好像更多为美观。如玉皇庙M35号墓的女主人，年龄在30岁左右，两耳戴金丝耳环，附松绿石珠，由项至胸、由项至腹有十分漂亮的两件长长的项链，一串由63粒红玛瑙和267粒小黑石珠以及两粒松石绿珠、白石珠等组成；另一串由136粒小铜珠和铜匕形坠饰组成。实用器物不如男性多，但同样带有铜锥及锥管。

如果说，中原的男女佩戴玉饰是为了"正行""节步"，山戎人的佩饰则主要出于自然的审美情趣。这从各种牌饰中反映得特别明显。山戎人的牌饰大多采用写实的动物形象，如马、羊、鹿、瑞兽、飞鸟、蛇等等。一些身份高贵的部族首领则佩戴着金虎牌，一般是半浮雕，它可能是信仰，也可能象征着权力。

三 山戎人的游猎生活

文献记载山戎人主要过着"逐水草而居"的畜牧和游猎生活，但也有简单的农业。山戎人可能种植一些豆类，齐桓公伐山戎时便得到山戎的戎菽和冬葱，把种子带回山东。"戎菽"是豆类，而至今山东盛产大葱，追根溯源却来自冀北的山戎人。

但总的来说，山戎人是以牧猎为主，这一点从大量的出土文物中得到证明。山戎的男子们腰间的携带除装饰性的佩饰外，还有直刃青铜短剑、铜刀、铜锥、砺石、锛、凿等物，一般都装于皮囊中，以便随身携带。而脚下则备有铜马具，如衔、镳等。这显然是当时鞍马生活的真实反映。所以，靳枫毅先生认为："我们有理由认为，战国时的所谓'胡服骑射'，追根溯源可能来自山戎文化。"[1]

在山戎人使用的兵器中，以直刃青铜短剑最具代表性，它可能用于作战，但更多的是以短刺式工具近距离与野兽搏斗。这些短剑往往将剑身与剑柄铸为一体，全长一般在22.5—29.5厘米之间，较中原青铜剑短小得多，而且绝大多数的剑柄上都铸有写实的动物纹饰，如虎、豹、熊、鹿、马、羊、蛇等，这同样证明了此种短剑的主要用途与狩猎有关。

---

[1] 靳枫毅：《军都山山戎文化墓地的发现及埋葬制度特征》，《北京文化与考古》第三辑。

在滦平、密云、延庆，直到宣化、阳泉这一大片土地上普遍用大牲畜殉葬，[①] 这说明当时山戎人的畜牧业已相当发达，饲养的大牲畜已经不少。所以，山戎人是以畜牧、狩猎和少量农业相间的民族。在出土的马具中不见与车具相关者，可见山戎用马主要是坐骑而不是用于拉车，这与东胡系统有所区别。

长期的牧猎、骑射和山间的艰苦生活锻炼了山戎人吃苦耐劳和勇猛的性格，而艰苦的自然环境又使他们不断产生向南部农业区挤压的欲望，所以山戎不仅一再"病燕"，而且远征齐国，威慑赵国，燕、赵、齐、晋皆受其攻击。相互的征战又带来文化交流，所以，山戎的礼器多受燕文化影响，但总的来说山戎是一支独立的文化，如延庆出土的双耳铜釜，显然是土著文化的代表作。当然，山戎在许多时候也和中原的诸侯国保持着友好的关系，他们在和平时期会将牛、羊、皮毛等与燕、晋等国交换。

在战国以前，山戎并未附属于燕国，但它对燕文化的影响显然相当大，山戎侵燕，以致使燕桓侯迁都临易，足以说明山戎对燕的关系。战国以后，尤其是燕国建北方五郡之后，山戎一部分可能北走，大部分还在原来的地区生活；虽然归属于燕，但从考古情况看，仍然保持着其固有的独立文化特征。

---

① 郑绍宗：《在延庆山戎学术讨论会上的发言》，见《北京文物与考古》第三辑。

第四章　战国时期的北京
——方国都城文化的形成

北京城市文化的出现肯定是相当早的，早在商代，既然存在像燕与蓟这样自然生长的国家，有国就应该有城，有都。但由于缺乏足够的考古资料证明，所以人们把琉璃河古城—燕国—周初的都城作为北京"建城之始"。尽管这种提法还有待商榷，但琉璃河燕都确实是目前北京发现的最早古城，而且作为周初方国都城也是全国很典型的代表。那里有燕国统治者的宫殿，有贵族们的活动，有反映意识形态的祭祀区，有为统治者服务的臣工、巫师、士人、工匠和生活在这座城市里的平民百姓，当然也有被驱使和压迫的奴隶，因而必然有代表这座城市精神的各个阶层的文化。但应当指出，西周北京地区的形势是很不稳定的。比如，燕国历史有数代失载，那时燕国和蓟国的情况便不得而知。又如，春秋之时，由于山戎一再进犯，燕桓侯时被迫迁都至易水之侧的临易，其地在今雄县与容城之间，从那里出土的铜器铭文和晾马台、古贤村两处古城遗址看，这座城市也有一定规模，有诸侯的宫室、匠人等等，自然也会有它的城市文化。但后来可能因战乱等诸原因而废弃了。所以，从周初直到战国之前，北京和整个幽燕地区一直缺少一个相当稳定并能统领整个地区的中心城市。而只有到了战国，蓟城成为燕国的国都之后，南部又设"中都"与"下都"，北方在袭破东胡后又建五郡，设五郡治所，才确定了蓟城在这一地区真正的中心城市的位置。而从文化思想而言，此前的北京地区一直是北方民族与中原文化相互碰撞的时期。燕国处于齐、赵、晋等大国和北方民族挤压之间，虽有周初中原文化向这一地区的大力推进，但此后却经常有不同文化的撞击或扰乱，不仅齐、赵等国常进攻燕国，连西南部很小的中山国也曾乘机占领燕国土地与城池。文化的撞击自然会给这一地区带来新的元素，但也会带来破坏和不稳定性。

比如，燕王哙让位子之，蓟城构难数月，齐国乘机攻掠，燕都代表国家权力的诸般宝器都被掠至齐国，何以谈到保护自己的文化？但到战国中后期，特别是燕昭王之后，不仅完善了方国都邑的各种功能，而且形成一些文化人的集团，作为战国"七雄"之一的燕国，它的都城才真正显出"方国都城文化"的完整面貌。这一点，对北京此后两千多年的历史发展都很重要。北京建都从何时起，至今争议颇大，这要看从哪个角度说。但无论如何，战国时期北京都邑文化为后来帝国时期的各式各样的都城形式奠定了根本的基础，这是毫无疑问的。

第一节　蓟城中心地位的确立与方国都城文化的大体面貌

一　燕昭王励精图治与蓟城的兴旺

燕国究竟何时迁都于蓟城，目前仍是众说纷纭。因《韩非子》说"燕襄王以河为境，以蓟为国"，故不少人由"襄王"这一点来考据，但燕国历史上无"襄王"的明确记载，于是便认为是"襄公"之误。认为是在齐桓公帮助燕国打败了山戎之后，燕庄公之子燕襄公时迁都于蓟城的，[①] 时间在前657年左右。笔者在《北京与周围城市关系史》一书中，也曾持同样的观点。而陈平先生考证，认为《韩非子》所说"燕襄王"并非误写，燕襄王是燕昭王的另一谥号，昭王亦称"昭襄王"，故不能说明燕国迁于蓟都是春秋之时襄公之事。笔者以为陈平先生对燕昭王双谥号的考证是正确的，但这并不能否认《韩非子》中所说的"襄王"可能是"襄公"之误。有人推测西周时期燕强蓟弱，可能蓟国早就为燕国所吞并，并以蓟城为都。但这种推测并无多少依据，实际上，燕国在西周时除周初的一段时间外并不十分强盛，所以才有数代失载，史料中也没有燕蓟作战的记载。而到春秋之际山戎人活动十分活跃，不仅威胁燕国，而且威胁到晋、赵、齐等国，燕桓侯尚且迁于易水流域，燕国北部地区的蓟国土地自然会被山戎所占据。所以，山戎灭蓟的可能并非没有。而齐桓公攻打山戎的时间很长，将近一载，不仅到达今河北的东部，当时的无终、孤

[①] 韩嘉谷：《燕史源流的考古学考察》，《北京文物与考古》第二辑，北京燕山出版社1991年版。

竹、令支一带，而且束马悬车，登卑耳之山，破山戎于桑干河流域，必然收复整个北京小平原。燕国在这种情况占据地理条件比琉璃河、临易条件更好的蓟城并以为都城的可能性更大。总之，燕国究竟在何时以蓟为都还是个有待进一步讨论的问题，但无论如何，到战国时蓟国是燕国的都城已是毫无疑问的了。这不仅有文献记载，亦有考古证明。王彩梅先生引《战国策·燕策一》，苏秦说燕文侯（按：苏秦说燕文侯一段时间可能有误，据陈平先生考证，苏秦大行其道是在燕昭王时）曰："今赵之攻燕也，发兴号令，不至十日，而数十万众军于东垣矣。渡滹沱，涉易水，不四五日，距国都矣。"彩梅先生认为，既然渡滹沱，涉易水之后到燕国都城的时间尚有四五日，所以当时的燕都不可能是易水流域的临易或燕下都，而只能是蓟城。[①] 此说甚是。

　　战国时蓟城之所在，尽管也是众说不一，但大多数学者认为是在宣武门一带。以往，因乐毅《报燕惠王书》，谈到"蓟丘之植，植于汶篁"便从这个"丘"字上做文章。因白云观附近有一片小高地，因而认为这便是蓟丘。然而根据考古发掘，这一高地乃人为堆积，且文化内容是北朝之后的东西。白云观之北确实有段旧城墙被发现，但城下却压着东汉墓葬，说明此城只能是东汉之后所建。至于乐毅谈到蓟丘的问题，陈平先生认为，"丘"是古代对都城的一种叫法，"蓟丘"犹如"商丘"之类，即指蓟城，并非定要有一块高地。然而，当时的蓟城确实在宣武门之南，1957年，考古工作者曾在广安门以南700米处发现了战国以前的遗址，在一处辽金宫墙夯土台基下有很厚的古文化层。其中古陶器年代最早的接近西周，在文化层中夹杂着战国时期的宫室构件，如饕餮纹瓦当等，由此说明，早在战国时期这里便是蓟城的宫殿区。此外，在北京城的西南部发现了许多战国时期的陶井，笔者根据这些宫殿和陶井分布情况曾经在《北京与周围城市关系史》一书中大体勾画出蓟城的范围，认为其北线比东汉以后的蓟城靠北，可达今西便门、宣武门、和平门一带，南部抵南三环，东部至永定门以东，西部与东汉以后的蓟城相近。其西南部为宫殿区，北部为一般居民区，东南则为墓葬区。

　　新中国成立后，考古界在永定门火车站一带的彭庄及东南的安乐林、蒲黄榆及陶然亭一带曾发现不少战国墓，出土有青铜鼎、钫、圆漆盒和错

---

① 《北京通史》第一卷，中国书店1994年版。

金银铜扣,说明不是一般民间墓葬,而是贵族墓地。此外,据《金史·蔡珪传》记载,金天德三年(1151年)扩展辽燕京城时,在东墙外发现两座古墓,皆为西汉墓,一座为高祖子燕灵王刘建,另一座是燕康王刘嘉。这说明,从菜市口至永定门一带从战国至西汉初曾相沿为墓葬区。有人认为,城内一般不会有墓葬,这与陶井分布区相抵牾,从而怀疑战国之蓟城会延至永定门一带,甚至怀疑整个蓟城在北京城的西南部。然而,从易县燕下都的发掘看,城内同样存在很大墓葬群,说明战国时确有在城内设墓葬的习惯。从两座燕王墓葬发现的情况看,这种习惯可能一直延续到西汉。

假如上述判断大体无误,则战国时的蓟城要比东汉至辽的蓟城大了许多。这种情况并不难于理解,从易县燕下都情况看,东西约8公里,南北约4公里,而且有东西两城。蓟城是燕国的正式都城其规模亦不会太小。战国时,诸侯称雄,周室衰微,到前323年,各国先后称王,燕国也称王,成为战国七雄之一,其都城自然不会如周初琉璃河那样按《周礼》规制而建。特别是在燕昭王时,国力更日益强大,建造宏大的都城已有物质基础。

燕昭王为燕王哙之子。燕王哙应当说是个糊涂人,他听鹿毛寿等人之言将王位让于子之,国内产生"子之之乱",齐国乘机来攻,占领燕国达三年之久。这既遭到燕国人民本身的不断反抗,也引起各诸侯国的不满,纷纷组织"救燕伐齐",当时公子职在赵,赵国乃遥立公子职,并送归燕,是为燕昭王。齐军虽然退去,昭王初立,国内残破,百废待兴。于是昭王决心招贤纳士,复兴燕国。他对郭隗说:"齐国因孤之国乱,而袭破燕,孤极知燕小力小,不足以报。然得贤士与共国,以雪先王之耻,孤之愿也。敢问以国报仇者奈何?"郭隗说:"今王欲致士,先从隗始。隗且见事,况贤于隗者乎?岂远千里哉!"[①] 昭王果然礼敬郭隗,筑宫而师事之,于是,"乐毅自魏往,邹衍自齐往,剧辛自赵往,士争凑燕。燕王吊死问生,与百姓同其甘苦"[②]。而有的文献则记载,还有"屈景闻之,从楚归燕",称邹衍、乐毅、郭隗、屈景为"燕之四子"。[③] 对于"燕之四

---

① 《战国策·战策一》。

② 同上。

③ 《说苑·君道》。

子"，还有其他说法，如陈平先生即认为"四子"应指"郭隗、乐毅、邹衍、苏秦"。其实，当时至燕者当然不止四子，而还有许多士人。这样，便在蓟城形成一个高层次的士人文化群体。后人因知燕昭王曾在燕下都筑黄金台招徕士人，便以为当时的士者都居住在下都，其实不然。燕下都的建造当在昭王国力稍强之后，国初之士人主要是集聚于蓟城。经过二十多年的励精图治，燕国国力大盛，乃于昭王二十八年（前284年），联合秦、赵、韩、魏攻齐，以乐毅为上将军。乐毅攻入临淄，尽掠齐国珍宝重器，送回燕国，于是，"大吕陈于元英，故鼎反于历室，齐器设于宁台，蓟丘之植，植于汶篁"[①]。此时的燕国已相当强盛，这也是自燕国以蓟为都以来蓟城最兴旺的时期。

二 蓟城中心地位的确立及对制度文化的贡献

大约正是在燕昭王时期北京地区形成了自己最初的城市体系。

燕国迁都蓟城以后，其南部的易京（临易）可能还在继续使用，而最早的琉璃河古都则可能已在战乱或洪水袭击中废毁。但不久又在琉璃河的北面兴起一座城市，即《水经注》所说的"良乡故城"，亦称"燕中都"。目前在琉璃河以北3.5公里处的窦店发现一座古城址，即中都之遗迹。琉璃河古城的下限基本到西周，而窦店古城的文化遗存上限在东周初，下限可至汉，两座古城应有一定承袭关系。由于蓟城在北，后来又在今易县南建有燕下都，故窦店古城又称燕中都。这就是说，战国时期燕国可能同时存在几个都城。

除蓟城这个正式都城外，最引人注目的是燕下都。燕下都的兴建年代也是众说不一，大多数学者认定建于燕昭王时期。燕昭王即位于齐国破燕之后，他一方面要整顿内部，恢复国力，同时又要报齐国之仇，并对付重新兴起的中山国。易水乃燕之粮仓，土地肥沃，且有督亢渠的水利工程，既是防范西南来犯之敌的军事要冲，又是燕国的财富基地，所以，在此地建一座城市便迫在眉睫了。昭王听郭隗意见，在燕下都设黄金台、建宾馆，以招徕南方各国士人，"馆之南垂"。昭王苦营三年，击退了齐国与中山国的联合进攻，又过数年，士民殷富，方发动了对齐国的复仇战争。燕下都虽不一定是在昭王初年建立，但时间亦不至太晚，它在燕国伐齐的

[①] 《史记·乐毅传》。《战国策》作"皇"，篁为植物，今从《史记》。

过程中当起了很大作用。

燕下都遗址在今易县东南十余里处，其南、北、西三面环山，有五回岭、捌蝴岭、狼牙山、云蒙山、摩天岭等群峰环绕，最高的摩天岭海拔1813米。古代山林茂密，溪水奔流，西北就是最险要的关隘紫荆关，东南面向平原，是自古以来通往中原的要道。于此处建城，西北控紫荆关可防北方胡人来犯，西南、东南则随时注意各诸侯国的动静。

目前，由于蓟城遗址被后世建筑所叠压，使我们无法弄清它的具体情况，而燕下都的发掘使我们看到当时方国都邑的面貌。燕下都东西长约8公里，南北宽约4公里，分东西两城，两城中间纵贯一条南北古河道，俗称运粮河。从文化遗存看，东城早于西城，东城为主体，西城为防御性的附郭。东城的东北部为大片宫殿区，以武阳台为中心，向北有张公台、望景台、老母台等几处宫殿遗址，它们坐落在一条南北直线上。这些台是突出地面的夯土基址，大都呈方形，下宽上小，最高的武阳台高出地面约11米，在这些高台及其周围分布有大量战国时建筑构件。高台建筑是战国时方国都邑的一大特点，邯郸的赵国遗址有同样情况。这种特点可能一直延续到两汉，故直到三国时曹操曾筑铜雀台，与这种燕下都的高台相仿佛。在主体建筑周围有一些排列有序的附属建筑，一般在面向主体建筑的方向留出一个缺口，形成众星拱卫之势。在宫殿区周围还分布着许多手工业作坊，目前发现的有铸铁作坊三处，兵器作坊两处，铸钱作坊一处，骨器作坊一处。而在宫殿区的西南部便是一般居民区了。东城的西北为墓葬区，这说明，在城内设墓葬可能是战国时的一种习惯。所以，我们在考察战国蓟城时将墓葬区考虑在城内是同样的道理。燕下都在战国中后期是仅次于蓟城的燕国陪都，陪都尚且如此壮观，蓟城情况可见一斑。

自从燕国迁都蓟城后，这座城市便成为幽燕地区的中心城市，但以蓟城为中心的城市体系的形成却是在燕昭王后期。这不仅表现在南方几座陪都的完善，而且在于北方五郡治所的建立。

郡县制度在我国行政管理史上是一个大进步，也是我国制度文化中极其重要的部分。夏、商、周三代都是以某一部族为主而团结其他部族的联合体，周代分封的许多方国与中央也还是相当松散的附属关系。战国时群雄竞立，表面看似乎是削弱了中央而形成的分裂局面，而实际上在每个雄霸一方的小国之中却逐步加紧了对各自统辖区域的管理。郡县制度的产生表明自夏以来部族制的残余开始瓦解，而是以区域管理代替了部族制度，同时，也意味着建立统一帝国的实际步骤已经开始。最先建立郡县的是赵国，赵国在武灵王时学习胡服骑射，为抵御胡人而建立了云中、雁门、代郡，随后，就是燕国，同样是为对付胡人而建北方五郡。

战国时东胡十分强大，《史记·匈奴传》载："燕北有东胡、山戎。"春秋时，东胡大约还在七老图山以东，西部则为山戎势力所盘踞。齐桓公破山戎后东胡渐向西进，在战国时已与赵、中山和燕为邻，可能还有一支在燕的东部与齐相交，其活动范围大体在今张家口东部、承德地区、内蒙古昭乌达盟及辽宁西部，河北唐山地区也可能有东胡人活动，其北境则难以考证。从上述地区考古发现看，到战国时东胡族还处在青铜器奴隶时代。东胡人以畜牧狩猎为生，"俗随水草，居无常处"，"父子男女悉髡头为轻便也"①。燕国三面与东胡为邻，屡被其患。于是，燕昭王在国家富强并大败齐国之后必然要考虑东胡的问题。燕国有大将秦开，曾到东胡为人质，并取得东胡的信任，悉知其山川地理及内部情况，归燕后告之燕王，燕王乃命秦开率大军攻打东胡，东胡却地千里退到内蒙古草原的东部和东北地区。于是，燕国把这些东胡人遗留的旧地划分为上谷、渔阳、右北平、辽西、辽东五郡。上谷郡治为造阳，在今怀柔官厅水库南岸之大古城，汉时改名沮阳。渔阳郡治在今怀柔与密云交界的梨园庄附近，其辖地当是今河北围场县以南，北京怀柔、通州区以东，蓟运河以西和天津以北，是一个南北狭长的地带。右北平郡辖境当在今蓟运河以东、唐山地区西部和承德地区东部及内蒙古赤峰地区南部，其治所尚有争议。有的认为在平泉东部，也有人认为在辽宁凌源境内，秦时治所移于无终（今蓟县），汉代治平岗（今凌源南）。辽西郡当在今河北迁西、乐亭以西，长城以南，辽宁松岭山以东，大凌河下游以西地区，郡治阳乐（今辽宁义县西）。辽东郡辖境则在今辽宁大凌河以东，治所襄平（今辽阳市）。

由以上情况可以看出，当时的燕国已地跨燕山南北，五郡治所则环绕在蓟城之北，加上燕国北长城的修筑及沿线军事城堡，便形成一个完整的防御体系，同时也打破了中原农业经济与草原经济的界限，使南北文化进一步融合。

这时的蓟城应当说与琉璃河古城的作用已大有不同。如果说，周初的燕都琉璃河古城只是由于与周王朝中央关系密切，而在幽燕地区有诸城表

---

① 《史记·匈奴传·集解》。

率的作用，而战国中后期的蓟城则实实在在地起到统领南部诸陪都与北方各郡治所的作用，真正成为这一地区的中心城市和行政首府。

蓟城周围的郡县直到秦汉大体范围无大变化只是治所稍有迁移而已。燕赵的郡县制度成为秦始皇统一全国后实行郡县制的先声，这种创造和示范作用的意义绝不可低估。长期以来，人们总认为三代以下总是中原先进，而这种最先进的郡县制度实际上却最早产生于北方。究其原因，首先可能如苏秉琦先生所说，与最早的古国在北方出现有关；同时，由于燕赵是胡汉杂处之地，而所辖之地都相对辽远，因而不得不按地理范围加以管理，既可摧垮北方民族遗留甚重的部族习俗，也可以实行有效的管理与防御。

三　蓟城方国都城文化的大体面貌

对于整个战国时期的燕文化，我们将在后面详细介绍。这里，仅是根据现有资料对蓟城的都邑文化作一个大概的描述。

北京地区出现方国都城很早，而且也不止一个，但作为完整的都邑文化却表现在战国时的蓟城。

第一，它有一套完整的都城建筑文化。除相当规模的城池外，代表统治者最高威严的是宫廷宗庙与苑囿。蓟城的宫室虽难以详细探明，但史料中却留下了一些记载。

《太平御览》卷一八三，《论衡》曰："燕王坐明光宫，所卧处三户尽闭，使二十人开不得。"同书卷一七八，王子年《拾遗录》又云："燕昭王二年，海人乘霞舟以雕壶盛数斗龙膏以献王。王坐通明之堂，亦曰通霞之台……"而《拾遗记》又云，燕昭王曾将两个能歌善舞的美女"处于崇霞之台"。《太平御览》卷九八四，王子年《拾遗录》还说"燕昭王坐祗明之室"。《太平御览》等书所记载的故事许多是传说或荒诞不经之谈，但所言宫室建筑却可能有一定根据，在上述记述中所提到的：其接见来使、宾客者有通明堂（通霞台），其起居之处有明光宫，其歌舞之所有崇霞台……这些记载可能挂一漏万，但已说明燕都的宫城内建筑之壮丽与豪华，如明光殿（可能即明光宫），"以金为扈"（《三秦记》）。从这些记述中还可得知，当时蓟城的宫室建筑与燕下都一样多高台式，可以想象，这些建筑高下错落、金碧辉煌、灯火明灭，是相当壮观的。

此外，比较可靠的记载是《史记·乐毅传》中的乐毅《报燕王书》，说攻下齐国后尽得当年齐国在"子之之乱"时掠去的燕国重器及齐国珍宝,"齐器设于宁台;大吕陈于元英;故鼎反乎磨室"。这里所说的宁台,应是又一处高台建筑。这几处建筑,常征先生考证皆在今石景山附近。"磨室",是"厉室"之误,今石景山翠微山下有磨石口村,或因厉室宫而得名。磨石口之南有金顶山,其山势大体呈圆锥形,或似人为堆积。《括地志》云"元英""磨石","皆在幽州蓟县西四(十)里宁台之下"。今石景山古时又名梁山,山势突兀,且临桑干河,所以,石景山与金顶山、磨石口一带当是蓟城之外的又一处宫殿区。古时宝鼎等重器应置于祖庙,故常征先生认为,这一带应是燕王祖庙所在。此说甚为有理。这一带战国时西临永定河,金顶山之北有一些小丘陵,而翠微山则风景秀丽,确实适于做王家宫苑。它既是宗庙所在,又是北京地区最早的王室苑囿。

但应当说明一点,常先生云金顶街之西有"铸造村",与铸鼎似有关联却是误解。"铸造村"乃当代之名,是因金顶街之西有首钢铸造厂,再西往麻峪之间的山坡上就近建造了铸造厂的宿舍,故叫铸造村。笔者于上世纪50年代中期一直在这一带学习、工作,得知乃北平解放后方有铸造村之名。故不应望文生义也。

"邑有宗庙则曰国",这样,燕国的蓟都才算一个真正的"都"。至于宗庙区为何不按"左祖右社的规则"设于蓟城之东,常征先生推测说,当初燕国迁蓟可能是利用蓟国故城,而蓟国都城可能在石景山一带。这种推断可能有一定道理,但起码在目前尚无考古证明,所以,燕国迁蓟之前,当初的蓟国都城究竟在何处,尚需进一步讨论。

第二,表现为有从宫廷到士人、平民等各阶层的文化。

宫廷内自有宫廷的制度、礼仪、音乐……重器陈于宗庙,必有祭祠;大吕置于元英,说明是沿袭周礼将音乐视为国家的重要礼制。而在昭王招贤纳士之后,燕国显然已形成一个"士"的群体,其中有纵横家如苏秦(按:陈平先生考证,苏秦主要活动于燕昭王时,主要目的是为燕国服务),有阴阳家如邹衍,有仙道方士之流……自然,还有军事家如秦开、乐毅。

战国时,已是周室衰微,"礼崩乐坏"的时期,所以,平民也开始效仿贵族们所使用的礼器,但不可能制作成本很高的青铜器,而是以仿青铜的陶器来代替。所以,北京地区出土的陶器除日用生活用品鬲、罐之外,主要是仿青铜礼器的陶制鼎、豆、壶、盘、匜、簋等等,制作亦相当精美。如在怀柔曾发掘 23 座东周墓，随葬器物以陶制礼器为大宗。所谓"上行下效"，这便是都城较为富有的平民的文化观念。

第三，表现为区域文化习俗的形成。关于这一点，以下有专门叙述，此处省略。

总之，到战国时期，蓟城已形成方国都城文化的全面格局，从这种意义上讲，有的学者认为北京建都时间应自战国时起亦有一定道理。

第二节　燕地蓟城的学术流派

战国时期，我国已走向封建制度，新兴的地主阶级在各诸侯国的相互竞争与激战中必须有新的思想来充实，因而形成礼贤下士和百家争鸣的局面。它标志着我国古代理性文化已经达到博大的巅峰，从而为统一多民族国家的建立和此后两千多年的政治文化奠定了基础。当时，学人纷纷著书立说，各种学说如雨后春笋般涌现，学术空气相当宽松。

战国时期的燕地和蓟城，历来地处北方多民族杂居之地，因而以往谈起学术虽不能完全空缺，但总不如谈中原腹地和齐鲁之地那样详尽，似乎真像燕国人自己说的那样因"地处蛮夷"而粗陋少文。这一方面是由于燕地学者所遗学术著作不多；另一方面是因为幽燕学术多重实用，如纵横家、阴阳家、仙道与侠客，多是用行动来证明他们的观点；加之后来孔孟又成为占统治地位的显学，相比之下，燕地学术似乎更微不足道了。

其实，战国时期的燕地和蓟城，是学术思想相当活跃的地区之一，而且很有自己的特点，也出现了许多值得称道的人物。如纵横家苏秦、阴阳家邹衍，不仅名噪一时，而且直接影响了燕国乃至整个东方六国的盛衰与命运。邹衍的阴阳学后世与道家相融合，他的地理观表面看来宏大不经，但却很接近地球的实际情况。而那些方士、剑侠，虽不被列于诸子百家，但方士描述的生命前景影响了一代又一代帝王。至于剑侠，则用他们的行动激励着后人，并在很大程度上影响着幽燕地区的民俗民风与人民性格。由上述群体所造成的幽燕地区特殊的"区域文化"更是别具一格。

一　阴阳家邹衍及其学说

邹衍亦称邹子，在诸子百家中也是甚为有名的一家，但因其著作传世者几乎未见，其学说又多接近于自然，在我国两千多年的封建社会中，向来是重人文而轻自然，所以，邹衍的学说便不被重视，或被看作"宏大不经"的空谈。目前，关于邹衍的记载，散见于《史记》的《燕世家》与《荀卿列传·附篇》以及《战国策》《汉书·艺文志》等古籍。其中，记述最全面的当属《史记·荀卿列传》所附的《邹子传》。在这篇传记中，司马迁总其事迹、学说及评价，一共不过七百余字，然而，从这简要的记述中可以看出，邹子的活动不仅影响了当时的齐、梁、赵、燕的君主，而且，其学说是一个相当宏大的架构，涉及天文、地理、自然、政治等各个方面。尤其是他的地理观，简直是世界级的天才推测。有的学者认为，邹衍加上当时的惠施的地理观，"足以与哥白尼、哥伦布、麦哲伦等世界名人并驾齐驱"[1]，吾以为，这种评价并不为过，但他的学说却比哥白尼等早了两千年。邹子是齐人，且游历诸国，但他最主要的活动是在燕国，燕昭王励精图治，燕国由弱而变强，可以说是为邹子所鼓舞，纵观燕国学术，其主流在很大程度上可能是受了邹子的影响，其意义很难以燕昭王好神仙之类的支流末节来概括，陈平先生说他是齐燕"海洋文化"的代表，我以为是很值得考虑的。对于这样一个重量级人物，谈燕文化则必应重点研究。

邹衍其人及对燕国的影响　邹衍为齐国人，是齐国稷下学宫的著名人物之一。稷下学宫因在齐国国都稷门附近而得名，是由齐国政府出钱所办的一种高等学府，自齐桓公时开始设立，盛于威、宣之时，后来燕昭王破齐，学宫一度破败，到齐襄王时又得以恢复。邹子正是在稷下学宫最兴旺时在这里讲学的。齐威王时，从各国招纳了许多学者，"如邹衍、淳于髡、田骈、接予、慎到、环渊之徒七十六人，皆赐列第，为上大夫，不治而议论。是以齐稷下学士复盛，且数百千人"[2]。从这段叙述看，邹衍被列为众多学士之首，足见其在学宫的地位。除上述这些人物外，后来荀子、孟子皆曾来此讲学。其中儒家、道家、法家、阴阳家、黄老学派等都有著名人物至稷下。学宫的学术空气相当自由，虽由政府出资，但却由著名学者来主持，且诸派皆兼容并包，从自然、人文、政治、军事到哲学无所不包。稷下学宫既是学者们讲学授徒之地，又是学者议论时政、发表政见的地方，他们虽不直接治理国家，但"不治而议论"，所以有人说稷下

---

[1] 陈平：《燕史纪事编年会按》，北京大学出版社1995年版。
[2] 《史记·田敬仲完世家》。

学宫是一个"政治设计院和智囊团"是很有道理的。谈起邹子，人们一般称他为"阴阳家"，但从他一生的行动看，则是以阴阳而引出政治观点，目的还在于参与各国政治。

邹衍可能是稷下学宫的最初的著名学者和学宫主持人之一，所以"邹子重于齐"。但邹衍讲问题常从谈天说地开始，然后才引导到政治问题上，正如司马迁所说，就如伊尹以鼎而勉励商汤，百里奚饭牛而助穆公称霸，有人通俗地比方，就像以巨鼎煮小鸡。但对于急功近利的统治者来说，初听畏然起敬，施行起来似不如儒家、法家那样具体。所以邹衍虽为齐王所重，但还是离开齐国，这可能是重要原因。邹衍至梁，惠王"郊迎"，"执贵主之礼"[①]；"适赵，平原君侧行撇席"[②]；看来受到的礼遇都很隆重。然而邹衍到这些国大概还是从天到地，由古至今，"先验小物，推而至大，至于无垠"[③]，这样地"侃大山"，道理越多越深当政者越不知从何入手。所以，虽被礼敬，看来并未有什么大作为。邹衍得以施展才华，最后还是因为到了燕国，遇到了燕昭王。

邹衍到燕国，可以说是得天时、地利、人和，"三宝"俱备。

"天时"者，邹衍至蓟城，恰值燕国遭"子之之乱"与齐国破燕之后，燕昭王即位，急于复兴，急于招贤，急于报齐国之仇的时刻。"人和"者，是说他遇到了燕昭王其人。当时，各国招贤纳士之风甚盛，而燕国在此之前在各诸侯国中是比较贫弱的。同时，因华夷杂处，学术风气的确不如其他国家。有人或以为，邹衍所以受到燕昭王的特殊礼遇，是因为燕昭王"好神仙"，邹子可能对他谈了些长生不老之类的"仙术"，这种因素并非没有，但予以为，昭王初立之时，主要还是政治抱负。《史记·燕世家》云，燕昭王于破燕之后即位，卑身厚币以招贤者，谓郭隗说：齐国因燕国发生内乱而袭破燕，我想招纳贤士，该怎么做呢？郭隗说："王必欲致士，先自隗始"，于是昭王改筑宫室而师事之，结果，"乐毅自魏往，邹衍自齐往，剧辛自赵往，士争趋燕，燕王吊死问孤，与百姓同甘苦……"可见，邹衍至燕之时，燕国尚弱，燕昭王与百姓同甘苦，还来不及，也没条件讲什么长生不老之术。况且，太子平和燕王哙都是在

---

① 《史记·荀卿列传》。
② 同上。
③ 同上。

战乱中被杀，燕昭王因国内动乱时在赵才逃过了一场大劫难，是被赵国遥立然后才由乐池送回来的。刚刚侥幸避开死难就想长生不老也不符合思维逻辑。是什么原因使昭王为邹子"拥彗先驱"，并为之筑碣石宫，且以弟子之礼师事之？邹子有三大学说，即：大九州说、阴阳五行说和五德终始说。陈平先生曾指出，《五德终始论》是邹子学说中"最下乘的、最无价值、最不值得肯定的东西"[①]。从理论上讲或许真的如此，但在实际中却可能正是这一点鼓舞了燕昭王的雄心壮志。按照邹子的理论，周人的火德将为水德所替代，燕在北方，五行属水，照此理论，燕由弱变强应属自然而然的事。当时东胡常自北方袭燕，燕国在破东胡之前辖地并不算大，是一个弱而小的方国。既然该"水德""当运"，燕国向北拓展当是顺理成章。虽然燕国的头号敌人是齐，而攻打东胡也是早晚的事。加上邹衍以"大九州论"谈天说地，等于为燕昭王上了一堂大地理课，使他一下子开阔了视野。这些，对雄心勃勃的昭王来说应是极大的鼓舞。说到碣石宫，《史记·正义》谓"在幽州蓟县西三十里之宁台之东"。但也有人认为，它应当就是后来秦始皇"东临碣石有遗篇"那个碣石，应始自燕昭王，处于秦皇岛附近，始皇扩而大之。在那样一种环境中，才真正符合邹子纵论天地的心境。这种看法可备一说。不过，邹衍刚到燕国之时，国家尚未十分强大，昭王又要随时向邹衍请教治国之策，到距蓟城甚远之处筑宫也不一定合理。至于昭王搞什么迷信神仙之类，只能是在燕国破齐，又袭破东胡之后的事。那时的燕国已向北方拓地千里，北境达今内蒙古东南和辽宁南部，不仅国家富强，而且较之中原各诸侯国确实地域广大得多，因而号称"巨燕"。当此之时，"饱暖思淫"，燕昭王自然更向往邹子们所说的那种海外仙山和长生不老的境界。至于邹子"大九州论"的天才预见和科学道理反而早已抛之脑后了。所以，邹子到燕国的初期，其"五德终始论"便是燕国久病久弱后的强心剂，而其"大九州说"更是为燕昭王开阔视野、转变心境、强国兴国之志的最好"激素"。昭王好神仙是迷信，但由此可能说明他与邹衍有同样喜欢浪漫与幻想的个性，所以说，邹衍遇昭王，是恰逢"天时"与"人和"之利。

"地利"，是指整个幽燕居民的性格特点。燕国与齐国一样濒临海洋，所以燕齐都有富于想象、敢于冒险、希望探索海洋的奥秘的性格。齐人多

[①] 陈平：《燕史纪事编年会按》（下册），北京大学出版社1995年版。

论鬼狐仙怪，从邹子及其门徒一直沿袭到后世的《聊斋》；燕人多好神仙，自邹子至燕而一直延续到秦汉。所以，燕国的地理环境与邹子的思想有相通之处，是邹子发挥见解的沃土，沿海居民丰富的海外见闻是其学说的根据。

有了这三项条件，作为齐人的邹子才能立足于燕而发挥他的才智。

邹子由阴阳消息说起，而作"怪迂之变"的《终始》《大圣》之篇十余万言，故司马迁将其归于阴阳家。《汉书·艺文志》谈到阴阳家时又说有《邹子》四十九篇。

邹衍的自然观和地理观，无论在当时或后世，都要超过他的政治影响，这一点是毫无疑问的。不少人认为《山海经》，特别是《海经》部分，可能系邹衍弟子们所为，其中可窥见邹子学说的踪迹，这是很有道理的。另外，齐国还有一个邹奭，与邹衍是何关系不详，可能是其晚辈。《史记》云，邹奭"示颇采邹衍之术以纪文"，《汉书·艺文志》的班注中亦谈到有《邹奭子》十二篇，可能就是邹奭记述邹衍学说的著作，因而亦应视为邹衍学说和论著的组成部分。

邹衍的大九州说　邹衍深究自然，常从开天辟地说起，"推而远之，至天地未生，窈冥不可考而原也"。他的天体说是些什么内容则不得而知。而其地理观则被司马迁在《史记·荀卿列传》中所概括。《史记》载：邹衍以为，"儒者所谓中国者，于天下乃八十一分居其一分耳。中国名曰赤县神州。赤县神州内自有九州，禹之序九州是也，不得为州数。中国外如赤县神州者九，乃所谓九州也。于是有裨海环之，人民禽兽莫能相通者，如一区者，乃为一州。如此者九，乃有大瀛海环其外，天地之际也"。

"九州论"是《禹贡》中提出的，托言大禹治水时将天下（中国）划分为九州。邹衍指出，《禹贡》中所说的"九州"不能看作具体的行政区划，而只是大体的地理概念。他说，中国又叫赤县神州，其中有九州，这只能算小九州。有九个这种赤县神州般的地理区域才算大九州。他们在一定的地理环境之中，人民禽兽，风俗语言不一样，周围有裨海包围着。裨海，犹言小海或近海（按：如黄海、渤海之类）。这样的大九州，整个世界又有九个，周围有大瀛海所包围（按：犹言大西洋、太平洋之类），所以，中国只不过为大九州中的八十一分之一。

邹衍的这种描述，就好像我们现在说，除中国外还有好多国家，许多国家又组成亚洲、欧洲、澳洲等，然后是近海与大洋。邹衍没有近现代的航海条件，但他可能从齐燕等地沿海居民的海上生活中汲取了许多海外生活的知识与传闻，然后形成自己对世界地理的一种判断。这种判断或说预测，与真实的世界地理是何等相似！所以，有的学者说，邹衍是可与哥白尼、哥伦布、麦哲伦相比的伟大天才，但他的地理观却比他们又早了两千多年。我以为，这种评价是毫不为过的。

邹衍的阴阳五行说 阴阳五行说起源于我国原始社会末期先民们对客观世界的一种朴素的唯物主义认识，他们把一些相对的事物，如天与地、水与火、男与女等，用阴阳来表达，又把事物分类为金、木、水、火、土"五行"。至于后来以阴阳五行作为封建迷信的工具，则失去了其原有的精华。战国时阴阳家盛行，邹衍是阴阳家中最著名者，他的学说是"先验小物，推而大之，至于无垠。先序今以上至黄帝，学者所共术……"，也就是说，是对自古以来的阴阳家说做了个大总结，是集其大成者，所以司马迁谈阴阳家亦首推邹衍。

由于阴阳五行说当时与方士们的求仙炼药的理论联系在一起，后世又被民间术士和算命先生之流所应用，所以，在一般人眼中它是封建迷信者的怪谈，在学者心目中也是战国以来形成的晚出支流。而近年来一些学者却指出，阴阳五行说有久远的源头；同时，在中国民间实用文化中占有重要地位。余以为，这种观点是很值得重视的。所谓阴阳，不过是指事物相互联系而又对立的两个方面，它应是中国最古老的哲学思想的简括和源头，后来，不仅是阴阳家，也为黄老学派所吸纳。而"五行说"则更被民间各种实用文化所运用，诸如天文、地理、音乐、军事（如古代战阵）等，特别是在中医学中，更被使用到出神入化的地步。

若干年前，笔者从北京及其周围地区的考古发现及古代文献记述中，直觉地认识到，若论幽燕之学术，道家及方士、剑侠可能是这一地区的学术源头，[①] 现在看来，阴阳家也该是其中重要的组成部分。从儒学和其他人文学科说，古代的幽燕地区确实不如中原其他地区显赫，但就自然科学而言，从炎黄时代起，北京地区便有深远的根基，至战国时，邹子在燕地的出现更进一步推动了对天地自然的探索。

邹衍的五德终始论 邹衍把金、木、水、火、土的五行说运用于社会

[①] 王玲：《仙道游侠与北京学术源流》，《北京文博》1996 年第 3 期。

及对历史的解释和对政治的分析中,作《五德终始论》。他认为,历史在发展过程中被一种必然的自然规律所支配,即金、木、水、火、土。这"五德",每一德支配一个朝代,虞土、夏木、殷金、周火……循环往复。到战国时,周代的火德衰,则将被水德所替代。这种说法很难说有多少科学价值,但在当时,却为诸侯们叛离周室、相互征战提供了理论依据;所以大受齐、赵、梁、燕等北方诸侯的欢迎。到秦始皇统一全国后,有人以邹子学说献于始皇,乃采纳之,并说秦朝的一系列政令均据"水德"而制,可见其影响之大。

二 纵横家苏秦

战国时群雄竞争,有战也有和,有亲亦有疏,有相互的猜忌,亦有相互的利用。在这种情况下出现了一批说客,他们来往于各国之间,凭口才的优势,对形势的分析,和在游说对象面前从容应变的能力而取得各国当权者的信任。有人说他们是政客,有人说他们如后世的媒婆,更有人说他们是反复无常的小人。而实际上,这是一批很有见识和学问的外交家。由于在这批人当中出现了张仪和苏秦这两个代表性的人物,张仪说服秦国利用东方六国以为己用,叫"连横";苏秦说服各国联合而抗秦叫"合纵",故史家称他们为"纵横家"。这些人并不像孔孟、老庄或邹衍等有系统的理论或著述,但却在一段时间内很大程度上影响甚至操纵着各国政治,苏秦甚至佩六国相印,足见其作用之大,后世从事外交和进行"舌战"者大多受到纵横家的影响。而能够很好地利用纵横家的,一个是秦国,另一个就是燕国。以往提起苏秦,都把他看作利用各国而取得个人权势地位的人,实际上苏秦一生的外交生涯是围绕着燕国的复兴和燕国报齐国之仇。是苏秦鼓舞了燕昭王的勇气与信心,是苏秦离间了各国与齐国的关系,是苏秦到齐国而实际上是为燕国做间谍,他为此甚至付出生命的代价——最终被齐国发现而惨死。但在以往的历史记述中,这一点并不明确,究其原因,是因为自司马迁的《史记》到《战国策》等对苏秦的历史记载都混乱了,直至上世纪70年代,马王堆出土了《帛书》,其中的《战国纵横家书》才露出了事实的真相。所以,要讲苏秦其人,不能不先把这件事搞清楚。

实际上,在前辈学者中,早就有人怀疑《史记》和《战国策》记述有误,到上世纪60年代,徐中舒先生取得了对这一问题研究的重大进展,他在《历史研究》1964年第一期中发表了《论战国策的编写及有关苏秦诸问题》，提出了两个重要观点：一是《史记》等书把张仪与苏秦的年辈搞错了，实际上是张仪在前，苏秦在后；二是苏秦活动的真实年代应是在秦武王、燕昭王之时，而不是在秦惠王与燕文公、燕易王之时，也就是说，他的活动主要在张仪死后，比《史记》等书的记述要晚了二十多年。到长沙马王堆汉墓帛书出土后，这种观点得到了有力的证实，唐兰、马雍等学者从《帛书》的《战国纵横家书》中证明，《史记》之所以记述颠倒，可能是因为司马迁未曾见这批珍贵的史料。《战国纵横家书》可能是汉高祖或惠帝时的写本，司马迁作《史记》时已过了半个世纪，可能没见过这个本子。这样，唐先生等人又把苏秦的真实活动向事实推进了一步。到20世纪80年代，陈平先生作《燕史纪事编年会按》，将《史记》《战国策》等书中关于苏秦的记述一段一段地研究，找出其中的矛盾和当时各国人事、战事对比，取得了更大的进展，由于陈平先生重点在燕史，所以把苏秦在燕国的活动考察得尤为详尽，应当说，这是对燕文化研究的一个重大的突破和补充。所以，我们在记述苏秦与燕国的历史事实时便可省略那些具体考证，而直述其事了。当然，笔者这样做并非是想"偷懒"，首先是基于对以上诸先生研究成果的基本认同。

苏秦系周人，青少年时跟从齐国鬼谷先生学习，出道而游历各国，先说秦未果，后至赵又受阻，不得已而归家，兄弟、妻嫂皆耻笑说：周人之俗皆治产业，或从商，或农耕，哪有凭口舌想发达的道理？苏秦大惭，发愤读书，通阅典籍，读书欲睡，以锥刺股，血流至足，揣摩期年而得其要领，乃复出游说。

苏秦这次游说首先选中了燕昭王，这可能因为昭王招贤纳士的旗帜鲜明，也因为当时燕国正处于弱小时期。《史记·苏秦列传》中有一段苏氏说"燕文公"的话，实际上应是苏秦初见燕昭王的说辞，文曰："燕东有朝鲜、辽东，北有林胡、楼烦，西有云中、九原，南有滹沱、易水，地方二千余里，带甲数十万，车六百乘，骑六千匹，粟支数年，南有碣石、雁门之饶，北有枣栗之利，民虽不细作而足于枣栗矣，比所谓天府者也。夫安乐无事，不见覆军杀将，无过燕者。大王知所以其然乎？夫燕之所以不犯寇被甲兵者，以赵为蔽其南也。……秦赵相毙，而王以全燕制其后，此燕之所以不犯寇也。且夫秦之攻燕也，逾云中、九原、过代、上谷，弥地数千里，虽得燕城，秦计固不能守也。秦之不能害燕明矣。今赵攻燕也，发兴号令，不至十日，而数十万之军军于东垣矣，渡漳沱，涉易水，不至四五日而至国都矣。……故愿大王与赵从亲……"这段话将燕国当时的形势分析得相当透彻，陈平先生系之于昭王二年。此段非说燕文侯明矣，燕文侯时燕未有这种兴盛局面。但余以为系之于昭王二年似仍早些。昭王初立，燕国当无此"带甲数十万"的力量，或应在稍后，正是昭王励精图治，与百姓共甘苦的时期，所以积蓄力量而未动兵革；但肯定是昭王早期，败齐破胡之前，破胡之后辽东已成为燕国之一郡，便不是邻域了。其时燕国初起，所以昭王说（《史记》作"文侯"）"寡人国小"。苏秦首先劝说燕与赵建立更为亲和的关系，既有上面苏秦所说的道理，也是因为昭王本来就是赵国送回来的，从这里入手，昭王很容易接受。《战国策》还有苏秦说燕王哙一段，其实也是说昭王的，这一段中，燕王说"我有深怨积怒于齐，欲报之二年矣"，"直患国弊，力不足矣"，这才是苏秦初见昭王时的情况。而苏秦则针对昭王的顾虑，指出燕国虽暂时尚弱，"独战不能，有所附则至不重"，劝燕王联合其他国家而再报齐国之仇。燕昭王听从苏秦之计，苏秦于是游说各国，对仇秦者便说联合伐秦，对亲燕者便说"燕有所附而无不重"的道理。中间虽然也有人采取离间之计，但昭王毕竟还是用苏秦打通各国关系。不数年，苏秦取得各国信任，以至"佩六国相印"，但实际上，各国并未认真伐秦，而是出现了后来相互观望，停止不进，或暗中与秦求和的活动。究其原因，苏秦真正忠实的还是燕昭王。因为，苏秦初出道各国不用，而至燕国昭王则始用之，可谓"知遇之恩"。经过苏秦大量工作，终于使燕国联合秦、赵、韩、魏五国伐齐，时在前284年，燕昭王二十八年。燕军大胜，苏秦的真实计划也败露了，齐国乃杀苏秦。所以，苏秦在燕国复兴中占有重要地位，纵横家对燕国的影响是不可低估的。

三 方士

提起方士，人们往往把他们看作炼丹采药，迷惑帝王，和以虚无缥缈的神仙故事胡说八道的骗子。所以，既难列于诸子百家之中，也谈不上什么学术。这种看法有一定道理，但说方士没有一点学问，没有一点价值亦失之于偏颇。方士在对人类生命现象所做的探索并非完全子虚乌有：他们搞的丹药之类，对后世的炼造之术有很大影响，或许可以说是最早的化学实验，为后来的道家所吸收；而他们对海外神仙世界的描绘，虽然大部分不是事实，但也并非完全是空穴来风，而是包含着不少海外的信息。

战国时期的燕齐两国，方士占有很大地位，这与齐国的威王、宣王及燕昭王对方士的特别崇信有关。《史记·封禅书》载："自齐威宣之时，邹子之徒论著终始之运及秦帝，而齐人奏之，故始皇采用之。而宋毋忌、正伯侨、充尚、羡门高最后，皆燕人。为方仙道，形解消化，依于鬼神之事。……自威、宣、燕昭，使人入海求蓬莱、方丈、瀛洲。此三神山者，其传在渤海中，去人不远。"《太平御览》等书中亦多次记载燕昭王与方士们的故事，其中许多是从海上外域而来。可见，除了本土的方士，燕齐等地还接受了一些"外国神仙"的影响。这些人可能为符合燕昭王的心理，编造一些故事，但同时也带来不少最初的海外信息与外域文化。比如，《拾遗记》卷四记载，燕昭王二年（前310年），广延国来献了两个能歌善舞的美女，如果抛开关于这两位"仙女"的神奇外衣，那就是外来文化的记述。《太平御览》卷一七八又说，此年海外有人乘霞舟进"龙膏"，这也可以看作是物资的交流。不论是外来的或本土的，他们描述的那种海外世界自然是相当新奇，其中虽有不少添枝加叶和夸张的成分，但起码证明中国之外还有同样精彩的世界。如果说邹衍的大九州论是对地球和世界一种理论上的天才推测，他的方士徒子徒孙和海外来客的描述则为他这种理论作了注脚。在这批人当中，也并非完全都是阿谀奉承之徒，比如，《拾遗记》卷四载，昭王四年召见其臣甘需，说自己有志于仙道，想学长生不老之法。甘需对他说：自己曾到过什么"昆台之山"，见到过老神仙，但都是清心灭念，去滞欲，离嗜爱的，大王妖容惑目，美味爽口，想当个神仙怎么可能？据说昭王听了甘需的话，抑色减味，为了表彰他还把他的故居取名"明真里"。可见，方士中也有不胡说八道的。

齐、燕均濒临很长的海岸线，那浩瀚无垠、波澜壮阔的大海，以及"海市蜃楼"的景色，不可能不给人以遐想，加上方士的渲染与神化，使威、宣、燕昭等王产生寻找神仙世界的欲望是完全可以理解的。于是，不光满足于方士们的胡诌海聊，而要真的去派人找一找，便成了顺理成章的事。从齐国的威王、宣王，燕国的昭王，到后来的秦始皇、汉武帝，都曾派人出海去寻"海外仙山"，自然是毫无结果，但这一批一批的出海人，则完全可以说是我国最初的远洋探险者。笔者曾经在一些讲话中谈到，幽燕地区不仅是北方草原文化、东北山林文化与中原农耕文化的汇聚融合之地，也有东南吹来的海洋文化之风。一些年轻朋友很怀疑笔者这种观点，似乎既属中原地区就没有海洋文化。还有些朋友大概是以现代观点来看待什么是海洋文化,既然近代北京闭关自守,以为便谈不到海洋文化。其实,早在大汶口文化中就已经反映出东夷人对天地自然、日月山海的兴趣,透露出我们的祖先对海洋文化的热衷。"赤县神州"诸海相绕,怎么可能没有我们的海洋文化?如果说方士们关于神仙世界的描述确实有不少骗人的因素,没什么价值,而对他们关于海外世界的信息和描述自应另有评价。实际上,包括邹衍的大九州论,加上方士们对"仙山"的种种描述与猜测,都鼓舞了燕齐人民对海洋世界的探寻,而富于幻想、敢于冒险、向海洋挑战、与域外交往,正是古代海洋文化的特征。在希腊神话中,有许多外来神和本地神的交战或交流,希腊人看作是自己最久远而又最宝贵的精神财富;而我们幽燕地区的先人创造的海上神话怎么就完全被看成"垃圾"呢?希腊神话反映了爱琴海的海洋文化,中国关于海上的神话同样反映了渤海、黄海,甚至太平洋的海洋文化。由此可见,对于齐、燕方士们的认识是该有所校正了。

第三节　民风民俗、语言文字与艺术

一　民风民俗与人民性格——兼论游侠

一般来说,文化是动态的,它经常随着生产的发展、社会制度的变化与民族及区域间的交流而发生变动。然而一个地区的民风民俗,虽然也会随历史而增溢,随时间而减损,但由于它来自于民间的自动传播,来自于爷爷奶奶的口传心授,区域性特别明显,较其他文化现象的稳定性要大得多。一个人无论走多远,那个生他、养他的远方村社总是影响着他的根性;一个区域的民俗民风则影响着这个地区的人民性格。

战国时期的幽燕地区,是多民族混居杂处的地带,燕国又比较弱,直到昭王时才强大起来。民族和诸侯国之间的相互征战既给百姓带来了灾难,但也锻炼了人民坚毅的性格和适应能力。相对于中原腹地而言,燕地气候高寒,土地也较为贫瘠,这就使该地区人民更富有勇猛顽强的个性。《吴子》云:"燕性悫,其民慎,好勇义,寡诈谋,故陈守而不走。"《管子》亦云:"燕之水萃下而弱,沈滞而杂,故其民愚戆而好贞,轻疾而易死。"说燕人好勇义、少奸诈是不错的,而说他们"陈守不走"却不准确。燕地民族交往很多,人口流动性很大,而且自建北方五郡之后,辽东及右北平都有很长的海岸线，燕地有山地，有平原，又濒临海洋，其性格是多面性的，既有勇义、坚韧的一面，但又不乏开阔的胸襟。幽燕地区是多民族混居杂处之地，连燕王都说：寡人地处蛮夷，虽大丈夫才如婴儿。这虽是自谦的话，但证明当地土著民族的影响确实很大。较中原腹地而言，燕地的礼数并不那么严格，《汉书·地理志》载："蓟……勃碣之间一都会也……宾客相过，以妇侍宿，嫁娶之夕，男女无别，反以为荣。"到汉代情况尚如此，战国之时的土著习俗当更盛，这里的妇女比内地较为自由，少了许多男女之防。当然，自召公封燕之后，燕地也学习了不少中原礼仪制度，孔子去世，燕国就曾有人去"观葬"，但总的来说，幽燕风俗受北方各民族影响更大。说燕人"少诈谋"是对的，但他们并非愚昧，而同样很有智慧。艰苦的地理环境使他们有更多战天斗地的经验，而海的辽阔与汹涌，使他们不仅有广阔的视野，也产生对天地自然的好奇与想象，他们的智慧更多运用于与大自然的斗争。战国末期秦国强大，逐渐吞并东方各国，而燕国虽弱却为各姬姓诸侯国中最后才亡，有人说这是因为燕地辽远，其实，齐国距秦比燕更远，何以燕国坚持到最后时刻？这与燕人顽强的抗争是分不开的。

若从学术流派而言，燕人性格除神仙方士的影响外，战国后期影响最大的便是侠客。

侠客，或称游侠，是特殊历史时期的产物。是弱者在无奈的情况下凭借个人勇气进行的复仇和反抗。战国后期，秦国日益强大，志在吞并东方各国，国家统一自然是历史的必然潮流，但秦国的吞并战争和大规模的屠杀又给人民带来巨大的苦难，况且，爱国爱家亦是人之常情。而对面临覆亡的各国君主来说，自然更怀着无比的愤恨与恐惧。于是，各国在战国以来尚贤养士的传统中又增添了一个新的内容，即蓄养勇士，这就造成侠客盛行的条件。司马迁在《史记》中专列《刺客传》，足见侠客在当时已成风气并形成一个群体。在战国的侠客中，燕国尤为表现突出，特别是荆轲刺秦王的故事为后人所传颂。

荆轲等人的事迹见于《史记·刺客列传》《战国策》等古籍，而尤以《燕丹子》记述最详。

到燕国最后一个王——燕王喜的后期，秦国灭亡东方各国的脚步日益加紧。燕太子丹为质于秦，秦王待之无礼，燕太子丹逃归。面临个人的羞辱和国家覆亡的危险，太子丹想尽办法要报复秦王。商之于太傅鞠武，鞠武推荐田光。田光"智深而勇沈",但认为自己年纪已老,不能担当重任,又向太子丹推荐荆轲。太子丹说田光勿泄露消息,田光为激怒荆轲,也为表明自己的为人,对荆轲说:"太子丹对我说勿泄露消息,是对我有所怀疑,我今以死表明自己的忠心。"乃自杀。于是,荆轲见太子丹。

荆轲原为卫国人,好读书、击剑,亦曾游各国,均不被用,而至燕,与狗屠高渐离相善,高渐离喜欢击筑,即当时的一种打击乐。于是二人饮酒击筑,酒后高歌以抒怀。田光先生知其志而善待,因而推荐给太子丹。

荆轲见太子丹,告之田光已自杀明志,太子丹感慨不已,即与荆轲谋划刺杀秦王之事。此前,有秦将军樊於期得罪秦王逃往燕国,有人怕燕国收留樊於期会激怒秦王给燕国招来祸患,劝太子丹送其之匈奴,太子丹不纳此议,留樊於期于燕,并厚待之。于是,荆轲直入樊於期住所,对他说:"我要入秦刺杀秦王,怕秦王无法接近,欲借将军之头以为对秦王的见面礼。"樊於期慨然而诺,自杀。于是,荆轲携樊於期首级及燕国膏腴之地督亢的地图入秦。临行,太子丹及其宾客送之易水之上,高渐离击筑,荆轲慷慨而歌曰:"风萧萧兮易水寒,壮士一去兮不复还!"乃入秦,秦王果喜,荆轲与助手秦武阳入见秦王,将匕首藏于督亢图中,秦王观图,"图穷而匕首见",荆轲捉秦王袖,秦王绝袖而起,环柱而避,荆轲掷匕首中柱而秦王幸免,反击荆轲,荆轲身被八创,仍倚柱大笑说:"我并非杀不了你,是想活着抓获你,让你归还各国被秦掠去的土地!"荆轲被杀,秦王怒,更加紧了对燕国的进攻。

对于刺客、游侠们的行为史家评论不一。当然,侠客的行动改变不了历史的大趋势,秦统一全国已是必然之势。但是,作为弱者,燕国上下要挽救故国的危亡,热爱自己的乡土,保卫自己的家乡,是无可非议的。侠客的行为方式不同,田光、樊於期舍身以取义,荆轲、秦武阳背剑入秦;但有一点是共同的,就是勇敢无畏。这种精神对幽燕地区的人民性格影响很大,后世评论说:幽燕多慷慨悲歌之士,大有荆轲遗风,诚如是也。

二 语言、文字

文字是文明社会的标志之一,汉字是世界上最古老的文字体系之一。我国很早就有文字起源于结绳记事和八卦的传说,但从目前的考古发现看,最早的文字可能源于陶器的刻画符号,如半坡陶符、姜寨陶符、大汶口陶符等。陶符中有的可能只是记事符号,但有些已明显接近于后来的甲骨文。如河北藁城台西陶符、江西清江吴城陶符中，有些便与殷墟甲骨文相近。大约在夏商之际，形成了比较完善的文字体系。商代甲骨文中发现的单字约有5000个；而到周代，文字主要出现在青铜器上，称为金文。从西周到春秋，金文主要是沿袭了甲骨文的结构与风格。到战国时期，由于"诸侯力政，不统于王"，各国文字出现比较纷乱、复杂的局面。当时，由于秦处于宗周故地，受西周文化影响较多，而东方六国文化发展迅速，变化剧烈，于是形成秦国文字和东方六国文字两大体系。东方六国的文字又各有差别，这一时期简化字也特别多，各国简化情况也不一样，即所谓"文字异形"。比如"马"字，秦作"🐎"，楚为"🐎"，齐为"🐎"，而燕写作"🐎"。可见，燕国的字简化了很多。当然，也有个别字秦国简化，东方六国繁一些，如市场的"市"，秦为"🐎"，楚为"🐎"，齐为"🐎"，燕为"🐎"。但总的来说，东方各国简化字更多。同一个字，各国使用的偏旁也不一样，如"厨"字，秦从"厂"部，楚从"月"部，字作"脰"；而"门"字，燕国则用"冈"来假代。

战国时期燕国的文字有刻于青铜器上的，有刻于陶器上的，也有铸于货币上的，还有的刻于骨器上的，也有刻于印玺之上的。1973年，河北易县燕下都第23号遗址中，一次出土108件铜戈，其中带铭文的就有100件。燕下都遗址上还发现许多陶文，刻印于陶豆、陶尊、陶罐等器物之上，有的是纪年，有的是陶工的名字，有的还记有宫属名，如"右宫居则""左宫田左"等。这些文字不仅使我们看到当时文字的形状，其记事也为研究当时的历史和生活状况提供了资料。

在语言方面，燕国也有自己的特点，许多方言与其他地区不同。《方言》卷十一载，"蚍蜉……燕谓之蝉"；《字林》则云："燕人谓蚍蜉为蚁蝉。"《方言》卷八云："北燕、朝鲜、洌水之间，谓伏鸡曰抱。"至今河北农村称母鸡孵小鸡仍叫"抱窝"。一般说来，燕赵语言相近，燕国语言与东北南部的语言也有更多相通之处。

三 音乐、舞蹈及其他艺术

燕国与北方多民族杂处，战国时与各地文化交流亦很多，北方民族能歌善舞的特点也影响到燕国。

《拾遗记》卷四《燕昭王》载："王即位二年，广延国来献善舞者二人，一名旋娟，一名提嫫……王登崇霞之台，乃召二人徘徊翔舞，殆不自支。王以缨缕拂之，二人皆舞。容冶妖丽，靡于鸾翔，而歌声轻飏。乃使女伶代唱其曲，清响流韵，虽飘梁动木，未足嘉也。其舞一名《萦尘》，言其体轻与尘相乱；次曰《集羽》，言其婉转若羽毛之从风；末曲曰《旋怀》，言其肢体缠曼，若入怀袖也。乃设麟文之席，散荃芜之香……以屑喷地，厚四五寸，使二女舞其上，弥日无迹，体轻故也。……昭王之末，莫知所在。"

以上这段描写，固然有夸张的成分，但燕国有这样技艺高超的舞蹈家则是可能的，她们是来自域外的文化使者，燕国宫廷内还有专门的伶人队伍从其学习或为之伴唱。

有舞自然有歌，有器乐。《太平御览》亦载，昭王坐通明堂，亦称通霞台，"常有钟鼓琴瑟鸣"，可见宫廷的乐舞是十分动人的。

燕国的宫廷器乐，是代表国家礼仪的重要组成部分，同时也吸收其他国家和地区的器乐。《乐毅报燕惠王书》中便谈到，燕国攻占齐国后，将其珍玩宝器送回燕国，"大吕陈于元英"[1]。《史记》司马贞之《索隐》说："大吕，齐钟名，元英，燕宫殿名也。"可见，燕国继承周礼传统，把宫廷器乐视为重器，是礼制的重要部分。

燕国民间爱好音乐的也不少。荆轲与屠狗的高渐离相善，两个人饮于燕市，酒后高渐离"击筑"，荆轲高歌而和之。荆轲赴秦，高歌一曲："风萧萧兮易水寒，壮士一去不复还！"想必荆轲是善诗歌者，所留者虽仅此一首两句，但其壮烈悲歌，感动了后世多少爱国之士。高渐离则是击筑的能手。当荆轲辞行高歌时，高渐离又为之击筑，"宋意和之，为壮声，则发怒冲冠；为哀声，则士皆流涕"[2]。《战国策》亦记载这段事情，说高渐离击筑，荆轲和而歌之，"为变徵之声，士皆垂泪流涕泣……复为慷慨羽声，士皆瞋目，发尽上指冠"。足见高渐离击筑的技艺可动人心弦。筑，为古代器乐，《史记·高祖本纪》集解引韦昭云"筑，古乐，有弦，击之不鼓"。同书应劭则注解得更为具体，说筑"状似琴而大，头安弦，以竹击之，故名曰筑"。但到唐代，筑的形状似有所变化，似瑟而颈较细。

荆轲死后，秦加剧对燕的进攻，燕王喜逃往辽东，前222年为秦所

---

[1] 《战国策·燕策》。
[2] 《燕丹子》。

俘，燕国亡。而高渐离乃不忘报国之仇、朋之恨，乃隐名埋姓，为人佣保。秦始皇闻高渐离击筑之妙，欲闻其声，但又怕高渐离复仇行刺，便弄瞎了他的眼睛，才使之击筑，高渐离乃得与始皇近。于是，渐高以铅置筑中，举之击秦始皇，未中，亦被诛杀。

从以上史料中看出，燕国之艺术，显然也有昭王时期的轻歌曼舞，但更多的是悲壮之声。至今河北戏曲多高亢激越，皆缘于自古以来的传袭影响。

除歌舞、器乐外，燕国当时还有魔术。

《拾遗记》载："昭王七年，有术士尸罗，善炫惑之术，于指端出浮屠十层，高三尺……又如左耳出青龙，右耳出白虎……"学者多认为这是妖术惑众，其实，只不过是魔术而已。同书还记载了卢扶国等使者来朝之事。可见，燕国当时相当开放，其文化艺术既吸取中原的营养，也受北方少数民族影响，同时也有外来文化的因素。

第五章　秦汉大一统与中原传统文化在燕蓟地区的大规模抬升

如上所述，夏、商、周三代是中华文明的奠基时期。尤其是周代的礼制和战国时百家争鸣的局面，不仅奠定了此后几千年政治制度的基础，而且充分表现出中华文明的多样性（或称多元因素）。但是，夏、商、周三代都是以某个单一民族为主建立起来的国家，朝廷虽有共主之名，却没有管理诸侯国的实权，各诸侯国仍是独立的民族国家。因此，在文化上，中原虽起到领头兵的作用，从而加大了全国各区域间的沟通和共性，但在很大程度上，区域文化的个性仍表现得更加突出。战国时期七雄争霸，使许多小国或弱小的民族并入七雄控制之中，在文化上也形成了东以齐、西以秦、南以楚、北以燕赵为代表的几个文化区域；所谓"中原文化传统"，实际上也是正在突起，或像滚雪球一般与周边各方逐步集聚和滚动之中。直到战国时期，幽燕地区的文化，仍是既近乎赵，又类乎齐，同时又有北方诸多少数民族的因素。周初的近百年中，中原文化确实曾一度大规模挺进幽燕，但以后这种"挺进"似乎中断了。能使中原文化在幽燕地区大规模抬升，或者说能使幽燕文化真正与中原文化相容相包的时期，是秦汉时期。

秦统一天下，汉王朝又把大一统继续向前推进一步。秦汉大一统的实现，使朝廷真正成为中华各民族的共同代表。如果说，秦王朝的文化专制虽然表面上统一了政治制度和文化制度，但过分的急进和文化专制并未真正达到全民族文化心理的统一，燕国遗民对秦的格外敌对与反抗正是表明了这种状况。汉代则大为不同，汉初虽多有冲突，但几经周折，终于形成了多元文化的融合与统一。汉民族以汉朝而得名，成为此后几千年中华民族的主体；汉代还确立了儒家思想的主体地位，但又能兼容并包。两汉在几百年间创造了中国历史上空前统一的奇迹，而周边民族也在这空前统一和强大的核心吸引下逐渐增加中华民族的共同意识和向心力。秦初，燕国遗民的排拒和抵抗心理还相当突出。但秦始皇东巡，临碣石，观沧海，并在今秦皇岛以北建大面积行宫，将渤碣看作整个帝国的东大门，这使燕人不再被看作"边僻蛮夷之地"，汉代则以蓟城作为控制东北诸民族的主要据点。秦汉雄视古今的豪迈气势，无论在思想意识、文化艺术、制度与建筑等各方面都表现得淋漓尽致，这使一向与北方少数民族更多交往的幽燕百姓自然产生对中央的向心力与尊崇，自然感觉到或滋生出，处于神奇般崛起的泱泱大国之中的那种骄傲与自豪。所以，此时的燕蓟地区，不仅仅是在行政区域上，而且在民族心理、文化特征上，都表现出与中央高度的一致与亲和。这一点，无论从秦始皇的碣石刻文还是汉代燕王的宏大墓葬都看得十分清楚。而在学术思想、文化教育方面同样如此。如果说，秦初的燕地方士们还是以自己的区域文化去干预中央政治，到汉代，无论《韩诗》或范阳卢氏家学，则都融入儒家一统的主流，至于本地区的特殊文化，则被看作统一国家文化中的一种有机要素。秦初，燕人荆轲等去刺杀秦王被看作侠义之举，是为保卫自己的国家和土地。而到汉代，燕王的反叛不仅被中央视为叛逆，即使在幽燕地区本身，也遭到百姓的反对。这种巨大的心理变化在该地区是空前的。这说明，自此以后，幽燕已真正成为中原传统文化的组成部分。

第一节　秦朝的统一与文化专制及燕蓟文化人的对策

前221年，秦统一全国，建立秦王朝，从而在辽阔的中华大地上建立了第一个统一的、专制主义的中央集权国家，为此后两千多年的封建专制制度开辟了先河。秦朝建立后采取了一系列促进国家统一的措施。秦王嬴政自称始皇帝，以示其至高无上的地位，他废除先秦的封国制度，在全国建三十六郡，实行郡县制；毁城郭，决通各国之间的堤防，拆除各诸侯国之间原先修建的相互防御的长城，连接并修筑原秦、赵、燕三国的北长城，并修建从首都咸阳连通全国的驰道。秦朝还实行车同轨，字同文，统一货币和度量衡。这样，原来的燕国和蓟城地区就变成了统一王朝的一个组成部分。秦王朝无论在制度方面还是在文化方面都采取了十分激进的政策，加之严刑酷法，徭役太重，不仅遭到旧贵族的反对，也激起民众的反抗，所以仅二世而亡，但其统一的功绩是不可磨灭的。在这一过程中，燕国的文化人既有参与和影响，也有自己的反抗方式。

一 燕文化对秦朝国家制度方面的影响

周代，东方各诸侯国与周王朝联系比较密切，到战国时期，各国间相互沟通也比较多。而秦国与周王室文化接触则很少，与西北诸少数民族联系更多。所以，当秦统一全国后，所继承的周文化主要是文字、天文、占卜、诗歌等方面，对周的思想理论继承很少。在理论方面，由于自商鞅变法后秦国的强盛主要得益于法家，所以崇尚的主要是法家思想。同时，由于秦始皇本人的个性原因和好大喜功的特点，使秦更重视一些急功近利的文化，而对战国以来的儒家思想很难接受。而燕文化应当说比秦更接近东方各国传统。但燕与秦又有相近之处，除周初的近百年中与周王室联系较为密切外，燕与秦一样与周的联系较少；同时，燕国同样与北方民族联系更多，而对宗法观念较为淡薄。燕国被灭亡前对秦的反抗相当激烈，但幽燕地区复杂多变的民族环境又使它有较强的适应性。尤其是燕国的文化人，大多是吸收各国文化思想而形成的复合型文化。这些特点，使燕国文人在秦统一后能够较快转变，主动参与秦朝政治，想以自己的思想影响秦王朝。燕文化与秦文化的结合或说影响，首先表现在政治制度方面，这主要表现为两点：

第一，以"五德终始论"影响秦王朝的建国思想。

"五德终始论"是邹衍的三大理论体系之一。邹衍最初的确是起家于齐国的稷下学宫，但到中后期，即燕昭王时，主要活动于燕国。他的学说主要是大九州论、阴阳五行论和五德终始论。邹衍有很多学生，其中不少转化为燕齐的方士。秦朝建立后，方士们不少来到秦朝，"大九州说"能够鼓舞秦始皇扩展疆域，一统天下的雄心；方士们对海上仙山的描述又为希望长生不老的秦始皇增添了更多的生命向往。所以，秦初对燕国方士给予很优厚的待遇。秦始皇说："吾前收天下书不中用者尽去之。悉召文学方术士甚众，欲以兴太平，方士欲炼丹以求奇药。……卢生等，吾尊赐之甚厚。"[①] 这种情况确实属实，邹衍的"五德终始论"大约正是由邹衍的门徒——燕国方士们带来的。"五德终始论"以阴阳五行解释历史发展，

---

① 《史记》卷六《秦始皇本纪》。

《史记·孟子荀卿列传》说，"邹衍乃深观阴阳消息而作怪迂之变，《终始》《大圣》之篇十余万言"，"称自天地剖判以来，五德转移，治各有宜，而符应若兹"。① 也就是说，邹衍将本来居于哲学范畴的阴阳五行说附会于历史和社会政治，认为王朝更替兴衰与五行转变有关。不少学者指出，邹衍的"五德终始论"是他的三大理论中最低俗的部分。但是，这种理论却迎合了帝王们的心理，使他们从中找到自己是"天命"所授的理论依据。秦始皇称帝的当年，即"推终始五德之传，以为周为火德，秦代周德，所从无不胜。方今水德之始，改年始，朝贺皆自十月朔。衣服旄旌节旗皆上黑。数以六为纪，符、法冠皆六寸，而舆六尺，六尺为步，乘六马。更名河曰德水，以为水德之始。刚毅戾深，事皆决于法，刻削毋仁恩和义，然后合五德之数"。因为，按《易经》的说法，水能克火，所以伐周的自然是"水德"。水为坎，为北方，色为黑，坎卦在八卦中数六，所以皆以六数而崇尚黑色。而水主阴地，阴利刑杀，于是又为严刑峻法找了个依据。实际上，稍有理性的人一看，便知这套说法实在牵强附会，但对于不熟悉儒家学说而又相当迷信的秦始皇来说，无论如何，总算为秦朝的统治找了一种理论依据。这是燕文化干预秦朝政治的第一件事，或者说是幽燕区域文化融入统一国家之一例。此后，由秦而汉，一直到明，都有不少帝王利用这种思想，每当改朝换代便找五行依据，更换服色。秦朝抑儒而扬法，但实际上阴阳五行，源于古代的《易》和哲学思想，后来成为儒学的重要组成部分。秦融入燕齐文化，说明国家的统一不可避免地加快了区域文化的相互融合。

第二，幽燕地区的郡县制度与秦王朝在全国推行郡县制。

燕国是实行郡县制较早的国家，早在燕昭王时，燕将秦开袭破东胡，便设上谷、渔阳、右北平及辽西、辽东五郡。燕国之所以建郡县，一是因为北部边临的少数民族众多，二是因为在战国时逐渐向西北、北方、东北拓展疆域，到昭王时比较辽远的疆界难以控制。但这无形中便是对封疆建国制度的打破。秦朝建立之前，秦国也已有郡县，但出现的时间却相当晚了。秦庄襄王元年攻东周及韩，秦界东至大梁，设三川郡；同年，攻赵之榆次、新城、狼孟，取三十七城，又攻上党，初置太原郡。② 时在前247

---

① 《史记》卷七十四。
② 《史记》卷五《秦本论》。

年，比燕国建郡县起码晚了三四十年。可见，秦王朝的郡县制度是沿袭前秦、燕、赵等北方国家的制度而来。当然，直接的建设和与主张封王建国的旧势力相争者是李斯，但郡县之出现燕却早于秦。

二　秦始皇与燕国的神仙方士

燕齐多神仙方士，而秦始皇又希望长生不老，故而两者之间很容易结合。但实际上秦王朝立国的思想主要是法家，这又与神仙方士们的主张相对立。神仙方士主张人与自然的和谐，这要接近儒家的中庸思想。表面看方士们讲神鬼仙道，而儒家是敬鬼神而远之，但两者在主张顺乎自然、阴阳和谐等方面又是较为一致的。而秦始皇所以好神仙，正如他用法家思想一样，是出于急功近利的目的，这注定了方士们先被接纳后被扼杀的悲剧命运。

秦始皇尊崇神仙方士始于始皇二十八年（前219年），此年，始皇东巡，登泰山，到琅琊，至东海，遇齐人徐市等上书云："海中有三神山，名曰蓬莱、方丈、瀛洲，仙人居之。"[①] 于是，始皇命徐市携童男女数千人入海求仙。而此后收揽的则大多是燕国方士了。

始皇三十一年（前216年），巡碣石，使燕人卢生求仙人羡门、高誓；又使韩终、侯公、石生求仙人不死之药。不久，卢生从海上归来，虽然没有找到仙人，但称发现有谶语的图书，说书上讲"亡秦者胡也"。此时北方的匈奴人恰恰是对秦王朝的最大威胁，于是，秦始皇使将军蒙恬发兵三十万人北击胡，并大筑长城。当此之时，秦始皇对方士们可以说是言听计从。于是，设博士七十人，而这些"博士"，大多为方士。当时，秦朝的文化专制十分严厉。丞相李斯认为，书生们常以其言辞"惑乱黔首"，私学又常议论朝廷政治，并形成党羽。于是，始皇下令禁私学，各东方诸国的所藏史书非秦记皆烧之，有偶言《诗》《书》者弃市，令下三十日不烧，黥为城旦，即发配去修建长城。所留下的书籍，仅限医药、占卜、农业技术之类，但是博士官们却有管理诗书及百家之语的特权。也就是说，在这次有史以来的大劫难中，唯独给任博士官的燕齐方士们留下了一点缺口。

但是，好景不长。徐市下海携数千人，耗费巨大，而一去不返。侯

[①] 《史记》卷六《秦始皇本纪》。

公、卢生们负责求长生不老之药和求寻神仙，这本是方士们利用秦始皇的迷信心理，自然也是没有任何结果的。这些，自然会引起秦始皇的怀疑和不满。但导致秦始皇决心诛杀方士们的主要原因还是文化思想的分歧。方士们最初入秦，可能是想利用秦始皇的心理取得在朝廷的富贵与地位，但取得地位的目的，还是想以自己的思想观念影响秦朝政治。但时间稍长，便发现他们的主张与秦朝政治根本就格格不入。于是，侯公、卢生相与谋曰："始皇为人，天性刚愎自用，起诸侯，并天下，意得欲从，以为古莫及已。专任吏狱，吏狱得亲幸。博士虽七十人，特备员弗用。丞相诸大臣皆受成事，倚辨于上。上乐以刑杀为威，天下畏罪持禄，莫敢尽忠……"[①] 从这段文字看，卢生等一是对秦始皇不再过于信任他们产生危机感，二是对秦朝的严刑峻法、独重法家极为不满。于是，卢生与侯公"乃亡去"。方士们的逃跑使秦始皇大为震怒，于是引发了著名的"坑儒"事件，"使御使台案同诸生，诸生传相告引，乃自除犯禁者四百六十余人，皆坑之咸阳"[②]，时在始皇三十五年，即前211年。

历史上把上述事件向来称为"焚书坑儒"，但实际上坑的大多是方士。那么，为什么称之为"坑儒"呢？看来，方士与儒是相通的。这一点，在事发的当时，太子扶苏就已经指出。当始皇决定诛杀诸生时，太子扶苏说："天下初定，远方黔首未集，诸生皆主诵法孔子，今上皆重法绳之。臣恐天下不安，唯上察之。"[③] 岂知，秦始皇所反对的正是儒家学说，所以，不仅不听从扶苏的谏言，反而把这位太子发往北边，使其监蒙恬之军，省得碍手碍脚。

燕国方士们所以遭到这样悲惨的结局，确实因为他们与儒家思想有太多的联系。许结先生著《中国文化史论纲》，他认为，"兴起于战国、秦汉间，燕齐地区的方士方术文化，以阴阳五行建立天人之学，是儒家学术自孔孟学派后又一次新变，其代表人物是邹衍"[④]。他还列举了胡适和顾颉刚先生对于方士与儒学相联系的种种例证与观点。许先生还指出：方士文化是先秦儒学到两汉经学演进中的重要形式。方士们所倡导的"五德终始"与儒家的"仁礼"道德哲学相掺杂；方士们倡导的"阴阳五行说"

---

① 《史记》卷六《秦始皇本纪》。
② 同上。
③ 同上。
④ 许结：《中国文化史论纲》，广西师范大学出版社2003年版。

又使后来的汉儒将道德理论与宇宙发生理论相结合，构成"元气"、阴阳与五行的自然论，孝悌、仁义与五德的理论观点。笔者以为，许先生的看法是很有见地的。以往，学术界谈到儒学，不是齐鲁便是中原，其实燕地方士们是以特殊的方式为儒学的发展做出了贡献。尤其是在秦王朝建立之初，秦尚法而禁儒学及其他一切学术思想，燕齐方士在缝隙中为儒学的生存求得一点机会，诚可贵也。

第二节　从历代燕王看汉代燕蓟地区的文化走向

汉代，燕蓟地区有一个以区域文化为主到国家统一文化为主的发展过程。

秦王朝为时短暂，政治和文化政策又过于急进，所以，无论从制度和思想意识方面统一的深度都是有限的。汉朝才真正逐步实现全国多元文化的一体化。汉初鉴于国家长期的战乱，使经济困难，民生凋敝，为了休养民力，采取了无为而治的政治。所以，从高祖、吕后、文景二帝，一直到武帝初期都崇尚黄老之学（即托始黄帝），而在老子思想的基础上吸收儒墨名法的一种哲学思想。汉武帝时，国家强大起来，武帝又是一位积极进取的皇帝，于是采用儒家奋发有为的思想，罢黜百家，独尊儒术，从而奠定了中国两千多年封建社会的思想基础。后来虽有盐铁会议的义利之争和经学的古今文之争，但总的来说是以儒家为主体的文化作为统一国家的基础。但这并不排除如道家、法家和外来的佛教等其他学说，而是兼容并蓄。同时，在全国文化心理统一的前提下，还仍然保存着不同区域和不同民族的多元文化因素。

在制度文化，特别是行政建制方面，秦将全国划一为郡县，但到汉初又重新封王建国，先是封异姓王，后来又以刘氏宗亲子弟取而代之。整个西汉是一个建藩而又不断削藩的过程，这说明旧制度与新制度激烈的矛盾冲突。燕蓟地区由于比较偏远，边临北方诸少数民族，必须以大将镇守，所以是最早重建封国的地区之一。但既然军事任务很重，便容易造成燕王兵多权重，加之该地区向来区域文化特点更为突出，更增加了一定的离心力。所以，历代燕王反叛甚多，而且与匈奴有勾结，有时甚至窥觎中央政权。但自燕王刘旦叛乱之后，形势显然发生了重大转变，燕地真正成为捍卫中央和镇守北方的屏障。这种政治情况的转变过程，实际上是一个文化心理的转变过程。所以，我们可以从历代燕王的动向和文化倾向了解汉代燕蓟文化演变之一斑。

一　汉初的燕王与匈奴的关系及燕蓟吏民与中央的心理差距

早在楚汉相争之际，项羽便大肆封王，这实际上是对秦统一事业和郡县制度的一种破坏。

汉朝建立，为了利用诸侯的旧势力，在全国实行郡县制的基础上，将功臣、大将封为王，同时又封刘氏的宗亲子弟，异姓王与同姓王并存。但是，异姓王多有强大的军事力量，常常拥兵自重，对汉朝的统一事业仍然是巨大的威胁。即使是同姓王，虽然在刚分封时多为少年，但若干年后长大就国，依然会滋生野心。西汉初，诸侯王封地广大，拥有众多人口，"跨州兼郡，连城数十，宫室百官同制京师"[①]。很多诸侯王还有自己独立的政策，显然是一个个小王朝。

燕蓟地区较为偏远，但控制着北方大片土地和诸多少数民族，土地虽较中原其他地区贫瘠，但政治、军事地位重要，统治燕地者往往是骄兵悍将，加之与匈奴联系较多，燕地本身又是区域文化特色相当浓重的地方，所以西汉一代（包括王莽新朝和更始政权时期），蓟城为诸侯王国都时间长，而为郡治首府时间短。据曹子西先生统计，在这231年中，蓟城为诸侯王国都时间共198年，而做郡治首府时间仅33年。[②] 当然，到西汉中后期，诸侯王的实际控制地域已十分狭小，甚至仅食租税而已，但被封燕王仍然是一种荣耀。

汉初第一个燕王是项羽旧封的藏荼，此后，是刘邦特别亲信的卢绾。卢绾反，以高帝子刘建为燕王。刘建死，吕后将自己的侄子吕通封为燕王。汉诛诸吕，琅琊王刘泽以助诛诸吕有功徙燕王。刘泽卒，其子刘嘉嗣燕王。嘉死，其子刘定国嗣燕王，因罪自杀。武帝封皇子刘旦为燕王，刘旦反，自杀。到宣帝时又立刘旦子刘建为广阳王，仍治蓟。其后有穆王舜、思王璜及刘嘉嗣位。前后共十二人，藏荼、卢绾、吕通为异姓，其余均为刘姓。其中，反叛者以罪被诛或自杀者就有五人，说明封国确实是一股分裂势力，不利于国家统一，而燕蓟因封国的存在与中央的一致和文化

---

① 《汉书》卷十四《诸侯王表序》。
② 《北京通史》第一卷，中国书店1994年版，第147页。

上的融为一体更增加了许多阻力和曲折。这种情况从汉初两个燕王的反叛看得尤为清楚。

汉朝建国，藏荼为燕王。但因藏荼乃项羽旧封心不自安，乃于诸异姓王中首举叛旗。藏荼首先向西北攻下沮阳和代地，这一方面是为扩大地盘，同时也是为了北方接近匈奴，胜则与匈奴勾结威胁汉朝，败则向匈奴寻找退路。在这种严峻的局势下，刘邦亲自出征，随军者有丞相樊哙，将军郦商、周勃、灌婴，及代相张苍、太朴夏侯婴、护军中尉陈平等。从这样庞大的统兵阵容中可以看出形势之严峻。战争进行了两个多月才消灭了叛军，俘斩藏荼而定燕地。但藏荼之子藏衍还是逃到匈奴去了。

藏荼被灭后，以何人为燕王至关重要，刘邦便想以自己的亲信卢绾封燕。卢绾乃刘邦同乡，又与之同日生，卢刘两家向来交好，邦与绾亦自幼亲爱。刘邦起事，卢绾随之左右，屡立大功，刘邦对卢绾的优遇虽萧何、曹参犹不及。所以，群臣皆知刘邦之意，故而进言，果将卢绾封为燕王。按理说，以这种关系，卢绾是不可能反叛的，但终于又反叛了。究其原因，固然由于汉朝中央不断削平异姓王使卢绾感到威胁，但更重要的仍然是，匈奴或降于匈奴的汉人相诱所致。

刘邦在夺取政权时不得不借用旧贵族的势力，取得胜利后又封了些功臣。但不久便感到这些异姓诸侯王对中央的严重威胁，为进一步统一国家，不久便逐渐消灭异姓王。高帝六年（前201年）黜楚王韩信为淮阴侯；同年，韩王信反，降匈奴，国除；高帝九年（前198年），废赵王；十一年（前196年）族诛淮阴侯韩信；同年二月又族诛梁王彭越；十二年（前195年），诛英布。至此，仅剩长沙王吴臣与燕王卢绾为异姓王。卢绾虽日感危险，但并未产生叛逆之心，而刘邦亦仍对卢绾加以信任。但不久，双方的猜忌终于加重了。

高帝十一年，代国相陈豨反，刘邦复亲征，自邯郸击陈豨东南，而命卢绾攻其东北。此时卢绾仍遵中央命令。陈豨势拙，派使者前往匈奴求救；而卢绾亦派使者，欲宣扬汉军威力，使匈奴勿救。但卢绾的使者到匈奴后却碰到了前燕王藏荼之子藏衍。藏衍对燕使张胜说，燕所以不灭，正在于代地等北方连兵不断，一旦陈豨被灭，就轮到燕王了。张胜觉得有理，回报卢绾，卢绾本已自危，于是信张胜之言，并派张再使匈奴，自己首鼠两端，并派使者至陈豨处，使其连兵勿决。此时的卢绾虽已与叛军勾结，但并未想真正叛乱，而只是以此自固。高帝十二年（前195年），樊哙灭陈豨，从陈豨部将中知卢绾与叛军勾结。刘邦因而开始疑卢绾，欲召至中央加以控制。卢绾恐惧，屡被召而不敢至。刘邦又从匈奴降者中知张胜在匈奴为燕使，乃认定卢绾已反。二月，命樊哙北上击燕，燕国吏民从绾者甚众。樊哙奏请中央，对燕国吏民采取了相当宽容的政策，下赦令："燕吏民非有罪者，赐吏六百石以上爵各一级。与绾居，去来归者，赦之，加爵亦一级。"① 这种分化政策很快奏效，樊哙军速定燕地，凡县十八，乡邑五十一。不想，刘邦病，朝臣中有人上言说樊哙与吕后结党，欲杀其爱姬戚夫人及戚子赵如意。刘邦怒，使周勃收樊哙军。周勃至燕实行了强硬的政策，甚至屠军都城（今昌平），复破绾军于上兰（约今怀涞境内），复击沮阳，追卢绾至长城脚下，定上谷十二县。此时，卢绾仍望刘邦改变态度，得到赦免。但不久传来刘邦死信，吕后当权。吕后向来对削除异姓王态度坚决，卢绾方彻底断绝希望，于是逃往匈奴，匈奴以其为东胡卢王，不久郁闷病死。其妻不久仍归汉。到景帝时，其孙卢他之以东胡王归汉。从卢绾一家的遭遇说明，其实，与刘邦亲密如绾者原不应叛变，但匈奴的诱惑却使燕王与燕地吏民与中央产生很大的离心力。同时，也说明燕蓟百姓在汉初对统一国家心理上的认同也还有一定距离。

二　从汉朝中后期燕王情况看燕蓟文化转变

在异姓王被削平后，同姓王的分裂倾向依然存在，所以，在文帝、景帝，直到武帝初仍大力采取削藩行动。其实，平削藩王势力，不仅是国家政治统一的需要，而且对区域间思想文化的相互交流及整个中华民族的形成与心理认同感有着重要作用，对汉朝而言，则首先是形成汉民族的共同心理。

汉初封疆裂土，立王与侯"功臣侯者百有余邑，尊王弟子，大启九国"②。在这种情况下，"小者淫荒越法，大者睽孤横逆"，正如班固所云，实在是"矫枉过其正矣"。高祖、吕后时基本是与异姓王的斗争，吕后起用诸吕，但在吕后死后其势力自然削去。文帝时采纳贾生之议，分齐赵以弱其势，景帝又用晁错之计削弱吴楚。而到汉武帝时，采用主父偃的意见，下"推恩令"，把大国的封地分给更多的宗室子弟，"齐

---

① 《汉书》卷一《高帝纪》。
② 《汉书》卷十四《诸侯王表序》。

分为七，赵分为六，梁分为五，淮南分为三。皇子始立者，大国不过十余城"①，而长沙王、燕王、代王，虽然仍留其国名，但皆于南北增设郡县，直隶中央，并减其属官，夺其军权，使诸侯"唯得衣食租税"，不得管理政事。在这种情况下，燕国虽仍不断继封，但与汉初的燕王权力已不可同日而语了。而燕蓟吏民的思想倾向也发生重大转变。这可以从燕王刘旦的叛乱来说明问题。

刘旦为武帝子，自幼被封为燕王，长大就国。刘旦既是个有才气的人，但也是很有野心的人。其"为人辩略，博学经书杂说，好星历、数术、倡优、射猎之事，招致游士"。太子获罪，其次又死，刘旦在武帝诸子中就算最长了，因而以为可以继承大位，乃上书要求入值宿卫。武帝察觉旦的野心，甚为恼怒，将刘旦的使者下狱，并且削减刘旦的封地良乡、安次、文安三县，然后决定立少子为太子。武帝去世，昭帝即位，尚在幼年。于是，刘旦开始谋求反叛以自立。刘旦以立太祖庙于郡国为名，欲以此联络诸侯。其时，大将军霍光当政，昭帝不允。刘旦怒，乃与中山王刘长、齐王刘泽等勾结，修武备，"备非常"；并编造谣言，说昭帝非武帝之子，使人传送郡国。刘泽准备自临淄发兵，而刘旦亦招兵买马，敛铜铁，做盔甲，在燕地大阅其兵，发民会围，大猎于文安县，实际是操练兵马。在中央方面，刘旦又联络盖长公主、御史大夫桑弘羊及上官桀父子。从刘旦整个活动情况看，其动作确实不小，但与汉初燕王藏荼和卢绾反叛时所引起的全国动荡相比，却微不足道。刘旦的反叛可以说是雷声大，雨点小。究其原因，一是燕齐等国所握兵权已很有限；二是燕蓟地区的吏民百姓思想已发生转变；三是武帝重击匈奴，刘旦已不能像汉初的燕王那样得到匈奴的声援。对于刘旦谋叛的阴谋，燕郎中韩义等曾数次劝谏，刘旦不听，杀韩义等十五人。可见，燕国本身反对叛乱的也不少。况且，此时的汉朝，经"文景之治"经济已经强大，武帝对匈奴作战的胜利亦显示了朝廷的威力，所以燕地吏民对中央的向心力更大。

在此情况下，朝廷并未发兵，而只是首先除掉了桑弘羊和上官桀父子；盖长公主又自杀，刘旦便无计可施了。闻上官桀等人死，刘旦欲发兵，问燕相可否，燕相说百姓已知左将军死，不可发兵。足见刘旦一伙只是一小撮野心家，不敢面对燕蓟吏民百姓。刘旦乃置酒蓟城

---

① 《汉书》卷十四《诸侯王表序》。

万载宫，悲歌曰："归空城兮，狗不吠，鸡不鸣，横术何广广兮，固知国中无人。"① 不久，昭帝下诏书，赦燕之吏民，而独不言赦免刘旦，刘旦只好自杀身亡。所随从而死者不过其嫔妃亲信二十余人而已。昭帝即位时仅八九岁，刘旦败亡时昭帝亦仅十四岁。论经验、知识、才智，刘旦非泛泛之辈，而朝廷未向燕发一兵一卒，燕地自平，实因民众之背向与汉初已大不相同。

自此以后，幽燕一直自认是"中原百姓"，而不像先秦时自称"边僻蛮夷之人"了。这是一种了不起的文化和思想的转变。

第三节　地下的宫廷文化——大葆台汉墓的文化内涵

一　诸侯的墓葬，天子的葬制

1975 年，北京市考古工作者在丰台区郭公庄西南发掘出两座汉墓，二墓封土相连，考古人员认为是西汉广阳王刘建及其夫人的墓葬。墓葬规模宏大，一号墓为刘建墓，葬于前；二号墓为其夫人，葬于后。为夫妻并穴合葬，所谓"同坟异葬"。这两座墓葬是目前北京地区发现的最大汉墓，特别是其中的"黄肠题凑"，为全国首次发现，故引起各方面特别的重视。

我国古代对于丧葬之礼十分讲究，并因身份不同而有一套完整的制度，尊卑上下，要求十分严格。它经常是一个国家、一个民族、一个地区文化思想的综合反映。

秦汉时期，皇帝用的棺椁叫"黄肠题凑"，包括黄肠题凑、枞木外藏椁、椑房和梓宫四部分，所谓"黄肠题凑"，据《汉书》记载，是"以柏木黄心致累椁处，故曰黄肠；木头皆向内，故曰题凑"②。它象征着群臣吏民皆朝向天子，拱卫中央。这应当是秦汉国家统一精神在葬制中一种新的创建。在先秦群雄竞争，方国林立的情况下，不可能出现这种理念。"黄肠题凑"虽是天子葬制，但在汉时，皇后及诸侯王、诸侯王后也有用此葬制者，有的是特赐，也有的可能是逾制。某些重臣亦有特例，如大将军霍光，扶保昭帝，功高权重，深得昭帝信任，死后特赠赐黄肠题凑、金

---

① 《汉书》卷六十三《刘旦传》。
② 《汉书》卷十八《霍光传》。

缕玉衣等。

然而，"黄肠题凑"究竟是何种样式，在大葆台汉墓发掘之前却仅知其事，不知其实。大葆台汉墓的开启，使我们看到了汉代帝王陵寝的宏大气势，也了解到汉代礼仪制度的精密构想。

打开高达9—10米的封土后，是两座大墓。1号墓便是广阳王刘建墓葬。该墓呈凸字形，底口南北长23.2米，东西宽3.7米，由封土、墓道、内外回廊、黄肠题凑、前室、后室、便房和棺椁等部分组成。这座墓葬无论从形式还是从选用之材料看，均按天子葬制。在封土之下有三层防潮、防腐的木炭和白膏泥层，白膏泥层夹在两层木炭层之间。在侧面墓壁板外和墓底板的垫木下也铺有厚厚的白膏泥和木炭。由南向北，长长的墓道残长16.7米，墓道北部埋藏着形制不同的朱轮华毂车3辆，马11匹。然后进入甬道，北连前室、后室、便房。自甬道处向两侧扩展，以"黄肠题凑"环绕四周，隔离出内、外回廊，围绕在前后室周围。黄肠题凑由大约15000根黄长木垒成，每根长90厘米，断面为边长10厘米的正方形，至今木质犹新，叩之有声，散发芬芳。"黄肠题凑"绕前后室一周，外径南北长16米，东西宽10.8米；内径南北长14.2米，东西宽9米，高3米。前室相当于帝王的朝室，是宴会宾客、会见臣僚、处理政务的地方；摆放漆床、石案、漆器及生活用品。后室相当于寝宫，是摆放灵柩的地方。后室由木椁环绕梓宫，左右与"黄肠题凑"相间的地方就是所谓的便房。

从大葆台汉墓，我们可以看到当时的许多文化观念。与秦代兵马俑的巨大规模相比，汉代的天子葬制似乎没有那么恢宏，但大葆台汉墓却明显表示了对周礼的继承，如前堂后室的观念，严密的层次格局，都是帝王生时生活的规范。从整个大葆台汉墓的平面图可以看到，由棺椁、黄肠题凑、内外回廊，以帝王为中心，层层向外拓展，鸟瞰全貌，就好像后世的皇城、宫城、内城、外城，俨然是封建制度的象征。而儒家的中正、和谐，也在处处对称中得到体现。至于"黄肠题凑"，更反映了统一国家向心的理念。这种思想可能影响到燕蓟地区的平民之中。如海淀区地铁上地站附近曾发现一座汉墓，周围的砖椁皆以砖向内竖砌，[①] 犹如一周砖制的"黄肠"。

大葆台刘建墓的天子葬制是特赐还是逾制不得而知，但起码说明，虽然西汉一再削藩，但直到宣帝时，燕地藩王的地位还相当特殊。

---

① 《北京文博》2000年第4期彩插二。

二　从大葆台汉墓的随葬品看汉代燕蓟器物文化

大葆台汉墓已多次被盗，但残存随葬物品仍然十分丰富，总共达 400 余件，包括陶、铜、铁、玉、玛瑙、漆器、纺织品各种生活用具、车马用具、饰品等等。在这些器物中，不仅反映了高超的技艺，而且包含着当时的思想观念，特别是宫廷和上层的文化状况。对于这些器物，我们不一一罗列，仅以玉器、铜器、漆器、衣饰等几类说明之。

丰满、古拙、气势非凡的玉雕　在中国人的文化观念中，玉象征着纯洁与坚强。所以，在古代玉器往往作为权力的象征和人神沟通的媒介，用作礼天地，显威仪，和"正行""节步"，遵守礼仪的象征物。这是从原始审美观念中异化出来的一种更高层次的文化观念。所以，在北京地区发现的大量西周玉器中，整个为周礼所笼罩。汉代北京地区的玉雕继承了周代传统，但在观念和艺术表现上又发生了许多重大转变。汉代的文化思想是以儒家为主体而又兼容并蓄黄老、经纬、巫术、原始自然崇拜等多种学说的。虽说武帝时提出"罢黜百家，独尊儒术"，但实际情况并非如此。所以，汉代玉文化也表现出儒家礼仪与仙神崇拜、历史传承与现实生活、技艺的传统与发展等多方面的结合。于平先生曾著文论北京地区的玉器史，他指出"在中国玉雕史上，汉代是一个承前启后的黄金时代"[1]，诚如是也。

在大葆台汉墓中出土的玉器无论数量与品种都是可观的。其中，有礼器、佩饰、玉匣（即玉衣）、铜鎏金玉枕等种种。在礼器中又有璧、璜、琮、圭等。

首先应当说说汉代帝王葬制中的玉匣。玉匣又称玉衣，是用金银或铜丝将大量的玉片连缀成衣而穿在死者的身上，系由西周的玉面巾、玉衣服演变而来，形似铠甲，是汉代葬天子的礼制，但亦赐诸侯王或贵臣。如大将军霍光，死后便赐金缕玉衣。到东汉，玉衣以等级分别用金丝、银丝、铜丝连缀，较普遍地用于诸侯王、始封列侯、贵人、公主等，只是所用缕线不同。在河北满城汉墓中曾出土完整的玉匣（金缕玉衣），而大葆台汉墓中残留的玉片虽不那么完整，但证明刘建葬殓时也是用金缕玉衣的。更值得注意的是，从大葆台发现的玉衣片中，留有彩绘的痕迹。目前已发现

---

[1]　于平：《北京地区的玉器》，《北京文博》2002 年第 4 期。

的汉代玉衣中有墨书编号的玉片，但彩绘玉片则是大葆台汉墓所仅有。将大量的玉片分厘不差，丝丝相连，制成完整的玉衣，而在玉片上又加彩绘，说明当时燕地的制玉工艺是多么考究。与玉匣配套的还发现有铜鎏金玉枕，枕侧端以铜鎏金嵌玉龙首，龙头高扬，怒目而啸，牙、舌、角皆形象生动。

大葆台所出土的玉佩饰中，多以动物、人物作剪影式片状透雕，整体形象简洁生动，近于古拙。如二号汉墓中所出土的玉舞人，细腰长裙，水袖高扬，看来十分简单；但抓住了舞蹈动作的流动瞬间，将飞扬的舞袖大幅度夸张，少柔媚而近朴拙，有一种粗犷、古朴之美，反映了汉代文化艺术的非凡气势，有以小见大的特殊艺术效果。其他如回首飞凤形玉雕、盘龙螭虎圆形玉佩等，皆有异曲同工之妙，均体现了汉代玉雕丰满、朴实、古拙的特点。

铜器　大葆台汉墓出土的铜器，有鎏金辅首、铜镜、铜嵌松石带勾、铜鎏金玉枕、铜豹及车马饰具等多种，均做工精细，艺术构思巧妙。

以铜镜为例，有星云纹、四螭纹、昭明镜三种。星云纹铜镜呈连峰式钮。钮外凸起一周连弧纹，连弧纹外分列四朵梅花，梅花之间有七颗乳钉，布局优美而又合理。四螭纹铜镜有连珠纹座，座外四乳钉间饰四螭纹，螭的两侧复有鸟兽纹。而昭明镜纹饰虽然简单，但刻有优美的铭文词句，文曰"内清质以照明光辉象夫乎兮，一日月心忽而愿忠然壅塞不泄"，给铜镜赋以精神内涵。所以，这些器物不仅是应用物或用以把玩的艺术品，而更多的是某种文化观念的反映，因而我们称之为器物文化。

美轮美奂的漆器艺术　大葆台汉墓中出土的漆器也很丰富，多用于卧具、器皿、饮具，亦有用于帽饰的。如床、案、奁、盒及耳环等。有的漆器上嵌有名贵的鸡血红玛瑙、白玛瑙以及玳瑁、云母、金箔等多种装饰品，显得绚丽夺目，光彩耀人。有一件夔龙边漆床，周边施红漆，彩绘夔龙飞舞，翩翩欲飞，栩栩如生。还有一件以丝织的漆帽，为广阳王冠，呈棕黑色，浸涂以漆膜，很富有光泽。这种涂漆的丝线编织物在汉代叫作漆绷，后来又叫作"漆纱"，相沿六七百年，一直是做冠的高级材料。古代所谓"乌纱帽"即此也。这些漆器都有很高的艺术水平。

三　王室墓葬文化对吏民的影响及幽州石刻艺术

汉代的幽燕地区，不仅有大葆台汉墓那样的宏大巨制，而且在其他高级官员与富人中也十分讲究。尤其是石刻艺术,有十分高超的技术。

1964年西郊八宝山以西,发现的东汉永元十七年(105年)的"汉故幽州书佐秦君神道"石阙就是一个典型。这组石阙由子阙、主阙组成:主阙居中,较高;子阙稍低,附立两侧。阙前左右各设一墓表。在石阙的方石柱上,正面刻纪年题记,左面以"乌还哺母"为题,刻有七行铭文。其柱形朴拙而高大,纹饰简洁流畅而又生动,柱上还刻有"鲁工石巨宜制造"七字。郭沫若先生对这件石阙有很高的评价,他认为:"我们应把石巨宜肯定为公元一二世纪之交的著名雕刻家。"①

1957年在右安门外还出土了两块东汉时期做墓门的画像石。正面分为三格,中间一格刻兽面铺首,右上格刻一倒像人,左肩负弑,右手持盾,两腿前屈后弓,形象生动;左上格是展翅飞舞的朱雀;下面左右两格为玄武和无首鸟。背面则刻有大禹和伏羲两个人物像,皆为人身而蛇尾。这些石刻画,不仅有很高的艺术价值,而且反映了幽州人对中原祖先传统和二十八星宿等文化非常熟悉。

第四节 汉代燕蓟地区之学术与文教

燕蓟地区自战国燕昭王时便是百家名士集聚的地区之一,秦时,燕国的学者以神仙、方士的名义干预朝廷政治,虽遭始皇焚书坑儒之变,但因距中央较为偏远,因而多有避难学者和经籍藏隐于此地。所以,燕地学术可以说是后起而反重。汉初确实如班固在《汉书·儒林传》中所说,多重武力功臣,但并非没有学术,而是尊崇道家的无为而治。不过,汉代的道家思想虽托始黄老,实际上是兼容墨、法、名诸家,并借助方士、神仙学说,以封禅、谶纬、神仙巫术等形式来出现。特别是邹衍的"五德终始论",在汉初学术中仍占重要地位。而无论神仙方士和"五德终始"学说,皆缘起于燕齐学术。可见,燕文化从秦而至汉初,一直起着重大作用。

武帝"罢黜百家,独尊儒术",实行文化专制,五经博士的地位仍重,经学的地位也空前提高。至东汉之时,光武帝本身便曾于少年时前往长安,读《尚书》通大义,所以中兴之后君臣多近儒术。刘秀起事,幽

---

① 郭沫若:《"乌还哺母"石刻的补充考释》,《考古》1966年第4期。

州牧朱浮曾于本地征辟宿儒及王莽旧吏，可见幽燕地区儒学之风已盛。所以，两汉二三百年之间，燕蓟地区不仅文教兴旺，而且多出名士、大儒，虽然仍有自己的区域特征，但与统一王朝的文化思想更多趋同。

一　韩婴·韩诗·韩氏《易》

汉代经学有今文经学与古文经学两个派系。今文经学继承先秦诸子遗风，欲以其道术经纬治天下，主张通经致用，注意微言大义，讲述的重点是历史哲学和政治哲学。古文经学在章句训诂和典章名物上多下功夫，重历史而不重哲学，主要是承担保存与传布文献的责任。西汉时，占主要地位的是今文经学。哀帝之前，立在学宫的《五经》及各家学说，都是今文。哀帝时刘歆校理国家图书，发现了一些古文经传，建议将《左氏春秋》《毛诗》《逸礼》，古文《尚书》立于学宫。因为，今文经书经秦火之后已残缺不全，著作主要由经师口耳相传，而古文经书多出孔子宅壁，或是亲自见过孔子者所著，都信而有征。刘歆的观点当时虽未被采纳，但到东汉时古文经的地位已大大上升。今古进行了多次争论，各执一端，直到郑玄融今古为一体，双方才暂时息争，但一直到后世，甚至现代，学术界仍有不同看法。

《五经》中的《诗》在西汉时自然属今文经学，在当时又分齐、鲁、燕三支：齐诗以齐人辕固为代表；鲁诗以鲁人申培为代表；燕诗以燕人韩婴为代表。

燕人韩婴为西汉大儒，他的学术主要是《诗》和《易》两部分。在《诗》的方面，其著述有《韩故》三十六卷、《诗内传》四卷、《诗外传》六卷、《韩说》四十卷，在当时流传甚广，后多散佚，现仅存《韩诗外传》残帙。[1]

韩婴于文帝时即为博士，景帝时为常山王太傅，一直到武帝时仍是经学界的首脑人物。武帝时，韩婴与董仲舒论事于帝前，其"为人精悍，处事分明，仲舒不能难"[2]。

《韩诗》的特点主要是"以史说《诗》"，所以，它不仅是对《诗》本身的解析，而且是通过《诗经》，结合历史哲学、政治哲学的一门广博

---

[1] 《汉书》卷八十八《儒林传》。
[2] 同上。

的学问。其《诗内传》《诗外传》数万言，大概便是这种微言大义、经世致用的学问。当时，学术中心本在齐鲁，而淮南贲生受之韩诗，颇多收益，自此，山东河内学者往往负笈燕地求学，河内人士赵子师事韩婴学《诗》，复授同郡人蔡谊（一作蔡义）。蔡谊应召为武帝说《韩诗》，深得赞赏，"擢为光禄大夫、给事中，进授昭帝"[①]。于是，燕地学术达到与齐、鲁并立的地位。

昭帝即位后，蔡谊为丞相，又传《韩诗》于同郡王吉和食公子，王吉复传淄川人长孙顺，食公子又传于泰山栗丰。由是，《韩诗》复分为王（吉）、长孙（顺）、食（公子）三家学派，韩诗影响日益扩大，遂为天下所宗。韩婴之孙韩商亦因精通韩诗而为博士。

韩婴不仅精通《诗》学，而且精于《易》学。据《汉书·艺文志》记载，韩婴著有《韩氏易》二篇。宣帝时，韩婴之裔孙，涿郡韩生以《易》应征，自称曾同时学《诗》与《易》，但对《诗》的领悟不如《易》，"太傅故专传之"。太傅即指韩婴。韩氏《易》有独到的见解。司隶太尉盖宽饶，原师事孟喜学《易》，听到韩生说《易》，感觉更为精深，遂更宗，而从韩生为师。

二 官学、私学与崔氏、卢氏

汉初天下草创，未及兴举学校制度。至武帝时，始兴太学于京师长安，使五经博士教授之。同时，于天下郡国皆设学校官。当时，今北京地区，即有朝廷所封的燕国，又有上谷、渔阳、涿郡所属土地，皆根据朝廷制度设立官学。平帝好儒，当时，凡通一经皆可蠲免徭役，这便更促进了学术的发展。

不过，燕蓟地区的官学不及私学影响更大。

如上所述，自西汉后期便有今文经学与古文经学之争。在西汉，今文经学占压倒优势。本来，今文经学注意经世致用，以历史哲学、政治哲学来解释五经，是很有意义的，如燕人韩婴以史说《诗》，便有以古鉴今的作用。所以，西汉时期，燕地自然亦是以今文学派为主。但是，今文学派在后期愈来愈多地引入谶纬之学，到东汉，刘秀中兴就是以谶语做夺取帝位的依据，以致用谶纬解释五经，这就使经学蒙上了更多的

---

① 《汉书》卷八十八《儒林传》。

宿命和迷信色彩。谶纬之学本源于燕国方士，秦始皇用其学而坑其人，说明这种学说于统治者有利。西汉虽然仍用谶纬之学作为帝王统治合理性的依据，但毕竟更注重国家政治、经济的实际统一与建设，所以燕蓟地区以"韩诗""韩易"为代表的今文学派仍是很有价值的学术。但随着愈来愈多的谶纬迷信学说进入今文学派，其价值也被降低。于是，到西汉末东汉初，古文经学开始站出来反对今文经学，提倡原始儒学，在反对谶纬这一点上无疑有进步意义。东汉时著名的古文经学家有桓谭、班固、王充、贾逵、许慎、郑玄等。而燕蓟地区，此时在中央为官的学者也更多，因而不能不受到今古学派争论的影响。其中，崔骃、崔瑗、崔寔祖孙三人及范阳卢植等，分别与古文学派的贾逵、班固、马融等或过从甚密，或师从门下，并使自己也成为著名的文化学术人物。这种情况使燕蓟学术从今文经学为主而转变到古文经学占有重要地位，在学术风气上发生了一次重大转折。其实，今、古两派各有优点和弊病，两种学派在燕蓟地区前后兴起有利于不同学术与各种学说的融汇，为该地区此后学术的不断发展与更新，并适应后来不同政权的交替而奠定了很好的基础。

由于汉代今文学派在官学中占主导地位，古文经学只好通过私学来讲授。于是，东汉之时，随着古文经学大家在燕蓟的涌现，这一地区的私学便更加兴旺起来。

崔骃，涿郡安平人，出身高门，家学渊博，为东汉著名文学家，也是古文经学的重要人物。其高祖父崔朝，西汉昭帝时为幽州从事，因谏幽州刺史勿参与燕王刘旦的叛乱而擢为侍御史。曾祖父崔静，历四郡太守，所在有能名。祖父崔篆，王莽时为郡文学，以明经而征辟为步兵校尉。崔氏家族连妇女亦通经史，崔篆之母师氏亦通经学及百家之言，王莽时被宠以殊礼。王莽倒台，东汉立，崔篆自以其家族受王莽恩宠，有愧于汉，故辞归不仕。崔骃出身于这样一个学术世家，十三岁即解《诗》《易》《春秋》，通古今训诂百家之言，博学多识，善著文章。少游太学，与班固、傅毅等同时齐名。崔骃受其父影响，以钻研典籍为业，无意追求仕途，曾仿扬雄的《解嘲》而作《达旨》，表明志向。元和中，章帝修古礼，巡方岳，崔骃作《四巡颂》，以文辞典雅著称。并著有《婚礼结言》《酒警》等。

崔骃之子崔瑗，锐志好学，尽传父业。十八岁至洛阳，师从古文经学大家贾逵，精于天文、历法及《京房易传》，诸儒宗之。崔瑗并且与古文经学大师马融、大科学家张衡相友好。崔瑗富文才，尤善书、记、箴、铭，有《南阳文学官志》著称于后世。崔瑗还是著名的书法家，尤善草书。

崔瑗之子崔寔为东汉桓帝时著名政论家，曾著《政论》，大胆批评政坛时弊。崔寔秉承家学，精通儒学经典，曾与诸儒生博士共杂定《五经》。"著碑、论、箴、铭、答、七言、祠、文、表、记、书凡十五篇。"[①]崔瑗还重视实用之学，他曾任五原、辽东太守，教民植麻、纺织，又著《四民月令》，记载各种作物的种植方法。

除崔氏家族外，涿郡卢氏亦开始兴起。

卢植，涿郡涿县人，时称海内大儒，是东汉时期学术文化的代表人物。年少时曾与郑玄共同师事马融。卢植兼通古文经学和今文经学，"好研精而不守章句"，是马融的得意门生。学成后同样辞归乡里，闭门教授，远近闻名。如涿县刘备、令支公孙瓒等，皆出其门下。卢植曾著《尚书章句》《三礼解诂》，灵帝时诏立太学石经，被征拜为议郎，与马日䃅、蔡邕、杨彪、韩锐等并在东观校《五经》记传，并补续《汉记》。待董卓乱政，恨卢植不附，计加谋害，卢植复逃归乡里，"隐于上谷，不交人事"。《续汉书》指出，卢植所隐处在军都山中。东汉以后，卢氏家族人才辈出，遂成为北方学术世家望族。

第五节　秦汉时期燕蓟地区与北方民族及其他国家的文化交流

燕蓟地区北方与诸多少数民族为邻，如当时的匈奴、乌桓、鲜卑等，皆与燕多有交往。而东部又濒临渤海，自战国以至秦汉，辽东、辽西二郡皆与燕蓟为一体，所以自幽燕而往朝鲜，以及由海上或中经朝鲜再向日本的文化交往亦开始很早。从邹衍的"大九州论"可以看出，早在战国时期，燕齐等地对外域的了解要比中原其他地区早得多。而《山海经》之《海经》部分学术界多认为是邹衍的学生所作，其对海上情况的描述，虽有不少荒诞不经的传说和幻想成分，但也不能认为全是凭空的臆想。从秦

---

① 《后汉书》卷五十二《崔骃列传》。

始皇到汉武帝皆求长生不死之药，因而使燕蓟方士们大为活跃。尽管仙药不可求，仙山更难觅，但它进一步促进了渤海地区早期的海上探险活动。秦汉是中华各民族进一步交流、融合的时期，也是中华文明进一步向外拓展和流传的时期。

一　燕蓟与匈奴、乌桓、鲜卑等北方民族的文化交流与碰撞

西汉时与周边民族的关系，首先是与北方匈奴的矛盾。匈奴最早称荤粥，周代称猃允，秦代始称匈奴。战国时，匈奴生活在燕、赵、秦以北地区，与燕蓟即交往甚密。秦始皇统一中国，以蒙恬率30万大军北击匈奴，并修筑长城，匈奴北迁。但到秦末及楚汉相争之际，中原战乱，边防松弛，匈奴复南侵。汉初诸侯国势力强大，在中央与北方诸侯王斗争的过程中，匈奴多乘隙扰乱其中。而燕王叛乱亦多借助匈奴势力。如燕王藏荼被汉剪灭，其子藏衍却逃往匈奴。卢绾叛乱，同样派使者与匈奴联络，最后又携全家逃往匈奴。战争固然非正常交往，但燕地从王室到吏民大量向匈奴流动，必然给北方草原带去许多先进的中原文化元素。一直到武帝初，匈奴仍不断抄略，并经常俘燕蓟百姓。如，元光六年（前129年）春，"匈奴入上谷，杀略吏民"[①]。同年，匈奴数入边抄略渔阳郡。元朔元年（前128年）秋，匈奴入边，杀辽西太守，掠两千余人。一月后复入渔阳，又掳掠千余人及畜产而去。后来，朝廷派名将李广为右北平太守，燕蓟之北边方稍安宁。此后，类似的杀掠活动一直未断，直到元狩四年（前119年），卫青、霍去病与匈奴决战漠北，匈奴远遁，幽州地区才算平静下来。元帝时，王昭君出塞和亲，双方关系进一步缓和，匈奴的良马和驯养方法传到涿、蓟一带，而汉族的生产技术亦传入匈奴。自宣帝以后，北边"边城晏闭，牛马布野，三世无犬吠之警，黎庶亡干戈之役"[②]。东汉时，渔阳太守彭宠叛乱，又与匈奴勾结，匈奴派2000余骑以助彭宠，欲袭击驻守良乡的东汉将军祭遵及渔阳骑将刘喜，为东汉军所破。此后，匈奴仍不断骚扰，从光武帝即位，直到建武二十一年（45年），燕蓟及整个北边几乎是岁无宁日。此后，匈奴内部发生分裂，南匈奴内附，

[①]《汉书》卷六《武帝纪》。
[②]《后汉书》卷十二《彭宠列传》。

北匈奴远遁，匈奴自此衰落。

比较起来，乌桓和鲜卑与燕蓟地区的文化交流更为直接，形式也有所不同。因为这两个民族皆先后与燕蓟直接比邻，同时又被汉与匈奴双方挤压或拉拢。匈奴强大时，常附属匈奴一同抄略内地；汉朝强大时又常内附，助汉防卫匈奴。幽燕安定，这两个民族与汉族或杂居共处，或贸易往来；幽燕动乱，燕人又多逃往北方，或借助其力量。总体来说，经常是你中有我，我中有你。幽燕地区可以看作汉代与周边民族融合的一个典型。

乌桓与鲜卑原是东胡人的两个大的部落集团，战国时已经存在乌桓之名。楚汉之际，东胡为匈奴所破，其余众分别归乌桓、鲜卑。乌桓聚于乌桓山，即今内蒙古西拉木伦河以北阿鲁科尔沁附近；鲜卑聚于鲜卑山，即今内蒙古赤峰科尔沁中旗以西。乌桓在鲜卑之南，与燕之辽西、辽东、右北平等地接壤，所以很早受到中原影响，学会耕织，并有较发达的手工业。后来，乌桓内迁于河北地区，鲜卑复占据乌桓旧地，所以也与燕蓟直接相邻了。这两个民族都是以游牧经济为主，其牧猎文化直接影响到燕蓟，而燕地的中原文化同样以各种方式传播到这两个民族之中。

以乌桓来说，与燕蓟的文化交流方式大体有三种情况：一是战争敌对时期，双方人口（包括高级官员和文化人）相互流动带来文化交流；二是友好时期，乌桓内附，成为汉朝北方的助力，友好往来，相互学习；三是乌桓完全融入北方汉人之中，从此很难找到乌桓自身的独立文化特征。

汉初，燕王一再叛乱，每当势拙，往往逃往北方。如燕王藏荼叛乱，被剪灭后，其子藏衍就逃往匈奴。后来，卢绾叛乱，又逃到匈奴，匈奴封其为东胡卢王，即管理东胡，包括乌桓等诸部。卢绾死后，其孙卢他之又为东胡卢王。在此期间，卢氏自然地带去官员、兵丁，必然对乌桓人的生产、生活产生重大影响。但到景帝时，卢他之又以东胡王的身份归降汉朝，从而又把草原文化带到内地。乌桓人很早便和中原人学习了耕种、纺织和手工业技术，"妇人能刺作文绣，织氀毼。男子能作弓矢鞍勒，锻金铁为兵器。其地宜穄及东䅬。东䅬似蓬草，实如穄子，至十月而熟。见鸟兽孕乳以别四节"[1]。至今河北地区仍多种穄子，塞内塞外谁影响谁很难讲得清楚。

---

[1] 《后汉书》卷九十《乌桓列传》。

当乌桓附属于匈奴时,深受其剥削与压迫,每年都要输送牛马羊皮,稍不及时便没其妻子。武帝时,于元狩四年(前119年)汉朝大破匈奴,遂迁乌桓诸部于"上谷、渔阳、右北平、辽西、辽东五郡塞外,为汉侦候匈奴动静"[①]。又置护乌桓校尉,监护乌桓诸部。当此之时,燕蓟百姓与乌桓保持着正常的经济和文化往来。但后来匈奴抄掠乌桓,汉朝反而于乌桓被劫之余还乘机攻打乌桓杀掠其众,这种错误的民族政策再次切断了双方的友好关系。从此,时而纳款降附,时而又"寇掠幽州"。东汉初,幽州屡被其患。王霸为上谷太守,曾与乌桓、鲜卑大小数十百战。光武帝只好改变政策,以币帛赂乌桓,乌桓复款塞。后来,辽西乌桓大人郝旦等九百二十二人率众内属,向朝廷献奴婢、牛马、弓及虎豹貂皮。光武帝封其渠帅为侯王君长者八十一人,使他们居住在塞内,并帮助他们招来耕种之人,还给以衣食。从光武帝之后,历明帝、章帝、和帝三世,这些内附的乌桓人与燕蓟百姓紧相比邻,或混居杂处,友好往来,并在上谷地区建立了一支精锐的乌桓部队助汉击匈奴。

东汉末,政治腐败,幽州地区又多发生军阀混战和叛乱,乌桓不堪其役使,复反叛汉朝,诸部并各自称王。后来,刘虞为幽州牧,招来乌桓、鲜卑,在幽州上谷开胡市之利,通渔阳盐铁之饶。为了取得乌桓、鲜卑的信任,刘虞还常服鲜卑、乌桓的毡裘,以示友好,因而深受他们的尊敬。后来,刘虞为公孙瓒所杀害,刘虞旧部复攻公孙瓒,鲜卑、乌桓人竟有七千余骑前来相助。这说明,真正平等的文化交流和友好往来,会得到各族人民的拥护。

此后,袁绍为曹操所败,袁绍的两个儿子投奔乌桓蹋顿单于,而幽州居民逃避战乱,投奔乌桓的竟有十余万户。[②] 后来,蹋顿又攻打幽州,复掠汉民十万户。这样,便有二十余万户汉民居住到乌桓辖地,汉人与乌桓实际从幽州到辽东、辽西等地,你进我出,双方的文化早已相互融合。直到曹操征伐三郡乌桓,破其于柳城,斩蹋顿及其首脑,胡汉降者二十余万口,[③] 乌桓和逃亡的汉人又回到内地。其散落乌桓有的奔鲜卑,有的奔匈奴。其余大部与汉人融为一体。所以,至今考古学界尚未找到乌桓文化的

---

① 《后汉书》卷九十《乌桓列传》。

② 同上。

③ 《三国志》卷一《武帝纪》。

代表特征。当然,这一点除了因为文化融合之外,还由于乌桓人死后有烧埋生时器物用品的习俗,也是考古界难以发现其文化的原因之一。但总的来说,汉代,尤其是东汉时期,乌桓确实与汉族文化融为一体了。至今,河北农村有些地区仍有将死者衣服焚烧的习惯,这或者是乌桓久远的遗风吧。

鲜卑与乌桓的情况相似。但原先距幽燕较远,乌桓迁于燕之北边五郡塞外,后来又曾居塞内,鲜卑乃占领乌桓旧地而南移,同样是有时与汉通好或内附,有时又相对抗。友好时曾多次助汉击匈奴和反叛汉朝的乌桓部,并得到汉朝的赏赐。后来,匈奴败走,有余部十余万人附归鲜卑,鲜卑自此强大,成为汉朝北方劲敌。东汉和帝至灵帝的一百年间,鲜卑屡犯幽并等地。但当其攻掠不能得逞,复遣使通款,以获得东汉赏赐。安帝永初元年(107年),主政的邓太后还赐予鲜卑燕荔王印绶,使赤车参驾,并通胡市,鲜卑一百二十部皆遣质子。这些来做质子的鲜卑人长期住内地,自然更深入地学习了汉文化。

东汉后期,朝廷日益腐败,鲜卑亦乘机大肆攻掠,渔阳等地尤被其患。特别是到鲜卑大人桓石槐时,不仅从内地劫掠财富、人口,还从东汉缘边走私商人处获得大量"精金良铁",并利用逃亡的汉族士人做谋主。袁绍据河北时,幽州百姓不堪其苦,亦有多亡入鲜卑者,特别是轲比能部,依汉人所教学做兵器,并"颇学文字",这自然促进了鲜卑的社会发展。

总之,汉代的幽燕地区是直接向北方草原,特别是东北部传播中原文化的枢纽。我国封建社会中后期,经常有北方少数民族入主,除蒙古族偏于西北外,其余多偏于东北,这和草原东部及东北山林地区很早接触中原文化,社会发展较快有关。

二 秦汉时期幽燕地区与日本、朝鲜的文化交流

与朝鲜的文化交流 中朝之间的文化交往由来已久。早在殷商之末,箕子东奔朝鲜,便将法律、文字、礼仪等中国文明带入朝鲜。到春秋战国之时,幽燕地区与朝鲜的交往更为密切。朝鲜北部的慈江道渭原郡龙渊洞曾出土约400枚燕明刀,该道江界郡前川面仲岩洞曾出土约4000枚燕明刀;据朝鲜考古学家统计,由上述两地加上其他地区,朝鲜北部的六个地区共出土燕明刀4694枚。这些明刀上面铸造有"左"字的367枚,铸有

"右"字的360枚，铸造有"行"字的251枚。① 明刀传入朝鲜，可能由于幽燕与朝鲜的贸易往来，也可能是由于战乱，大量燕民逃入朝鲜而带去的。

秦末，农民起义纷纷而起，幽燕居民为避战乱又有不少逃入朝鲜"而陈、项起，天下大乱，燕、齐、赵民愁苦，稍稍逃亡（箕）准，准乃置之西方"②。箕准即箕子后代。

西汉初，燕王卢绾叛乱，燕地战事又起。燕人卫满率众避入朝鲜，"（卫）满亡命，聚党千余人，魋结蛮夷服而东走出塞，居秦故地下鄣"，"（箕）准信宠之，拜为博士，赐以圭，封之百里，令守西边"③。但到次年，卫满反而攻打箕准，箕准逃，卫满率众进入朝鲜内地，后又自立为王，建立卫满朝鲜。到汉武帝时，于元封三年（前108年）灭卫满朝鲜，设乐浪、临仓、玄菟、真番四郡，不少中国官员和大批百姓至四郡居住，贸易。其后，汉朝的诗歌、文字、儒学亦传入朝鲜，使朝鲜文化深深处于中国文化笼罩、影响之下。而大批幽燕汉人，后来便融入朝鲜民族，成为朝鲜民族的血脉之一。到东汉末年，各地军阀混战，幽燕及山东半岛，再次掀起向朝鲜移民的热潮。这些移民将中国的铁器、漆器等带入朝鲜，并将冶铁技术传入朝鲜。在乐浪故地出土的文物中，有许多漆器上的铭文和形制皆如汉字。当时，乐浪郡将汉话作为通用语言。到1世纪初，不少朝鲜人已能背诵《诗》《书》《春秋》等中国典籍。

与日本的文化交流 在中日文化交流中，幽燕地区也起了很大作用。秦始皇是受了燕国方士的蛊惑才派徐福下海的，而徐福及所带人员可以说是最初的中日友好使者。到汉代，中国与日本的文化交流是由朝鲜作为中界地。由幽州而达乐浪，由乐浪而达日本。当时，日本西部有许多小国，有三十余国与乐浪通使驿。到日本的邪马台国时期，中国的丝织品、铁器、铜器等大量传入日本，日本人还从中国学会了养蚕的技术。东汉初，日本九州地区的倭奴国派使者前往中国，就是先经乐浪，而到洛阳，这中间，幽州是必经之地。倭国王献"生口"160人，以交换汉朝的丝绸和金

---

① 杨昭全：《中国—朝鲜·韩国文化交流史》，昆仑出版社2004年版。
② 《魏略辑本》卷二十一，朝鲜。
③ 《后汉书》卷八十五《东夷传》。

属品，光武帝还赐予其印绶。其实，若认真研究一下邹衍的"大九州论"和《山海经》的《海经》部分，燕齐等地的海上居民，可能很早就有到过日本的，由此才产生了燕齐方士们关于"海上仙山"的种种猜想与附会、描述。

第六章　魏晋十六国北朝时期的民族大融合与幽蓟文化再次整合

　　早在东汉后期汉献帝初平元年（190年），发生董卓之乱，中国便进入军阀混战的时期。到黄初元年（220年），汉献帝让位于曹丕，无论从实际上还是名义上，魏、蜀、吴三国鼎立的局面都已形成。公元266年西晋建立，曾出现短暂的统一，但不久便内乱频仍，加上北方少数民族加入混战，西晋仅存国50年便灭亡了，北方进入五胡十六国时期，时间长达120年。东晋灭亡后，南北对峙。南方有宋、齐、梁、陈；北方有拓跋魏消灭了各地割据政权，基本实现北方统一，长达100多年。此后，又有东西魏和北周、北齐。如果从董卓之乱算起，到隋统一全国（581年），中间几近四百年，全国都在政权更替，一片混战之中。幽燕地区则主要是为少数民族所占领或直接统治。

　　从全国来看，这三四百年中，是中国政治上最为混乱与动荡的时期，但又是多样性文化丛生竞长与杂糅整合的时期。自汉武帝"罢黜百家，独尊儒术"以来，儒学发展达到一个高峰，这对于国家统一和建立中原主导文化来说，的确有重大意义。但这种一枝独秀的局面难免扼杀和抑制了其他文化的发展。而魏晋南北朝的政治大动荡，一下子打破了文化的坚冰，儒、道、佛三家逐渐比肩而立。南方的玄学张扬着人的个性；北方少数民族的不断南移和入主，又使胡汉两种异质文化相互涵化与融合，相互注入新的活力。南方文化的清丽柔媚，北方文化的粗犷、博学而重实用……凡此种种，一改汉朝以来儒家独霸、百草萧疏的局面，而变为群芳竞秀、万木峥嵘；从而带来多种文化的成熟与发展。从某种意义上说，这种变化甚至可与春秋战国时期百家争鸣的局面相媲美。一方面是社会空前的动荡与苦难；另一方面是从苦难中寻找各自生存、立足的理论和思想：二者并不矛盾，而是动乱、冲突的必然结果。

　　就燕蓟地区而言，虽然自古以来便是中原与北方民族的交接地带，但自商周，特别是秦汉以来，中原文化传统逐步占上风。但到魏晋十六国和北朝时期，少数民族的大规模南下，使该地区重新面临着南北异质文化的大挑战。草原文化与中原传统，先是大冲突，后是相互磨合与涵纳——胡文化在变化、调整，汉文化也在变化调整。而正是在这三四百年的碰撞与调整中，积累了丰富的经验。

应当承认，北京地区虽然自旧石器时期、新石器时期直到传说时代，一直处于民族融合的关键部位并有过文化的辉煌，但自三代以下，直至隋唐，并不是学术和文化的中心地区。然而，自五代之后，辽、金、元、明、清连续五代，北京地位简直是直线上升，不仅逐渐上升为国家的政治中心，而且逐步成为文化中心。这其中的原因，固然由于我国封建社会后期北方民族入主已成大势，北京的地理位置南北适中，同时也由于该地区在异质文化的处理与结合上有着极为丰富的经验。从这一点来说，魏晋十六国和北朝时期，在北京的文化史上有十分重要的地位，它是北京都城文化的前奏和准备时期。

第一节　人口大流动与胡汉文化杂糅及整合

一　天灾人祸与人口大流动

魏晋南北朝时恰处于我国历史上一个寒冷期，年平均气温由西汉高于现在1—2℃，降低到比现在低1—2℃，也就是说，较西汉时降低了三四摄氏度，[①] 无霜期因此而缩短。这不仅不利于生产，使农作物产量大幅度下降，而且使北方草原上居住的游牧民族生活条件更为恶劣。与此同时，又有日斑（太阳黑子）活跃期到来，从而造成更多的自然灾害。邓云特先生在他的《中国救荒史》中说："终魏晋之世，黄河、长江两流域间，连岁凶灾，几无一年或断。总计二百年中，凡遇灾三百零四次。""举凡地震、水、旱、风、雹、蝗螟、霜雪、疾疫之灾，无不纷至沓来，一时俱现。"[②] 而在南北朝的一百六十多年中，各种灾害更多，总计达三百一十五次。

由于气候转寒，使北方少数民族不断南压，到中原寻求更好的生存环

[①] 参见竺可桢《中国近五千年来气候变迁的初步研究》，《考古学报》1972年第3期。
[②] 《中国文化史丛书》，《中国救荒史》，上海人民出版社1984年版。

境；而幽蓟地区一旦发生灾害又常逃到辽西、辽东等地避难；中原各地发生灾害时，又相互迁徙。除了天灾，战乱和暴政等各种人祸也是人口流动的重要原因。每当中原军阀混战或租赋过重时，幽蓟百姓常逃往北方避难。而北方民族南下攻掠也会掠走不少幽蓟百姓。当然，少数民族内迁的也不少。东汉建安十二年（207年），曹操击败三郡乌桓，辽西、辽东降者，胡汉共达二十余万口。曹操还将乌桓降众及阎柔所统幽并乌桓万余落迁徙居中原，其中大部分在幽并沿边。东汉末年，幽并地区流入鲜卑部的人口也很多，曹魏建国后，鲜卑柯比能部为得到魏的支持，"出诸魏人在鲜卑者五百余家还居代郡。明年（222年）……遣魏人千余家居上谷"①，可见，当时流入鲜卑的幽并汉人会更多。

西晋时内迁的少数民族更多。刘靖之子刘弘于元康四年（294年）任宁朔将军、假节、监幽州诸军事，领护乌桓校尉，出驻幽州。因戾陵堰被冲毁，进行修建，杂居在蓟城附近的乌桓、鲜卑各族部民也踊跃参加，"诸部王侯不召而至，襁负而事者盖数千人"②。到西晋末，中原内乱，北方少数民族统治者乘机加入混战之中，司冀一带已有"诸氐、羌、胡、蛮数百万"③。待到十六国和北朝时期，各少数民族更是大举南下，入主中原，幽蓟地区为北方民族所占领，胡汉杂居的局面便更为突出了。在这一时期，幽蓟先后为辽西鲜卑段氏、羯族人石勒、鲜卑慕容氏的前燕、氐族苻氏的前秦、鲜卑慕容氏的后燕和鲜卑拓跋氏的北魏所占领，居住在幽蓟地区的北方民族自然也更多。而每当这些少数民族占领之前，又常掠幽蓟人北去。同时，西晋灭亡时又有中原腹地人口逃入幽蓟。可以说，十六国时期，是幽蓟人口往来迁徙最为剧烈的时期。

前燕慕容皝时国势已强，中原许多流民来奔，其中多幽燕之民。当时，其内地至辽西的人数"多旧土十倍有余"④。公元340年，慕容皝又长驱抵蓟城，掠幽冀人口三万余。而当慕容俊迁都蓟城时，又将大量的鲜卑贵族、士兵及家属内迁至蓟。前燕平定各地割据势力时，还将其他地区的首领、豪强和百姓安置于幽、冀二州。慕容俊破割据于山东广固的鲜卑

---

① 《三国志》卷三十《鲜卑传》。
② 郦道元：《水经注·鲍丘水注》引《刘靖碑》。
③ 《晋书》卷一百六《石季龙载记》。
④ 《晋书》卷一百九载记第九《慕容皝》。

段熲后，迁其部众"鲜卑胡羯三千余户于蓟"①。

至前秦时，幽州蓟城是守卫北边的重镇，其地位仅次于邺城，所以驻有以氐族为主的大量军队。如苻洛伐代，一次即从幽州发兵十万。后来，慕容垂又建后燕，攻克蓟城后不仅烧杀，而且内乱不止。叛军徐岩攻入蓟城，掠走百姓千余户。于是幽蓟百姓复纷纷北逃，有的还逃往高句丽。

在东晋南渡时，幽蓟大族亦有不少随之南迁者。后来少数回迁故里，大多数在南方定居下来。晋元帝渡江后，"幽、冀、青、并、兖五州及徐州淮北流人相继过江淮，帝并侨立郡县以司牧之"。

幽蓟地区这种空前的人口大迁徙，使胡汉之间、南北之间在文化上发生空前的碰撞与交融。

待到北魏时，又大举迁北燕居民入塞，安置于幽州地区。但是，由于多年战乱，北魏初的幽蓟地区已经人口锐减，外流的人口很多。北魏政权稳定后，则又人口大增。待到北魏末动乱再起，人口便又骤减了。迁徙不定，增减无常，胡汉互流，混居杂处，是魏晋北朝时期幽蓟人口情况的一大特点，较全国其他地区流荡更为明显。

二　胡人学汉，汉人学胡与胡汉文化杂糅

人口的大规模流动，必然带来文化上的矛盾、冲突，但也会促进文化的相互借鉴与交流。而当少数民族进入中原之后，冲突之后必然是磨合、适应，胡汉都调整自己的文化观念，从而在更深的层次上融合或产生新的文化。

胡人学汉　自东汉末年以来，燕蓟人口大量流入乌桓、鲜卑各部，同时带去了中原先进文化。当时，鲜卑人常以汉朝边郡逃亡的汉族士人为谋主，并从走私商人处获得大量"精金良铁"，从而使其"兵利马疾，过于匈奴"②。袁绍败后，其子携部逃往辽西，与乌桓相勾结，所带去的不仅有士卒兵丁，而且包括汉族官吏与士人以及汉人的谋略。

许多北方民族在入主中原之前或者不理解中原文化，仇视或破坏，或者有自卑心理，实际上还是仰慕中原文明。以在蓟城建都的鲜卑慕容氏为例，便很能说明这个问题。慕容鲜卑早期活动于冀东及辽西一带，与幽燕

---

①　《晋书》卷一百十一载记第十《慕容俊》。
②　《后汉书》卷九十《鲜卑列传》。

相比邻，很早便仰慕汉风。当时，燕代流行步摇冠，鲜卑上层十分喜爱，常效仿之，改披发之俗而为冠戴之尚。慕容廆少年时曾随父进入幽州。当时，著名文人张华任晋安北将军，爱慕容廆少年俊伟，以服饰、冠帻赠，双方交好，慕容廆引以为荣。到慕容廆主政时，便开始学习汉族经史、儒学。慕容皝继位，正式尊儒，并建立学校，令太子及贵族子弟从汉族文士读经。此时的鲜卑慕容部已基本汉化，但在心理上仍然对本民族文化信心不足，存在自卑。慕容儁继位，军事上不断取得进展，并开始正式入主中原的准备，他的部下劝其即皇帝位，他的谦辞是："吾本幽漠射猎之乡，披发左衽之俗，历数之箓，宁有分邪！"① 后来，还是弄了个什么所谓"传国玉玺"，表明自己是天命所授，才正式称帝。从慕容廆到慕容皝，再到慕容儁，对流亡到鲜卑的幽燕士人与官僚都很重视，使他们在军事、政治、外交方面都发挥了重要的作用。前燕建都和龙时，其城池、宫殿的规划是北平无终人阳裕。阳裕并未到过中原京城和许多大都会，但曾在西晋幽州刺史和演手下做过主簿，他对和龙的规划自然是参照幽州城和自汉以来燕王宫殿的规模与形制。慕容儁正式迁都于蓟城后，则不仅表面上效仿中原衣冠、宫室，而且从礼仪、制度上进一步学习，一切皆以汉族为例——立皇后、太子，建太庙，修宫室——文武百官及种种朝仪皆效法中原。当然，在这种学习、效仿中，总是还常有北方民族强悍、雄健的遗风，而并非简单的更张改制。有一匹战马叫"赭白"，是慕容廆的坐骑；后传至皝，又传儁，四十余年历三主而屡立奇功。慕容儁令幽州高手匠人铸铜马之像，立于蓟城东掖门，其像矫逸超群，栩栩如生，立像之地后被称为"铜马坊"，至唐还仍因其名。凡此种种，都在幽燕原有文化中注入新的文化因子。

其他少数民族政权也大体经历了类似的过程。石勒家世贫寒，早年曾被卖为奴，且不知书。但在后来的戎马生涯中，还抽暇让儒生读书给他听，认为儒家思想是安邦治国之道。他曾在河北地区为汉族士人设"君子营"，下令族人不得欺辱。从军事上来说十六国北朝是征服者，但这些征服者最后又总是被中原的文化所征服。北方民族进入中原之后，双方相互融合，每次融合都使中华民族大家庭继续扩大。

汉人学胡 文化的交流从来都是双向的。在人口大流动，政权不断更

---

① 《晋书》卷一百十载记第十《慕容儁》。

替，胡汉杂居混处的情况下，不仅胡人向汉人学习，汉人也向胡人学习，汉人身上也增添了不少"胡味"。这中间，有的是自觉调整，有的是被迫适应，但最后总会认识到，少数民族的文化也并非都是落后的，而有可以吸取、借鉴之处。

东汉末，刘虞镇守幽州，招揽鲜卑、乌桓；为表示诚意和友好，不仅开上谷胡市，通渔阳盐铁之利，采取了一系列有利于双方和平发展的政策，而且自己常穿着乌桓、鲜卑的毡裘，从而得到乌桓、鲜卑诸部的尊重与信任。后来，刘虞被公孙瓒所害，刘虞部下为其复仇，乌桓、鲜卑纷纷前来相助。又如，燕国广阳人阎柔，自幼生长于乌桓、鲜卑人之中，自然非常熟悉胡人的文化，故深得胡人信任。刘虞被杀后，阎柔参加为刘虞复仇的活动，并被推为将领，阎柔一呼，即召集了数万乌桓、鲜卑人，组成一支部队，攻打公孙瓒。而公孙瓒手下，其实也有乌桓、鲜卑的骑兵。汉人多车骑步兵，北方民族则擅长骑兵，运动灵活，士兵骁勇。自曹操开始即注意到这一点，组织乌桓、鲜卑助汉防卫匈奴。此后，北方及幽燕军阀大都效仿此举，对提高燕蓟部队的作战能力有很大作用。至于那些长期生活在北方民族中的幽燕文人，更熟知胡人的各种生活习惯和文化。

在幽燕民间，大量的胡人生活习惯融入汉人的生活之中，胡饼、胡饭、胡羹、胡椒酒及胡衫、胡袄、胡靴都颇为流行。

胡汉文化杂糅与相互调整　　胡汉间长期的混居杂处，打破了胡汉不通婚的界限。当时的燕蓟地区，不仅民间，在上层也有不少胡汉通婚的实例：西晋时，王浚割据幽州，为取得乌桓、鲜卑人的支持，将两个女儿嫁给鲜卑人，一个女儿嫁给务勿尘，另一个女儿嫁给苏恕延，与段氏鲜卑结盟，以便对抗石勒。而段匹䃅进驻幽州，又主动与刘琨结盟和联姻。刘琨是西晋末年的爱国将领，也是著名诗人，出身世族高门，为贾谧门下所谓"二十四友"之一。但刘琨不仅雅好诗书，并且多有豪杰之风，以天下为己任。段匹䃅臣服于晋而守幽州，其时刘琨为并州刺史。段匹䃅得不到北方本族援助，又与南部的石勒为敌，势单力薄，故约刘琨进驻幽州。据方志记载，永清县拒马河岸有刘越石坛，传说是刘琨与段匹䃅歃血为盟之处。[①]　施光明先生曾统计了《魏书》《北齐书》《周书》《北史》这四部正史所载有姓氏可考的民族间相互通婚的二百四十一宗事

---

①　《日下旧闻考》卷一百二十五《京畿·永清县》。

例，牵涉氐、羌、匈奴、鲜卑、突厥、柔然等许多少数民族。其中，属胡汉通婚的占三分之一。[①] 这是指北方整体情况。幽燕地区向为多民族混居杂处之地，胡汉联姻想必不会亚于其他地区。胡汉通婚减少甚至泯灭彼此的排拒心理，使文化的交融向更深层次发展；至于世家大族与北方统治者通婚者见后述。

生活的变化也常带来文化观念的变化，胡汉双方都在调整自己文化理念。少数民族不仅表面上运用儒学，对中原的生产、生活、人心向背也不断地观察，逐步改变北方民族游荡、杀掠的习惯。仍以鲜卑慕容部为例。虽然鲜卑慕容部是较早汉化的民族，但在刚刚入主中原时难免因循旧习。慕容俊攻克幽州，欲尽坑后赵降卒，慕容霸谏曰："赵为暴虐，王师兴伐之，将以拯民于涂炭而抚中州也，今始得蓟而坑其士卒，恐不为师之先声也。"[②] 这才制止了一次大规模的屠杀。从以军事征服，到用文化、政治手段治理国家，这对北方少数民族来说，是一种非常重大的转变与跃进。

少数民族转变的同时，幽蓟士人的观念也在变化。当时，很多汉族士人加入到少数民族政权之中，开始也有矛盾心理，后来则声称，谁主政中原谁就算正统。无形之中对"华夷之别"就淡化了。许多士人，在习儒的同时开始"尚武"，这是汉族文人更深的转变。如上述与段匹䃅结盟联姻的刘琨，本是文人雅士，但在国难当头时却能带兵打仗。吕一飞先生曾考证了北方当时的十四家大族的文武人员，包括范阳卢氏在内，在西魏、北周时期尚武习战者65人，专崇文教不预武风者39人，习武之风远高于崇文。[③] 这在政权不断更迭，到处充满战乱的时代是完全可以理解的。

即使在文教之中，幽燕及其他北方地区与南方也大有不同。当时，南方崇尚玄学，儒学的地位因政权迭变、皇权威信大大降低而被质疑。而在北方，对于刚刚进入中原的北方民族来说，实行儒家的礼仪制度，学习儒家的治国之道，通过儒学表明自己并非荒蛮不化和争取汉族百姓的人心都有重要作用。所以，北方不仅重儒，而且在儒雅之外还增添了不少强健、实用的精神。正是在这种形势下，才出现了如郦道元的《水经注》等这

---

① 施光明：《北朝民族通婚研究》，《民族研究》1993年第4期。
② 《资治通鉴》卷九十八《晋纪二十》。
③ 吕一飞：《北朝鲜卑文化之历史作用》，黄山书社1992年版。

类应用之学。具体情况见于后述。

第二节　世家大族与学术文教

　　魏晋南北朝时，盛行门阀制度。一些世家大族，世代在朝为官，在政治上占有绝对优势；在经济上独霸一方，成为豪门地主；而在文化上，甚至在一定程度上形成垄断。曹魏时，实行"九品中正制"，将民间的俊才学士分为九等，除授官职。而品评其等级者号曰"中正"，负责一个地区的人才评定。"中正"，本应是既有学识，又有鉴别力，而且处事公允者，应是为朝廷选拔人才、举贤任能的助手。但是，在门阀制度下，"九品中正"一制却经常为大族所垄断。如幽蓟地区的范阳卢氏，在魏晋南北朝时，往往世代连任"大中正"。在这种情况下，人才的评定自然难以"中正"，"九品中正制"往往成为世家豪门垄断文化和进一步走向仕途的手段。所以，谈魏晋南北朝的学术文教不能不说世家大族。当然，在世家大族中也并非全是徒有虚名者。尤其是在北方，与南方世家的尚空谈、重虚名大有不同。南朝政权偏安一隅，权贵把持朝政，君权受到挑战；士人重家轻国，张扬自己的个性，夸豪斗富，许多人靠祖宗余荫而坐至公卿。北朝世家虽然也称霸一方，但占统治地位的是入主中原的少数民族。北方民族建立政权之初，往往是雄心勃勃，多思进取，豪门世家子弟想进入统治阶层就要有真才实学。幽燕地区自燕昭王招贤纳士以来便多有学者，但秦汉政治、文化中心仍在长安、洛阳，燕蓟学者虽然也有跻身其间者，但在全国的地位并不显著。魏晋以后则不然。东晋南渡，许多中原学者随之逃亡江左，而幽燕地处北边，不少士人来不及逃亡，多滞留本地。该地区向来又是北方民族南下的要冲，汉族士人常为其谋主。长期的战争和动乱锻炼了士人的心智，使他们重实践，多质朴，能适应，有机变，即便是世家子弟亦或文或武，有一技之长；而当南方重玄轻儒之时，北方士人的儒学却成为少数民族最需要的治国之道。由此，使燕蓟士人的学术水平和地位大为提高，而较北方其他地区学术风气反而更浓。同是高门世家，燕蓟多学者。所以，我们可以以世家大族为线索，了解整个地区的学术情况。

一　范阳卢氏，贤才辈出

　　魏晋十六国和北朝时期，蓟城经常为军阀所争夺割据，故幽燕之文教，范阳盛于蓟城，多出名士和学术大家。如范阳卢氏、祖氏累世通显，而刘备亦出于范阳，至于范阳郦道元，更是历史上著名的大学问家。但若论整个家庭和人才的群体，无论从数量之多，延续之长，影响之大，则以卢氏为首。在燕蓟文化史上，卢氏家族做出了特殊的贡献。

卢氏家族以经学传世，始自东汉卢植，但作为世家高门，则是到曹魏卢毓时始显；到北魏卢玄时，卢氏家族已成为真正的门阀。可以说，卢氏家族文化传承的历史整个伴随着北方门阀制度的兴衰与起落。卢氏家族主治儒家的经学，但又不像汉代儒士，而多涉政界乃至军事，是北方学术重实际、讲应用的典型。在这三四百年中，卢氏家族的学者名士，仅见于正史记载者便至少数十人，今择其代表而述之。

卢毓、卢玄与儒者济世风范 卢毓，卢植之子。卢植乃东汉末年之大儒。曹操攻乌桓，路过涿郡，想起卢植，赞叹说："故北中郎将卢植，名著海内，学为儒宗，士之楷模，乃国之桢干也。"[①] 卢植死，卢毓十岁便成了孤儿，两兄又死于战乱，家贫无依，又逢幽冀饥荒，卢毓还要抚养寡嫂及侄儿，但仍励志于学而不堕其志。后为崔琰举为冀州主簿。当时，军阀混战，士人多逃亡，故有"士亡法"，且处罚很重，士人逃亡，罪及妻子。有些妇女刚刚过门，有的甚至还没见过丈夫的面，便被判死刑。卢毓博引儒家经典，指出其不合理性，曹操得知说："毓执是也，又引典有意，使孤叹息。"[②] 遂采其议。

入魏，卢毓为黄门侍郎，济阴相，梁、谯二郡太守。当时，魏迁民屯田，卢毓心在利民，建议迁民于沃土美田之地，百姓感念。后入朝为侍中，主管法律的修订，主张法宜一正，不宜有两端，使奸吏得逞。在位一年，常据理辩，即使在文帝面前亦论古今而争是非，连文帝亦称其"心平体正"，遂为吏部尚书。吏部是任用官吏、选拔人才的地方，在才与德二者之间，卢毓主张"先举德行，而后言才"。他认为，大才应行大善，小才则行小善，有才而不能行善，便是不中用的人。后官至司空，卢氏家族自此而显。

卢毓之子卢钦，继承父志，《晋书》称其"清澹有远识，笃志经史"。魏时即为尚书郎、侍御史、琅琊太守，迁淮北都督、伏波将军、大司农、

---

① 《三国志》卷二十二《卢毓传》。
② 同上。

吏部尚书等职。至晋，仍受到朝廷重视，为尚书仆射，加侍中、奉车都尉，领吏部。卢钦为官清正廉洁，晋武帝称其"文武之称，箸于方夏"。卢钦为官多年，不置产业，死后家仍清贫，晋朝廷赠以钱谷。为官之暇仍勤于著述，曾"著诗赋论难数十篇，名曰《小道》"①。

可见，从卢植、卢毓到卢钦，皆谨治儒学，且有惠民、济世的风范，并十分注意自身的修养与操守。

从卢谌、卢潜等看卢氏学风变化 西晋末年，社会动乱，卢氏家学开始有所变化，从习文而开始文武兼顾。如卢钦的侄子卢志便能领兵作战。进入十六国，北方民族纷纷入主，幽蓟地区则为不同民族、不同的政治势力所争夺，中原各地战乱不已。当时，士人纷纷随东晋南渡，范阳卢氏地处北边，来不及南逃已陷入异族之手。在这种情况下，专心学问显然已不可能。而精神的苦恼使一些卢氏子孙从儒学传家又变为好老庄或信佛学。这种情况固然出于不得已，但文武兼修，儒道释兼习，却在客观上增进了卢氏家学深层发展。

卢谌，为卢志之子，卢钦的从孙，少年时即"清敏有理思"，"善属文"，曾选尚晋武帝之女荥阳公主，拜驸马都尉。未婚而公主死，这条由祖荫而入仕途的道路便被切断了。洛阳陷，卢谌依附于刘琨。刘琨又被害，欲南逃被交通阻隔，乃投奔辽西段氏鲜卑。复为后赵石季龙所得，虽被重用，但不忘丧国失家之苦。石季龙以谌为中书侍郎、国子祭酒、侍中、中书监等，卢谌不以为荣，反以为耻，对其子孙说：我死后不要写这些头衔，墓碑上只写"晋司空从事中郎尔"②。这种苦难的经历，使他好老庄之学，大概是寄希望从老子那里得到清静无为的环境，又自庄子处想像大鹏扶摇的自由吧。《晋书》说卢谌"早有声誉，才高行洁，为一时所推崇"，撰《祭法》，注《庄子》，并有文集，皆流行于当世。

北齐时有卢潜，貌环伟，善言谈，少有成人之志。为北齐世宗所赏识，先任中书侍郎、黄门侍郎等职，又曾在地方上做州、郡官吏，常总领军民，治理有方。但在学术上却改儒从佛。卢潜调离地方到中央任兵部尚书，吏民因潜信佛，而大设僧会流涕而送行。

九人大中正，一门尚三主 纵观十六国时期的卢氏家族，虽然入仕为

---

① 《晋书》卷四十四《卢钦传》。
② 《晋书》卷四十四《卢钦传》附《卢谌传》。

官者不少，但多为州郡官员，地位并不十分显赫。这是由于，北方民族入主中原之初，对文化不太重视，而卢氏家族的士人们对少数民族仍怀有戒备，或视为异类。

北魏建立，很重视汉文化，同时由于北方的逐渐统一，社会也较为稳定，士人有了更多发挥自己才智的空间。随着时间的推移，胡汉之间的隔阂渐渐减少，北方民族对中原的农耕文化逐渐适应，而汉族对胡人的生活习惯也习以为常了。晋朝东渡，兴起于洛阳的玄学随之南迁；而北方民族却把儒学视为最先进的文化和最有用的治国思想。十六国割据，使中原文化一度沉寂，北魏统一北方，儒学大为复兴，并且融入了河西、代北等区域的新文化因子，使北方儒学更刚健、质朴。而卢氏家学，正是在这一情况下达到一个巅峰，卢氏家族也才真正形成门阀。当时，北方有十几个大姓高门，但地位亦相差悬殊，同是崔姓，"清崔"便不把"博崔"放在眼里。"清崔"崔㥄每每对范阳卢元明说："天下高门唯我与尔！"可见，卢氏家族又是高门中的高门。为缓和拓跋鲜卑和汉族地主的矛盾，魏孝文帝带头纳范阳卢氏、清河崔氏等大族女儿入后宫，并替自己的五个弟弟聘汉族高门女子为王妃。而汉族大家亦开始与皇族通婚结好，纳少数民族妇女为妻。范阳卢氏较其他大族尤为突出。如卢渊第三子卢道裕尚北魏文帝女乐浪长公主，第四子卢道虔尚文帝济南长公主，卢渊的侄子卢元聿尚孝文帝女义阳长公主，时称卢氏"一门尚三主"，引以为荣。在这种情况下，卢氏家族不仅打通了走向高官厚禄的政治道路，在学术和文化方面也出现了门阀垄断。

卢氏家族在北魏的显赫始于卢玄。卢玄是卢谌的曾孙，其祖父、父亲皆曾事慕容鲜卑为官。如果说卢谌的时代还以事异族为辱，经过几代人的适应，到卢玄时，对做少数民族权势官吏已习以为常，并引以为荣了。北魏太武帝辟召天下儒隽，以卢玄为首选，"授予书博士，迁侍郎，本州（幽州）大中正"[①]。自此之后，幽州大中正一职常由卢氏家族所连任。如：卢渊，乃一代名流，承袭家学，又精于书法，北魏孝文帝时为秘书监、本州大中正；卢道虔，东魏太平中任都官尚书，本州大中正；卢道约，任司徒属、幽州大中正；卢昶，景明初为中书侍郎，迁黄门侍郎、本州大中正、散骑常侍，兼尚书；卢玄从祖兄卢溥的玄孙卢洪亦在北魏的孝

[①] 《北史》卷三十《卢玄传》。

文帝时任郡守和幽州中正；卢玄的族孙卢同亦任幽州大中正——自北魏至东魏，卢氏一门，任幽州大中正者九人。到东魏武定以后，幽州大中正一职转为北平无终阳氏垄断。

在这种情况下，幽州官府亦常为卢氏家族所垄断。据于德源先生统计：北魏时，卢氏家族先后出任幽州刺史、别驾、治中、太守、主簿、司马等官职者即达十五人，① 在其他州郡为官者难以计数。

不过，卢氏子弟并非全靠门阀和政治垄断而步入仕途，其中大多确实有真才实学。如卢辩，少好学，博通经籍，举秀才，为太学博士，曾为《大戴礼记》作注，"魏末离乱，孝武西迁，朝章制度，湮坠咸尽。辩因时制宜，皆合轨度"②。卢辩兄卢景裕，少聪敏，专为经学，不营世事，唯在注解，虽不聚生徒，但影响颇大，所注《易》大行于世。又好佛教，通其大义。③ 又有卢昌衡，博涉经史，善书法。卢道思，亦号称英妙，州人称之为"卢家千里驹"。

总之，卢氏家族与一般世族门阀颇为不同，在学术上世代相传，有一种很好的家风，对带动幽蓟地区学术发展做出了重大贡献。

二 范阳祖氏，南北称雄

范阳祖氏与卢氏联姻，称为"乡姻"。祖氏大概因此而渐显。《晋书》说祖氏为北州旧姓，可见居范阳已久。其先世曾屡出任郡太守，位置并不甚高，西晋末出了一个祖逖，与出身名门的刘琨相互交往，情好绸缪。永嘉之乱，举族南迁，避乱于淮泗间，祖逖受命为徐州刺史，复为军咨祭酒，徙居京口。当时北方纷纷为少数民族所占领，并不断南侵。祖逖颇有爱国之志，曾请命北伐，率其部曲北渡长江，收复失地，使"黄河以南，尽为晋土"，"石勒不敢窥河南"④。但东晋腐败，内部纷争不已，祖逖心怀郁闷，不久病死。到南北朝时，祖氏家族已分为南北两支。

南支于祖逖之后虽衰，但却出了一位杰出的科学家祖冲之。而北支则主要以文学见重。祖氏家学与卢氏家族相比有所不同。卢氏主要以儒家经学为主，重点在经世治国，多参与政治，而祖氏则文武兼学，且多才多

---

① 《北京通史》第 1 卷，中国书店 1994 年版，第 373 页。
② 《周书》卷二十四《卢辩传》。
③ 《魏书》卷八十四《卢景裕传》。
④ 《晋书》卷六十二《祖逖传》。

艺，又以文学见长。

关于祖冲之的伟大成就后节专述，现对北支学术加以介绍。

单从政治而言，祖氏北支要比南支显赫得多，且多以文学见长。

祖氏与卢氏同时显于北朝。北魏太武帝神䴥四年（431年），征召贤才，与卢玄同时应召者有祖迈和祖侃。到北魏的中期，又有祖莹以才学见称。据《魏书》记载，祖莹的曾祖父祖敏曾仕慕容垂为平原太守，赐安固子，拜尚书左丞。祖父名祖嶷，以从征平原之功封侯，任冯翊太守，赠幽州刺史。莹父祖季真，位至中书侍郎、安远将军、巨鹿太守。

祖莹是一位既有天才又勤奋好学的真正学子。《魏书》记载，他八岁即诵《诗》《书》，十二岁为中书学生。常夜以继日地学习，父母恐其成疾而禁之，祖莹以被遮窗，燃火读书，被人称为"圣小儿"。自幼写得一手好文章，中书监高允叹说："此子才器，非诸生所及，终当远至。"①中书博士讲《尚书》，祖莹夜读忘晓，误持他书，又不敢另取，乃背诵《尚书》三篇而不遗一字，实在有博学强记之能。魏孝文帝召祖莹，令诵五经章句，并进行应对，听后惊叹不已，对卢泳说："你们的家乡是当年流放共工的荒野之地，怎么忽然冒出来这样一个孩子？"于是，以才名拜太学博士。祖莹当时与陈郡袁翻齐名，时人称誉说"京师楚楚袁与祖，洛中翩翩祖与袁"②。后为国子博士，领尚书左右部。祖莹历事北魏孝文帝以下及东魏共七主。孝明帝时迁国子祭酒，领黄门侍郎，幽州大中正等，并参议历律。孝武帝时封文安子。东魏太平初迁仪同三司，晋爵为伯。

祖莹之子祖珽显于北齐。祖珽之才不在其父之下，但人品却放浪不羁，有善亦有恶。

祖珽同样是少年驰誉，史称其"神情机警，辞藻遒逸"。曾为冀州刺史万俟受洛作《清德颂》，文典华丽，自此声闻朝廷。魏收作《出塞公主远嫁诗》，祖珽和唱，为时人所传咏。但为官不廉，负责山东课税，广受贿赂。又好音律，能自制曲并会弹琵琶，常召集城市少年歌舞娱乐，并游集于倡家，淫逸无度。祖珽甚至偷窃，在皇帝的宴会上竟偷金叵罗，还盗元康家书籍数千卷。因此种种，有时受杖，有时免官，但终究不改恶习。

---

① 《魏书》卷八十二《祖莹传》。
② 同上。

但因十分有才,且通鲜卑语,因罪受禁,会作文,二日而就,言辞甚丽,乃每每被释免。北齐后主之世,仍被起用,为银青光禄大夫、秘书监,加开府仪同三司。复拜尚书左仆射,监国史,加特进,入文林馆,总监撰书,封燕郡公,一时权倾朝野。《北齐书》说祖珽"天性聪明,事无难学,凡诸技艺,莫不措怀,文章之外,又善音律,解四夷语及阴阳占候,医药之术尤是所长"①。

三 无终阳氏家学与渔阳高氏著述

南北朝时期,是幽蓟地区人才辈出的时代。除范阳卢氏和祖氏外,许多世家大族,如上谷侯氏与寇氏、燕国刘氏、渔阳高氏、无终阳氏,皆有俊才。但若论学术,可与范阳卢、祖相比者,则数无终阳氏与渔阳高氏。

无终阳氏家学 阳氏家族自北魏始显。阳尼,字景文,北平无终人。《魏书》记载,阳尼少好学,博通群籍,被幽州刺史胡尼所赏识推荐,拜为秘书著作郎。后为中书监高闾及侍中李冲等推举,为国子祭酒。高祖曾在苑堂亲自讲经,以阳尼为侍听。后兼幽州中正,卢氏家族对大中正一职的垄断转为阳氏家族。阳尼去世后,留有著作数千卷,可见学术之勤奋。其所撰《字释》数十篇,未完成而逝。其从孙太学博士阳承庆继其业,完成《字统》一书二十卷。②

后有阳固,为阳承庆之从弟。幼年好剑客,到二十六岁方有志于学,乃博览群籍,甚有文才。三十岁辟为大将军参军事,是个文武双全的人才。后迁书侍御史。阳固为文辞虽华丽但意在讽谏。当时,外戚贵族相互争夺,声色歌舞,京畿百姓劳顿不堪。阳固乃作《南北二都赋》,实有劝谏之意。中尉王显起巨宅,僚属皆来道贺,问阳固此宅如何,阳固说:"古人晏婴居湫隘之地而名传后世,高房大屋生灾则著于《周易》,愿公勉之。"王显又说:"我做太府卿,使库存丰裕,你以为怎样?"阳固则说:"敛聚者多为'盗臣'。"其刚直雅正,不畏强权,为世人称誉。阳固居官清廉,死后家徒四壁,亲友为之棺殓,表现了文人的风节和骨气。著有《终制》一书,亦是劝从简约。③

---

① 《北齐书》卷三十九《祖珽传》。
② 《魏书》卷七十二《阳尼传》。
③ 《北史》卷四十七《阳尼传》附《阳固传》。

阳固长子阳休之，豪侠好学，爱文藻，有乃父之风，时人赞誉说："能赋能诗阳休之。"① 阳休之魏时曾历任尚食典御、太子中庶子、给事黄门侍郎、中军参将、幽州大中正、兼侍中等职。但最显时是入齐之后。始除散骑常侍、监修起居注，后为中山太守及度支尚书。昭帝问以政道，休之答：应明赏罚，慎官方，禁淫侈，恤人患。后为光禄卿，监修国史。武平初为中书监、尚书右仆射。休之早有才名，外疏放而内谨厚，交友特慎。与名士太常卿卢元明交游欢好，与文人明少遐亦过从甚厚。明少遐死，其家贫，阳休之恤其妻子一如既往，颇有燕赵救人急难之风。而对权倾朝野的权贵却不去拜谒。休之好学不倦，博综经史，文章不甚华丽而典正。所著文集四十卷，又著《幽州人物志》，皆流行于当世。这应是北京地区最早的方志专集，可惜早已遗失。

渔阳高氏及其著作 北魏时还有渔阳高闾以文章著名。

高闾，渔阳雍奴人。其祖父高雅，曾为幽州别驾，有令名。其父高洪，曾做陈留王的从事中郎。高闾自幼好学，博综经史，下笔成章，言辞典丽，被司徒崔浩赏识推荐。当时，有一位文章大家高允位居显官，看到高闾的文章，认为与自己的文风颇为相像，流畅定逸，乃举以自代，从此见重于献文帝。帝徙御崇光宫，高闾作《至德颂》。纵观其文，虽然是为帝王歌功颂德的文章，但气势壮阔，文辞雅丽。又受命撰《鹿苑颂》《北伐碑》，时人以为与高允文风相类，并称"二高"。及孝文初，复加重任，以高闾为中书令，加给事中，委以机密。孝文帝之母文明太后亦甚重高闾。其时，朝中举凡诏书、檄文、碑铭、赞颂皆出其手，以文才而重于献文、孝文、宣武三朝。年老，请辞官归里，世宗宣武帝赞高闾"儒雅素著，出内清华"，临行，帝为之流涕。高家中藏书甚富，有其弟之友来，见之大喜，每日研读，手抄口颂。其文结集，共三十卷，流行于世。并曾作《燕志》，论北燕冯跋之事。

四 地方官学与世家私学

北方民族进入中原之初不大注意文化建设，而一旦建立政权，便要以学校教育等作为招徕士人的手段，少数民族的统治者本身也学习汉族文化，以求治国之道。在这种情况下，幽蓟地区无论官学、私学都很发达。

---

① 《北史》卷四十七《阳尼传》附《阳休之传》。

北魏时期，范阳卢道将，于孝文、宣武之时出任燕郡太守，刚到任即为乐毅、霍原修墓立祠，优礼儒生，力劝学业。孝明帝时裴延侨为幽州刺史，到任后即命主簿郦恽"修起学校，礼孝大行"[1]。这种学校，为地方官学。

不过，比较起来由文化世家传承的家学和著名文人的私学授业，在幽蓟地区的影响要比官学大得多。

私人授业，在魏晋南北朝时，影响最大、开始最早的应属霍原。霍原为北州名贤。其祖在汉魏时可能就是贵族。但后来家道衰落，霍原一度靠贾贩为生，但有志于学。霍原年轻时曾自幽州到洛阳入太学，深受贵族子弟推崇，其名始显。回乡后聚徒授业，名重一时。燕王司马机慕其名，月至羊酒以为礼。当时已有九品中正之制，刘沈为幽州大中正，评霍原为二品，而中书监张华则奏为上品，自此名声更隆。朝廷征贤良，霍原屡召不至，而隐于故乡山中，励志教学授徒。涞水有大小黄山，《水经注》云即当年霍原隐居授徒处，有门徒千人。《晋书》则说有门徒数百。无论如何，其受徒之规模是相当可观的。霍原这种教育方式对后世影响很大，所以北魏时卢道将为之立祠。

到北魏时，北方形势比较稳定，幽州学者聚徒讲学之风大炽。如北魏著名学者徐遵明，就是由陕西华阴辗转到幽州来学习，师从于范阳学者孙买德，从而得以成就学业的。当时，私学大盛，"燕齐赵魏之间，教授者不可胜数，弟子著录多者千余人，少者犹数百"[2]。

而一些世家大族，则以读书传家，代代相承，其情况已如上述。这种家学、私学，对于成就许多学术名流起了重大作用。

第三节 史地、博物、其他科学及文化艺术

魏晋南北朝时期，打破了两汉儒学一统天下的局面，促使百花齐放，各种学科得到自由发展。而起源于洛阳的玄学南渡之后，当南方文人陶醉于吟诵、风雅的气氛之中时，北方的文化人，除重点研究儒学的治国之道以外，则更重视各种实用学问，史学、地理、方志、农学博物等多方面都

---

[1] 《魏书》卷六十九《裴延侨传》。
[2] 《资治通鉴》卷一百四十五。

出现杰出的著述。就连南方一些著名科学家,如祖冲之,实际上也是由范阳祖氏南迁而带去了北方的学术风格。幽蓟地区正是在整个北方的务实氛围中,在不少学科中出现许多优秀人物和学问大家。

一 郦道元和他的《水经注》及其他学术成就

郦道元其人 郦道元(469?—527年),字善长,范阳涿县人,出身于一个官宦世家。其曾祖郦绍、祖父郦嵩都在后燕任太守。父郦范,仕于北魏,累官至青州刺史,迁尚书右监,除征东将军,晋爵为侯。郦道元的童年和少年时期是随父亲在青州任上度过的。长大后袭父爵,以例降为伯。御史中尉李彪援引为书侍御史。曾历魏孝文帝、宣武帝、孝明帝三朝,并历任鲁阳太守、冀州镇东府长吏、东荆州刺史、河南尹、御史中尉等。郦道元为官素以严猛著称,即使对权贵亦弹劾其过,遂遭权豪忌惮。雍州刺史有反状,朝臣故意使皇上遣其为关右大使,后果为叛军所害于阴盘(今陕西临潼区东)驿亭。

郦道元好学不倦,常博览奇书,加上长期在各地的宦涯生活,留心于所在的史地民情。尤喜《山海经》《禹贡》《周礼·职方》《汉书地理志》及三国魏人桑钦的《水经》等地理著作。但觉这些书籍不尽人意,乃以《水经》为蓝本为之作注,乃作《水经注》。除了参阅各种资料,并涉土游方,遍及长城内外,黄河、淮河以北。其注文所引古籍达437种。[①] 注文30多万字,比原书多出十倍。

《水经注》的学术价值 《水经注》突破了历史上的地理学著作,它不仅是地理书,而且是历史地理、自然地理、经济地理的综合性著述。郦道元常以地说史,讲地理而论古今。清末学者王先谦在他的《水经注合校》中说"道元为书之旨在因水以证地,即地以存古",诚如是也。举凡水道所经之山脉平原,城邑乡村,关隘津要,庙宇碑刻,历史沿革,古今人物,皆随笔纳于其中,娓娓道来,翔实而又生动。

对于大小河流,《水经注》皆详述其河道变迁、支出与源头,并详注其古今城邑、风土民情,对县以上的政区乃至居民点,大部分论述了其沿革状况。不仅在当时,即使到今天,对我们研究自然环境的变迁和人文、经济等变化,仍有重要参考价值。

[①] 曹文柱主编:《中国文化通史·魏晋南北朝卷》,中共中央党校出版社2000年版。

除了河道，《水经注》还记载了各种湖、泽、海、陂、潭、池、薮、沼、淀等水域状况，以及各地温泉的疗病效果与温度等级。此外，还有关于洪涝灾害、农田水利方面的考察。对于沿水各地的物产资源、人物风情、民俗民谣，皆有记述，真是一部集地理、历史、文学风俗于一体的"百科全书"。

由于郦道元自幼生长于范阳，在他的著作中，对幽蓟地区的山水、历史、人物等记述尤为详尽，是研究北京历史地理、历史文化的很好材料。

《水经注》是一部应用性很强的书，但又有很高的文学价值。其述山水之绮丽、景色之壮美，文藻雅丽，妙绝古今，往往使人有如身临其境之感。其注中还搜集了大量民歌民谣。如写到长城时便记秦时民歌："生男慎勿举，生女哺用铺；不见长城下，尸骸相支柱。"至于对水的分合离聚，百川源委，更是定其方向转折，如视掌纹，如数家珍，并常常即兴铺陈，妙语连珠。如写三峡风景说：

"自三峡七百里中，两岸连山，略无阙处。重岩叠嶂，隐天蔽日，自非亭午夜分，不见曦月。至于夏水襄陵，沿溯阻绝，或王命急宣，有时朝发白帝，暮到江陵，其间千二百里，虽乘奔御风，不以疾也。春冬之时，则素湍绿潭，回清倒影。绝巘多生怪柏，悬泉瀑布，飞漱其间，清荣峻茂，良多趣味。每至晴初霜旦，林寒涧肃，常有高猿长啸，属引凄异，空谷传响，哀转久绝。故渔者歌曰：巴东三峡巫峡长，猿鸣三声泪沾裳。"

似这等奇文妙语，虽专事散文诗赋者亦未必如此生动感人。今人研究《水经注》者，多取其历史地理价值，而对其文学贡献于不顾，诚可叹矣！

除《水经注》外，郦道元还曾著《本志》十三篇，《七聘》及其他文章，可惜皆亡佚。

二　数学天才与天文大师祖冲之

祖冲之（429—500年），字文远，祖籍范阳遒县（今河北涞水）。关于祖氏家族北支情况已如前述，而祖逖一支，自永嘉之乱后便举族南迁，先避地于淮泗，后居京口，祖冲之便是祖逖的后代。到祖冲之这一代，虽然生活在建康，但整个家族仍继承了北方务实求真的学风。加之北人在南朝总不如当地世家位高权重，所以祖氏南支的贡献多在应用学术方面，冲之的祖父祖昌曾任刘宋大匠卿，其父祖朔之官至奉朝请，从地位看皆不甚高。祖冲之历仕宋、齐两朝，但亦仅至长水校尉而已。但在学术方面，却是科学巨匠，不仅是数学天才，而且在天文、历法、机械制造等多方面有巨大成就，并且还通晓音律。

祖冲之在科学上的成就首推数学，而在数学方面的贡献又首推圆周率。我国最古老的数学著作是在1世纪左右出现的《九章算数》，后来，魏晋时人刘徽又作了《九章算术注》。刘徽通过割圆术来推算圆周率，祖冲之在刘徽的基础上，求出了精确到第七位有效数的圆周率，在3.1415926到3.1415927之间。用此数值计算1000米的大圆周长时，误差不超过1厘米。而在国外，直到1427年阿拉伯数学家阿尔·卡西才算出更精确的数值，但已在祖冲之逝后千年了。

祖冲之对数学的另一大贡献是关于球的体积计算。我国古代对球的计算方法叫"牟合方盖"。刘徽已指出"牟合方盖"的计算是错误的，但如何正确计算却无结论。而祖冲之却算出了"牟合方盖"的公式。因其子祖日恒继承了祖冲之这一成果，习惯称之为"祖日恒公理"。祖冲之的数学成就记载于他的数学著作《缀术》一书中，可惜此书至宋代已经失传，因而难知其全部情况。

祖冲之在天文历法方面的成就也是相当辉煌的。他在33岁时就编写了《大明历》（刘宋大明六年，462年）。在大明历中，他考虑到岁差的影响，首次考虑到每年改变冬至日晷的位置，不仅对推算历法提高了精确度，并由此使人们接受回归年和恒星的概念。《大明历》以一年为$365\frac{9589}{39491}$（日）和今人的推算值仅差1秒左右。他还首次提出了交点月的长度，误差亦仅为1秒。祖冲之的《大明历》编成后，由于权臣的反对一直不能颁行。他不畏权贵，据理以争，并写了一篇《驳议》，文中道"愿闻显据，以窍理实"，"浮词虚贬，窃非所惧"[1]。这反映了科学家求真务实、追求真理的精神。直到祖冲之死后，其子祖日恒反复据理奏于朝廷，《大明历》才得以颁行，这时已是梁天监九年（510年）。

---

[1] 《宋书·律历志》。

祖冲之又是机械制造方面的专家。宋孝武帝平定关中,得姚兴指南车,但仅有外壳,祖冲之"发造铜机,圆转不穷而司方如一,马钧以来未有也"。他还根据诸葛亮木牛流马的传说"乃造一器,不因风水,施机自运,不劳人力","又造千里船,于新亭江试之,日行百余里"①。

祖冲之的儿子祖日恒,及其孙祖皓,皆秉承家学,精于历法。

三 张华和他的《博物志》

张华,字茂先,范阳方城人。今北京大兴区南有张华村,传说为张华故里。张华之父于曹魏时曾为渔阳郡守,但可能早逝。故《晋书》本传说张华"少孤贫"。同郡卢钦见而器重。乡人刘放亦甚赏识张华的才学,并把女儿嫁给了张华。张华学业优博,图纬方技之书莫不博览。且为人慷慨,勇于赴义,笃于周急。他曾作《鹪鹩赋》,不仅文辞华美,而且很能看出其做人的态度。他在文中说,大千世界,造化万端,鹪鹩不过是一种鸟儿,"其居易容,其求易给;巢林不过一枝,每食不过数粒。栖无所滞,游无所盘;匪陋荆棘,匪荣苣兰。动翼而逸,投足而安","任自然以为资,无诱慕于世伪"②。大概,正是他这种适应环境和不慕世伪的态度,成就了他一生的学业。阮籍见张华,亦叹其为"王佐之才也"。曹魏时任太常博士、佐著作郎、中书郎等。及晋,拜黄门侍郎,封关内侯。张华博学强记,晋武帝问汉宫制度及建章千门万户,张华应对如流,画地成图。对晋朝礼仪制度多所损益,朝廷诏诰多出其手。又曾任都幽州诸军事、领护乌桓校尉,对改善北方民族关系做出重要贡献,"东夷马韩、新弥诸国,玄州四千余里,历世未附者二十余国,并遣朝献"③。

晋文帝欲以张华入相,遭到宠臣的阻陷,乃以华为太常。太庙栋折,借故免官。惠帝即位,复起张华为太子少傅,因德高望重,又遭权臣所忌,不与朝政。后权臣被诛,张华以功拜右光禄大夫开府仪同三司、侍中、书监。后为奸人所害,朝野悲痛。张华在朝,爱惜人才,不论贫贱还是侯门之士,凡有一技之长便为之推誉。死后家无余财,唯文史书籍,可

---

① 见《南齐书》卷五十二、《南史》卷七十二本传。
② 《晋书》卷三十六《张华传》。
③ 同上。

载三十车。"天下奇秘,世所稀有者,悉在华所。"

张华留于后世的作品主要是《博物志》。《博物志》是一部类似《山海经》式的讲述海外故事、物产、奇异方面的书。由于其中有许多夸张和神仙鬼怪的故事,所以学术界多认为是志怪小说之作,评价也不高。但这部书实际上是对自战国以来齐燕之地方士们关于海外传说的汇聚与补充。可以看作自战国、秦汉以来幽燕学术风气之延续,对于研究幽燕地区古代海洋文化仍有一定参考价值。

另据《隋书·经籍志》,张华的著作还有《张公杂记》《杂记》《张华集》,并注《神异经》等。

四 史学和方志

自魏晋以后,史学脱离经学,成为独立的学科,到十六国和南北朝时,修史成风,虽因朝廷变幻无常,政权更迭频繁,大部分著作部头不大,但也不乏优秀作品。于是,幽燕地区也加入到修史风潮之中。或燕人记他国之事,或他国记燕人之事,都促进了这一地区史学的发展。而方志学也在这一时期有了长足进步。

燕国蓟人平恒,是一位优秀的史学家。其祖父平视,父亲平儒,并仕慕容氏为通宦。平恒自幼好学,"研综经籍,钩深致远,多所博闻"。曾任北魏中书博士、幽州别驾,后拜著作郎,迁秘书丞。时高允为秘书监,"自周以降,暨于魏世,帝王传代之由,贵臣升降之绪,皆撰录品第,商略是非,号曰《略注》,合百余篇"①。这部《略注》,是既写史而又用以鉴今的书。

与平恒同时者还有北地泥阳人梁祚。《中国文化通史》不知何据将梁祚列为晋时人。记载北魏历史的《魏书》,明载《梁祚传》,其去晋已远。梁祚之父梁邵曾任吏部侍郎,又为济阳太守,到梁祚时方由幽燕迁居赵郡。梁祚笃志好学,历治诸经,尤善《公羊春秋》及郑氏《易》,与平恒是好友。其妹嫁范阳李氏,故又举家居于蓟。后辟秘书中散,迁秘书令,因受排斥退为中书博士,又出为统万镇司马,征为散令,可谓一生仕途坎坷,故《魏书》说他"有儒者风,而无当世之才"②。但在学术上,梁祚

---

① 《魏书》卷八十四《平恒传》。
② 《魏书》卷八十四《梁祚传》。

颇有成就。他"撰并陈寿《三国志》,名曰《国统》",是传记曹魏历史的编年体史书。又曾作《代都赋》,流行于当世。梁祚一生清贫守素,不交势贵,活了八十七岁。

此外,还有燕人杜辅著《燕记》,记前燕事;又有燕人范享作《燕书》记前燕慕容俊之事。

在方志学方面,自然首推郦道元的《水经注》,前已详述。此外,无终阳休之撰有《幽州人物志》,可以说是最早的北京地区人物专志。

五 书法、音乐、戏剧

书法 魏晋是我国书法史上的黄金时代,南北朝时又继其风气。整个魏晋南北朝时期,我国书法艺术春色满园,争奇斗艳,出了不少享誉千古的大家。当时,许多世家大族以书为家学,幽蓟地区亦不例外。虽因北方少数民族政权更替甚多,战争和民族之间的文化冲突使北朝作品甚少流传,但据历史记载,幽蓟地区的书法名家确实不少,特别是范阳卢氏家族,所做贡献尤为突出。

范阳卢氏在北朝时已是北方最显赫的文化世家。自卢志、卢谌父子起,师法钟繇体。钟繇是曹魏时书法大师,其真书刚柔兼备,"幽深无际,古雅有余",有人赞其为"秦汉以来,一人而已",而凡真、行、草、隶、八分莫不皆能。卢志等习钟繇真书,又兼习索靖之草书,皆能尽其妙。卢谌又传子卢偃,卢偃复传子卢邈,卢邈以上,兼善草书。卢邈的第三代孙卢渊仕北魏,承袭家法,北朝宫殿多卢渊所题,是当时的书法大家。当时,清河崔氏亦以博艺与范阳卢氏齐名,世人云:"魏初二书者,崔、卢二门。"[1] 后有卢昌衡,工草行书,人称卢家千里驹。

音乐 魏晋南北朝时,北方的音乐一方面是宫廷礼乐,多效法中原历朝礼乐;另一方面是民间音乐,北方地区民族的胡乐大量传入。

由于幽蓟世家大族多有士人官宦,通音律者亦在其中。如祖氏家族,便多有通音律者。祖冲之通晓音律已如前述,北支中亦有通音律的。如祖珽,"天性聪明,事无难学,凡诸技艺,莫不措怀,文章之外,又善音律"[2]。

---

[1] 《北史》卷三十《卢玄传》。
[2] 《北齐书》卷三十九《祖珽传》。

卢氏家族中亦有通音律者。如卢光便精于三礼，能解钟律。卢光之子卢贲，亦继父学，颇解钟律。仕周，为太常卿。其时，"以古乐宫悬七八，损益不同，历代通儒，议无准定"①，卢贲乃上表陈述见解，"改七悬八，黄钟为宫"，对刊定周齐音律起了重要作用。

在民间，幽蓟地区的音乐舞蹈等亦十分活跃丰富。北京西郊曾发现晋王浚妻华芳墓，墓中出土有一件银铃，圆径26厘米，上部以银丝捏成八个乐人。这八个乐人分四组，两人捧排箫；两人持管（或是喇叭）；两人作击鼓状，腹前尚有圆形小鼓；两人举手横于鼻下，应是吹笛。这件乐人铃，应是研究幽蓟地区音乐史的很好资料。

戏剧的雏形　我国戏剧，一般认为起始于汉代俳优所演民间故事。三国以后，则以戏谑讽刺为主，演出的是滑稽短剧。十六国时，这种滑稽剧已在北方颇为流行。如曾经占据蓟城的石勒，便曾使俳优演"参军戏"。石勒手下的参军周延为馆陶令，因贪官绢数百匹而下狱。于是，每当聚会，石勒乃命俳优装作馆陶令周延的模样。另有一演员，问之："汝为何官，在我辈中？"装作参军周延者应曰："我本馆陶令，"又抖数衣衫说，"政坐取是，故入汝辈中。"这种戏情节简单，人物也不多，大约与现代之小品相类，因最开始是演参军周延的故事，此后凡此类滑稽剧皆称为"参军戏"。一直到唐，乃流行参军戏。如唐代茶圣陆羽便曾编写过参军戏。其实参军戏起源于北方之石勒。

第四节　宗教信仰

整个魏晋南北朝时期，不仅是各民族文化及各区域文化相互交流、融合、竞长的时期，也是儒、道、佛开始相互学习和渗透的时期。就宗教信仰来说，在北方，佛教进一步扎根，不仅汉化为汉人所接受，也为北方各少数民族所接受；道教亦通过改革适应新时期的需要。同时，起源于燕齐方士们的谶纬学说仍在继续发挥作用。而北方民族的各种原始信仰也同时影响着各个阶层。燕蓟地区，佛教的兴起是这一时期的主要表现，但同时也呈现出多元信仰的特征。

---

① 《北史》卷三十《卢同传》附《卢贲传》。

一　佛教在燕蓟的兴起

佛教是外来文化。当它刚进入中国时人们并不了解它的真实面貌，所以汉代把它作为黄老学说来看待。而实际上，这是两种异质文化。黄老之学可以看作道教的前身或理论来源，虽然有离世的倾向，但却是重生的。而佛教则主要重来世，这与中国人的传统思想相矛盾。为了适应中国人的口味，佛教逐渐注入中国文化思想，到西晋时开始广为传播。

根据历史文献考察，幽蓟地区的佛教也是自晋开始兴起的。北京西郊门头沟区的潭柘寺，便是北京最早的寺院。据神穆德所撰《潭柘山岫云寺志》记载，该寺建于晋，初名嘉福寺，由晋华严法师所建。因该寺山后有龙泉，寺前有柘树，故民间称为潭柘寺。目前寺内建筑虽为后世所重建，但该寺起于晋嘉福年间大体无争议。

十六国时期，虽然战乱不已，但估计佛教仍有发展。皇始二年（397年），北魏伐后燕，太祖道武帝拓跋珪"平中山，经略燕赵，所经郡国佛寺，见诸沙门、道士皆致精敬，禁军旅无有所犯"[1]。可见，在十六国末，幽燕寺院已经不少。但战争和生产都需要大量劳力，众多青壮年出家既逃避了赋税，又与朝廷争夺劳力与丁口。于是，到世祖太武帝拓跋焘时，便发生了大规模的"灭佛运动"。太延四年（438年）三月，太武帝诏令五十岁以下僧人一律还俗为民。太平真君五年（444年）正月，又下诏，令王公以下至于庶人，凡私养沙门、师巫者限二月十五日前遣送官府。逾期不出，不仅师巫、沙门处死，而且藏僧的主人要"门诛"。到北周武帝宇文邕时，再次"灭佛"，北方有千万所寺院充为民宅，有三百万僧尼还俗为民。从这个庞大的数字及两次灭佛运动，由反面证明，到北朝时期，北方的佛教发展到何等兴盛的程度。而燕蓟亦是北朝佛教的重点地区之一，其寺院的数量想必不在少数。唐代幽州见于记载的寺院已经很多，许多应是在北朝时期发展起来的。但由于年代久远，见于文献的不多。从目前有限的资料看，当时西部山区和永定河沿岸，是佛寺集中的地带。除潭柘寺延续下来以外，在今房山区和石景山区都曾存在建筑宏伟的寺庙。郦道元在《水经注》中说："灅水（今永定河）又东迳燕王陵南，陵有伏道，西北出蓟城中，景明中（北魏有宣武帝年号）造浮图建刹，穷泉掘得此道，

---

[1] 《魏书》卷一百一十四《释老传》。

第六章 魏晋十六国北朝时期的民族大融合与幽蓟文化再次整合

王府所禁,莫有寻者。"这里提到的燕王陵,应是汉燕王刘旦的墓葬,刘靖曾于附近修过戾陵堰,其地应在今石景山到麻峪之间。此地依山傍水,风景秀丽,自战国以来便是风景名胜之地。北魏的僧人建佛刹,作地基竟然及泉,遇到了燕王陵通往蓟城的伏道,可见寺院的规模很大,绝非一般工程。《水经注》又载:"圣水出上谷……水出郡西南圣水谷,东南流经大防岭之东首。山下有石穴,东北洞开,高广四五丈,入穴更崇深,穴中有水。耆旧传言,昔有沙门释慧弥者,好精物隐,尝篝火寻之。"这里所指"大防岭",即大房山,其所记岩洞,专家考证即今大房山孔水洞。沙门慧弥到洞中探幽,这一带应该有寺院存在。另据僧福珪《六聘山天开寺重建碑纪略》云,房山六聘山天开寺为燕易间之巨刹,"自后汉迄有唐,经五代历辽金"[①]。所以,在魏晋北朝时亦应存在。此外,据《日下旧闻考》引《法苑珠林》,房山县西南有五侯寺,后魏时有僧居此诵法华经。另据《高僧传》记载,北魏孝文帝太和中曾建光林寺,其地"依峰带涧,面势高敞"。光林寺在何处无法详考,世传今天宁寺即北魏光林寺。林徽因、梁思成等已从天宁寺建筑年代考证中说明其误。况且,北魏光林寺既然是在依峰带涧之地,亦不可能在古蓟城区中心,其事明矣。今中国历史博物馆收藏有北齐天统四年(568年)光林寺尼静妃石造像座,主像已缺,唯存宝座。座前刻摩尼宝珠、双狮、金刚力士等,两侧以浮雕刻二供养人,一作进香,一作献花状,座背有题记,曰:"天统四年三月一日,光林寺尼静妃为亡娣造玉像一区,皇帝陛下,一切众生,居同成佛。"这里的光林寺,应与北魏光林寺为同一寺,至于住僧或住尼可能有所变化。所谓"尼静妃"可能与北齐皇室有关。见于记载的蓟城之内佛寺建于东魏。《日下旧闻考》记,唐会昌六年(846年)采师伦《重藏舍利记》云:东魏元象元年(538年),幽州刺史尉长命在蓟城内造寺一座,人称尉使君寺。其址在法源寺东,唐为悯忠寺。

另外,在海淀车儿营曾保存有北魏太和年间石造像一座,高达2.2米,刻工精美,是北京现存最早的石刻佛像。后曾被盗,找回后现存北京石刻博物馆。

在北朝时期,幽蓟多学者,他们不仅研究儒学,而且涉及佛、道、神仙学诸家。当然,有的是因本身便信佛。如范阳卢氏家族中有卢景裕,少

[①] 《日下旧闻考》卷一百二引《吉金贞石记》。

年时专事经学，曾携老婢居于拒马河，又避地于山中，专门注经，不会妻子随从，举凡《周易》《论语》《尚书》《礼记》《毛诗》《春秋》等，皆曾详加研注。亦曾出仕，并除国子博士，讲《易经》，从容往复，理义精微。当其在邺都时即托寓僧寺，故对佛理产生兴趣，通其大义。天竺僧道稀每作诸经论，则托景裕为之作序。事见《魏书·儒林传》。北魏孝明帝时有卢光，"性崇佛道至诚信敬"，孝明帝曾命其造浮图。[1]

二 寇谦之与北朝道教改革及燕蓟民间信仰

道教虽托始于老子，但与道家却不是一个概念。它是起于东汉末年的一种民间宗教信仰，后演变为大规模的农民起义，引起统治者的不满与警惕。所以，从曹魏到西晋，朝廷皆加以限制，并明言老子只是一位古贤，为之立庙，但在孔子之下，以儒压道。但是，曹操攻入关中时，许多五斗米教中的上层人物降于曹，所以，在曹魏政权中不可能不遗留下道教的思想成分。此后，魏、蜀、吴三国民间，虽然变换名目，仍有新的道教支派兴起。但这些派别多数是以降妖捉怪、符水治病等方式活动于下层百姓之中，因而再度引起统治者的警惕。终曹魏与西晋之世，道教一直处于原始状态，无大发展。

东晋时，葛洪、陶弘景等对道教加以改革，吸收古代服食养生的思想，为朝廷所接受，并进一步改革规范，使之官方化。

而在北朝，则有寇谦之，将道教与儒家纲常礼法相通融，也进行了大规模改革，不仅使统治者接受，一度甚至达到国教的地步。寇谦之祖籍燕蓟，他吸收了燕蓟世家的儒学传统，但又继承了幽燕古代方士神仙家的思想，对道教从理论到仪规都加以整顿，对北方道教发展做出了杰出的贡献。

寇氏为上谷大族，北朝时其族人自称上谷昌平人。然北魏、北周之世，上谷并无昌平，北周时有昌平县，属燕州，燕州治军都城，究其原因，于德源先生考证，概因东汉有寇恂，称上谷昌平人，以后冠氏迁居，并祖于寇恂，故后世出土北魏寇氏墓志皆自称上谷昌平人。寇谦之亦自称寇恂第十三代孙。寇谦之的父亲曾出仕苻秦为莱州刺史。谦之的哥哥归顺北魏，官至南雍州刺史。寇谦之好仙道，少年时即修张鲁之术。又曾随方

---

[1] 《北史》卷三十《卢同传》附《卢光传》。

士至华山、嵩山等处修习采药服食之术。自称得太上老君降临亲授大道，得服气导引及辟谷之法。又云有牧土上师者亲授大道，得服气引导及辟谷之法。又云有牧土上师者来嵩山，是汉武帝时得道的老神仙，授其《天中三真太文录》，又称《录图真经》，凡六十余卷，将道教品级、仪规、礼拜、衣冠等皆加以规范。且不论寇谦之伪托何人，但他宣传的这些新的道教理论和规范却易为常人所接受，并得到北魏太武帝拓跋焘的信任。

寇谦之首先以儒家的纲常礼法为准则，清理道教组织，宣布废除五斗米教中不合"大道清虚"的租米钱税及男女合气之术，并废除祭酒道官私署治职符契的做法。规定道民不得任意改投道官，道官也不得任意招收道民。道民需考验三年方可为弟子。他反对滥用房中术及服食仙方，认为修炼的方法主要是斋戒养生，信徒只要在家中设一祭坛，朝夕朝拜修炼，而不必以各种方术炼形。他还对道教仪规及程序作了详细规定。这些措施，使道教离神怪方术远了些，而多了些儒家的礼仪与规范，因而使统治者放心，也使常人容易接受。北魏泰常八年（423年），太武帝诏令在京师设道场，并亲临道坛，受符录，备法驾，连旗帜皆用青，以随道家之色，并改年号为太平真君，使道教成为官方正统。[①] 道武帝和寇谦之死后，道教地位虽有衰降，但每当新皇帝即位，仍尊道武帝之仪规。

从学术上说，北朝时期的燕蓟文人常把儒、道、佛联系起来研究。如前面提到的范阳卢光，家学是儒业传家，但本人笃信佛教，却又曾注《道德章句》。而在民间，除佛教、道教之外，还存在着多种信仰。当时，方士依然活跃。方士与道教的许多内容相通，其源流在燕蓟比道教要早得多，但不是以宗教组织的形式出现，而是以符录、"仙术"等个人活动于民间。此外，鲜卑人的原始信仰，如巫术、自然崇拜等亦传入该地区。鲜卑人崇信自然，如日月、星辰、山川、江海，均为祭祀之神。北魏曾在桑干河上设五岳四渎庙，春秋两祭。拓跋鲜卑祭祀仪式常用女巫，这种风气一直影响到后世的山西、河北地区。

在方士中，最著名的当为刘炅助。

刘炅助为燕郡人，"师事刘弁，好阴阳占卜，而粗疏无赖，常来去燕、恒之界，或时负贩，或复劫盗，卖术于世"[②]。可见，本是民间的普

[①] 《魏书》卷一百十四《释老志》。
[②] 《魏书》卷九十一《术艺传》。

通术士。当时魏已式微，宰相尔朱荣专权。尔朱荣加害于许多王公卿士，当时的范阳卢道虔兄弟亦在其中。刘灵助因卢氏为乡里而从中救护，免受尔朱荣之害者数十人，因而得到其他士人的支持，封公拜爵；并因参与镇压葛荣农民起义特除散骑常侍、抚军将军、幽州刺史，亦曾任幽州大中正。后来看到尔朱氏必败，因编造谶语，自号燕王，助庄帝起兵讨尔朱氏，"幽、瀛沧冀之民悉从之"[①]。后其战败被擒杀。自秦以降，刘灵助大概是方士中最显赫的一位。而幽冀民众悉从，亦反映了本地的传统风习。

---

① 《魏书》卷九十一《术艺传》。

第七章　百川汇流，有容乃大
——隋唐五代时期的幽州学术与诗文

公元581年，隋文帝杨坚代周，结束了自东汉末年以来长达三百多年的战争和分裂局面，统一了全国。炀帝时国力已经强盛，并进一步采取了许多加强国家统一的措施，拓展疆土。隋朝和秦朝一样，为时虽然短暂，但却十分重要。秦王朝结束的是先秦诸侯国之间的战事，基本上是对传统华夏族各区域的统一；隋朝结束的是南北大分裂，是南北各民族，特别是北方诸少数民族涌进汉族地区之后，在更高层次、更广范围上的统一，它是中华民族进一步融合的结果。

公元618年，唐王朝建立，到907年灭亡，长达290年。隋唐是当时世界的两条巨龙，是中国人为之骄傲的时代，也是中国封建社会的顶峰。疆域空前广大，国家空前统一，国力强盛，处处充满积极向上的活力。四夷宾服，万国来朝，不仅形成了以汉族为主兼容并蓄各民族文化的局面，而且与海外的文化交流空前活跃。尤其是唐人，对自己的文化充满自信；而对外来文化，诚如鲁迅先生所说，既有恢廓的胸襟，又有精严的抉择，从不轻言崇拜，但也决不轻言唾弃。西方的风情，东海的信息，北方的"胡气"，南亚的梵音，交相演奏，齐集中土，而又被审慎地选择与交融。在协调、融合、吸收异质文化方面，唐人做出了特殊的贡献。

继之而起的五代十国，表面上是又一次大分裂，但实际上是南北更大规模融合的新起点。

隋唐时期的幽州，表面看仍然只是一个北方的军事重镇，但却孕育着政治和文化上与中原城市，甚至与东西两都一争高下的趋势。如果以安史之乱为分界线，在此之前的隋唐幽州是中原向东北开拓和维护北国安宁的据点。而安史之乱的爆发，则预示着渔阳的阵阵鼙鼓在和中原的都城开始"叫板"，并且震撼得整个唐王朝山摇地动。这绝不是偶然的事件，也不单单是军事上的原因。早在整个北朝时期，燕蓟地区的世家大族都在源源不断地向北朝政权提供政治、学术、文化人才，具有北方其他城市（如北魏都城大同）难得的文化优势。到隋唐时，虽然已转化为维护中央统一的力量，但就本地区而言，却已锻造了自己特有的政治、文化经验。到唐末和五代初，当契丹人从草原上崛起的时候，幽燕地区普通的文人，甚至卑官小吏，即可一举而成为辽国的重臣和谋主，所依仗的便是这种特有的文化底蕴。隋唐时期的幽州文化，既有整个时代的精神，又有自己独特的内涵和视角，在隋和唐前期，它是统一国家向北方乃至整个东北亚进行文化交流和传播的要害地区。到唐朝中后期，幽州割据势力表面上与朝廷有某种相互妥协与均衡，但实际上不仅军事上尾大不掉，文化上亦自成体系。所以，在观察隋唐五代的幽州文化时，不仅要看到几支耀眼的花束，更要关注其律动与走向。隋唐文化的辉煌成就自然在这一地区有所表现，但它又有自己的特质。这种特质最终又成为整个中华民族进一步大融合的巨大动力。

第一节 隋唐时期影响幽州文化的诸因素

一 统一的王朝，豪迈的时代与幽州文化的拓展和升级

北京自古以来便是北方各民族融合的重心地带。但是，应当承认，自三代以下，直至魏晋南北朝，它既非全国的文化、政治中心，又远离国家的经济中心。尤其是经济上的匮乏，在很大程度上影响了这座城市的发展。当此之时，北京文化更多地反映了自己的个性，表现为区域性文化。而到隋唐之际，却开始改变这种局面，使北京文化有了一个很快拓展的机会。

首先，得益于大运河的修建。

隋炀帝为游乐，于大业元年（605年）修通济渠，通济渠以洛阳为中心，引谷洛二水入黄河，然后引黄入汴，又引洛入泗。泗水东南流入淮河。淮水南流又至长江，长江水通余杭（今杭州）。这样，黄河、淮河、长江直至余杭的水道皆可互通。大业四年，为征伐高丽，修大运河北段。由通济渠向西至枋头，又由枋头东入永济渠北上，经天津达于涿郡（今北京）。由此，长江、黄河、海河水系又沟通了。这条人字形的大运河，虽蜿蜒曲折四五千里，但终于将江南北国连成一气。北京是大运河的北部

顶点，自此既可通黄河中游各大都会，又可与江南地区直接交往，从此打破了幽燕区域性的局限。杜甫《后出塞》诗云：

渔阳豪侠地，击鼓吹声竽。
运帆转辽海，粳稻来东吴。
越罗与楚练，照耀舆台躯。

这里所说的不仅是经济上的相互补给，而且包括风俗文化方面的巨大变化。越罗楚练不仅丰富了幽州地区的物质生活，而且在燕地粗犷的文化习俗中凭空增添了几分细腻。有了大运河，北京就有了一条输血管，使其能够克服经济上的缺陷。有了大运河，才沟通了南北两大文化体系，使此后更大规模的民族融合成为可能。有了大运河，才有了后来北京的都城地位。唐代，大运河的功能进一步加强。从隋至唐，几次征伐高丽，皆以幽州为基地，物资、军需皆由大运河沿线漕运而来。隋唐时期，经济中心已由关中向东南江淮流域转移。这样一来，长安、洛阳等黄河中游的古老都城便失去了原来的优势。而幽州则因大运河的修通反而加强了自己的优势：东南可得江淮之利，东北可取山林之饶，西北则有驼马牛羊。经济上的交流自然也带来文化上的交流，隋唐大一统的实现为幽州文化发展拓宽了空间。

其次，是统一王朝在幽州的频繁活动，使幽燕文化又上升到一个新的层次。

隋唐初年与东北高丽的关系都非常紧张，为解决高丽的问题，隋文帝、隋炀帝、唐太宗都征伐高丽，而每次都是以幽州作为后方基地。这不仅需要大量的物资储备，而且有帝王、大臣、文武官员一齐来到幽州，并修筑宫室、携带仪仗、举行礼仪。如果说以往燕蓟文化的提高，主要是由本地文化人在朝廷做官或外地官员来幽燕任职而间接推进，到隋唐之时，则由于朝廷在该地区的大规模频繁活动而直接推动。这使幽州的普通平民百姓也能见到"大世面"，从而使整个地区的文化有个全面的提升。

609 年，即在永济渠开凿的第二年，隋炀帝以闫毗于涿郡建临朔宫准备征辽。闫毗本是北周贵族，开皇末以受废太子杨勇牵连没为奴。炀帝即位复起用。闫毗不仅善于技艺巧思，且专擅经史，他以戴罪之身侍奉炀帝，很懂得帝王心理，故所造宫室，穷尽奢华，大约用了两年时间造临朔宫。这是一所带有宫城性质的行宫，其规模宏大，宫室殿宇，无不毕至，珍奇异宝，皆藏其中。大业七年（611年）二月，隋炀帝率文武官员及随从宫掖约十万人自江都出发，沿运河而上，四月到达涿郡。继之，又运衣甲帐幕、军用物资，舳舻相次千余里。隋炀帝又于桑干河（今永定河）上筑坛祭天，于临朔宫怀荒殿斋戒，又于蓟城之北祭马祖。出兵之日，隋炀帝亲自节度，每日发一军，二十四日方陆续发毕，大军连亘一千四百里。这种大规模的朝廷礼仪、国家军容，自然震撼着整个蓟城。此后，又在大业九年、大业十年再度以同样的形式自蓟城出发征辽。这对蓟城军民来说，是一次又一次的礼仪、制度、文化的演习。

唐代，再次征伐高丽，仍以幽州为基地。唐太宗李世民亲征辽东，往返亦皆经幽州。贞观十九年（645年）二月，唐太宗誓师于幽州城南，大飨三军，而后发兵。此次征伐虽然有所损失，但亦有胜利。唐太宗将一万多所俘高丽百姓，妥当地安置在幽州定居，归来时受到幽州百姓的热烈欢迎，不仅是本地军民，就连安置于幽州的高丽人亦"拜舞呼号，尘埃弥望"。唐太宗还在幽州建大型佛刹悯忠寺，以悼念征辽过程中阵亡的将士。如果说，隋炀帝来幽州，给幽州带来的印象既有朝廷的威严但又有暴君的严酷与奢华；而唐太宗让幽州百姓所看到的则是一代明君爱兵、爱民和大唐威武雄壮的气象。这对于强化维护国家统一、民族和睦的观念大有裨益。统一的王朝、兴旺的国家、昂扬向上的时代，激发着国人奋发有为的精神，带给幽州新的活力。

在统一的国家中，有大批高级官员和著名文人来到幽州，他们为本地区带来各地的文化信息和更高的文化素养。

武则天时期，营州契丹叛乱，平叛时，著名诗人陈子昂为武攸宜参谋，随军而来，写下了《登幽州台歌》的著名诗篇。平叛后，唐代名臣狄仁杰来幽州安抚百姓，不久又被任命为幽州都督。名将薛仁贵之子薛纳曾为幽州首任节度使。后来继任者有裴怀古、孙佺、宋璟等。陈子昂、张九龄等还对幽州边陲形势建言上策，构著宏文。陈子昂有《上军国机要事》，论边防用人之情况，言词恳切，切中时弊。张九龄有《敕幽州节度张守珪书》《敕契丹王琚埒可突干》等书，文体流畅，褒贬有度。

唐代幽州涌现出许多著名诗人，如唐初四杰之一的卢照邻，武则天时期的张说，幽州节镇辖境内的渤海人高适，范阳诗人卢从愿、卢仝、贾岛等，都是享誉全国的大文学家。除本地诗人外，外地诗人和学者也有许多著名人物来到幽州，并留诗篇和著作。除陈子昂外，还有祖咏、王之涣、孟浩然、李白、杜甫、张籍、李益等，皆曾来幽州，或为官，或游历，都留下了自己的佳作。大批外地官员和文人来到幽州，对当地文化无疑会产生重大影响，这使向来以持重、浑厚、质朴、粗犷而见长的文化风气中，又增加了许多绚丽、优雅的色彩。《隋书·地理志》说："自古言勇侠者多出幽并，然涿郡前代以来多文雅之士。"而到唐代幽州的文雅之士便更多了。幽州重武，但又不轻文，这种特殊的文化优势为它后来的发展奠定了良好的基础。

二　门阀世族的衰落与幽州文人的困境及心理调整

隋唐时期的幽州，不仅受到整个时代的影响，而且有自己独立的传统与特征。这便是门阀世家的文化底蕴。

在魏晋南北朝的三百年间，燕蓟地区以世家大族为中心，锻炼出一大批文化人。特别是北朝时期，燕蓟世家简直成了历代朝廷的人才库。他们往往祖孙相继，兄弟比肩，以深厚的家学渊源而成为朝廷重臣。他们多以儒学见称，但又不是寻章摘句的腐儒，而是以经世致用、质朴练达参与朝廷政治。且不说范阳卢氏独霸一方的文化优势，即使如祖氏这种以多种才艺见称的家族，也往往因一技之长而见重于朝廷。至于像张华、郦道元这样博学多才的人物更是举世闻名。当时燕蓟地区的文化家族不仅在范阳，而且在蓟城、无终、上谷，皆有其类。北朝时期政治中心仍在西部，朝廷人才自然来自北方各地，但像燕蓟这样文化人集中的情况，北方其他地区却略逊一筹。那是一个燕蓟文化长足进步和大领风骚的时期。

进入隋唐之后，情况逐步发生变化。此时，门阀世族已开始衰落，加之科举制度的建立，使许多庶族地主登上了历史舞台，逐渐取代门阀地主成为历史的主角。而唐代科举制度又是在全国大统一的情况下建立的，既讲北方的务实之风，又吸收了南方文化细腻的特点，主张张扬个性，尤其是重于词章。这种变化，不仅大大降低了幽燕世族文人的优势，而且在文化习尚方面也一时难以适应。在隋唐时期，尽管他们也做了种种努力，也出现了一些杰出的人才，但大多遭遇坎坷。

范阳卢贲，其父卢光为周燕国公，本人不仅涉文史而且颇解音律。杨坚代周，卢贲对仪仗、礼仪方面多所创建"其青龙、驺虞、朱雀、玄武、千秋、万岁之旗皆贲所创也"①。隋乃以为散骑常侍,兼太子庶子,左领军、右将军,复进为太常卿。当时,"古乐宫悬七八,损益不同,历代通儒无所定准"。卢贲上表,历述各代典章依据,乃与杨庆和共同删定周齐音律以定隋律。然而,卢贲却依北朝旧习,志在爵位权势而与朝臣不睦,因而屡遭贬抑。太子为刘贲说情,杨坚说:"此等皆反覆子也","当周宣帝时,以无赖得幸,及帝大渐……此辈行诈,顾命于我。我将为治,又欲乱之"②。这几句话确实道出了某些实情。北朝后期,政权交替,树新主为自己作为发迹的台阶是大臣们经常的做法,但在国家空前统一的情况下却悖逆了潮流。于是,刘贲从京官贬为州官,但仍自述功绩,终削为民,卒于家。隋初还有卢恺,开皇初位至尚书左丞。文帝亲考百官,以恺为上,拜礼部尚书,兼吏部尚书事。但结党勾连,以官职为私惠,同样被除名为民。又有卢思道,文思敏捷,周文宣帝崩,朝廷文士作挽歌,连魏收、阳休之等名家亦不过得一二首,卢思道成八首,时人称其为"八米卢郎"。至隋,为相国,又迁武阳太守,非其所好,乃作《孤鸿赋》以寄其情。此赋气势磅礴,文辞华丽,声情并茂,故《隋书》载其全文。其赋中之词云:"唯此孤鸿,擅奇羽虫,实禀清商之气,远生辽碣之东。"一开始便衬托出文人清高却不得志的气氛。继而写"壮冰云厚,矫翅排空"的不平凡经历,以及"摩赤霄以凌厉,乘丹气之威夷"的得意时刻。但是,好景不长,突然陷罗人之网"始则窘束笼樊,忧惮刀俎",继之,虽未遭杀戮,却被"驯狎园庭"。由周至隋,卢思道感到很大的落差,在朝为官,认为是"匹晨鸡共饮",与"野凫同膳"。作为年历久远的世家后裔,卢思道对那些庶族新贵视同鸡凫,明显地反映出其思想文化上的不适应。如果说,卢贲、卢恺是因窥视权力和结党树私而被排挤出朝廷,卢思道则完全是由于新形势下文化的变革而不能适应。

随着历史的进展,幽燕世家的困境更甚。燕荣是著名的酷吏,他任幽州总管时,常"鞭笞左右,动至数千,血流盈前","范阳卢氏,代为著姓,荣皆署为吏卒以屈辱之"③。此时的卢氏家族,较之思道辈则更为难堪了。

---

① 《隋书》卷三十八《刘贲传》。
② 同上。
③ 《隋书》卷七十四《燕荣传》。

然而，幽燕人向来多机变和适应能力。面对新的形势，他们不久便对自己的心态作了调整。卢思道的孙子卢承庆于唐贞观初为秦州督都府护曹参军，地位尚不显赫。后来渐入朝班，为户部侍郎，太宗问历代户口之数，承庆自夏殷以至隋，所答如流，皆有所据。唐太宗嗟其学问渊博，令兼兵部检校侍郎，负责人才选拔之事。这本来是一个升迁和培养个人势力的机会，卢承庆却说："选捡人事之职责在尚书，由我兼管岂不是越权吗？"太宗说："我信任你，你自己反而不自信吗？"其实，卢承庆不是不自信，而是吸收了祖辈的教训，不再以世家自居，恃才傲物，直到高宗时，卢承庆才升为较高的官吏，为光禄大夫，代度支尚书，同中书门下三品。后来又代刑部尚书。以老请致仕，死前一再叮嘱家人，说他死后要殓以常服，坟墓不需广大，随葬品有些漆器、瓷器便可以了。并特别说明其碑铭"但记官号、年代，不需广事文辞"[①]。这与卢贲的邀功和卢思道"孤鸿难鸣"的情绪截然不同，而是明显地自觉收敛。所以当安史之乱爆发时，幽州世家大族仅仅个别人卷入其中，大多数人并不从叛，而是成为维护国家统一的力量。这得益于他们的思想调整。

隋唐时期的幽州主官向来多武人，安史之乱后更是节度使频繁更替，动乱不已。但也有治理较好、时局较平稳的阶段，仍得益于汉族地主阶级这种忠君忠国的文化思想。刘怦家族和张仲武便是例证。

刘怦为幽州昌平人，与朱滔为姑表之亲。朱滔叛乱，刘怦致书，劝其不要背叛朝廷，书中说："司徒位崇太尉，尊居宰相，恩崇冠藩臣之右，荣遇极矣。今昌平故里，朝廷改为太尉乡、司徒里，此亦大夫不朽之名也。但以忠顺自恃，则事无不济。窃思近日，务大乐战，不顾成败，而家灭身屠者，安史是也。暴乱易亡，今复保有？"[②] 刘怦的这番话，可以说是情理并重，而且以史为览鉴，言辞恳切。朱滔虽不纳其谏，但嘉其尽言，仍以其为留后。朱滔失败，刘怦不以成败而废亲戚、主从之理，仍然列队相迎，人皆赞其忠义。朱滔卒，唐朝授刘怦为幽州大都督府长吏，兼御史大夫、幽州平卢节度副大使、知节度事、管内营田观察、押奚契丹、经略卢龙使。死后赠兵部尚书。

刘怦之子刘济继父位任幽州节度使。时乌桓、鲜卑寇边，刘济深入敌

[①] 《旧唐书》卷八十一《卢承庆传》。
[②] 《旧唐书》卷一百四十三《刘怦传》。

后千余里以击之，自此东北边境安定。贞元中，各地方镇益为骄纵，唯刘济谨遵父训，对朝廷最务恭顺。唐德宗嘉其精神，加同中书门下平章事。元和初又兼侍中。助朝廷讨王承宗，率先击破。刘济在幽州二十多年，使该地区获得难得的稳定。刘济次子刘总性阴险，不类乃祖乃父，且以争权杀刘济及其兄刘琨，但仍归顺唐廷。后以杀父兄心不自安，梦寝中亦觉父兄谴责，晚年信佛，请削发为僧。出家前还上书朝廷，愿述先人之志，整顿北方军阀骄横不法的风气，提出许多切合实际的建议，可惜唐宪宗不纳其谋。像刘总这样阴毒之人，最后仍以朝廷大局为念，不能不说是其家族文化传统潜移默化的结果。刘氏家族一直延续到后代，由辽至金，多出文臣谋士，颇能代表幽燕主流文化传统。

再一个例子是张仲武。张仲武是范阳人，从范阳风气，少业《左氏春秋》。而幽州向以武功为尚，乃投笔为蓟北雄武军使。时蓟北军阀相互残杀，张仲武请以本军讨叛，皇上问是怎么回事，张仲武的使者说，那些进行叛乱、相互杀戮的军阀都是外地的"游客"，而张仲武的父亲是幽燕旧将，张仲武并且通晓儒学，老于戎事，"性抱忠义，愿归心阙廷"。朝廷重臣李德裕又从中支持，乃以张仲武为幽州节度副大使及幽州大都督府长吏。时回纥东逼渔阳，仲武遣其弟率兵大破，收回纥王公贵族千余人，降者三万，获牛马、物资不计其数。唐朝以功加其为检校兵部尚书，回纥自此不敢近边。表请于蓟北立《纪圣功铭》，李德裕亲自为文。后张仲武对奚、契丹的防御亦多有功，乃历官至司徒、中书门下平章事。范阳张氏家族中还有张充伸、张公素等，亦多为朝廷立战功。在幽州历代军阀向来尾大不掉，傲视朝廷的情况下，刘怦、张仲武等能以国家安危为重，恭顺朝旨，确实难得。故《旧唐书》评曰："彼幽州者，列九围之一，地方千里而遥，其民刚强，厥田沃垠。远则慕田光、荆卿之义，近则染禄山、思明之风。二百余年，自相崇树……习苦亡非，尾大不掉，非一朝一夕之故也。""若……张仲武、张充伸因利乘便，获领旌旗，以仁守之，恭顺朝旨，亦足多也。"① 这几句话，确实切中要害。一些史家论唐代幽州，多看到其分裂倾向，对其维护统一的主流传统估计不足。其实燕蓟虽尚豪侠，但又多重义气，尤其是自北朝之后，儒学显著。幽燕之儒者不同于南方，也不同于关中士人。特别是到隋唐，南方儒者多承袭南朝玄风；而中

---

① 《旧唐书》卷一百八十《张仲武、张充伸传》。

原学者，于安史之乱后心理忧郁，多援佛入儒。这些倾向虽然为儒学增添了深邃的哲理，为此后宋代理学奠定了基础，但也增加了自身的禁锢。幽燕学者则不然，他们的儒学向来是为入世、治国、建功立业服务的。习儒，但既不排斥武功，更要吸收法家、道家等多种学问以及音律、历象等技艺。总之，什么有用便学什么。这种传统使他们充满活力。后世学者研究宋、辽、金史，多以为辽、金是以军事优势而制胜，幽燕亦以武辅助辽、金。其实，辽、金之强大（包括后来的元和清），与吸收幽燕学者的这种颇具活力的思想传统有很大的关系。而唐代，正是这种传统进一步锻造时期。如何在时局动荡、多种冲突、风云多变的情况下，仍以深邃、浑厚的文化影响社会，一直是幽州的学术特点。

三 宽松的政策，特殊的环境，使幽州民族文化的融合继续加深

隋唐是统一的多民族大家庭。杨隋与李唐这两个贵族集团本身便流淌着少数民族的血液，是胡汉交融的产物。隋文章杨坚的皇后和唐太宗的母亲都是汉化的鲜卑人。唐太宗的妹妹和女儿，都曾嫁给鲜卑贵族，南北朝之后，许多入主中原的"五胡"上层人物都已经汉化，他们许多人在隋唐为官，成为中原地主阶级的组成部分。这种情况使国人淡化了"华夷有别"的意识。加之隋唐对边疆民族实行相当宽松的民族政策，怀柔徕远，使各民族文化更大规模地相互交融。而幽州地区由于特殊的地理与民族环境，在民族文化的交融中更扮演着特殊的角色。隋唐早期主要是与突厥的关系紧张，当时的幽州虽然与北方其他军镇共同防御北边，但位置还不十分突出。随着高丽的问题的凸显，隋唐一次次大规模征辽，每次均借助北方少数民族的军事力量，从而使幽州地区长期驻扎大量少数民族军队。为安抚北方民族，许多归顺唐朝中央的少数民族的普通百姓也大举内迁。到唐朝中后期，契丹与奚两番崛起，东北的民族关系更为紧张，幽州遂成为北方各军镇中首屈一指的重要节镇。安禄山时，同时领幽州、卢龙、河东三大节度使，其军事力量足以与朝廷抗衡，所以才爆发了安史之乱。而在安史之乱中，北方民族又乘中原内乱之机大规模进入幽州地区。叛乱平定后中央虽然基本控制了幽州形势，但当地藩镇又相互攻击、残杀，仍然多借助北方民族力量，有的节度使本身就是少数民族。在这种环境中，固然有民族冲突和矛盾，但也产生更深度的民族交流与融合。从文化习尚来说，幽州较其他地区有更多的"胡气"。而北方民族由于深入中

原内地，对中原的礼仪、文化、制度亦更深入地学习，幽州同时又成为中原文化向北方传播的枢纽。

隋唐时期居住在幽州的少数民族数量是相当可观的。唐太宗征高丽，将所俘高丽民一万四千余口均集于幽州。太宗怜其父子夫妻离散，命有司平其值，悉以钱赎断。高丽俘民十分感激，唐太宗返回幽州时，这一万多人与幽州百姓一起拜舞山呼，夹道迎接。唐初太宗平突厥后即设"羁縻州县"，但多在外地，以少数民族之首领任都督或刺史。武则天太平通天年间，平定营州契丹叛乱后，将许多羁縻州县迁往内地，以便管理，其中置于幽州者最多。这些少数民族的首领居住于幽州，自然带来其兵丁、部将、家属及部分其他部族成员。见于记载的幽州地区羁縻州县有：

突厥州二：

①顺州，原治营州，后迁于幽州城中。

②瑞州，原在营州，后迁于幽州良乡广阳城。

奚族州三：

①鲜州，侨治潞县之古县城（今通州境）。

②崇州，与鲜州同治潞县古城。

③归义州，本为奚族侨治州，开元中以契丹降部五千帐（相当户）复置。

契丹州，在幽州者有八：

①玄州，侨治范阳鲁泊村。

②威州，原置塞外，后迁于良乡石窟堡。

③昌州，原在营州，后迁于幽州安次境内。

④师州，以契丹、室韦合置，在良乡东闾城。

⑤带州，侨治昌平清水店。

⑥归州归化部，在怀柔。

⑦信州，侨治范阳境内。

⑧青山州，在范阳之水门村。

靺鞨州三：

①慎州，侨治良乡。

②夷宾州，侨治良乡广阳城。

③黎州，侨治良乡都乡城。

以上在幽州的突厥、奚族、室韦、契丹、靺鞨等族的羁縻州共十六，其下还有侨治县数量不等,[①] 广及幽州南北。侨治县的建立,不仅带来了北方民族的文化生活,也使中原的州县制度传播到北方。辽代将幽燕汉族俘奴集中,置"头下州县"即仿于此。这已经不是一般的文化效仿,而是深入中原制度文化的更深层次。

武则天以后,幽州民族文化融合的深化还有一个重要表现,便是藩将开始做幽州的主官。这表明,这些藩将对中原文化了解很深。他们既熟悉少数民族情况,又通晓汉族文化,既能带兵打仗,又有一定的文化素养。应当说,这是幽州在培养少数民族人才方面做出的特殊贡献。

幽州的第一位藩将主官是李多祚。李多祚是靺鞨族人,其家族世代为靺鞨酋长,英勇善战,以功历任唐右羽林军大将军。武则天长安二年,任幽州都督。

当然,在唐代幽州权力最大的主官还是安禄山。安禄山本营州柳城人,其父为胡人,其母则是突厥巫师,以卜为业。其父早逝,安禄山随母在突厥人当中生活,其母又嫁突厥将军安波至之兄为妻。后逃出突厥,及长,为互市牙郎,通六国番语。后被幽州节度使张守珪收为养子。玄宗时得到宠信,兼幽州、卢龙、河东三大节度使。从安禄山的经历看,其所以得到玄宗的信任,不仅因军功显著,而且由于他通晓番汉双方的情况和文化。安禄山能作胡旋舞,在唐玄宗前献舞,旋转如风。当他准备反叛之前即引用大量汉人为幕僚,并以之留居西京为耳目。而安禄山的妻子康氏却是汉人。还有劝安禄山反叛的高尚,是幽州雍奴人,而且"颇笃学,尚及辞"。在军中,安禄山召高尚等饮宴,禄山亲自歌唱助酒。可见安禄山集团是一个胡汉结合的阴谋集团。

安史叛乱中另一名主将史思明也是杂胡。

安史之乱后,任幽州节度使的仍有少数民族。如李怀仙,便是胡人,其家族世事契丹,曾参与安史之乱。安史败,转而归唐,唐代宗授之为幽州卢龙等军节度使。而与幽州节度使朱滔相互攻击的李宝臣则是"范阳城旁奚族也"[②]。

少数民族上层人物任幽州主官,自然带来更多的北方民族文化因素,也说明幽州地区文化融合的进一步深入。

[①] 《新唐书》卷四十三《地理志》。
[②] 《旧唐书》卷一百四十二《李宝臣传》。

第二节　幽州的诗人与诗人笔下的幽州

唐代诗歌是中国文学史上绚丽的华章，也是世界文学史上最宝贵的财富。其诗人数量之多、作品数量之大、题材范围之广泛、艺术风格之多样，可说是超迈古今。唐人的诗歌充满了时代的激情和昂扬向上的精神，留下许多千古绝唱，警示、鼓舞、熏陶着一代代后人。而这种风气自隋已露端倪，至五代仍留余韵。所以，整个隋唐五代，文章固有鸿篇佳作，而诗歌的成就尤为突出。

幽燕向来被称为粗犷少文之地，但在北朝时期已文人辈出，改变了这种局面。不过，在文学风格上仍偏于质朴浑厚。隋唐南北统一，使南方的幽婉绮丽同样影响到幽州。加之幽州佛教盛行，许多诗人更增添了思辨和哲理。所以，在整个隋唐诗歌的成就中，幽州诗人做出了杰出的贡献。同时，由于幽州在隋唐的许多时期都处于政治、军事、民族矛盾的前沿地带，边塞的风情、激烈的战事、国家的安危，牵动着许多诗人的心，因而许多外来著名诗人也留下了大量佳作。

关于唐代文学，王岗先生在为《北京通史》隋唐五代卷作者向燕先生代写文化一章时，描述甚详，且语言畅丽，评判中肯，读者可以参阅。我们在第一节也曾谈到这些文人的事迹及作品。所以，此处仅以诗歌为重点而看幽州文化之一斑。

一　隋朝与唐初的幽州诗人

隋朝对于诗歌是一个承前启后的时期。南北朝时国家长期分裂，南北文学风格有很大不同，一般说，"江左宫商发越，贵乎清绮；河朔词义贞刚，重乎气质"[1]。隋朝统一后注意网罗人才，南北文人得以相互学习，取长补短。不过总的来说，南方诗人仍多重词藻，所以文学评论家认为，真正有成就、可称道的还是北方诗人卢思道、杨素和薛道衡。其中范阳卢思道又在杨、薛之上。

卢思道（约530—582年），字子行，幽州范阳人。其生平及文章前节已有所述。卢思道仕北齐、北周、隋三代，经历坎坷，入隋不久便去世

---

[1] 《北史·文苑传序》。

了，但其诗作对隋朝的影响却很大。卢思道所处的北朝末年多战乱，故曾写《从军行》，为其代表作。诗中写妻子与丈夫的离别与思念及边塞的风情，语言流畅清丽，感情真挚而苍凉，句法多用对偶，是早期七言诗的风格。卢思道虽早年名动一时，但常有怀才不遇之感，这在他的《孤鸿赋》《劳生论》中表现得很充分。在他的诗歌中也明显反映了这种心态。如《听鸣蝉篇》便是这种心境的代表之作。他先写蝉的悲凉，"轻身蔽数叶，哀鸣抱一枝。流乱罢还续，酸伤合更离"。这实际上犹如诗人自身的孤苦无助。继之，写境遇的艰难无奈，"一夕复一朝，坐见凉秋月。河流带地从来险，峭路干天不可越"。在这种情况下，诗人终于还是想起了故乡，想起了泉林，"归去来，青山下，秋菊离离日堪把，独焚枯鱼宴林野，终成独校子云书，何云还驱少游马"。此诗意境虽然苍凉，但并不灰暗，字里行间依然透露出抱负与锋芒。卢思道晚年心境更加悲凄，常借怀古而抒发自己的心境，他过张良墓，颇为感慨，写下《春夕行经留侯墓》，诗曰：

……
夕风吟宰树，迟光落下春。
遂令怀古客，挥泪独无踪。
……

这"夕风""迟光""下春"，连续给人以悲凉的情思。但怀念的却是一代贤相的丰功伟绩，凄楚，但并非颓废。这便是卢思道的风格。

唐初的诗风甚盛，仍是新旧交替的特点。太宗广揽文士，自己也亲自作诗，他的诗受南朝宫体诗影响甚多，故而影响了不少人也来作宫体诗。虽然也有像魏征那样展示开阔胸襟和豪迈志向的《述怀诗》，但为数甚少。大多数人追求技巧，辞藻讲"六对"，诗句论"八对"，多追求形式美。在这种形势下，出现了一批完全创新的诗人，他们很少受宫体诗的束缚，力求开拓新的题材和诗风。其中，最著称者即"初唐四杰"：王勃、杨炯、卢照邻、骆宾王。其中的卢照邻又出自范阳卢氏，是"四杰"中年龄最长的一位，活了五十多岁。

卢照邻（约635—689年），字昇之，号幽忧子，幽州范阳人。初仕唐邓王府典签，又任益州新都县尉，后因得麻风病而投水自尽。卢照邻一生仕途并不显赫，但所到之处甚广，除在京师长安和在中原为官外，曾游历蜀地，还曾谪戍西边。这些经历不仅开拓了诗人的视野，也使他深思，懂得了人生的哲理。卢照邻擅长七言诗行，其《长安古意》为其代表作。诗中揭示了贵族骄奢淫荡的生活，描述了都市的喧闹繁华，但到头来还要走向幻灭。但普通的人生却是真实美好的，"成得比目何辞死，愿作鸳鸯不羡仙"。卢照邻出身于世家大族，但唐王朝新兴地主阶层打破了旧的家族关系。诗人不抱残守缺，与唐初的卢思道大有不同，颇能认识新的形势，"楼上相望不相知，陌上相逢讵相识"，只要志同道合，何论家族姻亲？从这首长诗看出，诗人既发掘人生哲理，又饱含着新时代的激情。

卢照邻对故乡怀着深深的情感，常写诗以寄思乡之情。其代表作如《送幽州陈参军赴任寄呈乡曲父老》，便饱含了对故乡山水与乡亲的思恋。诗云："蓟北三千里，关西二十年。冯唐犹在汉，乐毅不归燕。人同黄鹤远，乡共白云连。郭隗池台处，昭王尊酒前。故人当已老，旧壑几成田。红颜如昨日，衰鬓似秋天。""塞云初上雁，庭树欲销蝉。送君之旧国，挥泪独潸然。"诗中从故乡古人到今朝乡里，由当年知己到渠壑田园，点点滴滴，处处透露出真挚的情感。其中"人同黄鹤远，乡共白云连"，不仅有丰富的想象力，而且是画龙点睛之笔。

唐初诗人虽不如李杜那样的大师成就辉煌，但具有开创一代诗风的重任。卢照邻的诗，特别是边塞诗，苍凉大气，充满激情，已有盛唐风范。

隋朝和唐初诗人阵容自然远不如盛唐时期壮大，而隋初三秀，初唐四杰，幽州便均有其人，说明在告别旧时代，开创新诗格局上幽州具有特殊的优势和贡献。

二 盛唐诗坛的幽州诗人

从唐太宗，经武则天，到玄宗开元年间，国力日渐强盛，经济繁荣，出现了"开元盛世"。社会经济的发展促进了文化的兴盛，唐代的诗歌也达到顶峰。李白、杜甫、王维等著名诗人写下了光耀千古的篇章。安史之乱后，朝廷的军事、政治力量虽急骤衰降，但在诗坛上盛唐余风仍在继续。所以，严格地说，唐朝诗歌的兴盛应一直延续到中唐的元、白之时。

由于大量优秀诗人的出现，盛唐的幽州诗人不如隋和唐初地位显赫，但也不乏值得称道的佼佼者。其中最著名的有张说、高适、贾岛等。

张说（667—730年），字道济、说之，其先自幽州范阳徙河南，本人实际生活在洛阳，但继承了幽燕的学风，所以仍应算幽州诗人。武则天时策贤良方正，张说所对第一，授太子校书郎，迁左补阙。后因与幸臣张易之有矛盾，流钦州。中宗即位，召为兵部员外郎，迁工部、兵部侍郎，因母丧而罢，终丧礼，世人高之。睿宗时为中书侍郎，兼雍州长吏，并曾以右羽林将军检校幽州都督，时刻不忘职责，入朝以戎服见，睿宗大喜。又曾为朔方节度大使，亲行五城，督士马，多立战功，因而为右丞相，复迁左丞相，并在集贤院专修国史。[①] 较之幽州的其他诗人，张说的经历可以说是相当顺畅的。

戍守边关，建功立业，保家卫国，是盛唐文人时尚，所以边塞诗就成为诗歌中的重要内容。张说就是重要的边塞诗人之一。他在《巡边河北作二首》中写道：

> 去年六月西河西，今年六月北河北。
> 沙场碛路何为尔，重气轻生知许国。
> 人生在世能几时，壮年征战发如丝。
> 会待安边报明主，作颂封山也未迟。

又有《巡边在河北作》云：

> 抚剑空馀勇，弯弧遂无力。
> 老去事如何，据鞍长叹息。
> 故交索将尽，后进稀相识。
> 独怜半死心，尚有寒松直。

后者虽是晚年之作，但为国捐躯，老骥伏枥的英雄气概不减当年，颇具幽燕重义轻生的侠气。

张说直接写幽州的诗既壮观又绮丽，如《幽州新岁作》云：

> 去岁荆南梅似雪，今年蓟北雪似梅。
> 共知人事何常定，且喜年华去复来。

[①] 《新唐书》卷一百二十五《张说传》。

> 边镇戍歌连夜动,京城燎火彻明开。
> 遥遥西向长安日,愿上南山寿一杯。

诗词前两句,生动地描绘出南北风光的不同,诗词的后半部分表现了诗人的豁达开朗。又有《幽州夜饮》诗,则是描写边塞的悲凉和诗人报效国家的赤胆忠心。诗曰:

> 凉风吹夜雨,萧瑟动寒林。
> 正有高堂宴,能忘迟暮心?
> 军中宜舞剑,塞上重笳音。
> 不作边城将,谁知恩遇深!

把戍守边关看作朝廷对自己的信任和恩遇,这正是一代武将的风范。故《新唐书》评张说为人"敦气节,立然许,喜推藉后进,于君臣朋友大义甚笃"。诚如是也。

唐代最有成就的边塞诗人是高适和岑参,二者齐名,高适又是幽燕之人。

高适(704—765年)为幽州节镇辖境渤海蓨(今河北沧州)人。曾历任淮南节度、成都尹及剑南四川节度使等职。后因仕途不顺北上蓟门,想找一个在边塞建功立业的机会。这种愿望虽未能实现,但漫游燕赵,亲睹北方战争和士卒、将帅的生活,为他的诗歌创作找到了丰富的内容。高适的边塞诗笔势豪健、雄浑、质朴,其代表作便是著名的《燕歌行》:

> 汉家烟尘在东北,汉将辞家破残贼。
> 男儿本自重横行,天子非常赐颜色。
> 摐金伐鼓下榆关,旌旗逶迤碣石间。
> 校尉羽书飞瀚海,单于猎火照狼烟。
> 山川萧条极边土,胡骑凭陵杂风雨。
> 战士军前半死生,美人帐下犹歌舞。
> 大漠穷秋塞草腓,孤城落日斗兵稀。
> 身当恩遇常轻敌,力尽关山未解围。
> 铁衣远戍辛勤久,玉箸应啼别离后。

少妇南城欲断肠，征人蓟北空回首。
边庭飘飖那可度，绝域苍茫更何有。
杀气三时作阵云，寒声一夜传刁斗。
相看白刃血纷纷，死节从来岂顾勋。
君不见沙场征战苦，至今犹忆李将军。

表面看这首诗并无特殊的巧思奇句，但把燕北的民族环境、自然景色，紧张激烈的战斗气氛，士卒战斗过程中的心理变化，合理有序地融合一起，气势磅礴，扣人心弦，将士们不计功勋，赤胆忠心报效国家的豪迈气概跃然纸上。这正是高适作品的可贵之处。

高适还有《蓟门行五首》，专写幽州人尚武卫边的风习和气概，情景交融，生动激越。其三曰：

边城十一月，雨雪乱霏霏。
元戎号令严，人马亦轻肥。
羌胡无尽日，征战几时归。

其四曰：

幽州多骑射，结发重横行。
一朝事将军，出入有声名。
纷纷猎秋草，相向角弓鸣。

高适的诗很少有意雕琢修饰，而是通过生动的写实，自然而然地调动起读者的情绪，这正说明诗人的功力。

如果说，唐初和盛唐的张说、高适等诗人依然表现了幽州质朴、厚重的传统风格，到中唐时，幽州诗风又加入了新的因素，开始出现注重辞章、字句，增添了更多韵味。其代表便是贾岛。

贾岛（779—843年），字阆仙，范阳人。早年曾投入空门，法号无本。后还俗习文，举进士而屡考不中，一生不得志，乃漂泊各地，所以见多识广。由于特殊的经历，使他既承袭了幽蓟文化传统，但又从佛学中吸收了思辨的成分，同时又融入南方文人的细腻。所以，贾岛的诗与其他幽

州诗人很不相同,特别精心推敲字句。现略举一二为证。其《送友人游塞》云:

> 飘蓬多塞下,君见益潸然。
> 迥碛沙衔日,长河水接天。
> 夜泉行客火,晓戍向京烟。
> 少结相思恨,佳期芳草前。

同样是边塞,但字词斟酌,多了许多清丽。又有《上谷旅夜》诗,同样是思乡,但与卢照邻的思乡之作也大有不同。其诗云:

> 世难那堪恨旅游,龙钟更是对穷秋。
> 故园千里数行泪,邻杵一声终夜愁。
> 月到寒窗空皓晶,风翻落叶更飕飀。
> 此心不向常人说,倚识平津万户侯。

此诗字字推敲,句句工整,但却多了许多寥落之音。

三 外地诗人笔下的幽州

如前节所述,幽州雄奇的边塞风光,激烈的政治、军事斗争及特殊的民族环境,引来不少朝廷官员和文人墨客,并留下了许多千古佳作。这些作品,既为幽州文化的提升增添了助力,也为我们了解唐代幽州情况提供了很好的素材。这些作品,大体也有早中晚期的不同特点。一般说,盛唐和早期诗人如陈子昂、王之焕、李白、杜甫等人,多写幽州的壮丽山河、古迹风物,反映幽燕豪迈壮丽的一面;而后期则写下了幽州的动荡与苦难。

唐朝前期的诗人陈子昂(659—700年),是武则天时人,官至右拾遗,是当时影响较大的诗人之一。他的《登幽州台歌》被称为"千古绝唱"。诗云:"前不见古人,后不见来者。念天地之悠悠,独怆然而涕下。"诗人纵览历史,慷慨悲歌,心与宇宙混融,发出积极向上的洪钟巨响。只有幽州这个悲壮的大舞台才能激起诗人如此宏大的波澜,也只有诗人阔大的胸襟才能发出这样豪壮的感慨。陈子昂还写下了《蓟丘览古籍赠卢藏居士藏用》，共七首，从燕昭王到太子丹、田光先生、邹衍、郭隗等一一怀述，由古人的事迹，思今人的壮举，这大概可以作《登幽州台歌》写作思路的注解。其中第二首为《燕昭王》，诗云："南登碣石坂，遥望黄金台。丘陵尽吞木，昭王安在哉。霸图怅已矣，驱马复功来。"诗人怀念着幽燕古时的英杰，实际是希冀盛唐有宏图霸业。充满着时代的自信。陈子昂对幽燕人的慷慨豪迈之风颇为感动，他在《感遇诗三十八首》中的第三十四首即是描写这方面的内容："朔风吹海树，萧条边已秋。亭上谁家子，哀哀明月楼。自言幽燕客，结发事远游。赤丸杀公吏，白刃报私仇。避仇至海上，被役此边州。故乡三千里，辽水复悠悠。每愤胡兵入，常为汉国羞。何知七十战，白首未封侯。"幽燕壮士的侠义与胆气给诗人以力量。

此外，还有王之焕、孟浩然、祖咏等也都留下了描写幽州风光、人事的诗作。

最值得一书的当然是诗仙李白的大作。

李白曾游幽州，他对幽州的描写内容十分丰富：有侠士，有官员，有将士，有边塞战事，也有渤碣风情与山水风光。

如《幽州胡马客》写侠客："幽州胡马客，绿眼虎皮冠。笑拂两支箭，万人不可干。弯弓若转月，白雁落云端。双双掉鞭行，游猎向楼兰。出门不顾后，报国死何难。……白刃洒赤血，流沙为之丹。名将古谁是，疲兵良可叹。何时天狼灭，父子得安闲。"诗中侠客的音容笑貌，豪壮刚烈，忠心赤胆，使读者如临其境，如观其人。李白还写下了幽州地区民族间激烈的斗争和战争。至于对幽燕风光的描写，更发挥了他特有的想象力和神来之笔，如"燕山雪花大如席，片片吹落轩辕台"，便是最脍炙人口的名句。

诗圣杜甫的诗，向有"史诗"之誉，幽州安史之乱爆发，时刻牵动着诗人忧国忧民的爱国之心，于是，写下了《后出塞五首》等诗。其一曰："男儿生世间，及壮当封侯。战伐有功业，焉能守旧丘。召幕赴蓟门，军动不可留。千金买马鞭，百金装刀头……"又有《渔阳》诗，直述安史之乱的情景："渔阳突骑尤精锐，赫赫雍王都节制。猛将飘然恐后时，本朝不入非高计。禄山北筑雄武城，旧营败走归其营。系书请问燕耆老，今日何须十万兵？"安史之乱平定后，杜甫仍感到幽州潜在的危险，他在《有感五首》之二中说："幽蓟余驰豕，乾坤尚虎狼。诸侯春不贡，使者日相望。慎勿吞青海，无劳向越裳。"而当幽州藩镇终于归于朝廷时，诗人露出发自内心的喜悦，他在《承闻河北道节度入朝欢喜口号绝句十二首》中写下了当时的心情，"十二年来多战场，天威已息阵堂堂。神灵汉代中兴主，功业汾阳异姓王"。又道："东逾辽水北滹沱，星象云气喜共和。紫气关归天地阔，黄金台贮俊贤多。"其欣喜之情溢于言表。

然而，诗人的喜悦是短暂的，大唐盛世已去，更长久的纷乱却是无法回避的现实。故唐代后期诗人如张籍、李益等，笔下的幽州并不平静。李益曾有《从军行次六胡北饮马磨剑石为祝殇辞》，是一首描写民族间战争的长篇写实的佳作。在诗人的笔下，这些战争，既是胡人血染草原与沙碛，又有征战将士的血与泪。诗人既悲胡地的"阴磷"荧荧，又为中原阵亡将士的精魂祝殇。在诗人的笔下，民族间的冲突为双方都造成灾难，这是一种难能可贵的见解。

第三节　学术、典籍、学校教育

一　幽州的哲人

唐代幽州，不仅文章、诗歌风格有很大转变，学术思想上也有了很大变化。魏晋北朝以来，幽州学人多讲实用，特别专注于经学。但隋唐时期，由于南北文化的交融，使幽州文人突破了以往的局限，开始对天地人生的哲理进行思考。儒家思想对治国平天下确实有巨大的作用，但从儒学鼻祖孔子开始，就贯彻着唯心主义的天命观，以说明"君权神授"和封建统治的合理性。汉代董仲舒以后，更进一步建立起"天人感应"的神学体系。而隋唐以来，蓬勃发展的社会，宽松的学术环境，使人们打破樊篱，有更广阔的思考空间。韩愈公开非佛毁道，吕才、李华挺身反对世俗迷信，幽州也出现了超越传统和世俗的哲人。其中，以卢藏用最为著名。而由于佛教的发展，幽州的佛学大师又以佛理来阐明哲理和"心性"。这不能不说是幽州学术向深层发展的一种表现。

卢藏用及其朴素的唯物主义思想　卢藏用，字子潜，幽州范阳人，系著名文人卢思道曾孙，卢承庆之孙。其父卢璥，曾为魏州长吏，号称"才吏"。卢藏用生活在这样一个文化世家，自幼受到深深的熏陶，因而博学多才。但因举进士不得调而有了一段特殊的经历。他曾与其兄卢徵明相携隐于终南、少室二山，学练气、辟谷之术、并"登衡、庐，彷洋岷、峨。与陈子昂、赵贞固友善"。卢藏用辟谷练气，大概并不遵幽燕神仙传统，而是进行人身生理的体验。而与陈子昂这样襟怀阔大的诗人相交，也更扩大了自己的视野。他也曾习蓍龟九宫之术，可能又从中得到相反的思考。藏用多才多艺，"工草隶、大小篆、八分，善琴、弈，思精远，士贵其多能"①。长安中，藏用终被调用，武则天召授其为左拾遗。武后作兴泰宫于万安山，藏用上疏劝谏，说："陛下的离宫别墅太多了，穷尽人力土木，这是不爱人而奉己。左右群臣只知阿谀奉承，百姓失业，不知陛下之仁。"可惜武则天并不采纳，但并未因此尖锐的谏词而降罪，足见卢藏用是生活在一个宽容的环境之中，因而敢于思索，"尝以俗徇阴阳拘畏，乖至理，泥变通，有国者所不宜专"，发出不同凡响的声音。

卢藏用的哲学观主要反映在他的《析滞论》一文中。这是一篇用主答客问方式阐述天与人事关系的作品。其中，对卜筮、祷词等迷信进行批驳，反映了一定的唯物主义思想，今略加介绍。

文章开头，以客人发问直指主题，客曰："天道玄微，神理幽化，圣人所以法象，众庶由其运行。""从之者则兵强国富，违之者将弱朝危……先生亦尝闻乎？"卢藏用以主人的身份回答。他首先引经据典，说："国之将兴，听于人；将亡，听于神"，"祸福无门，唯人所召，人无衅焉，妖不自作"，用先人的经典堵住质问者的嘴。继之，则明确表示："得丧兴亡，无关人事；凶吉悔吝，无涉天时"。他特别强调人事的作用，说："古之为政者，型狱不滥则人寿，赋敛蠲省则人富，法令有常则人静，赏罚得中则兵强。……苟违此途，虽卜时行刑，择日出令，必无成功矣。"表面上看卢藏用并不否认"天道"但在天人的关系上，明确强调人事更重要："皇天无亲，唯德是辅"，"人事苟修，何往不济？"在卢藏用所处的时代，还不可能真正用科学的观点去解释"天道"自然现象，他不否定甲子配日月，律历通时岁，以及五行、龟筮等形式，但显然反对世俗阴阳。可以说，他对"天道"的认识有种模糊的唯物倾向，把它看作客观的自然现象。王刚先生曾指出，卢藏用的哲学观反映了儒学传统中精华的一面，这种评价是公允的。

佛学与哲理 佛学在幽州起步较晚，但在隋唐却高速迈进。关于幽州佛教情况，下章尚有专述，此处需要说的是，佛学对幽州学术的推动。

---

① 《新唐书》卷一百十三《卢藏用传》。

佛教固然有迷信，是唯心主义的体系，但其自创始以来，传布如此之广，自然有其合理的一面。特别是关于心性的研究和思辨的哲学思想，尤其启发人的思路，而这些，正是以往幽州学术中比较欠缺的。隋唐佛教大行，开始，幽州佛教多律宗。这可能与幽州早期学术重实际，好质朴有关。随着南北文化的融合，幽州学术风气有所改变。特别是禅宗的出现，使佛教真正成为中国化佛学，它不仅推动了整个佛教在中国的发展，而且在学术上，出现了援佛入儒、引儒入佛的局面。佛教讲出世，儒学讲入世，而由于禅宗的出现，使佛教成为符合中国人心理的学问。禅宗认为佛在人心，众生均可顿悟成佛，这与儒家的"人心本善"说相通；儒家也从佛教中得到启发，感到个人心性修养的重要。于是，儒佛合流的倾向越来越重。这使幽州的传统儒学得到新的营养。如刘总既是武人，又受传统儒学熏染，他争权夺利，杀害父兄，自觉违背了父子臣君之道，于是从佛教中寻求解脱，先是修寺养僧，后来干脆落发出家，但出家又不能忘掉国事，还为朝廷上了一个幽州军政事务的长策。而卢氏家族中，也有先学儒，后参佛者。

值得特别一提的是，律宗和禅宗两派最出名的大师义净和慧能，究其学术源流和身世，都发于幽州。

义净是幽州范阳人，俗姓张，字文明，自幼遁入空门，精严佛法。是律学中的杰出人物，也是玄奘之后最伟大的文化使者和旅行家。他浮海到南亚诸国，归国后有大量译著。我们将在下章文化交流篇详述。律宗主要讲戒律，虽繁琐，但易于执行。幽州律宗盛行，与义净的影响不无关系。律宗以传持戒律为主，它规范教徒行为准则。从典籍上说，戒律是经、律、论三藏之一；从教义上讲，戒律是戒、定、慧三学之首。戒律不仅是简单的行为规范，而应是"领受在心"的"法体"。即通过行为而修炼心性。北朝时律宗即大占优势。所以唐代出现义净这样的幽州律学大师便不足为奇了。

禅宗最著名的大师慧能，也祖籍幽州范阳，号称中国禅宗六世祖。

慧能本范阳卢氏，其生年，以唐代史料《敦坛》之卒年推算应生于638年。而其他史料，如《曹溪大师别传》则云生于637年。其卒于713年，活了七十七岁。慧能的父亲曾在北方为官，后调任岭南，客死他乡。慧能三岁丧父，依老母生活，故史料记载慧能不识文字，是一名打柴的樵夫。但既然其父曾为官宦，其母必知书知理，慧能不知文字或者是真，但从其后来的学识及思辨能力看，仍透出范阳卢氏的学术家风。而他本人，又确实生于南方，长于南方。慧能本人性格仍是北方人质朴、坚韧的特点，但又有南方人强于思辨的能力。禅宗虽传入中土甚早，但自慧能才真正与中国文化有机融合。他的佛学理论很有哲理。据说他到黄梅求佛。只是当了一名做饭捣米的火工，五世禅祖弘忍讲法，慧能聪锐，深得要旨。首座神秀作一偈语，慧能认为还不够透彻，乃吟偈一首，求人代写，曰："菩提本无树，明镜亦非台，本来无一物，何处有尘埃。"这对佛学"空"的解释可以说已到极致。他认为，事物的变化、动荡，皆由"心动"而来，只要内心清静，便可顿悟成佛。渐修与顿悟本来是由量到质的不同阶段，但慧能主要强调顿悟。这对于向来重建功立业的中国人来说，很符合本来的口味。另外，慧能特别强调"一切众生，皆有佛性"，因而能得到广大民众的响应，有利于把佛教思想从繁琐、深奥的研习、修行当中解脱出来和佛教在社会上的普及。慧能主张佛性"直指人心"，人们可以"见性成佛"，这表面看来非常虚幻，但与中国儒学中的修身养性却有相通之处，所以很快为人们所接受。据载，慧能讲经，听众云集，多时可达数千人。

唐代幽州高僧道辨，也是在学术上很有造诣的佛学家。他直接借用儒家注释经典的方法，注释佛教典籍。其已注释的有《金刚经》《般若经》《小乘文章》《大乘文章》《维摩经》等，并在注释中阐发自己的思想，对唐代佛教学术做出重要贡献。

二　幽州人所著典籍与典籍中的幽州

在隋唐大发展的社会和百花齐放的文化氛围中，文人们充分发挥自己的优势，纷纷著书立说，幽州本来就有很厚的文化底蕴，所以留下的典籍、著述亦相当可观。这些著作目前已大部散佚，但从《新唐书》《旧唐书》记载中，仍可观其大概。《旧唐书》设《经籍志》，记历代著作，也包括隋唐著作。《新唐书》设《艺文志》，除经、史、子、集及传统典籍外，还扩大到儒、道、释、兵、法、名，以及文集、杂记、小说、农、医等各类。由于安史之乱使许多典籍流失，但仅就两唐书记录看，幽州学者的著作无论种类和数量都不比其他地区差。这些书籍的具体内容大多不得而知，但可从类别观其概貌，现依类次列出：

1. 实录类：

张说：《今上实录》二十卷，记玄宗开元初之事。

2. 神仙老庄类：

卢藏用注《老子》二卷。

3. 佛学类：

义净：《大唐西域求法高僧传》二卷。

义净：《南海寄归内法传》。

慧能：《金刚般若口诀正义》一卷（新唐书记其为曲江人，今依其祖籍）。

4. 杂家类：

卢藏用：《子书要略》一卷。

5. 兵书类：

燕僧利正：《长庆人事军律》三卷。

6. 别集类：

隋范阳：《卢思道集》二十卷。

唐卢照邻：《卢照邻集》二十卷。

幽州渤海人高适：《高适集》二十卷。

《卢象集》十二卷（曾为左拾遗，膳部员外郎，因安禄山授伪官被贬永州）。

卢仝：《玉川子诗》一卷。

贾岛：《长江集》十卷、《诗格》一卷。

以上所录可能尚有遗漏，有的著作因两唐书作者好恶或不录，但即使如此，已可见幽州学者著述之丰。

除幽州人自己的著述外，亦有外地人述幽州事之作，其重要者有姚汝能所著《安禄山事迹》与平致美著《蓟门纪乱》。前者从安禄山的身世、崛起、起兵范阳、攻占长安，一直写到其败亡，是完整记述安禄山事迹的第一手资料，十分可贵。后者则主要记载史思明父子在幽州叛乱的情况，但已不见全书，仅可以后人所修《资治通鉴》所引资料中窥见一二。

另外，在两唐书有关幽州人物的传记中亦多提到其著作。《旧唐书·经籍志》中还曾记载无终人阳休之所著《幽州人物志》。阳休之主要显于北齐，卒于隋初，其书可能是北齐时所作，但既已入隋，亦可作隋唐著述看待。

三 幽州的教育

隋唐实行科举制度选拔人才。为了培养人才,大力发展教育。隋唐以前,幽州地区多有家学传统,到隋唐之时,在中央集权的统治下,大力发展官办学校,称为"官学"。这样,就在幽州形成一个官学与私学相结合的体系。隋文帝时就把国子寺从太常寺分离出来,作为政府最高教育机构,下属国子、太学、四门、书、算五学。地方则从郡县到乡社皆令设学。唐朝建立,教育进一步发展,除中央的国子学、太学、四门学限额招生外,郡县亦分上、中、下三等酌定招生名额,后及乡社,亦置学。幽州自然依此设州、郡、县学。

但是,由于幽州地处边防要地,军事活动很多,官学不如其他地方发达。当然,在个别时期亦有例外。如韦机任檀州刺使时,就很重视教育。檀州即今密云,地处边塞,久无学校。韦机为雍州万年人,出身官宦世家。韦机贞观中出使西突厥,册封同俄,设为可汗。恰逢石国叛乱,路绝,三年不得归,韦机裂裳记所经诸国风俗物产,名为《西征记》。归来将书献太宗,李世民大喜。显庆中,韦机为檀州刺使,见此地素无学校,于是,"敦劝生徒,创立孔子庙,图七十二子及自古贤达,皆为之赞述"[①]。自此,檀州有了官学,而唐代后期,刘济在幽州任节度使时亦曾设置州学注意发展教育。据《日下旧闻考》载,涿州州学即刘济所建。

---

① 《旧唐书》卷一百八十五上《韦机传》。

第八章 隋唐五代时期幽州的宗教、艺术、民间文化与对外文化交流

第一节 幽州佛教的崛起与兴盛

就幽燕学术风气而言，早期尚神仙、方士之学，魏晋以降则重儒学。而到隋唐五代之时，除传统的经学和文章、诗词继续兴盛之外，佛教文化成为幽州相当突出的亮点。不仅有著名的学僧，众多的佛刹，庞大的僧人队伍和信徒，而且出现了"东方敦煌"云居寺的石经宝藏。从学术风气和地区习尚而言，显然为幽州增添了新的文化因素。尤其是在粗犷、尚武的风气中，更增添了思辨和修养。这种变化绝不可低估。唐朝灭亡后，契丹人不久占领幽州，升其为陪都南京，辽南京不仅是辽朝南下的军事基地，而且是整个朝廷的人才库和"文化基地"。然而，契丹所学之中原文化，固然以治国之道为主，佛教文化对其君臣、百姓皆影响很大。宋人评辽朝佞佛，说辽人信佛之甚，虽耗财费物，但能使其"杀心稍戒"，这是很有道理的。佛教在幽州的兴起，使后来许多北方民族在改变抢掠杀戮的习惯方面一直起着重要作用，辽金如此，后来的元朝同样如此。所以，谈到幽州佛教时绝不可仅作为宗教现象来一般看待。

一 隋唐五代佛教在幽州迅速崛起之原因

幽州佛教，从目前文献看始于晋。北朝时期有了很大发展，但较之西部地区和几大石窟，应当说有很大差距。然而，自隋唐以来，却迅速崛起，成为佛教的重点地区之一。究其原因，主要有三：

第一，与"三武灭佛运动"有关。

在中国，宗教的发展总是和政治气候的变化相关联，所谓"不依国主，则法事难立"。佛教的兴衰同样如此，有时朝廷狂热的崇佛，有时又

激烈的"灭佛"。狂热崇佛是为统治者的需要,或者神化自己,或者愚弄百姓。"灭佛"则是因为佛教的发展与统治阶级的利益发生了严重冲突。在中国历史上有所谓"三武一宗"四次大的灭佛运动。这就是北魏太武帝、北周武帝、唐代武宗和五代时周世宗的四次灭佛运动。后周灭佛时幽州已为辽朝占据,其余三次幽燕虽当其时,但却被冲击最少。北魏灭佛蓟城不在其中心地带;北周灭佛时,幽州不在其辖境。隋唐以来,历朝帝王佞佛之甚达到空前的地步,寺院广占土地,与朝廷争夺赋税与人口。特别是到唐宪宗时,掀起一个"迎佛骨"的热潮,"王公士庶,奔走施舍,唯恐在后。百姓废业破产,烧顶、灼臂而求供养者"①。唐朝曾七次自法门寺迎佛骨,耗费巨大,京畿良田美地多为寺有。在这种情况下,终于发生了唐武宗时期的"会昌灭佛"。会昌二年(842年),武宗敕令僧尼还俗,到会昌五年(845年),"其天下所拆寺四千六百余所,还俗僧尼二十六万五百人,收充两税户,拆招提、兰若四万余所,收膏腴上田数千万顷,收奴婢为两税户十五万人"②。这对佛教形成"灭顶之灾"。但是,幽州因处边陲,又躲过一劫。当时,全国都要执行命令,唯吐蕃占领下的河西陇右以及河北成德、魏博、幽州三镇未执行敕令。这就是说,三次灭佛,幽州都成了僧人的避难所。据文献记载,灭佛期间,幽州官员在居庸关设卡,拦截五台山东逃的僧人,说明确实有不少僧众到幽州避难。于是,僧人们看中了幽州这块"佛家宝地"。加之幽州西部,山林奇丽清幽,非常适合佛家修炼和建造佛刹兰若,幽州的僧院便空前兴盛起来。隋朝静琬选择幽州白带山云居寺刻造石经,便是最好的证明。

第二,与战乱和复杂的政治、军事形势有关。

幽燕向来多战乱。隋唐之时虽然全国形势比较稳定,国力昌盛,但幽州一直并不平静。自魏晋北朝以来,幽州一直政权更迭,战事不断。隋唐时好不容易国家统一了,但两朝对高丽的征伐皆以幽州为基地,自然给当地百姓带来沉重的负担。安史之乱爆发,幽州首当其冲。安史之乱后又是藩镇频频更迭,他们或是军阀间抢占地盘,相互征伐;或者是一个节镇内部自相残杀,给幽州百姓带来深重的苦难。即使是官宦世家和文人学士也饱受流离之苦,而且对国家政局充满了迷惑与不安。于是,便很容易接受

---

① 《旧唐书·韩愈传》。
② 《旧唐书》卷十八上《武宗本纪》。

佛教，从中寻求精神的解脱。不仅世家大族中有人出家为僧，即使像刘总那样凶残之人，最后竟放弃节度使的高位而剃度为僧，皈依佛门。

第三，与朝廷的大力提倡和支持有很大关系。

隋唐历代皇帝，除少数人外，大多佞佛。隋文帝亲自下诏于天下各州广建寺院，唐太宗为玄奘的归来举行大规模仪式。武则天本人也在尼庵住过，所以更崇佛教。宪宗时，不仅自己笃信佛教，而且几个宰相都信佛。所谓上行下效，在朝廷的影响下，幽州的官员自然也大力支持佛教的发展。幽州僧义净自西土归来，武则天亲自在洛阳欢迎。德宗时亲到燕地，并在幽州城东建"宝刹""佛宫僧舍，几至千室"。玄宗之妹金仙公主则奏请朝廷赐云居寺新旧译经四千余卷，并赐予大量麦田、果园、环山林麓作为寺院永久性财产。幽州节度使刘总，先是筑僧舍于衙后，养僧数百，后来干脆自己也出了家。在这种形势下，幽州的佛教得到迅速发展，无论其规模和影响，都达到前所未有的程度。

二 由律宗为主到禅风盛行——从幽州佛教宗派看文化演变

佛教传入中土之初，人们把它与神仙黄老之学一般看待。到南北朝时，才真正完全以自己的面目出现。而到隋唐之时，则是佛教宗派形成的时期，每个宗派都有自己的独立传法世系、寺院财产和理论体系。最早的一个是天台宗，创自隋。此后又有三论宗。至唐，则有玄奘创立的法相唯积宗、道宣创立的律宗，以及华严宗、净土宗、密宗等。而禅宗则是佛教真正与中国文化相融合的教派。

在宗派纷呈的情况下，幽州自然也有不同的佛教派别。比如，唐初有华严和尚在幽州弘法，终日诵《华严经》，"所诵之时，一城皆闻，如在庭庑之下"①。这自然是夸张之词，但当时确实影响很大，故幽州都督张仁愿为其出资施舍于马鞍山竹林寺。及其坐化，被京西第一名刹潭柘寺奉为第一代祖师。唐代中后期，各个宗派来幽州地区弘法的僧人更多，幽州本地高僧到其他地区弘法的也不少。但总的来说，幽州的佛教，前期以律宗为多，后期则禅宗影响最大。由律宗到禅宗的转变，说明幽州文化倾向上的重大变化。

律宗的创始人是道宣。但幽州所以盛行律宗则可能与幽州出了位著名

---

① 《潭柘山岫云寺志·历代法统》，中国书店2009年版。

的律宗僧人义净有关，关于义净的事迹可见后述。义净是玄奘之后又一位伟大的对外文化交流的使者，又是著名的旅行家，其翻译的一切有部律达八十余卷。义净既出自幽州，其显赫后自然影响到故乡。宗教研究者认为，在各个宗派中，净土宗、密宗、律宗三派是最缺少"理论"的宗派。① 这固然说得不错，但"律"对佛教来说却十分重要，从典籍说，戒律是经、律、论《三藏》之一；从教义上说，戒律是戒、定、慧"三学"之首。出家人首先要受戒尊律。幽蓟自北朝以来重实践，律宗的戒律教给人直接实行的方法、条文，这与幽蓟原有的质朴风气相通，所以，初期律宗兴盛与这种文化风尚亦不无关系。

最著名的律宗高僧出现于幽州还是唐朝中期，为首者是真性大师。

真性（752—835年），为涿州范阳人。他在涿州白带山（今北京房山区境内）云居寺研习律宗戒律，"潜趣真宗，知至道之可乐；精修梵行，既端行而秉志……律风辉振前古，万行由兹浸起"②。真性不仅研究律学，而且身体力行，自己修行极其严格，受到僧众的尊崇，被推为寺纲，并广集资材，大兴土木。又另建别院，大兴佛事活动，请燕京名僧"转藏经七遍"，由此产生更大影响。于是，声闻于朝廷，皇帝屡加赏赐，"奇香异药，上服名衣，使命往来，难可称计"。

真性还有入室弟子七人，其中鉴直、志千于小乘佛学研习尤精。其另一名弟子惠增则出游京师长安，曾于名刹荐福寺讲述《大华严经》要义，深受长安佛界赞许。由于真性师徒的推动，使当时的幽州多律院。

禅宗进入幽州的时间并不太晚，但影响却是到晚唐和五代初才更大。与真性大体同时的有宝积大师，便属禅宗。他曾就学于名僧道一，并得其印可。后在蓟州盘山弘禅宗之佛法，门徒云集，有"十人上山，九人得道"之说。并曾在盘山建云罩寺，又在大安山建有香光寺。宝积禅师的门徒著名者便不如真性多了，只有普化禅师较有名气。宝积坐化后，普化出游四方，但佛界说他言行怪诞，受到贬抑。可见，在当时，幽州地区禅宗不如律宗势力大。

其实，真正创建中国式禅宗学说者是慧能。但慧能虽祖籍范阳，本人一直在南方活动。然而，随着南北文化的不断交流，幽州文人由质朴、实

---

① 见郭明《隋唐佛教》，齐鲁书社1979年版，第621页。
② 何筹：《大唐云居寺故事主律大德神道碑铭并序》。

用而增加了思辨。禅学实际上最可贵之处在于它的哲学思想。北宗神秀的轻拂明镜（心性、思想），指的是渐悟、量变；而慧能认为既无"树"，又无"台"，则是讲顿悟和质变。长期的修习固然重要，但顿悟讲佛性"直指人心"，迎头"棒喝"，一旦觉悟，便可立地成佛。这对于向来讲究实际的中国人和儒家修行致用的观念，慧能较神秀就更易为人接受和传播。同时，律宗的戒律太烦琐，久之令人生厌。就拿已被道宣归纳的"四分律"来说，和尚戒有二百五十条；尼姑戒有三百四十八条。从"根本戒"，到行、走、坐、卧、进厅、吃饭，都要有规定。"大乘戒"虽少了许多，但仍有五十八条。如此多的戒规，究竟有几人能执行便非常值得怀疑了。特别是在幽燕文化人的思考、辨正能力加强之后，便感到律宗的浅薄，于是，禅宗大起。甚至，有的开始学律，而后改禅。道膺便是最突出的例子。

道膺为蓟州玉田人，自幼研习佛法，但到二十五岁才受具足戒，入范阳延寿寺学律宗之戒仪。但不久便厌其过繁，说："大丈夫可为桎梏所拘邪！"[①] 于是出游四方，寻找佛教名宿。后遇一南方僧人，乃随之南下，求学于禅宗曹洞一系，深得其宗旨。学成北归，乃在云居山开法传道，历时三十年，授徒千余人，成为曹洞宗著名禅师，在当时影响很大。

又有僧人师律（884—965 年），本范阳人，十五岁出家于幽州悯忠寺，拜贞涉大师为师，奉师命南下学习禅法，后梁时返回幽州，弘传禅宗之法。后周时又于夷门山传法，"朝廷以紫衣、徽号，用旌厥猷"。（《宋高僧传》）。

可见，幽州禅宗后来居上，既是文化观念转变的产物，又是南北文化交流的结果。

三 佛刹、信徒与佛事

有僧人自然要有其居止、弘法及信徒参佛之地，于是寺院、佛刹大批兴建。佛教的兴旺与朝廷提倡有关，佛院的兴建更与统治者的支持有关。否则，寺院所用土地、钱财从何而来？即使信徒资助，总是有限的。幽州在北朝时的寺院屈指可数，但到隋唐五代之时，仅据现存文献可查寻者已遍及城内、郊野及所辖之各州县。而许多著名寺院便是在朝廷直接支持下

---

① 《宋高僧传》卷十二《道膺传》。

建造的。仅举几例：

隋仁寿年间，隋文帝先后三次下诏，在全国一百一十三州，建寺院一百一十三座，自然包括幽州地区州县。

唐太宗贞观三年（629年）下《为战阵处立寺诏》，要在唐代建国过程中战争最激烈的地方修建寺庙。据此，特选七州，建七寺，即幽州、汾州、邙州、郑州、洺州、台州、晋州。幽州位列榜首，是破薛举处，立昭仁寺，由朱子奢撰碑。

唐太宗贞观十九年（645年），亲征高丽，归来时返幽州基地，诏命于幽州城内东南隅建悯忠寺（即今法源寺），以祭悼阵亡将士。自此，悯忠寺一直是幽州佛教的中心，历辽金元明清，至今不衰。唐时的悯忠寺出了不少著名僧人，至五代时依然兴旺。如僧照（879—948年），本范阳人，自幼出家悯忠寺，学习佛法十分刻苦，唐末出游中山、洛阳等地，曾在洛阳法林寺主讲《法华经》多达七十余次。朝廷为之赐紫衣，加法号等。所以，悯忠寺不仅在幽州，在全国亦占有重要地位。

武则天时，为自己以女主登基造舆论，伪造《大云经》，又在全国各地建大云寺，幽州著名佛刹智泉寺亦被改为大云寺。

至于由皇室、官员支持所建僧院便更多了。

当时，幽州僧院主要分布在四个地区：一是以悯忠寺为中心的幽州城内及近郊，二是以云居寺为中心的大房山一带，三是西山今戒台寺至檀柘寺一带，四是蓟州之盘山。除城内的寺院是出于统治阶级的需要外，其余几处皆为风景秀丽之地。

幽州城内，除悯忠寺外，在唐代中期建造的还有天宁寺、归义寺、佑唐寺、崇孝寺等。后期新建的则有胜果寺、宝集寺、清胜寺、佑圣寺、仙露寺等。

大房山一带兴起寺院首先是由于隋初静琬建云居寺大造石经而带动。同时，涿州向来多学者文士，北朝后期政权更迭，隋与唐初又战乱不已，文人们思想苦恼，有些人便从佛教中寻求思想解脱。而涿州的世家大族又有充足的财力，于是大力支持修建僧院佛刹。这一点，从云居寺现存碑铭及石经题记中便可以看出，后节详述，此处不赘。

今门头沟马鞍山至潭柘寺一带，自古便是风景名胜之地，山路幽曲，群峰叠嶂，鸟鸣于树，鱼游泉溪。而在元大都建立之前，西山植被尤为丰茂，况距幽州城又相去不远。所以，早在晋便有嘉福寺之名刹，即俗称之潭柘寺，为幽州最早的寺院。唐代，又建马鞍山慧聚寺，即今之戒台寺。

蓟州盘山为唐代佛教又一大名区。既因蓟州系幽州东部之粮仓，亦因盘山风景之绮丽。盘山风貌奇特，向有"外骨内肌"之称。怪石立于表，土壤含于内，乔松擎天，老树叉牙。春来野花满山姹紫千红；夏季鸟瞰山下，稻麦千顷；秋季红果流溪，美不胜收；冬日竹吟松啸，恰适佛道参悟之意境。故自古文人贤士常隐于此，汉末田畴隐于此便是一例。唐代佛教大兴，僧人们自然看到这个好去处。

最早到蓟州弘扬佛教的唐代僧人是智嘉，本玉田人，自幼研习佛法，后至蓟州之葛山，兴建佛寺。到唐代中期，僧人们便向盘山集中了。如上述之宝积禅师，即在盘山之巅建云罩寺。此后，又有上方寺、甘泉普济寺、天成寺、香水寺、金山寺等，皆一时之名刹。仅据《盘山志》记载，唐代盘山寺庙即达十多处，分布在上、中、下三盘各个角落。东部之千像寺，至今遗留下许多魔崖刻石佛像，皆为唐代遗物。寺周怪石耸立，或长或圆，或立或卧，景象万千。石上布满青苔，拨开苔丝，但见遍刻佛像：背衬佛光、发作堆髻、褒衣宽带、足踏复莲、体态丰盈，具足盛唐风格。20世纪80年代笔者亲去踏查，颇感其瑰宝湮没，无人问津，不知今日有无保护。

至于其他普通州县，唐代亦均有僧居佛刹。

这些僧院，少则数十人，多则以百千计，许多著名僧人住持其中。每当讲法或作佛事之日，远乡近野，闻风而至。信徒们捐助钱财，甚至施舍田地、果园、商铺。至于达官贵人，更树碑立幢，大造浮图。

正是因为有了唐代幽州佛教的大发展，才为此后辽代更大规模的佛教兴盛与深入影响奠定了基础。

第二节 "东部敦煌"云居寺及其隋唐石经

一 高僧静琬与房山石经

我们在本章第一节谈到了"三武灭佛"对佛教严重打击。灭佛运动中，不仅是拆除寺院，没收寺产和僧尼还俗，不少地方对佛教典籍亦损坏甚多。这使许多僧侣从中吸取教训，千方百计妥善保存佛教经典，其方法之一便是开凿石窟，刻经于坚石，藏之于深山。所以，当北周武帝灭佛运动之后，便出现了隋代僧人开凿石窟、刻制石经的行动。当时，除房山云居寺外，还有宝山那罗延窟、神通寺佛岩石窟。当然，规模最大、名声最显，并一直延续到后世朝代者，自然是燕地涿郡白带山云居寺的石经。若论隋唐时期的佛教活动自然是以东西两京为中心。但至今保留下来的成就却在东西边陲。西部，敦煌以震惊世界的彩塑艺术和佛学遗存而驰名中外；而房山石经则是自隋以降，持续千年的石经刻造，让世人睹其宝典，感其毅力，撼动心魄。故而，房山云居寺向有"东部敦煌"之称。

谈房山石经首先要谈静琬。

静琬（？—639年），一作智菀。为北齐名僧慧思之弟子。鉴于北周"灭佛"的教训，秉承师志，发奋要刻石经十二部，使之久传，而避免再遇劫难，典籍流失。静琬于隋大业年间来到幽州，唐刘济撰《涿鹿山石经堂记》云："涿鹿山石经堂者，始自北齐"，也就是说，北齐时此地可能已有僧人刻经，但大规模刻造的确是在静琬来此之后。隋炀帝征高丽，其内弟萧瑀笃信佛教，乃将静琬刻经之事上报皇后，"后施绢千匹，瑀施绢五百匹。朝野闻之，争共舍施"①。这样，就为大规模刻经准备了物质条件。至唐初，静琬已完成《涅槃经》《华严经》《金刚经》《佛遗教经》《弥勒上生经》《维摩经》等石经的刻造。于是，于山侧石壁凿石室，每满一室，即以石塞门，用铁锢之。到贞观十三年（639年）静琬去世前已贮满经石七大石室。

静琬还曾于贞观五年（631年）建造云居寺。关于建造云居寺的过程，幽州节度使刘济还记述了一则传奇故事，说："贞观五年，涅槃经成，其夜，山吼三声，生香树三十余本。六月暴雨，水浮大木数千株于山下，遂构成云居寺焉。"② 这里所说"山吼三声，生香树"，自然是神话其事，但以水浮木，多达数千株，却是可能，足见工程之大。

静琬坐化后，由他的弟子玄导、僧仪、惠暹、玄法等继续主持石经的刻造。由玄导主持刻造的主要有《大品般若经》《楞伽阿跋多罗宝经》《僧羯磨经》《比丘尼羯磨经》《佛说四分戒本》《比丘戒本》《比丘尼戒》《四分大尼戒本》。由僧仪主持刻造的则有：《金刚经》《佛说当来变经》《施食获五福报经》等。

对于云居寺的刻经，唐朝统治者给予大力支持。开元十八年（730

---

① 唐临撰：《冥报记》卷上，转引自《北京通史》第二卷，中国书店1994年版，第299页。
② 刘济：《涿鹿山石经堂记》。

年），唐玄宗的八妹金仙公主奏请朝廷"赐大唐新旧译经四千余卷，充幽州府范阳县为石经本"；又奏，将"范阳县东南五十里，上垡村赵襄子淀中麦田庄，并果园一所，及环山林麓，东接房南岭，南逼他山，西止白带山口，北限大山分水界，并永充供给山门所用"①。金仙公主之浮屠现仍存于白带山顶。

在统治阶级的大力支持下，石经的刻造不断继续。主持刻经工作的有惠暹、玄法等。所刻有《药师经》《佛说恒水流树经》《佛说摩达国王经》《大方等大积经》《大般若经》等。

唐代后期主持刻经的，有上节谈到的真性大师等。当时，任幽州节度使的刘济，自出俸钱，刻《大般若经》，并亲自送石经上山，且作题记。这部石经的镌刻，刘济自贞元五年（789年）至元和四年（809年），整整用了二十年，终唐之时，《大般若经》已续刻520卷左右。

武宗灭佛，云居寺刻经也曾受到重大影响而一度停顿。但不久又恢复起来。自大和元年（827年）至咸通四年（863年），三十余年间又继续刻造石经百余卷。幽州的许多要员，如杨志诚、史再荣、杨志荣、史元忠、史元宽、张允伸、张充皋等，都曾先后施助。在官员们的带动下，富家大户、平民百姓、商人铺户等出资捐助者更难以计数。

由隋初至唐末，云居寺共刻佛经一百余部，经版大小四千余块。直到五代战乱又起，刻经才停顿下来。至辽，建陪都于燕京，大规模的刻经活动又再次兴起。

房山石经是人类文明史上一大奇迹。其持续时间之长，工程之浩大，所刻石经数量之多，参与人员之众多与广泛，保存佛教典籍之完好，冠绝古今。云居寺是巨大的文化宝库，而房山石经则被国人视为"国之重宝"。

二 云居寺其他文物与"宝外之宝"

云居寺石经被称为"国宝"，其实，云居寺中的宝物还不仅仅是石经。

雷音洞舍利函与佛舍利 云居寺东面的石经山上有座雷音洞，是静琬早期贮藏石经的地方。该洞是一个不规则的方形藏经洞，每边长约10米，

---

① 《山顶石浮屠后记》。

内有四根八棱石柱，每面双行镂刻石像，共有佛像 1056 尊，四壁则镶嵌静琬早期镌刻的经版 146 块。雷音洞本身，就洞凿壁，佛柱伟立，经版镶嵌有序，就是一所"宝室"。岂知，1981 年，在洞内又发现一件重宝。

1981 年，考古工作者在距雷音洞后壁处发现一块方石，方石下面又发现一个石穴，石穴中发现一方舍利函。石函层层叠叠，共五层。最外层为汉白玉质函，刻铭文 262 字，记载明万历二十年（1592 年）在石经山发现三颗佛舍利的情况。第二层为青石函，盖上刻有三十六个字的铭文，其文曰："大隋大业十二年岁次丙子四月丁巳朔八日甲子于此函内安置佛舍利三颗愿往持永劫"。第三层仍是汉白玉函。第四层是镀金银函，四周线刻青龙、白虎、朱雀、玄武四神图案，其内有木质彩绘香珠一颗，珍珠八颗，并第五层函匣。第五层又为汉白玉质，然做工更为精巧，边长 12 厘米，高 17 厘米。然而，打开函盖，内中所存却不是三颗佛舍利，而是只有两颗乳白色佛舍利，另一颗不见，却增添了两颗珍珠。考古学者研究，这可能是在万历年间，万历皇帝为其母做寿时将佛舍利迎入宫中供奉，三日后又送归云居寺雷音洞原处。而在宫中的三日中间，有一颗被那位贪心的老太后偷换了。但无论如何，所余的两颗弥足珍贵。佛舍利的发现，引起佛教界的密切关注，认为这是"国之重宝"之外的又一宝。

云居寺其他佛教艺术遗存　在云居寺院内，目前还保留有从睿宗景云二年（711 年）至玄宗开元十五年（727 年）间的四座小石塔。石塔皆方形，玲珑而又大气，反映了唐代造塔艺术之一斑。塔上刻有精美的佛、菩萨、天王、力士等浮雕，形象十分生动。塔内一般有龛，内有供养人刻像或铭文。

此外，在白带山顶保留有金仙公主塔，形制与山下相类，其上不仅有关于唐代云居寺情况的记述，还有辽代补刻之文字，是我们了解唐、辽佛教情况的宝贵资料。塔本身是唐代作品，反映了唐代建筑与雕刻的艺术风格。

三　云居寺影响下的房山其他佛教文化艺术

在云居寺大举刻经活动的影响下，当时的大房山许多地方兴起建造佛寺、开凿石窟的活动。仅目前尚存者就有：房山坨里乡万佛堂、孔水洞岩壁刻经及石雕佛像、大峪沟唐弥勒造像等。

孔水洞的雕像及刻经是隋代作品，因位于万佛堂之下又称万佛堂孔水洞。这是一处喀斯特构造的自然岩洞，洞中有泉水流淌，乘小舟方可寻见雕像及刻经之处。洞内有一处券门，其内发现两个佛龛。龛内有石雕佛像，面部浑圆，颈部稍长，从风格看是隋代作品。而龛下岩壁上，又有隋大业十年刻经，更证实了这一判断。佛像与刻经竟然隐于深洞暗溪之间，足见北朝灭佛对僧侣们的深刻震撼，也可以看出佛徒们为保存佛教文化而付出的苦心。

孔水洞之上有一座万佛堂，是至今北京地区保留完好、规模最大的佛教建筑，全称为"大历万佛龙泉宝殿"，因殿内嵌有数以万计的佛像，故名。该堂为无梁砖室结构，歇山顶，灰筒瓦，大脊吻兽。建于唐大历年间。堂内之壁雕是由一块块长方形汉白玉镶嵌组成，其主题部分于大殿正面，是以浮雕构成文殊、普贤菩萨法会的巨大而生动的场面。中部是释迦牟尼坐像，两侧是文殊、普贤。在两尊菩萨的前后，又雕造了供养菩萨、天王、神人等护持左右的众多群像。而在其他三面由石雕所嵌的堂壁上，洋洋洒洒，鳞次栉比，雕满了供养人、侍佛者等等。进入佛堂，便如走进一个万佛盛会，其中，有一组乐技天人，更是姿态万千，神态各异，反映了唐代高超的雕刻技艺。

在房山大峪沟乡，还有一处唐弥勒造像，是唐代不多见的犍陀罗样式。佛的右手置于胸前，此谓"济施无畏印"。体态庄严而丰盈，衣饰、身形纹路流畅自然。考古界认为，应是唐代中期作品。

从以上例子可以看出，由于云居寺刻经的兴起，当时在大房山中，处处布满佛教文化痕迹。

房山大峪沟还有一处摩崖佛造像。主尊释迦牟尼佛居中，结跏趺坐于束腰式方形高台座上。主尊两侧依次有弟子阿难、迦叶，以及菩萨和护法神像，两两相对共六座。这幅石岩摩崖像，主次分明，布局严谨，人物形象生动，似唐代中期风格。

在大举进行石经刻造、石雕佛像、建寺修刹的风气下，隋唐的幽州连普通的石雕、陶塑也受到佛教文化的风格感染。如1952年北京出土唐信州刺使薛氏墓中有石刻十二生肖像，这本来是中国本土文化，造像虽是猴头、马首，但衣饰、体态、像座等显然与佛造像手法相通。可见，当时佛教文化的中国化，以及与中国各种传统文化的交融已相当深入。

第三节　幽州的道教

隋唐五代时期的幽州，由于佛教的快速发展和辉煌成就，使得其他宗教显得大为逊色，但并不等于除佛无二。道教是中国的原生态宗教，尤其是在幽燕，由于道教吸收了古代燕齐方士、神仙学的部分学说，在该地区有相当的根基。而统治阶级采取儒、道、佛均衡、合流的态度，也使道教占据相当的地位。况且，李唐为提高自己的身份，在修《士族志》时，把老子说成自己的祖宗，大有抬道拟佛的倾向。僧人法琳写《辩正论》，大毁老子，说老子的爹瞎了一只眼，娶不上媳妇，与邻家老婢私通才生了老子；又说李唐是"代北李"，而非"垅西李"，皇上认错了祖先。唐太宗大怒，要杀法琳，法琳赶紧说不念菩萨了，"唯念陛下"，才保住一条命。有人统计，有唐一代，约造宫观一千九百余所，度道士1500余人。这还不包括私人滥建的道观，若二者合计，全国道观应超过6000所，道士可达4万名。[①] 所以，幽州地区的道教肯定会有一定发展，只不过不如佛教那样突出而已。

一　道教中心白云观的前身——天长观的兴起

今北京西便门附近的白云观，一直是道教胜地。尤其是在元代，由于丘处机在此，大为兴旺，后历明、清，至今为道教中心。

然而，白云观的前身叫作天长观，始于唐。《日下旧闻考》卷九十四，曾引唐刘九霄《再修天长观碑略》云："天长观，开元圣文神武至道皇帝斋心敬道，以奉开元大圣祖。建置年深，倾圮日久。伏遇太保相国张公，秉权台极，每归真而祈福，观此观宇久废，遂差使押衙兼监察御史张叔建董部将作，功逾万计"。据此，天长观的始建年代应在唐玄宗开元年间，是玄宗直接敕建的道观。至于此碑所说重修天长观的"太保相国张公"，则需进一步考证。唐朝中后期，在幽州为节度使，加封"司徒""中书门下平章事"，即相当宰相头衔的有"三张"，即张仲武、张允伸、张公素。皆甚有作为。究竟是其中哪一位，刘九霄未记年代。但《日下旧闻考》又有元王鹗撰《重修天长观碑略》，其中说："燕京之会仙坊有

[①]　《中国文化通史》，中共中央党校出版社2000年版，第244页。

观曰天长，其来久矣。肇基于唐之开元，复修于咸通七年，及辽摧圮"。由此可知，唐代再修天长观年代为咸通七年，即公元866年，即唐懿宗时期。在此期间，为幽州节度使，并封司徒、太傅、同中书门下平章事的是张允伸。张允伸之父便曾官至太尉。允伸历文宗、武宗、宣宗、懿宗四朝，活了八十八岁，逝于咸通十三年（872年），死后进太尉。而在他长期的官宦生涯中，在幽州领镇即有二十三年。张允伸为幽州范阳人，本乡人，镇本乡土，颇有作为。在云居寺佛经题记中也可见到张允伸的大名，可见，这位老寿星是既尊佛又信道。对天长观的复修"功逾万计"，足见在唐代此观规模已相当庞大。

二 从刘仁恭父子"尊道"看唐末五代初幽州道教之一斑

如果说唐玄宗和张允伸创建和修复天长观，还是对道教的正常推动，到唐末、五代初的刘仁恭父子对道教的信奉则达到荒谬和极端。

唐末，军阀混战，刘仁恭是唐代幽州最后一个节度使。其父为李可举部将，刘仁恭从于军中，因善挖地道，号称"刘掘头"。唐末北方已大乱，刘仁恭割据幽州。刘仁恭善战，在防御契丹入侵方面是颇有成绩的。但晚年对道教、道士的崇拜，实在非常人所可理解。刘仁恭及其子刘守光都想乘乱在幽州称帝，曾在幽州城内大造宫室。既想为帝王，便又想长生不老，于是，崇信道士王若纳，学长生不老之术，并于大安山筑馆，掠子女充其中。为供应王若纳的经费，刘仁恭竟然独设一县——玉河县，以该县之全部赋税供应王若纳使用。这是北京历史上唯一以县奉道的奇闻和"特区"，在全国历史上亦少见。玉河县应是创自唐末，五代因之，至辽仍有玉河县。辽朝后期才改为玉河乡。

当时刘仁恭炼丹服药，信道求仙，已到如痴如狂的地步，终日住在大安山中，不理政事。山上宫观楼台，美女充斥。为供应道士和自己的享受，刘氏父子竭尽搜刮之能事，没收民间铜钱，藏于大安山洞中，民间作泥钱流通。唐末，幽州饮茶之风已盛，本来均自南方贩运，刘氏父子竟禁茶商卖茶，而以军士在山中采树叶冒充茶叶卖钱。由于刘仁恭一心"修道"，军权皆落入其子刘守光手中。刘守光与其父的小妾私通，事情败露，刘仁恭怒斥刘守光，其他军阀又乘机来攻幽州。刘守光借攻打来犯之敌的时机，竟反攻大安山，囚禁了他的父亲刘仁恭。梁初，刘守光终于在幽州称帝，国号大燕。虽只有短短的两三年，但总算过了把皇帝瘾。

关于玉河县的地理位置和范围，应特别说明一下，以证刘氏父子奉道之"诚"。

据《辽史·地理志》载："玉河县，本泉山地。刘仁恭于大安山创宫观，师炼丹羽化之术于方士王若纳，因割蓟县分置，以供给之。在京西四十里，户一千。"但唐代之蓟县在幽州东部，与上述"京西四十里"地望相反，故应为"割幽都县"之误。今京西四十里门头沟区有城子村，可能由玉河县城而来。玉河县的地理范围，据新中国成立以来出土的许多辽代墓志大体可考。其北界约在今海淀区大觉寺附近。20世纪80年代初笔者到该地考察，听村民说在大觉寺北某村之井壁中有一块玉河县界碑，可惜今已无存。但大觉寺内现存辽碑一幢，记述辽玉河县南安巢村邓从贵捐资建寺情况，南安巢村今仍其名，在大觉寺之东。其东界约在今石景山区东部，与当时的宛平县为邻。南界在今房山县城以南，西界抵门头沟区大安山。其人口虽只有一千户，但山林范围却很大。

刘仁恭父子奉道之佞固属特例，但亦证明，唐、五代初幽州道教势力之盛行。

第四节　音乐、舞蹈、戏剧、绘画及茶道

一　宫廷乐律家祖孝孙与房山唐代乐谱的重大发现

目下，在人们看来，除了当代北京有全国的最高艺术学府和团体外，在北京历史上，或印象中的"老北京"，并不是能歌善舞、艺术发达的地方。其实不然。历史上的北京因地处边塞，北方各民族的艺术常在这里荟萃，不仅学胡服骑射，而且能歌善舞，并且在隋唐之时出过全国最著名的大音乐家——祖孝孙。

谈到祖孝孙，就不能不首先回顾一下多才多艺、向有音乐天赋的祖氏家族。

祖氏是幽州世家大族，有时说居范阳，也有时说是涞水，可能因为不同时期建置名称有变，总之是在大房山一带。南北朝时分为南北两支，南支出了个祖冲之，其数学的成就举世闻名。其实，祖冲之不仅是数学家，而且精于历法和音律。祖氏北支在北朝更为显赫，出了许多著名的学者，如祖迈、祖侃、祖莹皆大儒。而祖珽、祖鸿勋则显于北齐。祖珽亦极富音乐天才，《北齐书》说他"天性聪明，事无难学，凡诸技艺，莫不措怀，

文章之外，又善音律"。范阳晓音律者不仅是祖氏，众所周知的卢氏家族中也有通音律者。卢光，"精于三礼，能解钟律"。卢贲则继父学，同样长于钟律。可见，当时的范阳，卢、祖两姓，不仅儒业显赫，对儒家礼乐尤其重视。他们有很高的文化修养，精通儒家的礼乐制度，所出之音乐人才，绝非一般技艺者，而都是音乐大师一级的人物。而其中，音乐成就最高者当属隋唐之间的祖孝孙。两《唐书》中，不仅有《孝孙传》，而于《礼乐志》中皆详记其贡献。

孝孙出于儒学世家，秉承家学，精通历法、数学和音律。隋初，宫廷雅乐已失真传，何妥、郑译、苏夔、万宝常等音乐名家共同研讨亦无定论。及平定江南，设清音署，太常卿牛弘乃推荐祖孝孙为协律郎。与陈朝乐官蔡子元、于普明等共同参订音律。当时，有音乐大师毛爽，精通汉代京房律法，其时已年老。牛弘怕其学失传，奏请朝廷，让祖孝孙去从师毛爽，孝孙尽得其精要，使久已失传的"旋宫之法"复现于世。大业年间，孝孙以其所学，并参照陈乐，及东晋旧存资料，定隋律。他以一律生五音，十二律生六十音，再以六演变，出三百六十音，以对应每年三百六十日之数。而十二律则应十二个月。"起于冬至，以黄钟为宫，太簇为商，林钟为徵，南羽为宫，姑洗为角，应钟为变宫，蕤宾为变徵。"① 自此，隋朝雅乐乃定。但"旋宫之法"未得尽用，唯奏《皇夏》等十四曲。

入唐，擢孝孙为著作郎，历史部郎、太常少卿等，逐渐得到李渊的赏识。孝孙乃寻机奏请制定唐乐。但因军国多务，未及改制。到武德七年（624年），才命祖孝孙重定雅乐。孝孙不仅参照前朝律法，而且对全国各地区音乐特点了如指掌。他认为，"陈梁乐杂用吴、楚之音，周齐乐多涉胡戎之伎"，于是，"斟酌南北，考以古音，作大唐雅乐。以十二月各顺其律，旋相为宫，制十二乐，合三十二曲、八十四调"②。可以看出，这次大唐雅乐的制定，不仅总结了汉代以来的音乐成果，而且集南北之特长，并使"旋宫之法"真正得到应用，比隋律又进了一大步。可以说，这是中国音乐史上一次集成、改革的大事件。孝孙逝后，唐律虽略有改变，但大体仍循祖孝孙之本音。

幽州出了这些音乐大师，对本地肯定有所影响。房山区坨里乡的万佛

---

① 《旧唐书》卷七十九《祖孝孙传》。

② 同上。

堂内壁，雕有一幅伎乐天人图像，有的手持拍板、琵琶，有的持排箫、筚篥、瑟等乐器，均作弹奏状，神态各异，栩栩如生，反映了当时幽州地区的乐舞场景。

唐代后期，宫廷燕乐流入民间很多。幽州音乐家们既是唐代宫廷礼乐的制定者，对雅俗共赏的燕乐自然知之更多。

近年来，房山区挖掘本地原生态文化，竟然有一个惊人的发现：在房山佛子庄乡，搜集到百多首古乐谱，其中有三十多首疑为唐乐。张东升先生特撰《佛子庄乡银音会古曲谱探源》，已发表于《燕都》杂志2004年第3期。

据张东升先生撰写的文中介绍，该区佛子庄乡的北窖、长操、上英水三个村都有"银音会"，其名或因其乐声悠扬似"银音"而来。据老人追忆，最早的成立于清康熙年间，已有300多年的历史。但其所存乐谱却远在此之前，三村所存乐谱合计百余首（除相同者），都是传统的"五音"，即"工尺谱"，是由老艺人代代手抄，世世相传而来。在个别曲目中，也发现了向七音转化的痕迹。张东升先生从乐谱名称分析，认为"可以看到隋唐古乐即燕乐的影子"，"最古老的曲子已有千年以上的历史"。张东升先生从三个方面说明这三十多首古谱可能是隋唐乐曲。第一，曲名完全一致，如《望江南》《柳青娘》《醉太平》《感皇恩》等。第二，命名方式与隋唐一致。隋唐乐曲命名，一种是取新诗如七言绝句入乐；另一种是依旧曲填词，多以"令""子""乐"命名，而佛子庄乡古谱正好多依此而名之。第三，隋唐曲乐名称多为二字、三字、四字者，以三字为多，佛子庄乡这三十多首古曲同样如此。

本人系"乐盲"，但觉得张东升先生考之有据，分析合理。需要补充的是，房山附近由北朝至隋唐，祖、卢两姓出了那么多大音乐家，佛子庄乡的"银音"之中应该会留下他们智慧的影子，这是"房山乐"的根和历史背景。而万佛堂的乐伎像又证实了唐代幽州的音乐活动。还有一点，特别引起我的注意，即张东升先生所附曲名表中有一首四字曲：《麦秀两歧》。这是唐代著名的曲目，内容是歌颂东汉时期渔阳太守张堪的。张堪于东汉建武年间任渔阳太守，他吏治严明，且有军事天才，在任八年，匈奴不敢犯边。张堪还在狐奴（今顺义东北）引鲍丘水（今潮河）灌溉，"开稻田八千余顷，劝民耕种，以致殷富"。渔阳百姓乃作歌以颂之，其词原文是"桑无附枝，麦穗两歧。张君为政，乐不可支"①。这段曲词,明载于史,是幽州百姓的民间作品,其原有曲词皆源于幽燕,唐代盛行。佛子庄乡音会保留至今,说是唐曲,应该无误。有此验证,其他曲子有隋唐之作起码得到一项有力的证据。当然个别曲目尚有待商榷,如表中的三字曲目中有"武媚娘"。"媚娘"是武则天的乳名,若在唐,直呼其名则是"大不敬",或许是唐以后作品亦可能。但总的来说,这么多的曲目可与唐乐相互印证,已是很了不起的发现。但尚须进一步由音乐史方面的专家认真鉴定,一一确认才更好。

另据《太平御览》卷五百八十四《乐部》记载,唐德宗时幽州艺人王麻妈吹筚篥"河北推为第一手"。而北京于新中国成立后又出土了一件"筚篥俑",证明当时幽州民间善长乐器者亦甚多,流传下来古曲亦不足为怪。

二 舞蹈与戏剧、杂技

隋唐的"乐"和"舞"往往是相结合的。《乐府杂录·舞工》说:"舞者,乐之容也。"唐代有十部乐,演奏时大多要配以舞蹈。如《破阵乐》,又称《秦王破陈乐》,即由魏征等制词,配以由120人披甲执戟的大型舞蹈场面。幽州既然有那么多优秀的音乐人才,又边临多民族地区,其舞蹈应该也是多种多样的。除传统的中原舞蹈外,还从西域、高丽及北方其他少数民族地区传来许多舞蹈。幽州是征伐高丽的基地,唐太宗征辽时又有许多高丽人,其歌舞当然会在幽州流传。但见于记载的,幽州特长的舞蹈则是胡旋舞。

胡旋舞源于西域,后流传至幽州和中原。据白居易《胡旋女》诗说:"胡旋女,胡旋女,心应弦,手应鼓,弦鼓一声双袖举,回雪飘飘转蓬舞……奔车轮缓旋风迟。"可见,胡旋舞是以手击鼓,快速旋转的舞蹈。唐代最擅长胡旋舞的有杨贵妃、安禄山和武则天之侄武延秀等。故白居易又说:"中有太真外禄山,二人最道能胡旋。"《新唐书》《旧唐书》都记载安禄山跳胡旋舞之事,说他在玄宗面前"作胡旋舞帝前,乃疾如风"。安禄山本人如此爱好胡旋舞,幽州能为胡旋者想必不少。安禄山得到玄宗恩宠,在幽州作威作福,曾岁输财百万,暗遗胡商经营于各道,并以大会宴其家奴、胡贾。宴会上,"胡人数百侍左右……女巫鼓舞于前

---

① 《后汉书》卷三十一《张堪传》。

以自神"①。这些女巫跳的什么舞便不得而知了。

隋唐五代时戏剧又有了新的发展。除北朝即流行的"参军戏"以外，又有了大面戏、傀儡戏和踏摇娘（歌舞剧）。幽燕在北朝时即已有参军戏。唐代见于记载的则有傀儡戏，即现代的木偶戏。《封氏见闻录》记载，唐代宗时太原节度使辛呆京葬日，诸节度使争以傀儡戏道祭，而范阳祭盘最大，"刻木为尉迟鄂公，突阙斗将之像。机关动作不异于生"。灵车欲过，范阳使者说还有剧目，于是，又停灵车，观汉"鸿门宴"之剧。结果，送葬者看戏竟忘了哭。戏罢，孝子说演得好，赏范阳艺人两匹马。当时，木偶戏已在全国许多地方流行，但范阳的木偶戏显然比其他地区更为出色。

杂剧在宋元大为流行，而且在晚唐已初步形成，并有不少剧目。在上述房山乐谱中曾发现了《麦秀两歧》的曲子。而据《太平广记》《封顺卿》引《王氏见闻录》载，五代时又填了新词，编成了戏剧，还流传到西蜀。剧情是一群农人拖儿带女提篮拾麦。西蜀不产麦，显然又是自北方传去的。其曲歌源于幽州，戏剧亦当自幽燕传出。否则，一个普通的地方官员故事，若不是本地百姓记着他的好处，世代相传，其他地区怎么可能突想这样一个题材？

此外，还有所谓"民间百戏"，即现代之杂技之类。张鹜《朝野佥载》说："幽州人刘交戴长竿，高七十尺，自擎上下，有女子十二，甚端正，于竿上置足，跨盘独立。观者不忍，女无惧色。"《杜阳杂编》又载，唐代幽州女艺人石火胡及其弟子技艺高超，于百尺竿头张弓弦五根，以五女各据一根之上，执戟持戈，随《破阵乐》俯仰起舞。而房山佛子庄乡唐曲中亦保留《破阵乐》曲目，两相对照应又有渊源。

三 绘画

隋唐五代时绘画有了新的发展，特别是在门类上，有人物画、山水画、花鸟画等，已基本形成我国传统绘画的总体格局。唐代有许多著名的画家。尤其是以画人物见长的吴道子，被称为"画圣"。距幽州不远的曲阳北岳庙有吴道子所画"曲阳鬼"。近年，又在北岳庙后壁发现了"北岳山神出行图"，场面之宏大，气势之壮观，人物之生动，全面反映了吴道

---

① 《新唐书》卷二百二十五《安禄山传》。

子的绘画艺术。北岳庙距幽州不远，幽州肯定受到很大影响。

而就幽州本地来说，见于记载的画家虽然不多，但也有像卢鸿这样的名家。

卢鸿，字浩然，幽州范阳人。他既精于书法，又擅长于丹青。在书法方面，精通篆、隶等书道。在绘画方面主要是山水画。他的山水画"喜写山水平远之趣，非泉石膏肓，烟霞痼疾，得之心，应之手，未足以造此。画《草堂图》，世传以比王维《辋川草堂》"[①]。但卢鸿之画作，传世甚少，可知者有《巢石图》《松林会真图》等。

到五代与辽初，幽州有一位著名画家胡環。一般研究画史者将之算五代画家，而辽史研究者又常把他作为辽代画家。胡環是契丹人，原为慎州乌素固部人，因后来常居幽州，被视为幽州画家。如《图画见闻志》《宣和画谱》《图绘宝鉴》，皆称其为范阳人。胡氏善画马，以及北方草原民族的游牧生活。《五代画补》称其作品为"神品"，说他"善画番马，骨骼体状，富于精神。至于穹庐部族、帐幕旗斾、弓矢鞍鞯，或随水草放牧，或在驰逐弋猎，而又胡天惨冽，沙碛平远，能曲尽塞外不毛之景趣，信当时之神巧绝代之精技欤。故人至今称之"。据《宣和画谱》所载，胡環作品藏于宋御府者即有65件，几乎都是北方民族游牧射猎的题材。保存至今者有：《卓歇图》《番马图》《还猎图》《回猎图》等。其中以《卓歇图》最有代表性，它描写了契丹贵族射猎后歇息的场面，其中，人物、鞍马、庐帐，生动逼真；而远山、丘陵，苍茫浩渺，使人如临其境。由于采取了浪漫主义与现实主义相结合的手法，不仅给人以壮阔辽远的意境；同时，真实地再现了契丹人的牧猎生活。

胡環无论在幽州或对后来的整个辽朝绘画艺术都影响极大，将在下章再述。

四 "茶风"北渐与"亚圣"卢仝

中国文化向来常把物质与精神结合在一起，叫作"以物载道"。茶文化便是一个典型。

中国人饮茶的历史很早，南北朝时出现茶与文化相结合的大势，但尚未形成文化系统。唐代佛教盛行，僧人夜间坐禅困乏，各寺院开始盛行饮

---

① （宋）《宣和画谱》卷十。

茶之风，然后又由寺院传到沿途驿馆、商铺，全国几乎处处讲饮茶。北京曾出土一副黄釉陶瓷茶碾，证明唐代的幽州已有当时流行的饮茶器具。到唐末、五代初，幽州军阀刘仁恭禁南方茶商来幽州贩卖，而以军士于西山采树叶充茶出售，以获其利，说明幽州对茶的需要量已经很大。

唐人饮茶已经不是一般的醒神解渴，而有一套文化体系。"茶圣"陆羽写了本《茶经》，不仅涵概了茶的生长、制作、烹调、品饮、贮存、功用等全部知识。而且将饮茶技巧艺术化，讲鉴茶、评水、列具、烹煮、品饮等各个环节和程序。然后，又在这种品茶的艺术境界中体味人生的道理，贯彻儒、道、佛各家的思想。这便是由技而艺，由艺而道了。我们这里不是讨论茶文化本身的问题，而是想谈唐代茶文化对幽州的影响，所以，有关茶艺、茶道的具体内容此处不加详述。读者若有兴趣，可参看拙作《中国茶文化》一书。

这里要重点介绍的是被称为"茶亚圣"的卢仝。

卢仝（约795—835年），号玉川子，幽州范阳人。他不仅是唐代著名的诗人，也是最优秀的茶人。卢仝虽属范阳卢氏世家，但他这一支大概已家境没落，据说家庭贫困，但仍刻苦读书。年轻时曾隐居少室山，不愿仕进，后来成为著名的诗人。其诗风格独特，近乎散文，多针砭朝政腐败，反映民生的疾苦。卢仝这种清高致远的个性，使他与茶文化自然相通。

卢仝既被称为"亚圣"，在茶艺方面想是深有造诣的。但史料中很少有这方面的记载。可见，卢仝对茶文化的贡献，不仅在于"艺"，而主要在乎"道"。唐人创造的茶文化是要以茶载道，重点是通过饮茶增进修养，陶冶情操，以茶励志。然而，"大道无形"，如现今日本"茶道"和中国茶艺馆，摆弄器具，故作姿态，是很难体现"道"字的。唐代自陆羽之后，有许多人对茶道精神加以概括，比如，刘贞亮便曾说茶有"十德"，而儒、道、佛各家又都有自己的重点，但条文太多，核心便抓不住了；况且，说得越多，人们越难以领会。卢仝则不然，他有深刻的儒、释、道修养，但首先又是诗人、艺术家。他是通过诗文，用生动形象的艺术手段，来概括茶的文化的思想精髓，使人得到深深的感悟。这种思想，集中表现在他的《走笔谢孟谏议寄新茶》诗内。现将全诗引于下：

日高五丈睡正浓，军将打门惊周公。

口云谏议送书信，白绢斜封三道印。
开缄宛见谏议面，手阅月团三百片。
闻道新年入山里，蛰虫惊动春风起。
天子须尝阳羡茶，百草不敢先开花。
仁风暗结珠琲瓃，先春抽出黄金芽。
摘鲜焙芳旋封裹，至精至好且不奢。
至尊之馀合王公，何事便道山人家。
柴门反关送俗客，纱帽笼头自煎吃。
碧云引风吹不继，白花浮光凝碗面。
一碗喉吻润，两碗破孤闷。
三碗搜枯肠，唯有文字五千卷。
四碗发轻汗，平生不平事，尽向毛孔散。
五碗肌肤清，六碗通仙灵。
七碗吃不得也，唯觉两腋习习清风生。
蓬莱山，在何处？
玉川子，乘此清风欲归去。
山上群仙司下士，地位清高隔风雨。
安得知百万亿苍生命，堕在巅崖受辛苦。
便为谏仪问苍生，到头还得苏息否？

凡论茶道者，皆好引此诗，但多掐头去尾，仅取中间"七碗"之词。这样一来，茶人的讽谏精神便难见了。卢仝之所以被称为茶之"亚圣"，不仅因为他以饱畅洸洋的笔墨描绘出饮茶的意境，而且特别强调了儒家的治世精神，是对唐代正式形成的中国茶文化精神的总结。

这首长诗实际是三部分：

第一部分从军将打门开始，写朋友送茶的过程，表面看只是铺陈，但实际既含礼仪，又有讽谏。孟谏议送茶，已含"以茶交友"，是讲茶对人际友谊的作用。而"天子须尝阳羡茶，百草不敢先开花"，是讲伦序。有人说从这句便开始讽谏，其实，作为封建时代的文人，先明伦序更符合他的思想。而"仁风暗结"，夸赞茶性"不奢"，又表达了儒家仁爱和养廉的精神。其中，固然有对帝王、王公、小民的对比讽谏，但不能以此全部涵盖作者的思想。

中间当然是全诗的精华。"一碗喉吻润"还只是物质功能,"两碗破孤闷",已开始对精神发生作用,浇开心中的块垒。三碗喝下去神思敏捷,李白斗酒诗百篇,而卢仝喝了三碗茶便有"文字五千卷"。四碗喝下去,便激起一种精神力量。所以,生平一切不平之事皆散于毛孔。待到五碗、六碗,便肌肤清爽,而有得道通神之感。

但是,天有风雨,人神阻隔。笔锋一转,想到了堕落山间的贫苦茶农,请孟谏议传达对亿万苍生的关怀与问候。这里,才是真正的"讽谏",是茶人"为生民立命"的伟大精神。看来,卢仝被称为"亚圣"是当之无愧的。

卢仝茶文化思想的出现,是幽燕文人治世传统与南方清致雅丽文化韵味的结合,进一步反映了南北文化的交融。卢仝的思想对后世影响很大,不要以为茶文化只是在南方,北方茶人在茶文化中更加入了淳厚与积极的色彩。如后来元代的耶律楚材便是一个这样的人物。

第五节　对外文化交流

北京在历史上一直是相当开放的地区,闭封、保守只是近代以后带给人们的印象。唐代又是非常开放的时代,这更使幽州文化能够广为吸纳。同时,由于地缘的关系,幽州进一步成为中国文化向东北亚传播的桥梁。但由于当时的京都在长安、洛阳,所以史料记载不详,仅留下一些蛛丝马迹。即使如此,亦足可以使我们看到它在中外文化交流中的重大作用。

一　幽州在中国与朝鲜半岛文化交流中的作用

隋和唐代早期,几次大规模征伐高丽,皆以幽州为基地。战争固然使双方都蒙受巨大的苦难与损失,但同时又是文化相互渗透的重要时期。如上所述,唐太宗征高丽,将一万四千口高丽民安置在幽州,他们不仅带来了高丽的生产技术,而且将朝鲜半岛的生活习俗、文化思想、各种艺术也带到幽州。但同时,唐王朝在此次战役中拔高丽十城,即玄菟、横山、盖牟、磨米、白崖、卑沙、麦谷、银山、石黄、辽东。这其中,一部分在今辽吉境内,也有一部分在鸭绿江以南。唐王朝攻克这些城市后,在那里派置官员,推行唐朝政治制度,自然把各种文化带到这些地区。而幽州则是控制、连通南北的枢纽和文化传播的桥梁。而这些文化制度,对此后朝鲜半岛的发展影响极大。

当然，双方更多的是和平时期友好交往。隋唐之际，朝鲜半岛上并列着新罗、高（句）丽、百济三个国家，三国当时都有很多汉人，这些人是在很长的历史过程中逐渐由幽燕、辽东而转到朝鲜半岛的。从唐贞观年间起，三国与唐王朝开始进行大规模的文化交流，派出大量留学人员到唐朝学习，而幽州是他们的必经之地。7世纪中叶，新罗得到唐朝的支持，灭掉了高丽和百济，至735年，新罗统一了朝鲜半岛南部。自此，新罗更全面吸收唐文化。这些文化制度，有新罗人主动来学的，也有些是唐朝人带到朝鲜去的。

安史之乱爆发，幽州有一位二品官员叫卢会，他为避乱到山东，然后渡海又到朝鲜半岛，与卢会同行的还有他的九个儿子。因为他们来自中华古国，同时，卢氏向来是幽州范阳的世家大族，世代业儒，且有很深的造诣，所以受到当地人的赏识。后来，卢姓发展为朝鲜大姓，据王大锋先生云，目前在朝鲜和韩国有32万卢姓人。[1] 而在此后的一千多年发展中，卢氏在当地任地方官员者层出不穷。包括前韩国总统卢武铉、前总统卢秦愚，皆出于卢氏这一支。所以，当涿州学者去访问时，他们说，现在才知道了自己的"源"和"根"。

据杨昭全先生统计，包括朝鲜半岛的"三国"时期和后来的新罗时期，在唐代共遣使赴唐117次。[2] 幽州是唐王朝的北方重镇，幽州的文化肯定会给他们留下深刻的印象。而两国文人之间，也结下了深厚的友谊，文人切磋文章，诗人相互唱和，留下了不少佳作。如幽州诗人贾岛，便与新罗褚氏学子结下友情，并有《送褚山人归日东》诗：

悬帆待秋水，去入杳冥间。
东海几年别，中华此日还。
岸遥生白发，波尽露青山。
隔水相思在，无书也是闲。

字里行间，透露出两国一衣带水的情谊。

---

[1] 王大锋：《龙乡文化与涿州文化》，《燕都》2004年第3期。
[2] 扬昭全：《中国—朝鲜—韩国文化交流史》，昆仑出版社2004年1月版。

隋唐时期，幽州与朝鲜半岛上的诸国的文化交流是多方面的。据考古专家介绍，目前，韩国发现的许多相当于隋唐时期的城市遗址，如城市设计等，是效法中国，而许多器物，如铜镜等，则来自幽州。

二 文化使者和旅行家——高僧义净

义净（635—713年），本幽州范阳人，可能后来其家移居山东，故有的说是齐州（今山东历城）人。俗姓张，字文明。自幼皈依佛门，精研佛法。既长，仰慕玄奘等高僧行迹，决心亲往佛国，寻求佛法。

义净是高僧，又是著名旅行家。他这次出行是走海路。本来，已得同道数十人，但将及登舶，众皆惧难而退，只有义净"奋励孤行"。他于高宗咸亨二年（671年）自番禺（今广东）乘船出发，沿南海道西行，经过了许多国家，在南亚诸地"凡遇酋长，皆加礼重"。义净对海外山水、风俗皆有兴趣，"鹫峰、鸡足，咸遂周游；鹿苑祇林，并皆瞻属。诸有圣迹，毕得追寻。经二十五年，历三十余国"[①]。最后到达印度，得佛教典籍经、律、论等共四百余部。在归国途中，他便将往返所见所闻开始著述，写成《大唐高僧西域求法高僧传》和《南海寄归内法传》等五部著作。他出国时只有三十六岁，归来时已是六十多岁的老僧了。

证圣元年（695年），义净终于回到东都洛阳。这时，武则天已做了女皇。对义净的归来，朝廷非常重视，举行了盛大的欢迎仪式，武则天还亲自接见。

义净还是大翻译家。归国不久，便开始大规模的翻译工作，他曾参加八十卷的《华严经》翻译。而自武则天久视元年（700年），开始独立翻译，到睿宗景云二年（711年），共译出经律五十六部，二百三十卷；另有律部杂类等若干部，八十来卷。此外，还有《孔雀王经》《一切庄严王经》等。以上凡107部，共1428卷。义净逝于唐玄宗先天二年（713年），活了七十九岁，在当时真是高寿了。[②]

义净是自玄奘后到印度求法僧人中成就最大的人，故与法显、玄奘并称"三大求法僧"。

---

① 《历代高僧传》，上海书店1991年版。
② 转引自郭朋《隋唐佛教》，齐鲁书社1980年版。

第九章　政治的北风劲吹与文化的南风北渐
——幽燕文化与契丹建国及辽初的文化冲突

907年，唐王朝灭亡，进入五代十国时期，而与此同时，北方草原上的契丹人亦迅速崛起，并于916年由辽太祖阿保机正式建立辽王朝，936年，石敬瑭割让燕云十六州，幽燕归入辽朝版图，938年，辽升幽州为陪都，曰南京，又称燕京，从此揭开了北京首都地位的序幕。

从幽州入辽，到1122年金人占领辽南京，其间长达一百八十多年。其时，辽朝的正式都城还在上京临潢府（今内蒙古赤峰市巴林左旗），但实际上，燕京是辽朝五京中经济、文化最发达的城市，也是军事力量最集中的地区。所以，是唯一可与北宋都城开封相媲美和抗衡的城市。

辽朝是一个立足草原又地跨中原的政权。辽南京的出现，标志着北方民族再举大规模入主中原浪潮的开始。如果说，南北朝时入主中原的北方民族在文化上还显稚嫩，最终以全面汉化失去了自己原来的优势，自辽朝开始，又历金、元、清，则是将自己的文化特长与中原传统文化有机交融，最终使中华文明以更成熟的面貌绽放出更为绚丽的光芒。而在这一点上，辽朝提供了相当丰富的经验。

从都城文化讲，辽南京虽为陪都，但与辽朝其余陪都的功能大为不同。在辽朝中期，特别是圣宗朝，它不仅是全辽抵御北宋的军事前沿，也是朝廷政治活动最活跃的城市。所以，在辽朝晚期，当天祚帝逃到草原之后，耶律淳建北辽，已将燕京作为正式都城。有辽一代，几乎所有的大政治家、文化家，不是出自幽燕，便是到燕京做过官。从时间上说，金中都历62年，元正式建大都到明攻占燕京有百年，皆不如辽南京时间之长。当然，金中都是北半个中国的正式都城，元大都已是统一国家的政治中心，不可与辽南京同日而语。然而，辽代的南京，从宫室建筑、朝廷礼仪、政治制度到科举、教育等皆效法北宋,这才为此后的各代都城文化奠定了基础。需要说明的是,辽南京文化不是简单的中原都城文化的翻版,而是南北文化的结合与再造。特别是首次将北方制度文化与中原礼制相辅而行,从而为传统的都城文化注入了新的活力。元孙静修说:"万里河山有燕赵,一代风俗自辽金。"而金人文化又多借鉴于辽。在农耕民族与牧猎民族两种异质文化的融汇上,契丹人做出了特殊的贡献,它同时说明,文化的交流与学习从来是双向的,以汉民族文化为主体,不等于北方少数民族处处都落后。正如苏秉琦先生所说的,"他们是牧人,不是野人"。

从我国古代都城史来说,有一个自西向东——南北对峙——最后向北京转移的过程。辽南的建立,标志着这个过程的中段已经开始;经过180多年锻炼,到金代正式成为北半个中国的首都;至元朝,终于使大都成为全国的政治、文化中心。这种变化有多种原因,其中,既有北方民族对中原文化的学习,也有汉民族对北方民族文化的认同。辽南京文化是这方面的范例。

第一节　契丹文化源流及其与幽燕的关系

在研究北京民族史的过程中,我们发现,契丹与其他北方民族相比较,更容易接受中原文化,也更善于将北方各民族文化相融汇,是一个非常善于学习和适应的民族。往上溯,南北朝时入主中原的北方民族,对本民族的原有文化缺乏信心,常以"占据中原即为正统"来掩饰自卑心理。向下看,金人入主中原之初对汉人的杀戮非常严重。而蒙古在燕京的断事官们,则公开宣扬:"汉人无用,不如杀之,以使草木畅茂",便于他们放牧牛羊。所以,蒙古人初占中原,大规模"屠城"的事件时有发生。即使到清代,满族人"留发不留头,留头不留发"的政策,虽表现出北方民族政治和军事上的优势和自信心的上升,但也造成了汉人更为严重的对抗心理。辽朝却不然。阿保机建国即以汉族文人为谋主。占据燕云十六州之后,虽然也有民族矛盾和冲突,但很快采取了"因俗而治"的方针,使髡发左衽的契丹人和留发右衽的汉人基本和平共处。这在中国民族史上是比较少见的特例。是什么原因造成这种结果呢?我们发现,幽燕文化与契丹人的长期互动是其中的关键。从地缘关系看,契丹及其远祖与幽燕紧密衔接;从远古文化看,契丹所居住的区域与幽燕本来就是最为接近的链条；而契丹人周围的民族环境，又进一步强化了他们多方采纳不同文化和善于学习、适应的特征。

因此，我们在正式讨论辽南京文化之前，不能不首先从更久远的历史谈起。

一 从契丹的先祖和早期的契丹看他们与幽燕的关系

契丹最早以族名见于史籍，是在北齐人魏收所著《魏书》中。该书首次为契丹立传，说："契丹国在库莫奚东，异种同类，俱窜于松漠之间。登国中，国军大破之，遂逃迸，与库莫奚分背。经数十年，稍滋蔓，有部落于和龙（今辽宁省朝阳）之北数百里。"这就是说，契丹与库莫奚有共同的祖先。他们的祖先是谁呢？《魏书·库莫奚传》则说得更具体："库莫奚之先；东部宇文之别种也。初为慕容元真（指慕容晃）所破，遗落者窜匿松漠之间。"由此看来，契丹乃宇文鲜卑之别部。而再向上溯，又是谁？《新唐书》云："契丹，本东胡种。"所以，人们归纳起来，契丹属东胡——鲜卑系。具体说，是鲜卑宇文之别支。

东胡与幽燕的关系，我们曾经在战国章谈到。当时，东胡在燕国之北，与燕交错而居。战国时的东胡非常强大，时常侵犯燕国，燕国甚至要向东胡派出人质。后来，燕国大将秦开，正是因为曾在东胡作人质，非常熟悉东胡地理山川及风俗等，乃率军大破东胡。东胡北走至坝上，燕国向北拓地千里，并筑燕北长城，以阻止东胡人继续南下。时在燕昭王当政之际。而东胡人北走的坝上地带，正是后来契丹人正式建立部族的"松漠之间"。这就是说，从契丹最早的远祖——东胡人开始，便与幽燕有着密切的联系，并曾交错居住过。

鲜卑是东胡的一支，秦汉时游牧于今西喇木伦河与洮儿河之间。曾依附于匈奴。匈奴北迁后才进入匈奴故地。汉桓帝时分为东、中、西三部。而宇文鲜卑则是其东支。其地在右北平东部至辽东之间。与幽燕东北部相接壤，历史上曾建立过北周。当然，周时的契丹早已自鲜卑部落联合体中分裂出去了。

由宇文鲜卑分支而出的这群人自称契丹；另一群人叫库莫奚，或简称奚。他们"俱窜于松漠之间"。

"松漠之间"是个什么概念呢？于宝林先生曾加以考证，他认为，"松漠"是泛指，不是实指。"漠"指大漠；而"松"指平地松林，《辽史》和《契丹国志》均多记载。据《契丹国志》可知,平地松林在饶州之西南。而饶州,在今内蒙古赤峰林西县小城子乡。①另外,《辽史》和《契丹国志》都记载了一则关于契丹始祖的传说,说有一女子驾青牛车由平地松林泛潢河(今西喇木伦河)而下,有一男子,乘白马,自马盂山浮土河而东(浮土河即今老哈河),至木叶山下,二水合流,相配为夫妻,生了八个儿子。这八个儿子便是契丹人古八部首创者。据此,"松漠之间"的具体位置,应在"潢河之西,土河之北",处于蒙古高原的东端。于先生指出:"其西与蒙古高原连接,东抵大兴安岭山脉,南为努鲁儿虎山和七老图山岭。西拉木伦河由西向东从北纬 43.5 度线地区流过……老哈河偏南,整个两河流域大致在东经 117 度~121 度,北纬 41~45 度之间。"②如果打开地图,便会发现,北纬 41 度是今承德市略北,而北纬 45 度线,在今科尔沁右翼中旗以南。东经 117 度在今内蒙古什克腾旗西侧,东经 121 度则当目前朝阳地区。这样,我们便会惊奇地看到,契丹创始之地与战国时东胡人活动的地域(秦开拓地前的东胡)基本一致。由此看来,他们"窜于松漠之间"不是偶然的。或者可以这样归纳:契丹的祖先原为东胡,居住于两河流域和燕山以北,战国时与燕国相邻(或交错),燕国破东胡后被迫退于坝上,其中一支演变为鲜卑。鲜卑之宇文部曾与匈奴相接,后来又稍东移,生活在幽燕之东北。北魏时,宇文部被另一支鲜卑人——慕容晃部所击,从宇文部中又分出一支,窜于松漠之间,成为契丹人和库莫奚人。这两族很可能原先就居住在东胡故地,所以又返回"故乡"。其地大约相当今承德市市区以北和整个赤峰市,仍与幽燕相毗邻。所以,到隋唐时常以幽州节度使节制奚与契丹。

这样概括虽然有点哆嗦,但可以基本梳理出契丹的源流与活动范围。从中可以看出,早在契丹这个民族正式建立之前,他们的祖先便一直与幽燕汉人相交往,或相水火。因此,他们后来对幽燕文化易于认可,而并不是一入主便压制,就很可以理解了。

二 追溯远古,渊源更深

假如我们向更久远的时代追溯,便会发现,松漠之间和两河流域,自

---

① 于宝林:《契丹古史论稿》,黄山书社 1998 年版。
② 同上。

新石器以来,便经常是一个半耕半牧的地区。所以,这里的居民,对农业生产并不陌生。尽管后来变成了"逐水草而居"的游牧民族,但远祖所留下的痕迹,使他们对农耕文化起码并不反感。这或许是后来的契丹人能够将两种不同文化巧妙结合的又一个重要因素。

如果追忆到新石器时代,两河流域的社会发展并不比幽燕地区落后,农耕生产开始得很早。这一点,我们在谈到北京新石器时代和传说时代时有所论述,这里再稍加补充。

我们所说的"两河流域",考古界一般称为"西辽河地区"。在这一地区,最早的是兴隆洼文化,距今八千年左右,兴隆洼文化已有原始居民定居点,并从采集发展到原始农业。稍后,则有距今 6000—8000 年的赵宝沟文化,从出土的相当数量的石耜、石磨棒、磨盘说明,其原始农业又发展到一个新的水平。

到了红山文化时期,西辽河流域文化已经发展到一个高峰时代。其彩陶工艺甚至可与中原媲美,而与中原的仰韶文化可能已有曲折的交流。其农业生产工具均经过细致地打磨,除房室外还有制作陶器的窑地,表现了农业生产和定居生活的典型特征。而在稍后的富河文化中,居民点更为集中,如富河沟门遗址,有近百处房屋遗址。

到距今 3500—4500 年之间的青铜器时代,这里又出现了夏家店下层文化。在大量的出土物品中,石镰、石铲最为大宗,有的遗址占三分之一,有的甚至占一半以上。[①] 而除房屋遗址外,还出现了一连串的防御性城堡。

所以,以红山文化和夏家店下层为代表的西辽河文化,被考古界称为是中华文明、文化的源头之一,是中国古代考古的六大文化区系的重心之一。关于这个地区与北京地区的关系,我们在讨论北京新石器时代和夏商文化时均有所涉及。我们还曾谈到,苏秉琦先生把辽西、赤峰和京津冀北称之为文化上的"金三角"。也就是说,在三千多年以前,北京地区与"两河流域"社会生产发展的水平和类型,都差别不大。

但是,到了距今 2800—3000 年的夏家店上层文化时期,即春秋早期,情况却发生了巨大变化,农业生产显著衰落。并且发现了该地区以往未发现的马。而农业生产工具则比夏家店下层反而少,而且简陋。至于衰落的

---

① 于宝林:《契丹古史论稿》,黄山书社 1998 年版。

原因，于宝林同志分析，一个可能是由于全球气候变冷，另一个则可能是由于人类的过度开垦。于是，到了战国时期的东胡人，便已经是游牧民族了。而两河流域的沙化和恶劣的生活环境，迫使他们不断南压，向幽燕寻找更好的生存条件。至于鲜卑和契丹人，也就完全变成了"逐水草而居"的牧人了。但是，只要稍有条件，他们并不放弃再次农耕的机会，阿保机搞草原上的"插花地"便是最明显的例证。在人们叙述契丹发展的过程中，好像所有农业生产技术都是从中原学习而来，这可能不尽是事实。阿保机的祖父匀德实时，便"教民稼穑，善畜牧，国以殷富"[①]。老祖宗本一直曾经农耕，变成牧民后需要重新学习中原农耕的先进经验这是自然的事情，但若当地没有农耕的基本条件，或者从来没接触过农业，便不可能有农耕的意识。蒙古人认为"汉人无用"，只有杀掉才能使草木畅茂，而契丹人建国之前便专门收揽或俘虏善于耕作、纺织的幽燕人，这说明，契丹较其他草原民族确有很大的不同。若论自然环境，女真人生活的东北地区比"松漠之间"更宜农耕，但契丹人对"农业"的认识与渴求似比女真人更强。如何解释这种现象？除与幽燕地缘关系更近外，其久远的历史传承大概是重要原因之一。也就是说，在文化体系上，契丹所居地区与幽燕本来就有千丝万缕的联系。

三 从契丹所处民族环境看其适应能力

自契丹这个民族形成开始，他便面临着十分严峻的民族大环境。

契丹的西邻是突厥。突厥属于丁零、高车、铁勒及回纥一系。原为铁勒的一支。他比契丹形成要晚，但扩张却很快。当北齐、北周时已成为我国北方最强大的势力，以致北齐、北周皆畏其强大。突厥沙钵略可汗甚至狂妄地说："但使我在南两个儿孝顺，何忧无物邪[②]？"所以，此时的契丹一直在突厥的役属之下，直到隋朝统一全国，东突厥降附于隋，契丹方开始摆脱突厥控制。到唐代，突厥与唐关系时好时坏，而契丹时依唐时依突厥。

契丹的东部有高丽和肃慎系统。

高丽又称高句丽，自东汉而至唐，历时七百多年。从隋唐大举征伐高

---

① 《辽史》卷二《太祖下》。
② 《周书·突厥传》。

丽的活动看，高丽已十分强大，隋唐且畏其强，何况契丹？隋唐时，高丽对契丹不断攻伐，《新唐书·高丽传》载："永徽五年（654年），（高）藏以靺鞨兵攻契丹，战新城，大风，矢皆还激，为契丹所乘，大败。契丹火野复战，人死相藉，积尸而冢之。"看来，契丹人这次的抵抗相当顽强。

除高丽外，契丹的东北还临肃慎——靺鞨系统。在唐代，靺鞨人曾建立了一个强大的渤海国。当时，契丹已强大，时而内附，时而攻唐，与渤海国的关系时好时坏。但总的比较起来，靺鞨人是契丹周围"最温和的邻居"。渤海国已有相当发达的农业，是契丹人为之学习的对象之一。

而契丹的南邻，便是强大的中原王朝了。由北魏而至隋唐，契丹与中原王朝关系时好时坏，总的看是依附为主。而隋唐控制奚和契丹"两番"的军事指挥部便设在幽州。

综上所述，可以看出，契丹的四邻：西北是草原游牧民族，东部是山林兼农业的民族，南部是中原农耕文化。而在契丹成长、发展的过程中，处处受到各方的挤压。这造成契丹民族善于机变、适应和学习的民族特征——非常善于学习周围各民族的长处。所以，当他们进入幽燕之后，较其他入主的北方民族头脑更清醒，对南北文化处理的方式也更得当。

第二节　幽州文化与契丹建国

一　契丹建国的催化剂——草原上的俘奴与流民

唐代后期，契丹社会有了很大变化，特别是在遥辇氏时期，社会经济很快进步。不仅有了农业生产，学会了版筑，产生了一些定居的居民点，而且开发矿业，经营盐铁，筑造钱币，有了简单的手工业。于是，遂有"广土众民之志"，即有了建立民族国家的愿望。到阿保机开始作部落联盟首长时，更是四方征讨，无论经济力量和所控版图，都急速膨胀。契丹的遥辇氏时代，部落联盟长称可汗，实际权力却掌握在叫作"夷离堇"的军事首领手里。"夷离堇"，汉人当时比作中原的"宰相"，实际上最初主要是军事首领。但越到后来，"夷离堇"权力越大，经常是"以军挟政"。阿保机的家族，便世代任"夷离堇"。阿保机是在唐天复二年（901年）开始任"夷离堇"一职的。但在唐朝灭亡、后梁建立的同一年——709年，阿保机便取代痕德堇可汗，而宣告了遥辇氏时代的结束。到916

年更真正建元立国了。

但这绝不是草原民族一般的权力转移。阿保机要做的不是"可汗",而是"燔柴告天,即皇帝位。尊母萧氏为皇太后,立皇后萧氏。……群臣上尊号曰天皇帝,后曰地皇后"[①]。在一般人看来,"可汗"便相当于中原的"皇帝",其实有本质的不同。皇帝是世袭的,可汗是选举的;皇帝是天下的总主,而可汗只是部落联盟的首领。在部落联盟制度下,各部的首领(或可叫作"官员")是自己选举的,可汗并不能派往;而皇帝则要控制所有地区的军事、政治、经济,并由中央派出官吏,这便是国家了。这一点,大概在阿保机"燔柴告天"时,连推举他的"大臣"们也不明白。契丹人本无姓,而据说阿保机尊崇汉高祖刘邦,自己便取姓"耶律",是"刘"的谐音。又因羡慕刘邦有贤相萧何,与耶律氏世代通婚的后族也便有了姓,称萧氏。这一切,都预示着阿保机要在草原上造成翻天覆地的变化,要完全告别部落联盟的时代。

按照契丹的传统,部落联盟长是三年一选,但阿保机取代了"可汗"的位置,却一坐九年尚不肯交出象征可汗权力的旗鼓。各部这才觉得不对劲,要求阿保机交出权力,并一度夺去旗鼓。后来,阿保机采用了其妻述律后的计策,用计谋和军事手段一举消灭了反对势力,夺回旗鼓,终于在916年建元神册,上皇帝、皇后尊号,契丹的国家才正式诞生了。

从阿保机任"夷离堇",到称皇帝,又到建元立国,总共只有十六年。是什么力量使他能这样飞速地"革命"呢?除了长期的军事权力的加重和实力增长外,有一个重要原因,便是他得到幽燕汉族文化的"催化剂"。

唐代中叶以后,北方藩镇割据,政治动荡,战乱不已,加重了人民的各种负担和痛苦,不少破产农民和手工业者逃往草原避难。唐末,刘仁恭、刘守光父子骄奢淫逸,剥削残酷,使流民进一步增加。进入五代之后,河北地区仍动乱不绝,从唐朝灭亡到石敬瑭割让燕云十六州,不到30年,幽州换了五六个军阀。每次权力的更迭,往往伴随着战争,这使大量农民继续向草原流亡。当时,契丹虽然发展很快,但总的说来仍是地广人稀。蒙古草原的东部,特别是滦河上游及西辽河流域,是可以农牧兼作的地区。最初,流民们可能是自发地开垦荒地以谋生存。而当阿保机看

[①] 《辽史》卷一《太祖上》。

到这些内地去的农人种植出的粟米瓜豆，生产出的手工业产品时，便开始自觉组织他们生产。特别是今张家口地区与内蒙古接壤的地区，当时有个叫"炭山"的地方，不仅可以耕种，而且有盐铁之利。阿保机利用幽燕流民，在此地开发盐业，不仅自给，而且可以供应契丹其他部落。

当然，更多的幽燕人不是自动流亡，而是在战争中被俘虏而去。当阿保机看到汉人可以给他带来丰厚的物质财富时，他向中原攻伐的目的，已经不仅仅是劫掠财富，而且是开始大量抢劫人口。902年，阿保机入河北，掠人口9.5万。翌年，又入蓟北大掠汉人。904年，阿保机讨黑车子室韦，唐幽州节度使刘仁恭派兵助室韦，反而遭到契丹的伏击，又俘大量幽州士兵而去。此后几年，阿保机乘幽州内乱，连续入塞，克幽燕数州，尽徙其民以去。而平州刺使刘守奇，还于907年率数千人投降契丹。915年，幽州军校齐行本，又举其族，并其部曲三千人降契丹。

这些流民和俘奴，为草原带去了先进的生产力，成为阿保机建国的"资本"。

当907年阿保机取代痕德堇可汗时，不仅其他部族，就连拥戴他的叔伯和兄弟，也没弄明白，阿保机自称为"皇帝"与以往的可汗有什么区别。以为自己将来还有替代的机会。但"老规矩"是可汗三年一选，而阿保机却听从汉人官吏的话，汉族官吏告诉他："中国之王无代立者。"①于是，阿保机连任九年不肯交出权力。于是，八部首领，甚至阿保机的几个亲兄帝都一再叛乱。阿保机不得已，只好暂时交出象征权力的旗鼓，但要求另立别部于炭山。《新五代史》记载：

> 汉城在炭山东南滦河上，有盐铁之利，乃后汉滑盐县也。其地可植五谷，阿保机率汉人耕种，为治城郭邑屋廛市如幽州制度，汉人安之，不复思归。阿保机知众可用，用其妻述律策，使告诸部大人曰："我有盐池，诸部所食。然诸部知食盐之利，而不知盐有主人，可乎？当来犒我。"诸部以为然，以牛酒会盐池。阿保机伏兵其旁，酒酣伏发，尽杀诸部大人，遂立，不复代。

从这一段记载看，阿保机是用阴谋和暴力手段镇压了反对派，但其背

---

① 《新五代史》卷七十二《四夷附录》。

后主要是利用汉人所创造的盐铁之利作物质基础，因而可以对诸部相要挟。而汉人为什么能为阿保机服务呢？又是因为阿保机能够学习"幽州制度"，为他们建立了城郭、屋邑等，汉人才安心在草原定居下来。

阿保机在草原的这场变革，实际上是一场全面的文化改革。阿保机上台以前，曾经"让贤"于他的堂伯父耶律辖底，耶律辖底未接受，但此后却支持阿保机几个弟弟的叛乱。阿保机问耶律辖底：我让位于你，你不干，现在为什么又支持他们反对我？耶律辖底说了一段非常耐人寻味的话，他说："始臣不知天子之贵，及陛下即位，卫从甚严，与凡庶不同。臣尝奏事心动，始有窥觎之意。度陛下英武，必不可取；诸弟懦弱，得则易图也。事若成，岂容诸弟乎。"[①] 可见，对于"天子文化"与"可汗文化"的区别，大多数契丹贵族当时并不明白，而阿保机却能够开草原之先河，他所以能够如此，得益于长期与沿边汉族的接触，尤其是幽燕谋士的灌输。而大批幽燕流民与俘奴，更为他带来实实在在的好处的同时使他对中原文化有更多的了解。

二 草原上的"文化特区"——头下州县

当幽燕汉人初到草原之时，被当作一般的奴隶。后来，阿保机采用汉人韩延徽的建议，为稳定汉人，为他们"树城郭、分市里，以居汉人之降者。又为定配偶，教垦艺，以生养之。以故逃亡者少"[②]。这样，便在草原上出现了专营农业的"插花地"和雏形的城镇及村落，契丹人称之为"头下州县"。"头下"又作"投下"，是奴隶主的意思。头下州县是奴隶主的私城，大部分为王公贵族和后族贵戚所有。这些州县的奴隶，集中为主子耕作、纺织或进行其他手工业生产。辽朝中期以后，头下州县改为赋税制，一部分租赋给朝廷，另一部分给原来的奴隶主，被称为"二税户"。而头下州县中，幽燕汉人所占比例很大，分布在后来的上京、中京和东京地区。据《辽史·地理志》记载，在上京地区的就有临潢县、潞县、龙化县、顺州。在东京地区的有灵源县、乐郊县、祺州、庆云县。在中京地区的有惠州、泽州、兴中府。在以上州县中，所居住的主要是幽燕居民。有的干脆以原来的内地州县名称来命名：如处于上京的潞县，便

---

① 《辽史》卷一百十二《耶律辖底传》。
② 《辽史》卷七十四《韩延徽传》。

是现在的通州；顺州，便是今北京顺义。以这种方法来缓解流民和俘奴的思乡之情。有的虽然未用原来名称，但按原来住地集中而居。如中京的祺州，是以唐代檀州（今密云）俘民而建。灵源县是以唐代渔阳吏民而建。唐代渔阳在今北京北部，今怀柔、密云交界处梨园庄即其治所所在。而乐郊县，是俘蓟州三河县之民而建，初建时就叫三河县，后来才改为乐郊县。

这些头下州县，与契丹人的经济、文化、生活方式有很大不同：契丹人是逐水草畋猎，头下州县是定居农耕或从事手工业生产；契丹人称部族，而幽燕人居住区称州县；契丹人对朝廷至多不过是贡纳，而头下州县后来是交赋税。头下州县可以说是草原上的特区，它不仅为草原带去了先进的生产技术，而且，将中原的城市管理、税收制度和文化观念带到了草原。在阿保机建国初期，它是国家建立的催化剂；在辽朝中期以后，它是辽朝向封建制转化的示范区。

契丹人在唐代中期之前，还是原始的部落联盟，而到阿保机时代则建立起一个庞大的奴隶制国家。到辽朝中期以后，则迅速向封建制度迈进。百余年间产生如此大的跳跃式的变化，幽燕文化起到了难以估量的作用。这与北朝时期鲜卑各部的入主中原有很大不同。北朝的少数民族是大规模入主中原，然后全面向中原学习，甚至完全改变自己的文化传统，因而就失去了自己本民族原有的特点。而契丹人是把中原制度搬到草原，建立"特区"，使部族文化与州县文明共处，既学习了汉族的东西，又保留着自己的特征。这是中原文化向草原的一次大规模推进。对于幽州人来说，他们到草原自然是无奈的，甚至被迫的。但在客观上，却做了传播中原文明和开创草原新格局的"文化使者"。而对契丹人而言，他们的受益亦绝不只是多了些粮食、衣物，而是在思想观念上受到潜移默化的影响。表面看，契丹人在辽朝灭亡后几乎全面融化在汉族之中，甚至"消失"了。而实际上，则表明一种更深度的融合。至于契丹本身，辽朝存在时，空前统一了北方，拓展了大片的疆土——东至大海之滨，北至贝加尔湖，西至鄂尔纳河，南据燕云十六州，使中华文明远远照耀着北方的大地。这与唐代北方各族的羁縻方式是绝不相同的，而是在中原文化与草原文化有机结合中所建立的北部中华帝国。唐代的北方羁縻州府，虽然也有"都督""刺使"之名，但实际上是北方民族的部族首领，中央并不能委派，至于其社会组织结构，一概未动；而契丹人则在草原上建京、设道。当辽朝灭亡后，其余部仍继续向西北延伸，耶律大石所建西辽扩展到中亚，存在了近九十年。所以，至今俄语中称中国仍是"契丹"。契丹人这种伟大成就，固然是其本身努力的结果，但其中，也有着幽燕人重大的贡献。

三　契丹建国与幽燕文人

除了大量的幽燕流民和俘奴直接推动契丹社会发展外，从严格意义上的"文化"层面而言，对阿保机和契丹上层影响最大的，自然还是幽州的官吏和文人。阿保机建国前已有很多汉人谋士随其左右，云自沿边者有，但最多的来自幽燕。特别是上层谋臣，几乎为幽州所包揽。我们曾讲到，北朝时期，燕蓟是北朝的人才库。而到辽代，由于契丹直接与幽州相接壤，幽州的文化优势得到进一步发挥。尤其值得注意的是，此时幽燕的文人，已经不像北朝时期那样，仅以传统的儒学去帮助北方民族的统治者。辽初的幽燕谋士，更多的是在中原文化与草原文化的结合上做文章，更能够机变和特别注意实际。这些人的另一个特点是，他们在幽州时大多并不显赫，而是卑官小吏。但正因如此，少了些中原传统文士的迂腐，一到草原便能放开手脚，进行一种新的文化"再造"。这些人个别也有在战争中被俘虏的，但更多的是因为唐朝后期政治昏暗，幽燕军阀混战、残暴，而自动投到契丹的。这也说明，北方民族的兴起已是大势，完全以汉民族为主体统治中华大地的时代已经过去。幽燕的文人们虽不可能有先见之明，预料到此后蒙古人和女真、满族向中原的挺进，但起码已从契丹那里摸到北方民族勃兴的脉搏，因此，主动到草原去寻求"出路"，而不少人也真的大展抱负，成为辽朝的开国佐命之臣。而他们的后代更为整个辽代立下了汗马功劳。

仅举几例以说明：

韩延徽，字藏明，原籍幽州安次人，后居辽燕京。其父曾仕唐，累官蓟、儒、顺三州刺史。延徽博学多才，深得幽州军阀刘仁恭赏识，召为幽都府文学、平州录事参军，寻迁幽州观察度支使。可见，其是一个既有文学修养，又懂政治和经济的人才。韩延徽既不是被俘虏去草原的，也不是主动投靠契丹的，而是在刘守光因禁其父刘仁恭之后，作为刘守光的使节去契丹的。刘氏父子虽然残暴，但从传统观念讲，韩延徽应忠于其主，不辱使命。所以，当他见到阿保机时态度轩昂，不卑不亢。这引起阿保机的不满，将其扣留，使之牧马。述律后得知，对阿保机说："守节不屈，贤者也，宜礼用之。"阿保机乃召延徽，一谈之下，阿保机大悦，以为谋主。与刘守光的残暴、骄奢相比，阿保机胸怀大志的非凡气度自然不可同日而语，韩延徽这才决心留在草原。以后，在攻打党项、室韦的战争中，"延徽之筹居多"。而在阿保机建立国家的过程中，韩延徽起了重大作用，他帮助契丹立都、定法，而上面所谈到的为汉人建"头下州县"更是他最大的贡献。这不仅是为汉人改变了困苦的生活，而且在草原上推广了中原的行政制度。韩延徽在草原日久，思念故乡和老母，一度不辞而别，跑回了幽州。乡里劝他不要回草原，怕阿保机要治罪。韩延徽说，阿保机失我如失左右手，怎么可能治我的罪呢？于是，重返草原。阿保机果然大喜，不仅不治罪，反而效法中原吏政，以延徽为政事令、崇文馆大学士，"中外事悉令参决"[①]。后来，韩氏家族一直服务于辽朝，成为燕京大族，今北京石景山韩家山即其家族墓地。

康默记，本名照。早年为蓟州衙校。阿保机对燕地作战，遇康默记，"爱其才，隶之麾下。一切番汉相涉事，属默记折衷之，悉合上意"[②]。阿保机建国之后还没有法律，神策五年（920年），任康默记为"夷离毕"，是契丹主持刑狱的官。于是，康默记"定法律，成班爵"，"推悉律意，论决轻重"，并制定出契丹开国后的第一部法典：《决狱法》。[③]建立都城是一个国家的标志，康默记又是营建皇都上京的设计者和指挥者。当时，与康默记一同参加上京建设的还有韩延徽与贾去疑。韩延徽事迹已如上述，而贾去疑在《辽史》中不见记载。但新中国成立后北京出土有《贾师训墓志》，从中可知贾去疑为幽燕人，是贾师训的高祖，"先仕唐，我大圣天皇（指阿保机）时，奉使来贡，因留之。俾督工役，营上都事业，迁匠作大匠"。辽上京临潢府在今巴林左旗，从现存遗址看，虽然亦有完整的城墙和宫殿，但并未完全搬用中原制度。比如，宫殿区在城的西北部，这在中原是不多见的，而是融入了契丹人的"朝日之俗"。由此，可见幽燕谋士们在文化结合上的智慧。

韩知古，蓟州玉田人，史称其"善谋有识量"。这一位却是被阿保机俘虏而来的。最初，阿保机并未注意到韩知古，后因其子韩匡嗣善医

[①]《辽史》卷七十四《韩延徽传》。
[②]《辽史》卷七十四《康默记传》。
[③] 同上。

得见用，命"总知汉儿司事"，并兼"主诸国礼仪"。韩知古乃援据故典（中原故典），参照国俗（指契丹习俗），与"汉仪杂就之"，使"国人易知而行"[①]。看来，这群幽燕谋士，都有一种"番汉杂就"的本领。韩知古家族，后代多有辽廷秀臣，尤其是其孙韩德让，是圣宗朝最显赫的人物。

从以上几个人的情况可以看出，契丹建国早期，无论都城文化、州县制度、朝廷礼仪、法律典章等，都是以幽燕汉族文人为主来制定的。但是，他们并非照搬中原文化，而是结合草原民族和辽初的实际情况，善于将两种异质文化巧妙地结合。这种本领，可能与幽燕人长期所处的民族环境有关。比如，唐代曾为"内附"的北方民族在幽州建"羁縻州县"（见上章），而韩延徽自然会为"外流"的汉人在草原上建"头下州县"。而到后来，当契丹人夺取燕云十六州之后，也就自然而然地在幽州实行"因俗而治"了。我们之所以用这样多的篇幅来描述契丹占领燕云之前，甚至追溯更古老的"草原上的幽燕文化"或"幽燕地区的草原风气"，正是想说明，此后的辽南京文化有久远的传承。

第三节　南风北雨，始有大辽——辽初南京的文化冲突

如果说，阿保机建国之时，幽燕汉人只不过起到文化上的"催化剂"作用；而燕云十六州归入契丹版图，则标志着农耕文化与草原文化以政治手段强行统一。前者犹如"混合面"，后者则要进行"化学反应"。阿保机所建立的政权，虽然加入了许多中原文化的成分，但还只是草原社会的飞跃，是奴隶制国家的建立。燕云归入契丹，则把已经有一千多年历史的封建制度带进了这个新兴的政权。在新的形势下，不仅有南北生产、生活方式的巨大差异，更有不同社会制度的差异。由于燕云十六州是通过石敬瑭以"割让"的方式被契丹夺取的，辽朝采取了比较温和的政策对待"新区"的汉人；但这不等于没有矛盾冲突，尤其在文化上的冲突，还相当突出。无论汉人还是契丹人，都经历了一场激烈的斗争和抉择。南风北雨，始有大辽。

[①] 参见《辽史》卷七十四《韩知古传》及卷一《太祖本纪》。

一　契丹升幽州为南京与早期对汉人的文化政策

926年，阿保机在灭渤海国的归途中死去。阿保机的死亡很突然，未及安排后事。本来，阿保机已立长子耶律倍为皇太子。但耶律倍生性懦弱，他好汉学，慕华风，精于音律和绘画，曾于幽州购书万卷藏于医巫闾山绝顶之望海楼。阿保机灭渤海国，封倍为人皇王，留主东丹事务。若按中原皇权继承的规则，是长子继承。然而，契丹人国家建立未久，对长子世袭看得并不重，而阿保机的妻子述律后又偏爱次子耶律德光，加之耶律德光手握兵权，于是，在述律后的一手操纵下耶律德光继承了皇位，是为辽太宗。而耶律倍则成为"让国皇帝"，被迫逃往后唐。他在临行时作诗曰："小山压大山，大山全无力。羞见故乡人，从此投外国。"可见，对于刚刚建国的契丹奴隶制政权来说，仅仅懂汉族文化，仰慕华风是难以统治草原的，而必须两者兼顾。

阿保机在世时便一心想夺取幽州，但后唐明宗善于用人，以赵德钧镇守幽州。赵德钧善于守城作战，且修粮道，整军纪，通河渠，强守备，使契丹人很难得逞。所以，辽太宗继位后的十来年间对幽州的进攻并未占优势，而兄弟间的权力争夺亦使他无暇南顾。但就是这时，却有个绝好的机会突然降临。

936年，石敬瑭自太原起兵反后唐，为求得契丹军事上的支持，许以灭唐之后将幽州和雁门关十六州土地割让给契丹，并岁输贡帛30万匹，并称耶律德光为父。而此时可与契丹对抗的则只有幽州赵德钧。但赵德钧自己也想夺取皇位，但因所许条件不如石敬瑭优厚而被契丹拒绝。契丹出兵，后唐末帝命赵德钧出兵抗击，而赵德钧首鼠两端，按兵不动。后唐灭，赵德钧也成了契丹的俘虏。就这样，契丹人轻而易举地夺取了燕云十六州大片土地，成了一个地跨中原和草原的帝国，因而在文化上也面临着协调两种文化的挑战。

938年，石敬瑭这个"儿皇帝"如约送来了燕云十州图籍，辽太宗立即决定升幽州为契丹国的陪都，改称为南京，又叫燕京。辽太宗的这个决定有多方面的原因，除了准备继续南下进攻中原外，也包含着对中原文化的认同。所以，在他们占领南京的初期，在文化上采取了比较温和的政策。

首先，是尊重和效仿中原的礼仪。

940年（会同二年），辽太宗决定亲赴南京表示对这座新获得的城市的重视和对汉人的安抚。御驾至南京，他尽力按照中原皇帝的仪式备法驾，自拱辰门而入，并在元和殿行"入阁礼"。适逢中原端午节，乃在便殿大宴来使，接受他们的朝贺，并命回鹘、敦煌使者作本国舞蹈。六月，辽太宗率群臣出居庸关，巡视山后诸州。回到草原后，又于十一月"诏有司教民播种、纺绩"。契丹原有姐亡妹续嫁之俗，学习了汉人的礼教，下令废除之。次年十二月，又"诏契丹人授汉官者从汉仪，听与汉人婚姻"[①]。应当说，这些措施均为表示对汉文化的尊重，做出了重大努力。

其次，是尽量以汉族官员来做辽南京主官。

在幽州正式升南京之前，太宗便曾以赵思温为幽州主官。赵思温为卢龙人，早年曾隶刘仁恭幕僚，后事李存勖，曾历平州刺史，及平、营、蓟三州指挥使。后为契丹所用，从征渤海。耶律德光即位后擢为检校太保、保静军节度使。《辽史·赵思温传》说他在契丹占领幽州后即为"南京留守"，其时，幽州尚未升为南京，所以当是幽州节度使。而当幽州升为南京之后，辽太宗便想起了久据幽州的赵德钧家族。此时，赵德钧已死在草原上，便派其子赵延寿重返幽州，做了南京留守。

赵德钧曾是后唐重臣，不仅镇守幽州，唐明宗还把自己的女儿兴平公主嫁给了赵延寿，封延寿为驸马都尉、枢密使，后又加鲁国公。《辽史》本传说赵延寿"少美容貌，好史书"。契丹出兵帮助石敬瑭灭后唐，赵德钧父子均做了俘虏被带到草原。述律后说，赵德钧既不诚心奉契丹，又不能忠于后唐之事，鄙视其为人。因此，赵德钧不久便客死他乡。而赵延寿，可能比赵德钧更多了些机变。石敬瑭怕赵氏父子留居草原对自己不利，曾上表耶律德光说赵氏父子不忠不孝。赵延寿马上对耶律德光说："晋主不欲令皇帝用臣者，欲负帝恩也。臣在中原，日掌枢机，此辈方守外镇，为臣所制。中原土地、人民、津梁、要害、蓄积、转输，臣并知之，恐用臣为晋患耳。"（见《洛中异录》）这番话确是实情，也切中了耶律德光的心理。可见，赵氏父子不仅懂军事，在中原传统文化方面也有一定的修养。耶律德光派赵延寿重返幽州，还颇费了一番心思。当时，赵延寿之妻兴平公主在晋，为笼络赵延寿，耶律德光还特地将之接回。这样，便使赵延寿死心塌地地为契丹效力。后来，在契丹攻打石敬瑭时，赵延寿

---

① 《辽史》卷四《太宗下》。

果然成为马前卒。而对幽州人来说,赵氏父子虽然未能在关键时刻保护他们,但毕竟是以往的"故主",比契丹人直接统治在心理上更少了些反感。940年,耶律德光巡幸燕京,还亲往赵延寿府第,以示恩宠。整个辽初,甚至到辽朝中期,幽燕地区在军事上虽由契丹人主持,而行政长官则以汉人为多。

凡此种种,说明耶律德光和辽初的其他皇帝,对幽燕百姓的思想心理和民族感情还是比较尊重的。当然,故乡被异族占领,对幽燕百姓来说,总是一种耻辱,并不能立即消弭彼此的隔阂。史载,辽初的燕京市肆中,流行着一张"墨鸦图",旁有题诗云:"星稀月明夜,皆欲向南飞。"其中,深深透露出对故国的怀念。但总的看来,辽初的南京,较后来的女真、蒙古、满旗占领初期要平静得多。这得益于契丹人建国以来长期与汉臣、汉人的亲密接触,得益于他们对不同民族环境的适应能力。

二 军事的胜利与文化的失利——契丹对幽燕文化的再认识

耶律德光在燕京的一系列"做派"在他自己和契丹人看来,已经是颇"懂"中原文化了。而实际上,在契丹建国早期,是幽燕文人巧妙地去适应草原文化,把中原最简易的文化搬到契丹,加以互参。如今的情况却不同,面对着燕云富饶的新区,契丹人要既了解草原,又懂得中原;既代表北方奴隶主利益,又需要理解和代表中原封建地主阶级的思想。幽州的轻易夺取和南京初期表面的"平静",使耶律德光陶醉。中原文化究竟有多么深厚,治理中原有多么不易,是他在通过对后晋的战争中才切身感受的。

在整个石敬瑭时代,石晋政权对契丹确实如约相敬,如子事父。每年,都自动把大量的"岁贡"送到幽州。但这并未使耶律德光感到满足,反而刺激了他继续进军中原的野心。只是由于石敬瑭一味恭顺,双方才维持着和睦关系。

942年,石敬瑭死去,其子石重贵即位,是为晋出帝。石重贵不同其父,他认为个人做个小辈尚可忍受,国家之间却要平等,表示"称孙不称臣"。耶律德光本来就想继续南进,真正做一个"中原皇帝",石重贵的态度激怒了他,也为他发动战争找了个借口。于是,刚刚平定下来的辽南京又陷于动荡之中,尽管战争不在本地区,但每年有大批军队在此集结。耶律德光先以赵延寿为先锋,统幽州兵和山后诸州部队南下,遭到石重贵的顽强抵抗。耶律德光乃决定亲自南下。于944年农历十一月阅兵于南京温榆河，开始攻打后晋。在冀中受到重创，于白团大败。946年，耶律德光再次南伐。关于这次战争的情况，作为"文化史"我们不必详述。应当指出的是，在战争爆发前，对这场战争便有不同态度。耶律德光自然是野心勃勃，而他的母亲述律皇太后却不赞成。述律后说，我有西楼羊马，何必跑那么远？这反映了草原贵族的保守思想，也表明她对契丹能否统治中原也缺乏自信。而耶律德光相反，他对在中原可能遇到的困难则估计不足。

从军事上看，契丹人在战争中是胜利了：一路长驱直下，直捣开封，并且活捉了石重贵，灭了后晋。耶律德光备法驾，俨然以中原征服者的姿态进入开封，并于崇元殿接受百官朝拜。为表明契丹人是地跨中原和草地的真正主人，特改契丹国号为"大辽"，事在947年。

然而"大辽"并非以名称的变动而那么容易得来。

契丹人对幽燕确实态度缓和，但一踏入中原腹地便暴露了奴隶主烧杀劫掠的旧习。这激起中原人民的激烈反抗。中原没有自己的皇帝，但各地的起义却此起彼伏。由春至夏，耶律德光在开封住了几个月便待不去了，于是找了个借口，说要回草原探望母亲老太后，乃拔兵北上。当他动身时，总结了难以在中原立足的教训：第一条，不应该放任士兵在中原"打谷草"，即破坏农业；第二条，不应将被俘的各州官员集中在开封，而应早点放他们回去进行管理；第三条，不应让军士们"括民私财"。应当说，耶律德光的反省是真诚的，这使他认识到，对中原的管理比夺取更难，而要得到汉族的心理认同则更难。可惜，他刚刚醒悟便死在了回军的路上。

这次战争，从文化上讲，对辽南京有两重意义。第一，它使契丹人更加注意此后对南京地区的政策，使这个特殊的陪都逐渐形成南北文化交融的真正试验地，而形成了一种新型的都城文化。它不同于草原上对中原都城的简单模仿；也不同于此前一切中原都城：既不同于汉族自己统治的都城，也不同于十六国和北朝时期少数民族在中原建立的都城，而是开辟了"一国数制""一都两制"和"以汉制汉""番汉分理"等一系列尝试，初步形成北京这座都城的特殊构架。这不仅在当时意义重大，更为此后的金、元、清几代北方民族在北京建都提供了基本的框架，形成基本的思路。所以，不能把北京这个都城仅仅看作东移或北迁的空间变化，而应看到它是中华民族真正融为一体的产物。第二，辽灭后晋后，将大量的宫廷仪仗、文物、图籍、图书全部北运，还有诸司僚吏、嫔御、宦侍、方伎、百工、历象、石经、铜人、明堂刻漏、太常乐谱、诸宫具、法物等尽行劫去，其中，大部分运往上京，但也有相当大的部分留在燕京。这是北京文化史上一次重大的"外来补给"。而后晋许多官吏留居燕京，则更加强了本地的文化优势。

辽太宗死后，辽朝直到圣宗初还一直基本采取守势，专心治理燕云汉地和草原。经过相当长时间的努力，才有了圣宗时期真正的"大辽"兴旺，并与北宋相对峙。

而对幽州汉人来说，也是经历许多痛苦之后，在辽南京局势稳定、兴旺发展时，才逐步对契丹文化认可。

第十章　北方捺钵文化与中原都城
——辽南京新型都城文化的初步建立

"捺钵"一词，原是指辽朝的帝后们在四季到不同的地方去狩猎，一来是娱乐和锻炼，二来也巡视草原上各部族情况，称为"四季捺钵"。而在这里，我们是泛指对草原的政治管理、牧猎生活和游牧民族文化的特征。它是游动的、开放的、强悍的。

而封建社会的中原都城，有高大的城池、巍峨的宫殿、国家的社稷、祖先的坟墓，以及政治和文化机构。它是农业社会的象征，是封闭的、稳定的、儒雅的、防御的，但同时又以绝对的权威，向全国发布着政治、军事、经济等各方面的指令。

把两种异质的，甚至对抗的文化巧妙地结合起来，是辽南京新型都城文化最大的特点，也是汉人和契丹人特殊的创造与贡献。

以往，我们在谈到北京历史的时候，包括我本人，经常用到的一个词汇，便是"融合"二字。但通过对整个文化发展的研究，便越来越感到仅仅讲融合是不够的，或者说不完全准确，而是还有文化的相互"涵纳"或"共生"。"融合"，是指相互吸收，融为一体。"涵纳"则是混合状态。而"共生"，亦可称为"伴生"，是不同文化的共存共荣：你也不能代替我，我也不能代替你。尤其在一个地域广大和民族众多的国度里，承认和允许不同文化的伴生、共存是非常必要的。整个辽朝和辽南京，就是既有融合，又有涵纳，同时还有伴生，这在辽南京，从官方到民间，都反映得相当突出。

第一节　"头鹅宴"与"入阁礼"——辽南京的礼仪文化

中华民族一向称为礼仪之邦。从礼仪入手，经常是了解一个民族文化的最直观的方式，它比哲学、伦理、思想观念等要好懂得多，然而，现代人研究中国古史者却很少涉及礼仪。或许是认为古代礼仪已是"过时的封建文化"，完全无用；或许是，那些烦琐的礼节既让研究者无从入手，又怕写出来使读者生厌。总之，文化研究很少谈到礼制。其实，只要我们剥开那些烦琐的外壳，用通俗的文字解读一下礼仪的内涵，便会发现，礼仪还是蛮有意思的东西。

一　从自然崇拜到帝王至尊

辽朝在建国之前也有礼仪，但十分简朴。"遥辇胡剌可汗制祭山仪，苏可汗制瑟瑟仪，阻午可汗制柴册仪、再生仪。"[①]

在这四项古礼当中，前两项表述对自然的崇拜，后两项表述可汗上任的典礼和对人生的诠释。

祭山仪要设天神、地祇于木叶山，而且要选一个面向东方的位置，以表示面向太阳。中间立一棵大树为"君"，旁边有群树象征"朝班"，还有两棵树在外边，做"门神爷"。至时以青牛、赤白羊、白马为牲以祭。至于《辽史·礼仪志》的列皇帝的冠带服饰，那是后来的事情，原始的祭山仪表示了对天地自然、大山树木以及太阳的虔诚致意，那是契丹人赖以生存的条件。后来，辽太宗夺取幽州，看幽州大悲阁有一座白衣观音像，就把她也搬到了木叶山，在"过树"之后还要拜一拜观音，但那也只不过是他们理解的"上天"的代表。

瑟瑟仪是祈雨的仪式，无论辽朝建国前和建国后，对这项仪式都非常重视，其隆重的程度仅次于祭山仪和柴册仪。于宝林先生在他的《契丹古史论稿》中，以瑟瑟仪说明草原沙化严重和干旱少雨的自然环境，是很贴切的。

柴册仪是古契丹可汗就任的仪式，要置柴册殿和坛，均为木制。而再生仪，是皇帝每十二周年一次的典礼，表示人生的一个周期，犹如中原的一甲子，至时要由童子引导入再生室，由医产婆为之祝礼，是契丹人对人生的理解，也是对母亲艰辛的追忆。后来柴册仪、再生仪有时相伴而行。但若不是天子即位，再生仪则仍是十二周年一次。至于《辽史·礼仪志》中描写的柴册仪当中，皇帝驰马高处，向群臣"让贤"说什么"有伯叔

[①]《辽史》卷四十九《礼仪志一》。

兄弟在，当选贤者。冲人不德，何以为谋"等等谦词只不过是契丹古代社会选举制的遗痕，大臣中若真有说这位皇帝不贤想另立者，则要被杀头的。阿保机伏兵杀各部大人便是明例。

如果说，祭山仪与瑟瑟仪是充满了对大自然的崇拜和畏惧，柴册仪与再生仪则人文味道很浓了，重视人生，重视可汗和皇帝的"人治"，已是很大的进步。

阿保机即皇帝位，是幽州的汉臣们教了他一些中原的简单礼仪，虽然十分简易，但仪仗、护从，已使他的叔伯、兄弟羡慕不已，所以耶律辖底才支持反叛，想从中取而代之。

辽太宗时，才真正认识到，中原的礼仪确实显示了皇权的至高无上。

辽朝获得燕云十六州，儿皇帝石敬瑭派冯道代表后晋"备车辂法物，上皇太后册礼，刘昫，卢重备礼，上皇帝尊号"，但他真正摆出皇帝的架势，接受百姓、群臣朝拜的那种"万人之上"的威严感觉，还是自幽州始。太宗会同三年（940年），要亲自到这座新得的中原大城市看一看，到了蓟州（今蓟县），便先看《导驾仪卫图》，备"法驾幸燕"，这是他第一次用汉族仪仗。于是，在车驾卫从，旌旗飘扬中以中原"主人"的身份进入南京。幽州在历史上先有前燕慕容氏在此为都，后来又有史思明在此称帝，唐末五代初刘守光又在此建"大燕"，虽然为时短暂，但一次又一次地用帝王的梦想改造着这座城市。昔日的幽州衙署已被改造成宫殿，衙署的围墙也就改造成皇城，至于整个州城，本来就严整宏伟，此时更别有一番景象。关于这座城市的情况和皇城、宫室格局等本人已在《北京通史·辽代》卷中详述，读者有兴趣可参考。辽太宗从草原上的帐幕和上京简洁的城市走出，突然来到这样一座如花似锦的中原都城，又摆上副中原帝王的架势，这即使在他登基的草原"柴册仪"上也是从未领略的。于是，他俨然以中原帝者的姿态，"御元和殿行入阁礼"。据《五代会要》的解释，皇帝在偏殿接见群臣谓之"入阁"。此礼自唐始，五代沿之，辽太宗用此礼，是为表示对汉臣的亲近。但即便于偏殿行礼仪同样是山呼舞蹈，群臣拜贺，使节献舞，宾仪威严，而绝不同于他在草原受到的简朴礼节。于是，会同六年（941年），辽太宗再次幸燕京，"迎导御元和殿"。而当他灭掉后晋，在汴京受文武百官朝贺之后，便"自是日以为常"了。《辽史》云："至于太宗，立晋以册礼，入汴而收汉物，然后累世之所愿欲者，一举而得之。"这话确实不假。

不能以为从柴册到朝仪仅仅是一种礼节形式的转变，它标志着辽朝皇帝决心摆脱古代的世选制度，而要学习中原的皇帝：父子相继，至高无上，子子孙孙，不许他人窥觎。

此后的辽朝，在草原上虽然仍保留许多原来的古礼，但在朝堂上，古礼已退居次要地位。尤其是在燕京，此后历代帝后来此，皆有盛大的朝仪。这既是契丹本身社会的一种巨大变革，也表示对中原汉文化的认同。

二　延芳淀的"头鹅宴"及其他

然而，对于一种以牧猎为主的民族来说，宫室生活毕竟不符合他们的习尚。威严固然是精神上的需要，而向往自然和马上奔驰的生活更是他们民族文化的根性。因此，辽朝的帝后们每到燕京，总是把宫殿朝仪与游猎捺钵结合起来。

辽朝的捺钵制度原有一定地点。如春天在长春州（吉林扶余他虎城）东北的鸭子河钓鱼；夏季在吐儿山（今赤峰巴林右旗西北）纳凉、议事和游猎；秋季在永州伏虎林（今西拉木伦河与老哈河汇流处西南）射鹿；冬季到永州广平淀"坐冬"避寒，并接受宋朝及各国使节来贺，同时射猎习武。

然而，到辽朝中期，特别是圣宗朝，由于景宗之后，圣宗之母承天萧太后对燕京情有独钟，便把春捺钵的地点经常放在这里。为适应这种需要，特地在燕京东南选择了一片风景优美的水域——延芳淀。

延芳淀在今通州境内，当时水面很大，《辽史》记载："延芳淀数百里。"为了朝廷的这种活动，辽南京析津府特于延芳淀之侧专门设立了一个县，叫作漷阴，今通州仍有漷阴镇，即为当时县治所在。当时，此地生态环境很好，沿岸芦草丛生，湖中水波荡漾，菱藕飘香，每到春季便会有大批的天鹅飞来栖息。所以延芳淀的重要礼仪是"头鹅宴"，这是表示对牧猎生产的关怀。当然，有时候也为视察辽南京的农业，如统和十二年（994年），漷阴遭遇大水，圣宗及承天太后巡幸延芳淀，便为视察灾情。

春捺钵的活动往往持续一两个月。至时，帝后、臣僚、侍卫和大批随从皆随驾而至。在这里，绝不同于中原皇帝巡游的行宫，而是临时搭建起一处草原的行帐，及以行帐标示的衙署。史载：

> 皇帝牙帐以枪为硬寨，以毛绳连系。每枪下黑毡伞一，以庇卫士

风雪。枪外小毡帐一层，每帐五人，各执仗为禁用。南有省方殿，殿北约二里曰寿宁殿。皆木柱竹榱，以毡为盖，彩绘韬柱，锦为壁衣，加绯秀额。又以黄布绣龙为地障、窗、楣皆以毡为之，傅以黄油绢。基高尺余，两厢廊庑皆以毡盖，无门户。省方殿北有鹿皮帐，帐次北有八方公用殿。寿宁殿北有长春帐，卫以硬寨，官用契丹兵四千人，每日轮番千人祗直。禁围外卓枪为寨，夜则拔枪移卓御寝帐。周围拒马，外设铺，传铃宿卫。

读了这段文字，我们真感到很有意思，也会更了解契丹人巧妙的文化构思。这种可以移动的行帐或称行宫，实际上宛如一个临时的"紫禁城"，它把草原的帐幕生活又加上了一层中原的宫室色彩。宋人使辽，看到这种情形，耻笑契丹是"索羊织苇夸行宫"，其实，这种耻笑是完全不必要的。对于来自草原的统治者来说，这并非"陋习"，而是生产、生活环境的需要。但它又吸收了中原皇城、宫室的内容，其实是种创造。

延芳淀的"头鹅宴"仪式隆重，活泼而又充满生气。至时，凌晨士兵们便隐藏于芦苇丛中，一旦发现天鹅群，便鼓角齐鸣，惊起了万千天鹅。朝霞里，春水共长天一色，白鹅与云朵共舞，猎手们放鹰鹘，并以带绳的"刺鹅锥"相投刺。捕到天鹅后，先敬献帝后，随从之众皆头插鹅毛，以各种野味在帐下摆开盛宴，这便是"头鹅宴"。

辽朝其他季节的捺钵，同样有这种大型狩猎和宴会的形式，如在长春钓鱼，便有"头鱼宴"。可见，捺钵仪式标志着一季中游猎活动的开始。

除春捺钵外，原来，契丹人"坐冬"在草原上的永州，那里地势平坦，气候比较温暖，但彼竟不如燕京更温暖，所以有时冬季也到燕京。而夏捺钵则时而移至山后今延庆和张家口北部地区。今延庆仍有地名曰"萧太后城"，附近还有所谓"萧太后养鹅池"，据说是承天萧太后养鹅的地方，再向西，张家口地区有上花园、下花园，则传说是萧太后种花的地方。在今张家口地区枯源一带，辽时有著名的"金莲川"，夏季金莲花盛开，金黄的花朵绽放在绿色的草原上，红马、青牛、白羊点缀其间，辽阔而又美丽。所以，萧太后还经常于春捺钵之后自燕京移驾金莲川，在那里"纳凉"。再西北，有鸳鸯泊，即今张家口张北县和康保之间的安固里淖，也是萧太后纳凉的重要地点之一。当时气候条件比较好，这些地区以牧为主，兼可耕作。而到金代，气候就寒冷得多了。金朝的皇帝曾想到金莲川游幸，大臣们劝谏说，金莲川"中夏降雪"，是去不得的。可见，辽朝建国前后，阿保机在炭山组织汉人耕种，在上京临潢府和后来的中京地区设"头下州县"和草原上的农业"插花地"，一方面固然由于契丹临近燕云汉地，比较熟悉农耕，同时，也由于真正的大寒冷期尚未完全到来。而到金代，海陵王终于正式迁都燕京，一方面说明北方民族对中原的统治经验更加成熟，同时也由于北方大寒冷期的真正到来，使那里的百姓难以生存，所以不得不大规模南压。这是人类谋求生存的本能。

三 辽朝捺钵文化对幽燕的影响

辽朝把捺钵文化搬到燕京，对这座城市和整个幽燕地区影响是相当深远的。从当时来说，它影响到燕京的市民生活、宫廷文化、军事素质、对北方民族文化的认同等各个方面；对后世而言，一直影响到金、元、清各代。

从宫廷生活来说，当时的南京皇城，不仅仅是汉族文化的最高体现，也加入了捺钵文化的因素。契丹人虽不能像在辽上京那样留出大片空间在城里设帐幕，但也进行了稍有北国风味的改造。辽南京城是沿袭东汉以后的蓟城，并利用唐代幽州衙署作皇城，所以，皇城在南京城的西南。当时，永定河流向偏北，接近皇城。契丹的帝后们到南京，既要住宫室，但又向往更开阔的生活空间，除正式在郊外的捺钵活动外，对皇城做了点小小的改造，便在皇城的西南角上建了一座"凉殿"。"凉殿"是当时契丹人一种十分流行的建筑，俗称"萧太后梳妆台"。其形式究竟如何，却鲜为人知。张家口地区沽源县的闪电河畔发现了一座高台式建筑，坐西朝东，三面通风，很像现代体育场的观礼台。而两侧有券门，既通风又美观，很可能是凉殿。燕京皇城的凉殿可能紧依皇城西墙，或者就建在城墙上。从这里可以向东北鸟瞰燕京城市全景，向南，则可观看桑干河（今永定河）的滔滔碧波。而皇城南墙下还有一个很大的空场，是契丹贵族端午射柳和打马球的地方，站在凉殿上即可看到场内的各种活动，类似的建筑在燕京其他地方还有。今北海公园当时称琼华岛，据说，山上即有"萧太后梳妆台"，估计也是这种凉殿。这种建筑，使传统的中原宫室拓宽了空间，开阔了视野，减少了一些封闭和郁闷。

对于汉族百姓来说，虽然并不需要居住帐幕，但每年辽朝皇帝、官员出行捺钵，见得多了也便习以为常，增进了彼此的认同感。后世的北京人常有春季郊游和重九登高的习惯，便和当年捺钵文化的影响浸染有很大关系。而在人民的性格上，也增强了尚武和强健的一面。

至于对后世来说，影响更大。金、元、清几代，皇帝们实际上仍在继续这种捺钵文化，只不过，到清代把可能移动的帐幕变成了沿途固定的行宫。清代每年秋季到热河"秋弥打猎"，并专门设立了木兰围场，形成一种制度，目的在于保持满族强健的体格。不能认为只有少数民族学习汉族才是进步。实际上，汉族也在学习少数民族优秀的文化。尤其是北京这座城市，它之所以在封建社会后期日益强大，并一直发展到今天，就是因为除汉族文化外，还吸收了不少北方民族的文化，注入了新的生机，古代的北京比中原都城要开放；而与江南都城相比，更不那么纤弱，而多了许多厚重和实际。在这座城市中，汉仪与行帐并存，一直是十分常见的现象，汉仪使国家有基本的秩序，而捺钵行帐则又增添了灵活机变的风格。

第二节　州县与宫帐——辽南京的管理文化

一　辽朝的大环境与因俗而治方针的确立

我国幅员辽阔，民族众多，分合离聚亦是常事，历史上既有中原对其他民族地区的占领，也有北方民族入主中原。如何处理好不同民族、不同地区的关系一直是个大问题。在辽之前，当中原政权强大时，北方民族多内附，中原对这些地区，多采取羁縻方式。如唐，北方各地区设都护府，而实际上与唐王朝不过是表面依附与贡纳关系，行政的领导与管理则是鞭长莫及。至十六国和北朝时期，北方民族纷纷南下，入主中原，但大多又是逐步照搬中原制度，以致逐步减弱甚至完全丧失自己原有的民族文化和优势。如拓跋魏，建都大同时，尚保留雄武的特征；迁都洛阳后，则因全面汉化，失去了原有的民族根基走向败亡。至于辽朝之后，女真族、蒙古族、满族等入主中原之初，大多对汉族地区强制推行北方文化，不仅造成农业生产的巨大破坏与损失，也激起中原汉族百姓的激烈反抗。

比较起来，辽王朝对于不同区域、不同民族、不同发展阶段的社会群体，则采取了极为灵活的制度和因地制宜的管理方式，即所谓"因俗而治"。这与辽朝境内的大环境有关。

辽朝境内大体有四种社会和生产状况。

第一部分是契丹本部和奚族，他们是从原始部族刚刚过渡到奴隶制度，在辽朝中后期又继续向封建制度转化，就生产、生活方式来说，主要是进行畋猎，"逐水草而居"。奚族与契丹同源同种，生产、生活方式相似。唐时有西部奚和东部奚，西部奚在军都山以西，即辽时"山后诸州"，东部奚在今滦河流域为多。后来，阿保机征西奚，将东西奚合并，西部奚举族东移到今燕山以北和赤峰南部。今延庆有"古崖居"，又称洞沟，本人曾于20世纪80年代后期考察，提出是西部奚的遗迹，后来齐心、赵其昌二位先生又加以论证，亦认为是西奚，从洞沟的情况看，西部奚亦有完整的部落和首领管理，较契丹流动性小，有自己的定居点。东西合并之后，因所处地区是可耕、可牧、可猎的地区，较契丹所居两河地带农耕成分要多。但总的说来，契丹与奚族社会发展阶段相似，生活方式也更接近，与中原均接触很多。所以，辽朝在契丹和奚族当中，基本保留了部族制度管理方式。即使后来草原上建立了"京""府""州""县"，而实际上一直以部族管理为主。不能认为保留部族制度就是完全停留在原始制度和奴隶制度上，对于畋猎为主的民族来说，部族式管理更适合他们的生产和生活方式。

第二部分是新得到的燕云地区和东北的渤海国。燕云是传统的农耕生产，已有一千多年封建制度，自不待言，而渤海国于唐时建立，由于其生产环境较好，也实行农耕制并已有相当成熟的封建制度。

第三部分是女真各部。对于社会发展较快的女真，契丹称熟女真，后来亦编户计丁。而对发展较慢，尚未完全摆脱原始状态的，虽已纳入辽朝管理，但主要是索取贡纳。

第四部分是西北各辽远的附属部族，大体类似唐对边疆羁縻的办法，平时不定期来贡，战时助以军马，而不限多寡数额。也有的仅保持微弱的"隶属"关系。

面对这样复杂的大环境，契丹人没有整齐划一，也不可能整齐划一，早在阿保机征服渤海国时，就基本上保留了渤海地区的行政区划和管理制度。幽燕地区既有渤海的先例，也就采取了同样的办法，即所谓"番不治汉，汉不治番"。这里不是讲具体的管理官员互不相治，契丹人为汉官者亦不少。所以，主要是指制度，即契丹的政治文化制度不简单地用于汉地，而汉地的制度也不简单地搬到契丹。北方草原引进了州县制度，但仍以部族管理为主；中原地区有契丹参与，但以州县管理为主。两者相互学习，逐步渗透。

契丹人的这种方法，不仅有利于当时，而且惠及后世。我们现在经常说"港人治港，一国两制"，这其实是吸收了祖先的智慧。当时的辽朝，不仅是"一国两制"，而是"一国数制"。这种制度，避免了因地域环境、文化习俗和社会发展阶段带来的重大差异，以及政权统一过程中带来的种种矛盾与冲突。

辽代的南京，正是在这种背景下，一直保持着原有的行政和文化制度，但又因契丹的参与而加入了新的文化元素。

二　以京辖道和辽南京的双重职责

在辽之前我国已有陪都设置，辽以后亦有同样情况，但均不如辽朝陪都之多。辽有五京，即上京临潢府、中京大定府、南京析津府、东京辽阳府和西京大同府。上京临潢府辖上京道是辽朝总的政治中心，管理草原部族事务。东京辽阳府辖东京道，管理东北的渤海和女真。南京析津府辖南京道，初期管理整个燕云十六州农业地区，后来专设西京才确立南京道的基本范围，大体包括军都山以东、燕山以南、白沟以北、榆关（今山海关）以西的整个幽燕地区。西京是因后来西夏的崛起而设，主要承担军事任务。至于中京，主要是奚族所在地，因上京与南京过于遥远，设中京而衔接两地，其设置时间亦较晚，是在澶渊之盟以后。由此可以看出，上京与南京是辽朝两个主要的政治、文化首府：一个是草原文化的代表，一个是农耕文化的标志。有了"五京"，辽朝的捺钵制度就有了新的发展，从以捺钵巡视部族而发展到幸五京视察全国。这是"因俗而治"的具体化措施。

所以，就辽南京而言，它也有多重职责，但它首先是陪都，既代表辽王朝对这一地区的统一管理，也是朝廷办公的地点之一。特别是辽朝中后期，辽帝在南京的时间越来越多。因为，在辽朝五京之中（包括上京在内），辽南京是经济最繁荣，文化最发达，军事力量集结最重、最强的地方；从经济上说，辽朝本土赋税收入主要来自燕京地区，而澶渊之盟后，宋朝的岁贡在此地接纳，辽宋边境贸易亦主要在此进行；从军事上讲，辽宋的长期对峙和辽朝对中原的进攻，是以南京作桥头堡，不仅每次作战要调动北方军队在此集结，而且长期在南京驻扎最精锐的军事力量；至于文化的优势，自不待言。有的学者认为，辽五京设置，与其说是陪都，不如说是五个区域的管理机构，以京辖道的意义更为突出。这种看法固然有一定道理，但起码对南京来说不仅如此。辽南京，是名副其实的政治分中心，而且越到后来其分量越重。圣宗朝，承天萧太后大量时间在辽南京，以至上京亦稍显逊色。辽朝后期，宋金夹攻，上京、中京一攻即破，而南京则成为最后的抵抗据点。天祚帝在草原一击即溃，逃往西北沙漠中，而大批的官员集于南京，并拥耶律淳为帝建北辽，正式定都燕京而抵抗金兵。纵观辽代京城变化，有一个从上京而中京，再到南京的重点转移过程。而正是在这一过程中，幽州从一个区域中心发展为国家的政治分中心，再到国家的正式中心，完成了一次政治文化的锻炼。所以，此后金朝正式以燕京为都城便不足为奇了。这一点，我们在下面讲述南京吏制文化时还要加以补充。

应当特别指出的是，辽南京这个陪都绝不同于唐代所设东西两都。唐代设东都洛阳是为接近江南财富中心，只不过是在同样中原传统文化背景下的东西移动。辽代设南京，最初确实主要为治理幽燕，但越到后来，越成为草原文化与农耕文化共同的代表。它代表草原民族对中原的治理，也接纳宋朝的文化使者们进入草原。中华民族最有代表性的两大文化体系最终有机地结合为一体，实现全民族的大统一的任务，之所以由北京完成，辽南京的这种锻炼过程是不可缺少的。

辽南京的另一个职能的确又是区域管理的中心。辽朝以京辖道，南京析津府管理整个南京道，南京道的具体建置多有变迁，《辽史·地理志》根据开泰以后情况综合叙述是辖府一，析津府；节度州一，平州。析津府和平州节度之下又有八个刺史州。

南京析津府直辖 11 个县：析津县、宛平县、昌平县、潞县、良乡、安次、永清、武清、香河、玉河（后期改为乡）、漷阴。南京析津府又辖六个刺史州：

顺州（今顺义）：又下辖怀柔县。

檀州（今密云）：下辖密云县、行唐县。

涿州：统范阳、固安、新城、归义县。

易州：统易县、涞水、容城三县。

蓟州：统三河、玉田、渔阳三县。

景州（今河北遵化）。

此外，平州为节度州，其下又有营州、滦州，亦归南京道管理。

以上，南京道共有一府、九州，共管辖 32 个县，古代所谓幽燕之地大部分包括在内了。在这个辖区内，我们可以看出，它是明显的传统的农耕文化区。但也可以发现两个例外。一个是漷阴县，是专为辽朝帝后们在延芳淀的春季捺钵而设，平时进行农耕，而捺钵之时便要供其役使。另一个是行唐县，原本是中原定州境内县名（今保定市仍有行唐县），但却又以县名在檀州之下出现了。这是辽初对河北作战，破行唐，俘其户北迁燕山脚下，置十寨，称行唐县；实际类似草原的头下州县，初期为奴隶主的私人县，后期才改为朝廷编民。从这两个特例中，我们又看到草原管理文化向幽燕的渗透。

三 辽南京的"草原之风"

辽南京以农业人口为主，但其他民族在此居住的亦很多。其中，主要是契丹人，此外还有奚人、渤海人、室韦人和女真人等。数量也不少。如南京有渤海兵营"屯幽州者数千人，并隶元帅府"[①]。

辽南京人口流动性很大。

流动最大的首先是军队。辽南京是辽朝继续进攻中原的前哨，太宗攻打汴京政治失利之后，辽朝虽然放慢了进攻中原的脚步，但对沿边仍用兵。因为，对北方民族来说，战争与抢掠不仅是一种政治行为，而且与畋猎一样是一种增加财富的方式。所以，每年都要有大批军队在南京集结。值得特别提出的是，辽朝是兵民一体的，所以军队的调动不仅是军马和士兵，而且有其妇孺老幼，即举族而至。战争中，士兵主要以骑兵作战，而其他成员则随军"打谷草"，夺取粮草及财富。

需要调动的军队，首先是皇帝的"近卫军"，即宫帐部队，又称斡鲁朵。辽自阿保机时开始建宫帐，包括契丹人和其他民族组成"宫户"。宫户中有正户和蕃汉转户。正户指契丹人，蕃汉转户是指由渤海、女真、汉人等其他民族组成的人。他们在平时奉天子，战时迅速组成天子的亲军——宫卫骑军。每个皇帝即位，都要有自己的宫卫，而原有的宫帐亦归新天子所调用。有的皇后、太后也有宫帐，这样，宫帐的数量就越来越多。有辽一代，所设宫帐十三个，其中，有两个是太后的，一个是承天萧太后的，另一个是应天萧太后的。还有一个是汉族重臣韩德让的。这些宫帐下面有直接隶属的军队、奴隶、民户，乃至州县。朝廷一旦有事立即调

[①] 宋路振：《乘轺录》。

用。宫帐基本都设于契丹内地，但为作战方便，又在各处，特别是辽宋边境之地设"提辖司"。所以，在辽南京的宫帐提辖司就最多。据《辽史·兵卫志》记载，南京的宫卫提辖司有十一个：

弘义宫提辖司（辽太宗宫帐）；

长宁宫提辖司（应天皇太后宫帐）；

永兴宫提辖司（辽太宗宫帐）；

积庆宫提辖司（世宗宫帐）；

正昌宫提辖司（辽穆宗宫帐）；

彰愍宫提辖司（景宗宫帐）；

崇德宫提辖司（承天皇太后宫帐）；

兴圣宫提辖司（圣宗宫帐）；

延庆宫提辖司（兴宗宫帐）；

敦睦宫提辖司（是圣宗弟耶律隆庆的宫帐）；

文忠王府（是汉臣韩德让的宫帐）。

一旦有军事需要，朝廷即直接通过提辖司发令，十几万或数万骑兵即可闪电般地到达南京，再加上常驻南京的部队，以及其他部族军队，数量就非常大了。

这样多的部队集结于南京，必然对该地区的正常生产产生影响，辽朝虽然在作战时令军民"打草谷"，却不允许在南京境内进行这种破坏农业的活动。除此以外，还采取了一系列的军队管理和出兵制度来尽量减少对南京农业的影响。《辽史·兵卫志》记载：

> 其南伐点兵，多在幽州北千里鸳鸯泊。及行，前取居庸关、曹王峪、白马口、古北口、安达马口、松亭关、榆关等路。将至平州幽州境，又遣分道催发，不得久驻，恐践禾稼。

从这则材料看，除南京常驻之军外，从北方调集的部队集结在千里之外，而入境又尽量迅速，并防止践踏农田作物。虽然草原之风迅即而至，却尽量适应幽燕的情况。

除军队外，每次皇帝巡幸时必然带来大批官员、侍从、嫔妃、宫人等等，人口数量也很多，当时，许多契丹贵族很喜欢到南京居住，他们把更多的草原文化带到这座新的京城。当然，契丹贵族欺压汉族百姓的事也时有发生，但辽朝尽量协调双方关系，如圣宗时，南京留守耶律休哥，便在调整番汉关系方面做了一系列的事情，得到南京军民的爱戴。

草原与幽燕既统一在一个政权之内，各式各样民族之间的流动自然比以往更自由。为适应作战的需要，契丹也曾在南京地区开辟一些牧地，主要用于养马，但数量很少，而且很少是可耕地。较之其他北方民族大量圈占土地变为牧场的情况而言，契丹人在处理农牧的关系上较为妥当。至于一般契丹百姓，只是到冬季才迁移到燕山南部的阳坡荒地上，"放牧住坐，亦不敢侵犯税土"[①]。

由此可见，辽朝对南京的管理主要是"以汉治汉"，但又夹杂着北方草原的气息。

第三节　南面官与北面官——辽南京的制度文化

一　由简到繁和中央两套官制的形成

契丹建国以前，境内情况比较单纯，所以在制度上也比较简单，"事简职专，官制朴实"。阿保机即汗位后，征伐中获得不少俘奴，在草原上建立了头下州县，但实际上并无州县官员。待到正式建元称帝，便想摆出一副中原帝王的样子，于是利用韩延徽、康默记、韩知古等为其制定了一些典章制度，模仿中原王朝，中央置三省，地方设州县。到神册六年，进行了所谓"正班爵"，规定了各级官员等级。但实际上，所谓"三省"等有名无实，只不过是原来的部族首领的变通称呼。如该年"以皇弟苏为南府宰相"[②]，就是部族首长的变相称呼。当时，真正管理汉人事务的是"汉儿司"，由韩知古知汉儿司事，这可以说是番汉分治初露苗头。

太宗夺燕云十六州，面对的是广大农业区和中原传统的官制，契丹基本未动中原制度。后来继续攻克汴京，全面了解到中原制度，这才在辽朝真正推行开来。不过，辽朝并不是对中原制度完全照搬，而是将南北的两种制度同时运用，实行南面官和北面官的双轨官制。

所谓南北两面官，许多人以为是燕云在南部，契丹在北部而得名，其实并非如此。而是包含着契丹古老的习俗。契丹人崇拜太阳，有朝日之

---

① 苏辙：《栾城集》。
② 《辽史》卷二《太祖下》。

俗，无论帐幕或房屋，皆面向东方。辽朝皇帝的宫帐向东，管理草原的官员衙署（牙帐）设在皇帝宫帐之北，即左侧，称为北面官；而管理汉族事务的衙署在南侧，即右侧，称为南面官。北面官管理牧畜和部族之政，以及军事；南面官则管理汉族地区，多为行政和财富之官。于是，从中央到地方便都有两套官制。北面官一般由契丹人担任，但南面官中也有契丹人，而且越到后来，南面官中契丹人所占比例越增长。契丹做汉官者皆穿汉服，而且可以与汉人通婚；为北面官者则仍然是契丹人服饰。有意思的是，皇帝和皇后的服装也不一样，皇帝着汉服，皇后则着契丹服饰，亦示不忘民族根本。北面官的主要人选，大体都从皇族和后族两大贵族集团中选拔，打破了原来的部族世选制，而由皇帝来任命；南面官则主要由汉人担任，而幽燕地区的世家大族尤多。

北面官中有朝官，有部族官（相当于中原的地方官员），有军事官：朝官负责整个北方民族的政治、军事、经济管理；部族官则分管草原上大小部族的群牧活动；军事官员则专司边防和一切军事、作战活动。最高的军事首领是天下兵马大元帅，一般由太子和亲王担任，有这一职务者，常被看作皇帝未来的接班人；而在战时，又有行军官具体统领。

南面官中，也有朝官、地方官员两大部分。南面朝官大体模仿唐代制度，"复设三省、六部台、院、寺、监、诸卫、东宫之官。诚有帝王之盛制，亦以招徕中国人也"[①]。

关于南面朝官的具体情况，我们不再一一列述。需要说明的是，辽朝正式都城确在上京临潢府，所以其衙署也的确在上京，但辽朝皇帝的办公经常是四时游动的，所以，这些官员也必然随之游动。而不可能如中原在朝的官员一直在京城活动。辽南京是五京之一，每当帝后们到这里办公时，南北官员皆随之而至，这便为随后正式建都奠定了基础。至于到辽末，耶律淳在燕京称帝，自然整个朝廷班爵便固定在燕京了。

辽朝的制度文化，明显表示出两种文化的伴生现象。思想、意识、观念是内在的文化，衙属、官制则是文化的外在形式，是可以直观的文化。两种制度文化的并存，使南北民众对彼此的情况都逐渐熟悉起来。就好像我们当代中国，内地是省、市、县，而少数民族有自治区，以畜牧为主的地区设立"旗"，在港澳等特区又有特殊的行政机构。辽朝的这种双轨制

---

① 《辽史》卷四十七《百官志三》。

度，不仅在当时有效地治理了不同的文化地域，而且对后世有重要启示作用，是智慧，是创举。

二　辽南京的政权机构与职官

辽南京是陪都，在这里既有朝廷派驻的京官，又有管理州县的地方官。

南京设有宰相府，设左右相、左右平章政事，这是代表中央的权力机构。又设南京留守司，留守是南京的最高行政长官，下设三司使。《武溪集·契丹官仪》说："胡人司会之官，虽于燕置三司使，唯掌燕、蓟、涿、易、檀、顺等州钱帛耳。"可见，三司使主要是经济管理。南京还仿唐制设转运使。唐代转运使初掌长安和洛阳之间的粮食发运事务，后设江淮转运使，除原来的输运任务外，又掌全国财货转输出纳。而南京转运使，主要是负责南京和西京大同之间的粮食转运，较之唐代转运使权力没那么大，而财货的出纳主要还是三司使。此外，辽朝根据南京栗子生产很多的情况，特别设置了栗园司，也属于经济官员，如辽朝著名的契丹文学家萧韩家奴，便曾掌南京栗园司。所以，他在建议朝廷均衡各阶层利益关系时便拿栗子作比方，说：炒栗子要大小均匀，翻转搅拌，才能使大小均熟；否则，小的熟了，大的生了，炒得不会好吃。治理国家如同炒栗子一样，要各方面都照顾到。这是契丹人通过担任汉族官员而得到的体会。

与三司使司并行的有虞候司，负责辽朝皇帝在南京的巡逻、警卫。另有巡警院，负责南京的治安。还有文化机构南京太学官。

在军事方面，最高的军事长官是南京统军使，主管南京统军司，下设步兵指挥使，辖马军都指挥使司和步军指挥司使。

以上均为"京官"。

南京地方官员有析津府尹，一般由南京留守兼任。至于各州县，一如中原制度，州有刺史，县有县令，并有观察、防御、团练等使。州县亦有文化机构，设州学、太学。

辽南京的官员设置从表面上看与中原无多大差异，但由于经常有朝廷官员在此，南京又有陪都自身的"京官"，可以说有一个都城必备的基本机构，这便为它此后上升为正式都城创造了条件。

辽南京的官员以汉人为多，但重要职务多由契丹人担任。如南京统军使，便主要是契丹人。这样，便把军事权力牢牢掌握在统治民族的手里。

一来契丹人熟悉辽朝的作战方式，二来也为防止汉人的反叛。至于南京留守一职，早期由于契丹人不大熟悉汉族情况，多汉人担任，而越到后来，由契丹人担任的则越多。这说明，在长期的实践中，契丹人对汉文化的了解越来越多，其意义不仅在于南京本身，而且对草原传播中原文化，以及后来契丹内地向封建制转化具有重大作用。

第十一章　中原传统与草原文化的碰撞、交融

第一节　儒学、科举与教育

一　辽南京儒学及其对辽朝社会的推动

谈到辽朝儒学，史家一般评价不高。应当承认，较之中原王朝，辽朝的儒学无论在推行的广度和理论的深度上，都不可与宋同日而语。但其意义却绝不可低估。看辽朝儒学不能仅就其自身发展而言，而应当看到，这是中原传统与草原文化的一种碰撞和新的实验。如果说，契丹的可汗变成皇帝和在草原上建一些城市、州县，以及实行双轨官制，这是表面的变革，推行儒学则是更深层的变革。推动这场变革的地点，又主要是在辽南京。

辽朝尊儒尊孔在建国之初便有所表现。一次，阿保机"问侍臣曰：'受命之君，当事天敬神，有大功德者，朕欲祀之，何先？'皆以佛对。太祖曰：'佛非中国教。'耶律倍曰：'孔子大圣，万世所尊，宜先。'太祖大悦，即建孔子庙，诏皇太子春秋释奠。"[①] 从这段记载看，当时，契丹人对佛教与儒学都有所接触，但对大多数人来说，对佛教的了解似更多，所以"皆以佛对"。而阿保机否定以佛为先的理由是"佛非中国教"。所以，当太子提出尊孔的时候阿保机大喜，这并非是对儒学思想有多少认识，而是因为孔子是中国人，不是"外来户"。这就牵涉我国许多入主中原的北方民族自十六国北朝以来的一个大问题：争正统。政权可以分裂，但大家都认为自己是中国人，辽朝同样如此。在北方民族史的研究中，有些外国人，特别是日本人，曾别有用心地提出一种"骑马民族非中国"

---

① 《辽史》卷七十二《耶律倍传》。

的论调，而我国北方民族自身却不这样看。辽代史学家耶律俨修《辽史》，说契丹的祖先是炎帝；而《元史》的作者认为，耶律俨说得不对，契丹人的祖先是黄帝。炎帝也罢，黄帝也罢，总之认为是炎黄子孙。这种以"中国""炎黄子孙"为正统的观念，既是我们这个多民族国家统一的基础，也是团结、奋进、打不烂、摧不垮的根本原因。从后来辽朝的发展看，处处要与北宋比高低，处处效法中原，这固然由于中原文化本身的巨大魅力，也仍然是契丹人争正统的观念所致。欧阳修编写五代史，把契丹作为"四夷附录"，契丹官员们愤慨异常；而澶渊之盟两国相约为兄弟，契丹人非常高兴，表示他们可与中原平等对话了。所以，辽朝早期虽然打出尊孔的旗号，但并非出于对儒学本身的认识，一是为争正统，二是为笼络汉人。辽太宗获燕云十六州，即在上京设国子监，而在南京设太学。南京太学便是笼络汉族官吏的工具。

然而，随着契丹社会的快速发展和对中原文化内容的认识，儒学不再是招幌，而成为辽朝真正的需要，尤其在圣宗朝，儒学得到较快发展。圣宗本人喜读《贞观政要》，又阅唐高宗、太宗、玄宗三纪，并常问唐贞观、开元之事。可见，圣宗提倡儒学主要是为应用，为了学习儒学中治国的经验。当时，燕京地区已有杂剧，宋人使辽，看到孔子的故事入剧，可见孔子的事迹已为人熟知。

为推动儒学，圣宗下令各州修建孔庙。

《全辽文》卷十收入一则《三河县重修文宣王庙记》，说县宰刘某到三河为官，见文宣庙"历岁换代，栋朽榱崩，久致凋敝"，说明该庙已历年久远。于是，刘公聚众谋重修之计，需经费三十万。刘公从己俸中拿出一些，又从"诸科前名"的儒生中进行募集。先塑孔子像，"以三礼图为准，绘丹臒龙衮，玄冕黼黻，金碧已至"，又"前列十哲，簪绂精饰，壁图七十二贤"，"栋宇瑰丽，藻井雕甍，势若飞动，成其大壮"，以"阐扬儒教，辅助国风"。又建土地堂，"圣贤一门九事"。两庙厢边，墙共七十堵。三河一小县，至于燕京城内孔庙之壮观更不待言了。

不过，真正的儒学教育，主要是在南京。当时，南京设有太学、州学和县学。因南京太学生很多，圣宗统和十三年（995年），特赐太学"水硙庄一区"，以补助太学的经费。道宗清宁元年（1055年），下诏设学养士，各州普遍建孔庙，颁赐《五经》及诸家传疏，并于各县设博士、助教等职。此时，契丹内地已有许多部族向州县转化，儒学从幽燕逐步向草原推进。为了限制辽朝的文化发展，宋朝曾长期禁止图书向辽朝转卖。于是，辽南京逐渐形成自己的图书印刷中心，印刷儒学典籍向辽朝各州县流布。

辽南京各州还有州学。《畿辅通志·学校一》载："涿州学在州治西南，旧在城东，辽统和中移建此地。"既云移建，可见该州学在圣宗统和以前便存在了。整个辽朝州学如上所述是在道宗时方普遍建立，足见辽南京州学建立要比辽朝其他地区早得多。

南京地区的县学，见于记载的有良乡、新城、永清、玉田等地。

良乡县学。《辽史》卷一百五《大公鼎传》云："大公鼎，渤海人……咸雍十年，登进士第"，既任良乡县令，"建孔子庙学"。后来，大公鼎还曾任南京留守。大公鼎是一位精通汉文化的渤海官员。

新城县学。《畿辅通志》载，新城县学"在县治西北，辽县令马人望建"，据《辽史·马人望传》，其任涿州新城县令在道宗朝，后来曾任南京度支使、判南京三司事等职，《辽史》列之为"能吏"。

永清县学。《畿辅通志》云，永清县学"旧治在县西北，辽寿昌（寿昌为道宗年号）元年啜里军都押司萧萨八建"。

玉田县学。《玉田县志》载："儒学在县之西，创建于辽乾统中，今大觉寺是其遗址。"

从以上记载可以看出，辽朝中后期南京境内普遍设县学，建立县学的人，既有汉人，又有渤海人，还有契丹人。

辽南京儒学的发展，为整个辽朝培养了大批人才，促进着辽朝社会的各方面变化。这不仅指南京地区本身社会的兴旺发展，也包括契丹和草原上其他民族的思想认识和心理。

首先，是由于南京儒学教育为整个辽朝提供了大批人才，使契丹统治者认识到，儒学不仅是为与中原王朝相比所用的一种招幌，而且确实是一种有用的学问和先进思想。《辽史·圣宗纪》载：统和十二年（994年），曾下诏"诸部所俘宋人，有官吏儒生抱器能者，诸道军有勇健者，具以闻"。契丹人向以武力、军马为重，而此时却首先把官吏儒生放在了前边，"勇健者"列其次。而兴宗曾有《谕萧韩家奴诏》曰："文章之职，国之光华，非才不用。以卿文学，为时大儒，是用授卿以翰林之职，朕之起居悉以实录。"又对谕萧韩家奴说："古之治天下者，明礼仪，正法度。我朝之兴，世有明德。虽中外向化，然礼书未作，无以示后世。卿可与庶成，酌古准今，制为礼典。"① 能认识到文章是"国之光华"，礼仪可规范社会制度，这已是思想上的巨大变化。

儒学的推广，还影响到社会深层的伦理道德和习俗。

契丹旧俗是"贱老贵少"，父母死不哭，谓之不壮。而据《辽史·圣宗记》载，统和元年却下诏说："民间有父母在，别籍异居者，听邻里察坐之。有孝于父母，三世同居者，旌其门闾。"这表明，对中原传统的忠孝观点已大力提倡。

儒家道德观点，还反映在契丹人婚姻观点的变化上。契丹旧俗，婚嫁不论辈分，姐死妹可续嫁姐夫，儿子可娶父亲的妾或庶母为妻。这一方面反映妇女地位比较高，很少受封建束缚，但也反映了契丹自原始制度脱胎不久的落后婚姻状况。所以，外孙女可以嫁舅舅。应当承认，有辽一代这种风气仍然很重，甚至在辽南京的汉族官员之中，因与皇族和其他契丹贵族攀附婚姻，也有受到这种习俗影响的例子。这种婚姻方式其实对人类发展是不利的。然而，在某些契丹妇女中，由于受到儒家思想的影响，却改变了态度，甚至抵抗这种旧习。秦晋王妃便是一例。

秦晋王妃的第一个丈夫是耶律隆庆。隆庆长期为南京留守，封秦晋王，故其妻封秦晋王妃。隆庆死后，圣宗曾下诏，按契丹旧习惯让秦晋王妃嫁耶律隆庆的儿子耶律宗政。秦晋王妃与宗政本为表兄妹，比宗政仅大两岁。若按契丹习惯讲，两者也算般配。但秦晋王妃受到中原儒家思想影响，认为庶母嫁儿子不好，竟不遵诏，以"违卜"名义应付过去。圣宗只好又下诏，将这位王妃嫁给了燕大族刘慎行的儿子刘二玄。这位秦晋王妃活的岁数不小，道宗时才去世。而辽道宗却忆起了圣宗下诏的前事。其时，耶律宗政已死，便将这位王妃遗体与耶律宗政合丧。于是，考古工作者便在上京耶律宗政的夫妻合葬墓中发现了《秦晋国妃墓志》及《耶律宗政墓志》，两个本不是夫妻的人竟出现在合葬墓中，真是一宗奇事。这说明，即使圣宗、道宗，尽管都是积极倡导儒学的皇帝，但受契丹旧俗影响仍然很深。但秦晋王妃的抗拒又证明儒家思想正在契丹人的脑子里起着潜移默化的作用。尽管在这种深层的变化事例还比较少，毕竟反映了一种趋势，一种冲击，而且是重大的冲击。在秦晋王妃身上反映了两种文化：敢于接受再嫁——这是草原妇女的优秀精神；不能再嫁丈夫前妻之子——

---

① 《辽史》卷一百三《萧韩家奴传》。

这是儒家进步的家庭观念。而在刘氏家族中，秦晋王妃死前明明是刘家主妇，死后却葬于他人之墓做了"鬼妻"，这在一般汉族家庭中是不能容忍的。刘家对此似并未提出异议，这固然首先是由于皇帝下诏的威势，但也是因为已长期了解契丹人的习惯而并不十分反感。刘氏家族中，除刘二玄外，刘三瑕、刘四端，都娶的是圣宗的女儿，皆为驸马。长期的相互联姻，使契丹与汉族都逐渐淡化自己原有的观念，而相互适应。儒家思想冲击着契丹社会；契丹习俗也冲击着中原礼教。双方都有向对方的学习，但也都有与对方相妥协。

二　中原的科举形式与草原的刚劲气息

科举制度是封建制度下统治者网罗人才，不断补充统治阶级队伍的手段。我国科举制度始于隋大业中，唐代大行，形成制度。辽初选用官员主要重实才，不大论学历出身，但到中后期，科举制度渐健全，特别是南面官，出身科举者日增。

有的学者根据《辽史·景宗纪》载景宗保宁八年（976年）十二月诏"南京复礼部贡院"的记载，认为是景宗朝才开始在南京进行科举。笔者认为，此论不确。辽朝科举确实自南京始，并以南京为主，但开始的时候要早得多。从目前材料看，最早可追溯到太宗会同初。《辽史》卷七十九《室昉传》云"会同初，登进士第，为卢龙巡捕官"。此时辽朝获取燕京不过两三年。另外，《景宗纪》既云"复"礼部贡院，可见原来就有，而并非新创。当然，辽初的科举可能不太规范，中间或许有较长时间的间断，所以景宗保宁八年才全面恢复。到圣宗统和六年（988年）以后渐成定制。最初，辽循唐制，每年一试，自兴宗后，三年一次，故《契丹国志》云"三年一试进士"，实指兴宗以后。《契丹国志》又载：辽代科举有乡、府、省三试，"乡中曰乡荐，府中曰府解，省中曰及第"。此处的"省中"，指礼部中选，因礼部属尚书省，故曰"省中"，与后世之行省无涉，不可不辨。圣宗时虽开科取士，但人数不多，有时仅二三人。这一方面由于当时战事较多，有时未暇科举，同时也由于选取条件较严，而汉族地区从入辽到圣宗初一直有不少动荡，文人未能得到长期学习的机会。不过，这种情况也与因循唐制有关。唐代科举要求很高，尤其是进士科，每年录取二三十人，少时只有九人。故唐人有诗说："桂树只生三十枝"。也就是说，并不是限定录取名额"矮子里拔将军"，而是按质量录取，有几名算几名，不能滥竽充数。辽朝版图虽大，但契丹人当时不能参加科举，仅汉地州县，又按唐制要求，自然能选中者很少，但并非不需要人才。圣宗统和七年（989年），宋朝沿边有"进士十七人携家来归，命有司考其中第者，补国学官，余授县主管、尉"①。这里的十七人，可能是指参加举进士者，所以辽朝才考察筛选，确实曾中第者方补国学官，其余也只能任县级一般吏员。宋朝进士们向南京逃奔，一方面说明南京形势的稳定，同时也证明，辽朝已开始大量网罗儒学人才，宋朝的进士们看准了这个机会，来谋求发展。宋朝进士可以主动奔辽，也说明中原士子对辽朝的认同，而打破了"华夷之防"，又证明辽宋之间文化上的趋同大势。

随着辽朝社会向封建制度的迅速转化，辽朝需要的人才更多，对科举也愈加重视。特别是澶渊之盟后，辽朝处处"学唐比宋"，加之辽宋使节往来频繁，辽朝很怕宋使说他们"鄙陋无文"，很快加大了科举录用的数量。统和二十四年（1006年），有"进士杨吉等二十三人及第"，到圣宗开秦年间（1012—1020年）和太平年间（1021—1030年），每年及第者达到四十人至七十余人。

由于科举制度的实行，使幽燕文人有了更多以科举入仕的机会。辽朝北面官多为契丹贵族，而南面官，尤其是文官则多由进士出身。在这些人当中，既有原来世家大族的后代，也有普通文士。辽代南京汉人大族中有"韩、刘、马、赵"，其中刘氏家庭即唐代幽州节度使刘怦的后代。入辽有刘景、刘慎行以文才著名，而刘慎行的六个儿子，其中刘三嘏、刘四端、刘六符便由进士出身。以刘氏家庭当时的势力来说，虽不能与韩延徽家庭、韩知古家庭相比，但若凭借祖辈荫功谋求职位亦非难事，而刘家却让子孙尽量以进士入仕，足见辽朝中后期科举已为社会所尊崇。除刘氏兄弟外，辽南京见于《辽史》的著名文人出身于进士者还有：

赵徽，南京人，重熙五年擢甲科，累官同知枢密院事，兼南府宰相、门下侍郎、平章事。卒后追赠中书令。

王观，南京人，博学有才辩，重熙十年（1041年）中进士乙科，后迁翰林学士、兼乾文阁学士，后改枢密院副使，赐国姓，参知政事，兼知南院枢密使。

刘伸，字济时，宛平人。重熙五年（1036年）登进士第，曾任南京

---

① 《辽史》卷二十《圣宗纪》。

留守，改户部使，又拜南院枢密副使，以正直著称。

王鼎，字虚中，涿州人，幼好学，博通经史，清宁五年（1059年）擢进士第（此据《辽史》本传，而《道宗纪》云清宁八年），曾为易州观察判官，后改涞水令，累迁翰林学士。道宗朝典章多出其手。辽南京地区至今留下许多王鼎所撰碑刻，其文辞畅丽，是辽代著名文学家。

马遵勋，字益诚，涿州范阳人。重熙十五年（1046年）擢进士第，其乡贡、礼部、廷试皆第一，可见是位才子。道宗朝为枢密副使，后拜南府宰相。

当然，辽南京进士出身的著名文人还不止这些，以上所举不过是其佼佼者。

特别值得注意的是辽朝科举的内容。

考试的科目，圣宗时"止以词赋、法律取士，词赋为正科，法律为杂科"①，后来又增明经、茂才等科。圣宗以后，辽朝科举只以诗赋和经义两科分别取士。道宗时首增设贤良科，但终辽之世，仅举行过三次。②表面看，辽与唐朝的科目皆类似，但实际内容却别有风味。如在词赋方面，所出题目往往接近北方民族生活，多了许多刚劲的气息。

开泰四年（1015年），南京试举人，圣宗亲自出题，以《一箭贯三鹿》为赋题，显然从牧猎生活中得到启示。而刘三嘏又很懂得圣宗的心理，除作赋题处，又献《射二虎颂》，仍然是表现北方民族的勇猛刚健。重熙五年（1036年），兴宗也亲至南京御元和殿，以《日射三十六熊赋》和《幸燕诗》试进士，取进士四十九人。《幸燕诗》自然是对皇上歌功颂德之作，而《日射三十六熊赋》的题目，恐怕只有牧猎民族的统治者才想得出。这说明，辽朝进行科举虽为取文士，但士子们对整个朝廷和北方民族的社会生活却不能无所了解。而虽有《明经》等科目，大约尚在其次。而到道宗朝，文雅之风渐盛，清宁三年（1057年）八月，道宗以《君臣同志华夷同风诗》进太后。清宁六年（1060年），在中京也设立国子监，以"时祭先圣先师孔子"。到咸雍十年（1074年）十月，则又诏有司颁行《史记》《汉书》。大安二年（1086年），并召翰林学士讲五经大义。大安四年（1088年）又召枢密院直学士耶律俨讲《尚书·洪范》。皇帝本人这

---

① 《契丹国志》卷二十三《试士制度》。
② 《续通志》卷一百四十一《选举略二》。

样钻研、学习儒学，科举的内容估计也就有所变化。而当此之时，辽朝也正是刚劲雄武之气逐渐消减，整个王朝开始走向衰落的时期了。

这里，提出了一个很值得思考的问题：就儒学和科举本身来说，在当时是比较先进的思想和制度，但当北方民族儒化过深之时往往又带来社会衰降。辽如此，金亦如此。可见，儒学发展到宋以后，一方面是加深了哲理，但理学本身也有对思想的禁锢。

纵观辽宋关系，宋朝无论在经济、文化、政治制度方面，应该说比刚摆脱原始状态，又建立奴隶制国家，然后又向封建过渡的辽朝，是进步得多。但在战争中，宋朝却屡战屡败。宋朝究竟缺了点什么？此后，落后的北方民族为什么总是打败先进的中原政权？他们除了军事上的优势外，还有什么内在的优势？这恐怕，主要在于民族的上进心。而这种上进心理其实也是一种文化心理。一个民族一个国家，如果总以老大自居，文化都"熟透了"，也便很难发展了。而北方民族，恰恰因为，自己承认落后，才处处奋起直追。北方民族入主中原，不能认为都是带来落后文化，这种积极进取的心理给中华民族注入了新的血液，所以才有此后的继续发展。而北方民族一旦失去了这种进取心，同样也会衰降甚至败亡。另外，就是我们上面曾谈到的文化伴生现象是相当重要的。"融合"不是一定要用一种文化完全替代另一种文化，而是相互涵纳。草被铲光了，树木也难生长了；反之亦然。南北传统各有优长，相互补充才有整个中华民族的兴旺发展。北方民族的骠掠当然是落后，但游动却是生产、生活的需要。史家论及南北文化，似乎北方民族全面儒化才是进步，这其中大概有误区。

第二节　史学、文学、文字学、音韵学及其他

一　幽燕文人开北方民族修史之先河

幽燕地区自北朝以来便有很好的儒学传统，隋唐以降又多文雅之士。儒家向来注意从历史中吸取经验以求安邦治国之道，而幽燕地处边地，两晋以来又政权更替。时局多变，文人们更注意兴衰得失之因。关注历史，是这一地区文化人的一大特点。然而，由于长期以来传统的以汉族为中心、中原为中心的观念作怪，史学评论中，虽然对辽朝修史的工作有所记述，但未给予足够的评价。不过，也有的学者较早地注意到辽朝修史之风的重要，清人魏源便说过，辽朝"其国多文学之士，其史纪、表、志、

传皆详明正大，虽在元之前，而远出元之上"①。

这种评价是很公允的。现存辽代史学著作不多，元人修《辽史》，可能由于战乱等故，所存资料有限，《辽史》修成后亦不过简短的百余卷，较之前后《汉书》，新旧《唐书》及后来的《宋史》，便显得"简陋"。于是，给人们一种印象，似乎辽代原来自己的修史工作可能不够充分。确实，若与中原王朝相比，辽朝的修史队伍可能还不那么庞大，或有不完备之处。但辽朝却是开北方民族国家修史之先河者，其关于部族、营卫、游幸、南北面官制、北方民族的习俗和礼仪等诸多方面于前代均有很大突破，这种作用绝不可低估。而在这些工作中做出贡献的则主要是幽燕文人。笔者曾做过一个粗略的拣择，辽景宗以后，领监修国史一职宰臣，据《辽史》记载可得十人；《全辽文》所收墓志中又得二人，共计十二人。在这十二人中，属燕京籍的占一半，即室昉、韩德让、刘晟（即刘慎行）、王师儒、张俭、耶律俨（李俨）。而刘晟之子刘六符又曾任同修国史一职。至于其他实际工作者及助手，燕京人想必更多。为北方民族国家修史，这是一件很了不起的创举。辽朝长达二百年（加上西辽则更长），据有我国北方广阔的领土，记载这样一段历史，它本身便有重大意义。何况，契丹作为北方少数民族的一员，其生产、生活、制度、习俗皆有自己的特点，当时的史学家留下的资料便更为可贵了。尽管现在已难见其原著，但从后人编写的《辽史》等著作中仍可窥见一斑。

据《辽史》记载，辽朝修史的工作自太祖阿保机时代便开始重视，曾以耶律鲁不古"监修国史"②。耶律鲁不古是契丹文字的创始者之一，当时辽朝版图尚未得燕云，所以，耶律鲁不古的工作当是主要记载契丹草原之事。至于有无实际成果则不详。景宗乾亨初年，又以燕人室昉任监修国史。从圣宗时起，辽朝仿五代和宋修史体例，编修《实录》。辽朝的南面官设立了国史院和起居舍人院两个修史机构。国史院仿宋制，设有监修国史、史馆学士、史馆撰修、修国史、同修国史等官职。监修国史一职，唐以宰相兼领，辽则以枢密使领之。而上述职官中，史学馆士一职又为辽所独创。起居舍人院隶属门下省，仿宋制，内设起居舍人、起居郎、修起居注、知起居注等官职。

---

① 魏源：《古微堂外集》卷四。
② 《辽史》卷七十六《耶律鲁不古传》。

辽代不仅有史官之设，且颇有成绩，所修之典策有起居注、日历、实录等种类。起居注是起居舍人院的史官们所记录的皇帝言行，是修史的第一手资料。日历是根据起居注的材料进一步编写的逐日编年体史册。而实录又据日历等资料，专记某一皇帝或几代帝王的编年大事。

除《实录》和《起居注》外，辽朝可能还有自己编写的本国历史，寿昌三年（1097年），刘辉上书说："宋欧阳修编《五代史》，附我于四夷，妄加贬訾。且宋人赖我朝宽大，许通和好，今反令臣下妄意作史，恬不经意，臣请以赵氏（宋）初起事迹，详附国史。"① 这件事是因欧阳修所编《五代史》将契丹列为"四夷附录"所引起的，而辽朝则认为，你是中国，我也是中国。寿昌三年（1079年）据澶渊之盟已久，两国早已兄弟相称，比肩而坐，所以辽朝不能忍受。刘辉的意思是说，你把契丹建国之前后列为附录，我便把你宋朝起始列为我辽史的附录，颇有以牙还牙的味道。由此推断，辽朝后期可能已自己编写本国历史。另据《辽史·耶律孟简传》载，孟简曾编撰辽朝三位大臣耶律呙鲁、耶律屋质、耶律休哥的"行事"呈道宗皇帝，他本人也曾参加编修局工作。这显然已不仅是帝王实录一类，而是在修整个国家的历史。但具体情况不详。

此外，辽朝还有一些关于历史、地理的私人著作。可见辽代修史之风甚盛。而在这些工作中，燕京文人起了重要作用。

二 辽南京的史学家及其著作

辽南京的史学家不仅许多担任辽朝的史官，而且许多人有个人著述。其中，出类拔萃者有室昉、耶律俨（李俨）等。

室昉，字梦奇，辽南京人，《辽史》说他"幼谨笃学，不外出户者二十年，虽里人莫识，其精如此"。会同初登进士第。辽太宗攻下汴京，受礼册，诏室昉知制诰，总礼仪事。可见，他长于中原的礼仪制度，世宗朝，任南京留守判官。穆宗朝，迁翰林学士。景宗朝，兼政事舍人，景宗屡次问古今治乱得失，室昉奏对称职，景宗认为室昉"有理剧才"，改南京副留守。后迁工部尚书，枢密副使，参知政事。不久又拜枢密使，兼北府宰相，加同政事门下平章事。室昉于圣宗统和九年去世，活了七十五岁，经历了太宗、世宗、穆宗、景宗、圣宗五个朝代。渊博的知识和如此

---

① 《辽史》卷一百四《刘辉传》。

丰富的经历，为他的修史工作奠定了很好的基础。

室昉开始修史是在景宗乾亨初，被授"监修国史"之职。统和初，要求告老，时承天后当政，不许。室昉进《尚书无逸篇》，受到承天后的嘉奖。约从统和四年（986年）开始，室昉与邢抱朴共同撰修历朝实录。统和九年（991年）正月成书，共二十卷，上表进于朝廷，获圣宗手诏嘉奖，加政事令。这部书记载了太祖、太宗、世宗、穆宗、景宗五朝事迹，因成书于统和年间，故称《统和实录》。它是辽朝第一部完整的史书。

辽南京另一位杰出的史学家是耶律俨。

耶律俨，字若思，南京析津府人，本姓李。其父李仲禧，于兴宗朝始仕，到道宗朝，成为近臣，赐国姓耶律氏，首任南院枢密使。所以，耶律俨实为汉人。

耶律俨自幼好学，有诗名，咸雍年间登进士第，任著作佐郎，补中书省令史，以勤敏著称。道宗论群臣优劣，唯称赞耶律俨之才俊。太康初，官至将作监，累迁大理寺少卿；大安初为景州刺史，后改御史中承，迁知枢密院事，监修国史。道宗临终，受命辅佐天祚帝。[1]

根据《辽史》本传记载，耶律俨在道宗晚年即修成《皇朝实录》七十卷。而据中华书局的《辽史证误三种》，天祚帝乾统三年（1103年），耶律俨又奉诏修太祖诸帝实录。可见，这次奉诏，是在耶律俨原有《皇朝实录》的基础上进行的。《皇朝实录》又称《耶律俨实录》，元人修《辽史》多参照此书。据冯家升先生考察，今传本《辽史》中，可考见耶律俨《实录》者有：帝纪九篇，志四篇，列传一篇。而《中国文化通史》的作者认为，"元修《辽史》中的《世纪表》《太祖纪》《太宗纪》《世宗纪》《穆宗纪》《景宗纪》《圣宗纪》《道宗纪》《营卫志》《仪卫志》《百官志》《礼志》以及《后妃传》等部分都吸收了耶律俨的成果"[2]。

耶律俨治学严谨，是一位杰出的文学家。《辽史》本传称："俨以俊才莅政，所至有能誉；纂述辽史，具一代治乱，亦云勤矣。"

在辽朝的史学家中，还有一位虽不是辽南京人，但与辽南京有很大关系，这就是萧韩家奴。萧韩家奴曾在辽南京为官，典栗园司。因为当时辽南京地区栗子很多，辽朝特设此官职，是专门管理栗子生产的。萧韩家奴

---

[1] 《辽史》卷九十八《耶律俨传》。
[2] 《中国文化通史·辽西夏金元卷》，中共中央党校出版社2000年版，第295页。

任此职，说明他对汉族地区的文化经济已很熟悉。因为，一般说来，南面经济官中多汉人，契丹人是很少担任的。萧韩家奴既是著名的文学家，又是辽朝著名的史学家，他于兴宗重熙年间担任监修国史一职，曾与耶律庶成等共同撰写《辽国上世事迹及诸帝实录》，共二十卷。

三　质朴无华，重在应用——辽南京的文学家及其作品

唐宋是我国诗词创作最辉煌的时期。辽朝学唐比宋，诗风虽盛，但在我国文学史上却未留下十分杰出的作品。唐宋又是我国小说的发轫时期，辽朝也留下了这种时代的痕迹，但较唐宋传奇文字仍显逊色。如果从草原民族来说，这种情况并不奇怪。而从幽燕而言，则似乎有一种落差。隋唐时期的幽燕文学应当说并不比中原其他地区落后，而且有自己的特色和代表人物，到辽代的南京，虽亦有不少人好诗，并影响及辽朝皇室、贵族，而燕京本身留下的作品，汉族文人反不如契丹人多。辽朝皇帝、后妃许多人好诗，有的还作得相当不错。圣宗、兴宗、道宗皆留心翰墨，圣宗还曾亲自将白居易的诗翻译成契丹文，并云："乐天诗集是吾师。"并亲自写诗五百余首。而道宗的《题李俨黄菊赋》则较之唐诗、宋词亦不逊色，其诗曰：

> 昨日得卿《黄菊赋》，
> 碎剪金英填作句。
> 袖中犹觉有余香，
> 冷落西风吹不去。

这首诗无论遣词用句，或诗的意境，都应说是诗中上品。而由此反推，李俨（耶律俨）的赋想必也是很好的，但我们毕竟未见李氏之作。其余，如道宗懿德皇后的《回心院诗》，天祚帝文妃的《讽谏诗》《咏史诗》，皆为佳品，尤其是文妃的诗，虽为女子所作，却颇有壮怀激烈的男子气魄。如《讽谏诗》云：

> 勿嗟塞上兮暗红尘，多伤多难兮畏夷人；
> 不如塞奸邪之路兮，进取贤臣。
> 直须卧薪尝胆兮，激壮士之捐身；

可以朝清漠北兮，夕枕燕云。

天祚帝时，政治昏暗，金兵大起，文妃的劝谏充满了忧国之心，而且颇有政治家的眼光，诗中的壮志激情溢于言表，而天祚不纳，终失国土，不觉汗颜乎？

我们举这些例子是想说明，辽朝之文字虽不如唐宋，但亦有佳品。然契丹人尚如此雅好诗文，而幽燕汉族文人何以反而不如？当然，《辽史》中也记载了一些幽燕文人好诗的事实，但我们毕竟很少见其原作。这其中固然有失传的因素，但恐怕也反映了真实的背景。

若说辽代幽燕汉族文人全无好诗也不对。如辽初被俘到草原，后来又返回辽南京任留守的赵延寿便留下一首难得的好诗，描写契丹生活，其诗见于《太平广记》，诗云：

黄河卷风半空抛，云重阴山雪满郊。
探水人归移帐就，射雕箭落着弓抄。
鸟逢霜果饥还啄，马渡冰河渴自跑。
占得高阳肥草地，夜深生火折树梢。

这首诗无论对时空把握、草原景色、人物活动、鸟兽牲畜等在特殊环境中的情状都描写得真实而又生动，不仅是一首好的文字作品，而且对于我们了解当时草原的生态环境、契丹人逐水而居的艰苦生活等都是极为宝贵的资料。

但总体来说，燕京文人留下的诗是太少了。然而，辽南京在文学上的成就仍是不可忽视的，诗词较少的一个重要原因，是由于燕京文人在辽代主要着眼于文学的实用价值，所以多应用之作。

辽南京的文学家首推王鼎。

王鼎，字虚中，辽南京涿州人，幼好学，博通经史。当时，幽燕文人诗词唱和宴聚之风盛行。有马唐俊者，于幽燕盛具文名，常聚诗友酌酒吟诗水滨，王鼎偶然赴席，马唐俊见王鼎衣着朴野置之下座。欲以诗困之。王鼎援笔立成，四座惊其敏妙，从此知名于文士间。

道宗清宁五年（1059年），王鼎中进士，调易州观察判官，改涞水县令，累迁翰林学士，当代典章多出其手，日显其才。但是，王鼎真正写出有分量的作品，还是在他仕途遭遇坎坷之后。王鼎为人正直不阿，"人有过，必面诋之"。其时道宗宠信奸臣耶律乙辛，一次，王鼎酒醉，"怨上不知己"，因之获罪，流放镇州。镇州又称可敦城，在今内蒙古额尔浑河上游。时耶律乙辛在朝中擅权，屡兴冤狱。先诬懿德皇后与伶官赵唯一私通，冤杀皇后，后又害太子濬。王鼎亲历了这一系列的官场斗争，深感朝政之腐败，叹己生之坎坷，遂以懿德皇后萧观音案为题材，作《焚椒录》。这是目前保留下来的辽代唯一一篇小说体裁的文字作品。在这篇小说中，还收存了萧观音这位契丹女作家所做的《回心院》诗。整个作品生动曲折，委婉动人，把懿德皇后的形象塑造得生动感人，文笔清丽，故事曲折。后人多疑《焚椒录》及《回心院》诗为伪作。然就这篇作品所记人物、事件、环境皆符合当时的情况，若非亲自经历，很难做到这点。即使有后人加工也绝不会与王鼎毫无干系。

除《焚椒录》外，王鼎还留下许多碑文，大都闪烁着文学的光华。这些碑文，不少在燕京。如咸雍八年（1072年）的《蓟州神山云泉寺记》、大安五年的《固安县固城村谢家庄石桥记》、大安十年的《法均大师遗行碑》等等。这些作品，文笔华丽流畅，写物、述事、写人，都生动细腻。如描写神泉寺景物说："渔阳郡南十里外，东神西褚，对峙二山，下富民居，中广佛寺，前后花果，左右林皋，大小逾二百家，方圆约八九里。每春夏繁茂，如锦绣围绕。"① 又如《法均大师遗行碑》，写佛教信徒的崇拜时说，法均至马鞍山戒台寺后，信徒们"一之二之日，同行云奔；三之四之日，檀那景附"。法均到西楼、白霤等地，"士女塞途，皆罢市辍耕"，法均坐化，"七众号恸，如哭所天"。这些文字，无一写法均本人，而皆以背景衬托，显出文人的老练。

李瀚，是辽初的文字家。初仕晋，晋亡后归辽，与许多中原汉官一起羁留南京。穆宗即位迁工部侍郎。时穆宗昏庸残暴，尝终夜饮宴，日间睡而不起，人称"睡王"。李瀚见朝政腐败，且思念故土，适值其兄李涛在宋为翰林学士，以书相召，瀚乃托病就医，自南京而谋奔宋。逃跑失败，被下狱，几次自缢未遂，囚上京六年。后穆宗欲建太宗功德碑，枢密使高勋荐李瀚能属文，说"非李瀚无可秉笔者"。文成，穆宗大悦，以功释罪，寻加礼部尚书，宣政殿学士。李瀚文才颇著，连宋人亦称赞其"词

---

① 《金辽文》卷八《蓟州神山云泉寺记》。

藻特丽，俊秀不群"。李澣在辽所作辑为《应历小集》，其兄李涛后又编为《丁年集》，流行一时，可惜后皆佚失。

另外，契丹人文学家萧韩家奴亦曾在南京为官，其作品亦与南京有很大关系。萧韩家奴通辽、汉两种文字，他在南京典栗园司时深受幽燕文字熏陶，尤长于史论。在《辽史》本传中保留了他的策对文章，颇丰文采。他还与耶律庶成共同撰写遥辇可汗至重熙以来事迹，辑为二十卷。又作礼书三卷，今皆佚。

杨佶，字正叔，南京人，幼颖悟异常，读书自能成句，弱冠即名声籍甚。统和二十四年（1005年）举进士第一，后为兴宗时名相，圣宗及兴宗朝，宋朝使节来辽，多由杨佶接待，故声名盛于南北，著有《登瀛集》行世，今亦不存。

此外，辽南京刘氏家族中弟子，亦多文才。

四　音韵学、文字学及其他

辽代南京因印刷业非常发达，朝廷在这里组织佛教经典的校勘、整理、考证工作；同时，又在此进行四书五经的整理和诸家注疏的研究。这些工作又带动了文字学和音韵学的发展。由于南北发音的差异和佛教中的词语、故事俗语甚多，而契丹人学习中原汉文又需要特别在语音上下功夫，就更加大了文字学和音韵学的需要。于是，出现了一批这方面的著作。做这些工作的大多是燕京学僧。他们既有儒学基础，又通晓佛学，所以博学多才。其中，成就最突出者是行均和希麟。

行均著有《龙龛手鉴》，这是一部关于音韵文字学的著作，深受历代文字学家所重视。

行均，俗姓于，字广济，为燕京僧人。《龙龛手鉴》成于辽圣宗统和十五年（997年）。这是一部通俗的汉字字书，类似当代的字典。行均研究佛学时，集录出其中的常用汉字，共得二万六千四百三十三字。以部首字平上去入四声排列，分为四卷。而每部所收字又以四声为序，各字下以反切注音[①]，简要释义，注解共十六万三千一百七十余字。正文之后分附《五音图式》。

[①]　"反切"，是我国古老的注音方法，疑难字以熟悉字注出。往往以两字注，以前一字的声母和后一字的韵母相拼，即得其音，叫作"反切"。

这部书自成体例，根据当时实际读音和通用字体编排。另外，它的学术价值还在于书中收集了不少当时北方民间流行的简化字、俗用字、合音字、合义字，如籴、歪、甭、嘦等。过去，一些封建文人，囿于传统偏见，批评此书是"里俗之妄谈""污我简编"①。其实，这些反而正是该书可贵之处，它为汉字简化和新字的创造提供了不少借鉴。沙门志光在该书序言中说："行均善于音韵，娴于字书，睹香严之不精，写金河而载缉，九仞功绩。"宋朝大学者沈括在他的《梦溪笔谈》中也对该书给予很高的评价，说："观其字，音韵次序，皆有理法。"

宋神宗时，有人自辽购得此书，被傅钦所收藏，后来，蒲传正又在浙西取以刻印，从此在宋朝境内流传开来。当时，辽宋双方书禁都很严，严禁本朝书籍流入对方，辽朝书籍流入宋朝是很不容易的。正如《读书敏求记》所说：辽圣宗时，"名僧开士，相与探学古文，贯穿线之花，翻多罗之叶，镂板制序，此书于永久，岂可以隔绝中国而易之乎？沈存中言：'契丹书禁甚严，使入中国者法当死。'今此本独流传于劫火洞烧之余，摩挲蠹简，灵光岿然，洵希世之珍也"。

此书当时还传到朝鲜，有朝鲜古刻本分为八卷。后来又流传至日本，日本元和（1616—1623年）时，有古活字印本。

另一部文字学著作是希麟的《续一切经音义》。此书之所以称"续"，是因为唐代僧人慧琳曾著一本《一切经音义》，希麟的书仿其体例。此书也成于辽圣宗之时，希麟除仿慧琳体例外，并对《开元释教录》以后慧琳未收入的佛经文字加以收集，并注音，写成《续一切经音义》。希麟为燕京崇仁寺学僧。道宗时，赠《契丹藏》给高丽，希麟此书同时传入朝鲜。明清时此书在我国一度失传，至光绪年间，我国发现日本的翻译刻本，故又从日本传回国内。

辽代燕京僧人还有许多其他著作。如僧人了洙，原姓高，世燕籍名家，曾深研六艺及经史之学，积十余岁，其作品亦曾结集。现存者皆碑文，有五篇，见于《全辽文》。

另有燕僧非浊，俗姓张，字贞照，其先范阳人，著有《往生集》二十卷，受到兴宗嘉奖。又集《三宝感应要略录》三卷，《名号集》二十二卷。

① 《潜究文集·跋龙龛手鉴》引文。

纵观有辽一代，所遗著述不多，现存者则多为燕京文人所著，燕京为辽朝文化中心自不待言。

第三节　多元化的辽南京艺术与体育竞技

幽燕地区本来就是各民族混居杂处之地，因而在艺术上向来斑斓多彩。辽朝在此建陪都后，更突出了这一特点。如果说，以往的幽燕地区是以中原传统为主，而夹杂着不少"胡气"，自辽之后，北方民族的文化色彩则更浓。尤其是在艺术上，它不同于学术理论，而更要适应广大民众和不同民族的审美习惯和生活情趣，所以北方民族的特点便更为突出。这里有汉族艺术，有契丹和其他草原民族的艺术，同时，由于它是辽朝的陪都，也便集中反映了辽朝各地区和外域的艺术成果，比如，西域、朝鲜等文化艺术也出现在这一地区，使幽燕地区的文化生活更加丰富。但总的说来，雄壮、活泼是这一时期该地区艺术的主要特征。

一　"鼓角横吹"与"踏迫""莽势"

我国北方民族向来能歌善舞。契丹人长期生活在草原上，居无定所，以鞍马车帐为家，因而比农耕民族更悠闲自在。大自然陶冶了他们雄健、豪放的气质，逐云霞，乘长风，引吭高歌，跳跃起舞是每日不可或缺的内容。据《辽史》记载，有的贵族犯了死罪，临刑前还要求饱醉而舞，以示笑对生死的豪迈气概。可见，歌舞已成为其生活的有机部分。至于庆典节日期间，更不待言了。"鼓角横吹"，早在北朝时期就成为北方民族的流行音乐，辽代的民族器乐基本吸收了"鼓角横吹"的内容，而又伴以契丹本民族的舞蹈。北京地区向来流行"胡舞"，辽代南京此风更盛，上自宫廷、贵族，下至平民、奴隶，皆喜歌舞。辽朝皇帝到延芳淀行猎，捕获天鹅后举行"头鹅宴"，便由乐奴、士兵歌舞助兴。宋人使契丹路过幽州，宴会上也常以歌舞待客。王安石出使辽朝，入辽境，在涿州即受到宴舞接待，归而赋诗曰："涿州沙上饮盘桓，看舞春风小契丹。"《渌水亭杂识》亦记载："辽宴宋使，酒一行，觱篥起舞。酒三行，手伎入。酒四行，琵琶独弹。然后食入，杂剧进。继以吹笙弹筝击架乐角觝……至范致能北使，有鹧鸪天词云：'休舞银貂小契丹，满堂宴客尽关山。'"① 看来，以歌舞、杂剧、角觚待使已成定例。

关于歌舞的具体内容和形式，辽代文献很少记载，我们只能从宋人的零星记述和辽代现存墓葬壁画和建筑浮雕上挖掘一些线索。

契丹舞蹈动作可能比较简单明快。《画墁录》云："辽待南使，乐列百余人，舞者更无回旋，止于顿挫伸缩手足而已。"不过，这里所说的很可能只是契丹舞蹈的一种，而并非全貌。契丹舞的形式多样，有独舞、双人舞、三人舞、集体舞、队舞。河北丰润车轴山寿丰寺辽代石塔，有乐舞图八幅，共刻人物十五，即有独舞、双人舞和三人舞。北京房山北郑村砖塔，有伎乐图八幅，共八人。乐器有箜篌、琵琶、鼓、笛，独舞者四。同地有石幢，其上浮雕乐伎图亦为八幅，共八人，演奏乐器为：琴、拍板、四弦直项琵琶、云锣、笙、横笛、小钹、山鼓。北京房山云居寺南塔（即压经塔），同样同乐使图八面，器乐有筚篥、笙、琴、拍板、横笛、排箫、琵琶等，男舞者一。云居寺北塔上，八面乐使图可辨认的乐伎人有四十余个。乐器除上述常见者外，还有鸡篓鼓、建鼓、大鼓、腰鼓等。舞者多达十八人。这些建筑上所留之舞态只不过是舞者之一瞬，但已不像有的学者推断的那样简单。

上面所引《渌水亭杂识》中提到的"手伎"，其实也是一种舞蹈形式，这种舞蹈可能着重于手的动作。另一种舞蹈叫"踏锤"，是集体舞。宋人王曾使辽时看到："每岁时聚会作乐，先命善舞者数辈前行，士女相随，更相唱和，回旋宛转，号曰'踏锤'。"王曾说这是渤海习俗，此时已传到燕京。另外，有一种"莽势舞"，《全辽备考》介绍这种舞："举一袖于额，反一袖于背，盘旋作势，曰莽势。"蓟县城南白塔上雕一老者，右手持巾上举，左手背于身后，右膝微曲做踏步状。据隗蒂先生考证，即为辽代"莽势舞"。蓟县出现这种浮雕，说明此舞传入辽南京地区已久。

就整个辽朝来说，乐有国乐、雅乐、大乐、散乐，还有铙歌及横吹。

国乐甚简，角觚配以小乐器。

雅乐是自会同元年（947年）太宗入汴后，掠晋太常乐谱、悬宫、乐架等，仿中原而来，一般不用，而要用于皇帝登基、皇后册封等大典。其器乐用唐代八音，而歌词亦为唐代所留。考之近年房山区所发现唐乐曲目，可能对了解辽代雅乐亦有所帮助。

---

① 《日下旧闻考》卷一百五十九。

大乐为辽册封应天皇后时，晋高祖遣冯道、刘昫带乐工乐器前往庆贺时传之辽。晋的大乐也由唐而来，但已不全，故辽之大乐已多缺失。《辽史·乐志》可考者，舞有景云、庆云、破阵、承天四种，调有娑陁力、鸡识、沙识、般涉四旦二十八调。散乐亦由晋人刘昫所引入，多在曲宴庆典时表演。横吹系军乐，多与鼓吹合奏，故合称"鼓角横吹"。辽南京系军事集结地，横吹应是有的。

辽代流行"臻蓬蓬歌"，说"臻蓬蓬，外头花花里头空"，这可能是指束于腰间的腰鼓。

总的来看，辽朝是在大的朝廷庆典中才使用中原传来的雅乐、大乐等，而日常曲宴聚会则多为北方民族歌舞。

二 杂剧的初兴

我们在前面曾经讲到，隋唐时期幽州已有参军戏等戏剧的雏形，而到辽代，燕京已有杂剧初兴。我国戏剧界一般认为，杂剧始于金代，而从目前笔者收集到的资料看，辽代已有杂剧。《渌水亭杂识》已明确记载，辽人接待宋使，在酒四行后要"进杂剧"。辽代杂剧可能到兴宗时已颇流行。据宋人曾巩《隆平集》记载，兴宗好音律，喜歌舞，"与教坊王税轻十数人结为兄弟，出入其家"。又载："兴宗与刘四端兄弟及王纲等数十人入乐队，命后、妃易衣为女冠。后妃之父萧没只言：'汉官皆在此，后、妃入戏非所宜也。'宗真（兴宗）击碎后父首曰：'我尚为之，若女何人也？'"从这段文字看，兴宗是亲自参加演杂剧的，而且令后妃皆扮为剧中人物，后父提出异议，兴宗便打破了老丈人的头，自己还与伶人结为兄弟，对杂剧的爱好到了如此痴迷的程度。

史料中，还比较详细地记载了关于辽朝演孔子戏的情况。《宋史·孔道辅传》记载，道辅使辽，"契丹宴使者，伶人以文宣王为戏"。道辅以为辱没圣贤，痛加斥责。契丹人虽然也提倡儒学，尊重孔子，但没有那么多礼教，在他们看来，把这位大圣人的故事搬上舞台，也是宣扬教化，并无什么不妥。而作为孔子的后裔，孔道辅却不能忍受，认为是辱没祖先。《围炉诗话》也曾记载，契丹人曾演《杂谷之会》和《大江东去》等杂剧，并认为这是"代圣人立言，命为雅体"。可见，契丹以孔子入戏的目的本来是为宣传儒家思想。如果再以兴宗让后妃扮女冠等情节来看，当时的剧目可能还不止这几个。

这些杂剧,当时主要流行于幽燕。因为,草原上的一般契丹百姓对这些儒家故事还不太熟悉。这一点从《邵氏见闻录》中得到证实。该书作者在卷十中记载,宋朝官员温彦博,派人到辽朝侦察对方情况,派去的人回来报告说:辽朝大宴群臣,并在宴会上做戏,伶人扮作宋朝人物,连场面、动作都汇报得很具体。宋朝奸细不可能深入辽朝很远,很可能便是在燕京地区。这是在道宗时发生的事,可见此时杂剧又有了新发展、新剧目。辽代杂剧可能还比较简单,也没有留下文字剧本,但既有人物,又有故事情节,剧目也不止一两个,这是肯定的。

假如笔者判断无误,那么,我国杂剧的形成,便向前推进了一百多年。著名辽史专家陈述先生对此也持肯定的态度,他在《辽代文化序》中说:"元诗、元曲,有汉语、蒙语掺用的体裁,尤其在元曲很普遍,显得活泼清新,也增强了文学气氛和时代色彩。这个合璧体裁是辽代创始流行起来的。"[①] 陈先生的话已讲得很清楚,杂剧在辽已流行。从逻辑上推断,任何一种艺术形式都有一个发生、发展、完善、兴盛的过程。在幽州,十六国北朝时已有石勒参军戏,隋唐时期进一步完善,到辽代可以说杂剧已初步兴起,金代盛行,而集大成者为元。

三 绘画与雕塑

辽人雅好丹青,由于特殊的生活环境,使他们对大自然更为贴近,于草原上走狗呼鹰,鞍马骑射有更真切的感情,所以在绘画方面做出特殊的贡献。而佛教在辽朝特殊的兴旺地位又促进了雕塑的发展。与民间的歌舞一样,绘画与雕塑艺术较之儒学、史学、文学等更有群众基础。有辽一代,出现了许多著名的画家和雕塑家,并留下不少作品,这其中,辽南京的艺术家成就尤为突出。他们往往吸收南北之特长,既有南人的细腻,又多了些北国的雄劲与质朴。就有成就的大画家而言,保留作品不是很多,但民间绘画和雕塑作品,至今保留很多,是我国美术史上留下的宝贵财富,也为我们研究契丹文化发展提供了大量的资料。

辽南京的画家及其作品

辽朝从皇帝、贵族到一般文人,好画者甚多。阿保机的长子耶律倍便是位著名的画家。而辽圣宗耶律隆绪,不仅好音律,而且善于绘画。兴宗

[①] 《辽金史论集》第五辑,文津出版社1991年版,第326页(重点符号为笔者所加)。

亦工丹青，善画鹿。上有所好，下必效仿，所以辽朝画风甚盛。辽朝中央的翰林院中专设有画院，为宫廷作画，而臣僚、文士中好画者则更多。

辽南京的画家，我们在隋唐五代章已提到胡瓌，因当时幽燕尚未入辽，我们将其列为五代人物。而实际上，胡瓌是开辽朝绘画，尤其是草原山水与骏马画之先河者。此处不再赘述。

胡虔，为胡瓌之子。对胡瓌的籍贯尚有不同说法，有说是幽州人，亦有说是幽州范阳人。而胡虔则一致认为是辽南京人，《宣和画谱》亦执此见。胡虔学其父画番马，世人以为其画大有乃父之风。他的作品同样多以骑射为题材，由于有深厚的家学渊源，艺术造诣很深。据《宣和画谱》记载，宋朝御府收存其作品44件。胡虔既继承了其父细腻、生动的风格，但在取材、布局上更为雄伟、壮阔。作品有描写沙漠茫茫，草原平阔，沙泉流淌，马载水囊的《吸水番马图》《取水番部图》；也有反映北方人民彪悍气质的《雪猎图》。有人认为，胡虔成就不如其父，这可能是就画马而言，但若论布局及气势，胡虔作品却超过其父。

高益，涿州人，工画佛道神鬼及番汉人马。到宋太祖时，高益曾流寓汴京，据说开始以售药为生，每当售药时，常绘鬼神或伏马，与药同时付人，因而渐知名于汴。到宋太宗即位，有外戚孙氏进高益所绘《搜山图》，太宗大喜，遂授翰林侍召。后曾奉旨画开封大相国寺壁画。《图画见闻志》称其"笔力绝人"。该书说他有《南国斗象》《卫士射猎》《番汉出猎》等画传世，看来是一位集南北生活为题材的绘画者。可惜现在一直未见其原作。《图绘宝鉴》说他的作品常用重墨而着色轻，变应随手，不拘一态。

常思言，辽南京人，是一位既有艺术天赋、又有高尚人品的"布衣画家"。《图画见闻志》说他善画山水林木，"求之者众，然必乐与即为之，既不可以利诱，复不可势动"，表现了一个艺术家的高尚人格。

吴九州，善画鹿，燕人。《画继》说他的作品"穷番鹿之态"：牛鹿、马鹿、养茸、退角、老嫩之别"无不曲尽其似"。可惜其作品同样未保存下来。

民间画卷与壁画

除著名画家外，燕京民间还有许多绘画高手，这从应县木塔中出土的大量辽南京印制的经卷及绘画作品中可以得到印证。

应县木塔中出土了许多佛教经卷，明确标明为燕京印制。许多经卷中有精美的卷首画，细腻而又生动，有很高的艺术水平。如《妙法莲花经》第八卷卷首画，是一幅人物众多、构思严谨、细腻精美的作品。中间的主题鲜明，释迦牟尼端坐说法，周围有众多弟子、信徒听讲，千姿百态，神情各异。其间祥云缭绕，一方面使人产生对佛界幻景的遐想，同时又借以间隔出许多其他为主题服务的画面。左侧远山巍峨，近树繁茂，其中掩映着高大的楼阁建筑；再近有农人耕作，挑夫荷担，动作奔跑，使人们将佛境与现实联系到一起；右侧是一座僧院戒坛，似僧人说法，信徒跪拜受戒之状。其所绘建筑飞檐斗拱，排排立柱，坛座阶梯，历历在目；而人物则无论动作、发式、衣带，无不刻画入微。其宗教主题与现实生活交融一炉，技艺娴熟而构思巧妙。像这样的画卷还有很多幅，说明当时燕京民间艺术家已达到很高的水平，而且有一个创作群体。

应县木塔还出土有七幅单体美术作品，有《神农采药图》一幅，《炽盛光九曜图》一幅，《药师琉璃光说法图》二幅，《南无释迦牟尼像》三幅。这些作品多出自民间画师之手，但水平却相当高。如《炽盛光九曜图》上画有一个老牛，双目大睁，两角怒张，头略歪伏地，口中似喘着气。几笔勾画出的动作给人以强烈的震撼。又如《神农采药图》，大有唐、五代之风。画界人士认为，既有五代赵干的用笔特点，又有关仝的痕迹。

辽代燕京的绘画艺术还可以从许多墓葬壁画中反映其水平和习尚。新中国成立后北京发掘出不少辽墓，从1954年到1957年，文物工作者曾清理出九座辽墓，其中有壁画的三座，这三座墓中，壁画完好而又生动的当数斋堂墓和赵德钧墓。

北京门头沟斋堂辽墓十分引人注目。这座砖砌的单室墓中，壁画布满四壁，色彩鲜艳丰富，画工精细，装饰华美，充分反映了燕京民间画师的才能和绘画技巧。墓侧西门绘两仕女，前者稍高，面露微笑，双手藏于袖中，托果盘。盘中有石榴、鲜桃、西瓜等果品。后者稍矮，亦托果盘，上置高足碗，似送饮品。前者梳高髻，戴云凤冠，着耳环，项有金璎珞圈，身穿绿色宽袖袄，内衬粉红色长袖衣，白披巾飘垂于胸前，红长裙，带下垂。后者服饰相同。

最引人入胜者是墓西壁的彩绘故事画。整个画面用四株不同树木分为三部分。右侧是三个祭祀先人的场面。中间一将军，身着铠甲，足蹬长靴，端坐石上，手执剑，似怒目喝令。身后两戎装侍从。另一人作沉思状。前二卒缚押一囚，被押者缚臂跪地，还被执押者拉着头发；其戍卒执押之状、举刀之态皆威猛动人。另有一跪者，扯衣袒胸，似为罪犯求情。这是一幅生动的审理案情的写真场面。左面一段，有三人，一人指天画地，一人袖手静立，另一人双手拖竹担架而去，似乎案情已白，犯人避免了杀身之祸。画中树木疏密相间，错落有致；而堤岸、绿柳、土丘、野草，远近有别，颇有透视感。除此以外，其他壁画及棺床床档上的山水画亦十分生动，或是高山峻岭、松林楼阁，或是山脚茅屋、村舍江舟，皆历历在目。这座辽墓壁画，人物生动，山水用笔简洁，气势雄浑，施青绿重彩，与金元山水画颇有相通之处，明显透露出金元与辽的承袭关系。

赵德钧墓是北京地区发现的最豪华的辽代墓葬。其中存有三幅比较完好的壁画。其中两幅在右前室。东侧绘一女仆，高发髻，体态微胖，头上有饰物，两袖卷起，坐于案前，似在揉面。西侧也绘一女仆，梳高髻，着方领长衫，手托圆盘，上置面食。左中室一壁画绘九个人物。左三人着红袍，戴展角幞头，似正观赏一幅图画。右面六人为童仆，三人有冠戴，一人持宝剑，另三人梳髻。其布局合理，线条流畅，人物画法有唐代之风。

雕塑 幽燕地区的雕刻艺术发展很早，就石雕来说，虽不如西部几大石窟的群体成就，但到唐和五代时已有相当高水平的单体作品。《辽史》记载，太宗幸幽州，见大悲阁白衣观像，仰佩不已，遂移之上京。辽代留下朝臣与文人们的《玉石观音唱和诗》二十五首，赞的便是这位自幽州而移居草原的白衣观音。今辽上京遗址有砂岩观音像，有的学者认为即幽州玉石观音，误甚。《玉石观音唱和诗》中，皆赞此像白玉无瑕，良材美质，不可能是砂岩，估计为幽州地区所产之汉白玉质地。而赵长敬诗中又明确写道"昔年避地别燕台"，可见，这些诗写的是幽州白衣观音无疑。这座观音像直到道宗寿昌年间还保存完好，雕制十分精美。梁援有诗道：

> 七尺仙容立殿台，镌奇镂异最优哉。
> 横将笠域佛为像，琢就昆峰石作胎。
> 妙像化身从地出，慈尊移步下天来。
> 倘非师智巧轻度，谁识蓝田旧玉材。[①]

---

① 《全辽文》卷九，中华书局1982年版，第265页。

其余赞诗不一一引用。这么多人赞此像，足见其艺术水平之高。可惜今已不知所在。

不过，辽代成就最著者尚数泥塑。辽代佛教盛行，许多佛教圣地泥塑水平都很高，如现存大同（辽西京）华严寺的辽代雕塑便是其代表。辽燕京也是重要佛教活动区，其雕塑水平应比大同更胜一筹。当时，辽南京有著名雕塑家刘銮塑（与后来北京地区刘兰塑非一人），宋人路过易州，还看到刘氏所塑古燕国四贤像。目前在北京市区已难寻辽代泥塑踪痕，但在辽代燕京所辖之蓟州（今天津蓟县）尚有遗存。蓟县独乐寺现存的山门力士和观音阁内的十一面观音像皆辽代遗物。其金刚力士二尊，肌肉丰满，强健有力。而观音阁内之本尊塑像站姿高约十六米，头部直抵阁顶，面部丰圆，高鼻弯眉，相貌慈和，通体塑长衫，臂挂彩帛如飘似动，缓缓至地，造型庄严而又生动，是我国现存最高大的彩塑像。由此，可见燕地泥塑水平之一斑。

四　体育竞技

辽代的南京居住着许多少数民族，有契丹、奚族、女真、渤海人等等。他们大都性情彪悍，热爱运动。如骑术、箭术、角骶、击球，都常常在燕京举行。辽南京的皇城南还专门设有球场，是举行这些活动的正式场所。当时的体育活动，大都与朝廷庆典和节日相结合。此外，中原传统的围棋、双陆等也在燕京普通流行。

射柳　这是一种将骑术和箭术结合的运动，辽金两代盛行于燕京。

射柳，在辽初本是一种祭祀活动中所要进行的仪式，后来逐渐演变为节日娱乐。

《辽史·礼志》载，契丹每遇天旱举行瑟瑟仪，向上天祈雨，祭天后进行射柳：

> 若旱，择吉日行瑟瑟仪以祈雨。前期，置百柱天棚。及期，皇帝致奠于先帝御容，及射柳，皇帝再射，亲王、宰执各一射。中柳者质志者冠服，不中者以冠服质之。不胜者进饮于胜者，然后各归其冠服。又翌日，植柳天棚之东南，巫以酒醴、黍稗荐植柳，祝之。皇帝、皇后祭东方毕，子弟射柳，皇族、国舅、群臣与礼者，赐物有差。既三日雨，则赐敌烈麻都马四匹，衣两袭，否则以水沃之。

据此记载，这种以祈雨为目的的活动大约已非契丹早期的纯礼仪行为。其中，射不中者要向胜者敬酒，还要质衣冠，已带有比赛的色彩。而《日下旧闻考》卷一百四十七所记载的辽金时期的"端午射柳"则已变为体育竞技。其文曰：

> 金因辽俗，重五日插柳球场为两行，当射者以尊卑序，各以帕识其枝，去地数寸，削其皮而白之。先以一人驰马前导，后驰马以无羽横镞射之，既断柳又以手接而驰去者为上，断而不能接去者次之，或断其青处，及不中而不能断与不中者为负，每射必伐鼓以助其气。

从以上记述看，射柳的比赛要求技艺很高。柳枝插在地上，上部剥去一段皮，射者驱马疾驰，边跑边射，既要射中指定的部位，又要继续将射断飞出的断柳接住，这在今人看来，简直比马戏团的表演还要难。而在辽，上自皇帝，下至皇子、大臣，都要射柳，足见其箭术及骑术之高超。

击球 辽代的击球，实际上是马球运动，这种运动早在唐代已流行，可能当时便是由草原民族传入的。至辽，马球大盛，五京都设有球场，《辽史·地理志》载，南京析津府，"皇城"之南有球场。《金史·礼志》记载："射柳、击球之戏亦辽俗也，金人尚之。"所以《金史》所记击球方式应与辽差异不大。比赛时分两队，骑马、持球杖，杖长数尺，"其端如偃月"。两队共争一球，球场南设两个板，其下各开一门，门后加网为囊，击入自己的球为胜。球为木制，"小如拳"。

这种游戏最初有的认为是由波斯传来，后来又传至唐代东北的渤海国。据日本文献《本朝通鉴》卷二十一和《经国集》卷十一记载，渤海使节到日本，曾表演过击球，日本王还作诗记其事曰："回杖飞空疑初月，奔球转地似流星。"按理说，契丹人善骑马，自波斯传入应先经契丹所居地区，然后再到渤海国。但当时契丹尚未建国，无所记载。马球的传播路线尚需进一步考察，但在辽代已在燕京流行是无疑的。

角觝 角觝，又称作角抵，类似现代的摔跤和日本的相扑。

角觝既是一种体育竞技，又是一种娱乐，常用于辽朝各种礼仪庆典活动。特别是在嘉仪中，往往以角觝助兴。如皇帝纳后仪，于大婚礼之次日宴后族及群臣，"百戏、角觝、戏马以为乐"①。又如，庆皇帝生辰，"酒七行，歌曲破，角觝"。册皇后仪，"呈百戏、角觝、戏马以为乐"。曲宴宋使，"酒九行，歌，角觝"②。

角觝究竟是由内地传入草原，还是由草原传入内地，尚值得推敲考证。据《胡峤陷北记》载，胡峤到辽上京，看到角觝者多为汾、并、幽、蓟之人，胡峤为后周人，据此，应是由中原北部的汉人传入契丹。但是，《辽史·太祖本纪》又载，太祖八年（914年），阿保机在处死叛乱首领耶律化哥时，赐犯人们一日宴，酒罢，或歌，或舞，或对射，或"角觝"。由此，又说明辽初契丹人角觝之风已很盛行。从道理上推断，北方民族雄健好斗，角觝以扭打博胜，应该是由北方民族发源，而不应是温文尔雅的中原发明。但不论起自南北，幽燕在辽时角觝盛行已是事实。宋使使辽，刚入辽境即受到接待，宴会上表演角觝便是明证。

关于角觝的比赛方法，《画墁录》记之甚详"角觝以倒地为负，两个相持终日，欲倒而不可得。又物如小额，通蔽其乳，脱若递露之，则两手复面而走，深以为耻也"。这种"小额"大约为胸前防护用品。新中国成立前，在辽东京（今辽阳）曾出土过绘有角觝图的陶壶，角觝者胸前戴有兜布，这与宋人所记护胸"小额"相一致。除进行比赛的人外，旁有人持花，似为裁判。据日本人鸟居龙藏考证，古代日本相扑不收费，而收观者"缠头"，又呼之为"花"。他认为，这种习惯可能即由持花裁判而来。

棋类

我国棋类运动流行很早，尤其是围棋和双陆，是相当古老的棋类项目。

双陆，相传由天竺传入，盛行于南朝和隋唐时期。辽承袭唐代各种文化，双陆亦是其中之一。因局如棋盘，左右各六（陆）路，故名。棋马作锥形，黑白共十五枚，两人相搏，白马从右到左，黑马从左至右，先出完者为胜。不过，双陆实物究竟如何，却不多见。在辽代考古中，不仅在北京、内蒙古等地发现了围棋子，还在辽宁出土了双陆棋盘。辽宁法库叶茂台的辽墓中出土的双陆棋盘，是目前我国仅有的一副，墓主人是一位妇

---

① 《辽史》卷五十二《礼志》。
② 《辽史》卷五十三《乐志》。

女，说明辽代不仅男子好此，妇女也精于此道。当时，双陆在燕京流行很普遍，《松漠纪闻》载："燕京茶肆设双陆局，或五或六，多至十博者蹴局，如南人茶肆中设棋具也。"当时，不仅汉人下双陆，契丹人亦颇好此道。道宗年间阿骨打来朝，与辽朝贵族下双陆，因契丹贵族不胜，差点动武。《松漠纪闻》还记载，辽亡后耶律大石曾一度降女真，与粘罕行双陆，双方发生争执，粘罕欲杀之，大石弃妻连夜逃走，后来才携部西行建西辽。由此可见，不仅是契丹上层，女真上层对双陆也非常爱好。

围棋发明于我国，春秋战国时即有关于围棋的文字记载。北京辽墓中出土过围棋子，证明在本地盛行。辽南京围棋流行的情况，在后世著作中还有所反映。明代凌蒙初《二刻拍案惊奇》中有一篇小说，叫《小道人一着饶天下，女棋童两局注终身》，说的是辽宋文化交往的故事。这则故事说，宋朝蔡州大吕村有一青年围棋高手周国能，在汴京与人对弈无所不胜。后闻燕赵自古多佳人，且辽朝多围棋高手，于是前往燕京访围棋高手，并意在寻求佳偶。周国能在燕京遇到一位叫妙观的女棋手，此人被辽朝封为"女棋童"。燕京的契丹贵族亲自观看两国圣手比赛，并撮合他们成为夫妻。小说虽不是信史，但作者可能是根据辽代流传下来的故事所改编，总会有些踪影。《辽史拾遗补》卷二，兴宗重熙二年（1033年）条，引祝穆《方舆胜览》曰："（宋）昌元县南二十里老鸦山有李戡、李巙兄弟善棋，会虏（指辽）索棋战于国朝，诏求天下善弈者，蜀师以戡应召，巙望风知畏，不敢措手。"看来，辽宋双方确实曾各招高手进行友好比赛，《二刻拍案惊奇》所述故事不能说无历史背景。

第十二章　辽南京的宗教

人们常说，"宗教是统治阶级麻痹人民的工具"。其实，不仅是统治阶级，各阶级的人群都在利用宗教。历代农民起义往往以宗教为号召，而庶民百姓，失意文人也常常从宗教中寻求慰藉。所以，说到底宗教是人们的一种精神需求。而不同的时代、不同的民族和不同的生活方式，决定了宗教的不同特点和不同的信仰。

幽燕自古多神仙方士之学。晋以后，随着北方民族的不断入主，幽燕以儒学为主，世家大族往往以儒学谋求仕途上的发展。隋唐之时，儒、道、佛三教合流，幽州同样出现这种趋势；但因该地区战乱频繁，人们生活动荡不安，想从宗教中谋求解脱，因而佛教的发展超过了儒、道。

幽燕入辽，形势又产生一大变局。契丹人的原始信仰是自然崇拜和萨满教。但随着契丹人的建国和辽朝中后期迅速向封建制转化，这种原始信仰很显然不能完全适应社会发展的需要了。如何把中原传统的儒学、北方原始的萨满教、与外来的佛教，结合辽朝实际相互协调、运用，便成为迫在眉睫的事情。辽南京是整个辽朝的文化中心，这个任务便理所当然地落到燕京文人身上。中国文化本来便有很大的包容性，而幽燕文人更是善于协调异质文化的能手，但是，从精神、观念的深层上平衡南北，仍然是十分艰巨的新尝试。纵观辽代历史，政治上是以儒家传统为主实行因俗而治；军事上以草原传统为主，兵民一体；信仰上则选择了以佛教为主。辽朝的佛教盛况可以比唐，而远胜于宋。而辽南京的佛教又不同于其他朝代和地区，它既有浓重的"儒气"，又要适应契丹人的原始信仰，挑选了许多接近草原思想的宗派供人们选择。这种情况造就了辽南京对佛教文化的巨大贡献，如著名的《契丹藏》刻印、云居寺石经的大规模雕造便是最突出的表现。

了解辽南京宗教，对探索南北信仰的融合过程具有重大意义。

第一节　辽南京佛教之盛况、原因及对整个辽朝的影响

一　幽燕地区是辽朝佛教发展的策源地

契丹族从见于历史记载，到耶律阿保机建国称帝之时，已经在北方草原上繁衍生息、驰骋战斗了五百多年。这个时期，正是佛教在中原崛起的时代。特别是北魏、北齐、北周及隋唐，崇佛之风甚盛。契丹人频繁与这些王朝相接触，按理说应当受到重大影响。但实际情况是，在这漫长的四五百年中，佛教并未传入契丹，契丹族一直保持着集自然崇拜、图腾崇拜、祖先崇拜为一体的萨满教的原始信仰。但若说契丹人对佛教一无所知也不对。阿保机建国，要尊神立庙，问以何者为先，众臣"皆以佛对"，说明契丹人对佛教的了解比中原其他信仰还是多一些。后来阿保机虽听太子之言以孔子为先，但在建孔庙的同时，又诏建寺院。尊孔，是因为它是中国正统；尊释，则由于契丹人对佛教有更多的接触。

契丹人建佛寺最早可追溯到902年。当时，阿保机以兵四十万攻下河东、代北九郡，"获生口九万五千"[①]，为安置这些俘奴，在"东楼""城龙化州"城内建佛寺，曰开教寺。这是契丹草原上的第一座寺庙。不过，这还不是契丹佛教的正式兴起。佛教在契丹的正式振兴，还是由于大批幽燕汉人流入草原和阿保机称帝同时而起的。《旧五代史·契丹传》说，阿保机于天祐末，即907年自称皇帝（实际是即汗位），于西楼之南别作一城，称作"汉城"，以实汉人。这座"汉城"中，有"佛寺三，僧尼千人"[②]，一座新城内有上千的僧尼，这个数量便相当可观了。辽代"四楼"之说，陈述先生以为不可信，[③]"西楼"的地点也便难以考证了。但陈述先生又认为"西楼"是"迭刺"的译音，也就是说，是指阿保机的大部落发源地。而"汉城"在其南，向南多少又不知。不过，"汉城"确实存在，即今张家口东北的枯源一带，辽代的炭山、羊城。那里集聚了大批幽燕汉人，有的是俘虏，也有唐末不堪忍受刘仁恭、刘守光父子的暴虐而流

---

① 《辽史》卷一《太祖纪》。
② 《旧五代史》卷三十七《外国传·契丹》。
③ 陈述《契丹社会经济史稿》，生活·读书·新知三联书店1963年版，第194页。

亡到草原上的汉人。他们不仅教阿保机耕种、纺织、矿冶等生产技术，也带去幽燕文化。所以，《旧五代史》所述资料虽然混乱，但"汉城"确有其事，城中建有寺院和上千的僧尼却是事实。待阿保机正式建元，定都上京临潢府，佛教的重点自然就转移到上京。《胡峤陷北记》中说，上京有许多僧尼、道士，"皆中国人"，而其中，幽、蓟、汾、并之人尤多。这再次证明，辽朝佛教的兴起，确实由于幽燕人而发动。

石敬瑭割让燕云，辽太宗入幽州，幸大悲阁，见白衣观音像，大喜，乃迁于木叶山，尊为家神。自此，佛教在辽朝各地进一步大兴。直到辽朝中后期，燕京僧人还经常到草原内地传经布教。如燕京慧聚寺（今戒台寺）法均大师，曾遍游上京、白霫、柳城、平山、云中、上谷等地，所度信徒号称五百万。辽朝的许多贵族对燕京僧人十分崇敬。如倡议与宋议和的耶律琮，系太祖弟迭剌之孙，"长以释教为事"，曾发愿请燕京左街资恩大师"千里河山来游"，请他到草原上去说法。可见燕京佛教在契丹人心目中的地位。至于辽朝历代帝王，来燕京大作佛事的情况更不胜枚举。辽朝五京都有不少寺院，但正如《契丹国志》所说，燕京"僧居佛寺冠于北方"。而就辽宋两国而言，辽朝佛教远胜宋朝。宋朝也有许多佛教胜地，但就区域文化而言，却并无像辽南京那样规模大、信徒广，并集信奉、传播、研究、著述、印经、刻经为一体的地区。换言之，在当时的整个中华大地上，辽南京的佛教也是首屈一指了。这是北京文化史上值得十分注意的一幕。幽燕不仅推动了整个辽朝的佛教发展，而且对后世，特别是金、元、清这三个在北京建都的少数民族王朝在信仰的选择上有着重大的影响。

二 辽南京佛教盛况

大建寺院 辽朝帝王既然如此崇尚佛教，幽燕又有隋唐以来的佛教基础，辽南京便成为佛教最兴盛的地方。

这首先表现在寺庙的大规模建造。《松漠纪闻》载，燕京寺院"三十有六"。这还仅指城内和近郊，而且不包括小的庵院。整个辽南京地区僧居佛刹到底有多少，便难以计数了。目前，这些寺院大部分已经不存，但有旧址或文物遗留，并可见于文献记载者仍然不少。当时的辽南京大体相当于今北京宣武区中西部，就在这样一个很小的范围内，可查找者便有十余所大刹，如悯忠寺、昊天寺、竹林寺、仙露寺、天王寺（今天宁寺）、奉福寺、仰山寺、宏法寺、瑞象寺、大觉招提寺等。近郊的则有房山云居寺、马鞍山慧聚寺（今戒台寺）、阳台山清水院（今西山大觉寺）等。此外，蓟州及盘山，唐代即已成为著名的佛教活动地，至辽则更为兴盛，今蓟县独乐寺的山门和观音阁的著名木结构建构及佛教造像便是辽代实物。阁内的观音像高达16米，是我国现存最大的泥塑之一。

这些寺院有的是隋唐旧刹，至辽更为兴盛。许多是辽代新建，也有的是在隋唐基础上复修或再建的。

建造这些寺院，首先得到皇室贵族的大力支持。如秦越大长公主舍私第建大昊天寺；楚越大长公主舍私第建竹林寺；魏王耶律汉宁建开泰寺等。这些寺院一般都是规模宏大，耗资甚巨。以昊天寺为例：此寺本秦越大长公主所建。这位大长公主为圣宗之女，兴宗之妹，韩国王萧惠之妻。萧惠曾任南京统军使，掌握着整个南京道的军事力量。而他们的女儿又嫁给道宗皇帝为妻——即道宗懿德皇后。所以，秦越大长公主又是道宗的老岳母。清宁五年（1059年），秦越大长公主舍棠阴坊私第建昊天寺，并以田产、奴仆、物资、钱财并舍寺院。寺未成，秦越大长公主去世。懿德皇后为酬母愿，一次施财十三万贯。咸雍三年（1067年），该寺遭火灾，懿德皇后再次施钱复修。所以，表面是私人施舍，实际是举朝廷之力而建，所以穷极奢华。

当然，也有民间修建的寺院。如阳台山清水院，即今大觉寺，便是南安巢村一个大地主邓从贵舍资三十万贯于咸雍四年（1068年）所造。一个普通的地主为造一座寺庙施舍这样多的钱财，足见信仰之笃诚。南安巢村至今犹在，仍因其名。

在辽南京众多的寺院中，统领诸刹的是悯忠寺。此寺建于唐贞观十九年（645年），至辽更盛。因其历史悠久，规模宏大，且地近南京衙署与皇城，成为辽南京佛教中心，同时也是朝廷进行活动的场所。如宋真宗去世，圣宗命在悯忠寺设"御灵"，作百日道场。而宋、西夏、高丽使者入辽，辽朝皇帝也曾在悯忠寺接见。该寺集中了大量的学僧大德，统领南京各寺佛学家进行佛藏的研究、著述、校勘、印制工作。至今尚留一辽代石函，上书悯忠寺主持僧人、燕京管内主要职僧及宏法寺、竹林寺等诸僧名字，多达三百七十余人。而从前些年山西应县木塔出土的辽代佛经来看，大多数为燕京悯忠寺所印制。

佛事之盛 燕京地区佛事之多，规模之大，简直令人瞠目。翻开

《辽史》，处处可见辽南京有关佛教的记载。尤其是圣宗以后，佛事更多。圣宗统和六年（988年），亲幸南京之延寿寺、延洪寺。统和十二年（994年），以景宗像造成，圣宗幸延寿寺并饭僧。统和十五年（997年），圣宗再幸延寿寺。兴宗重熙十一年（1042年）十二月，以宣献皇后忌日，兴宗与皇太后饭僧于三学寺、悯忠寺、延寿寺。咸雍三年（1067年），道宗来南京，十一月接受夏国使者所赠僧侣、金佛及梵觉经。咸雍六年（1070年），辽朝在北方乌古部作战，因杀伤太多，饭僧于南京、中京。大康四年（1078年）秋七月，诸路奏饭僧尼三十六万。一次供三十多万僧人吃饭，这笔开支够巨大了。

民间的佛事则更多。《全辽文》卷九《清河公女坟记》载，这位普通的地主家庭妇女，于重熙二十二年在本村开化院独办讲堂，请僧人开讲法华经三十余席。又请僧人读经一十藏。安次县长寿乡，本是一个"田园靡广，人物非稠"的小地方，但百姓笃信佛教，自己筹资，自己出力，竟盖起了一座可观的"圪里寺院讲堂"。类似的例子还很多，不一一列举。

笔者对陈述先生的《全辽文》所收集的有关佛教的碑记、碑铭、塔记、幢记等做了一个粗略的统计。其中，属于南京地区的《碑铭》占整个辽朝二分之一，《碑记》占三分之一，《塔记》占五分之二。由此，可见该地区信徒之多，佛事之普遍。

士庶皈依　朝廷皇帝既然笃信佛教，便提倡士族皈依，百姓剃度。加之朝廷对寺院有许多优厚的政策，许多人亦因逃避赋税和劳役而遁入僧门，这样，辽南京地区的僧众就更多了。而并不出家，笃好佛事的一般信徒更不知有多少。

士族皈依佛门，唐代刘总已开先河，辽代的情况则更甚。

北京曾出土《王泽墓志》及《王泽妻李氏墓志》。据两志称，泽之祖辈皆在辽为官，王泽本人也曾任怀州刺史，其子还是辽朝的兵部侍郎。但在这样一个官宦世家中，却几乎人人信佛，甚至代代都有出家者。王泽早年丧母，其继母仇氏竟削发为尼。王泽妻李氏"净信三归，坚全五戒"。王泽本人晚年"杜门不出，惟与僧侣定为善交"，"看法华经千百余部，每日持陀罗数百本"。王泽有三女，长女出家，法名法徽，能讲大、小乘经律；三女也出家，法名崇辨，亦通经律。其孙王安裔有六女，即王泽的六个重孙女，竟然全部出家为尼。① 这样，在王泽一家中，四代人便有九位正式出家。像王泽一家这样直接出家如此多的虽非通例，但在辽南京，合家、合族、合村信佛的却不在少数。道宗时期，由于这位皇帝本人不仅信佛，而且研究佛经，"执经亲讲"，竟然发生"一岁饭僧三十六万，一日而祝发三千"②的佞佛之事。在辽南京这个佛教盛行的地方，其情景更可想而知了。易州人曹守常，本是一介儒生，十七岁出家，后主持六聘山天开寺，法名忏悔上人，在该寺三十年，"所度黑白四众二十余万"③。一个僧人就收了这么多信徒，整个南京地区信佛者更不知几多。白带山云居寺，每年四月八日佛诞生日举行佛事，各地居民数百里而至，动辄上万家，"予馈洪粮，号为义食"，而"香车宝马藻野溽川"。为表示对佛的虔诚，有"练顶代香者"，有"燃指续灯者"，甚至有"堕岩舍命者""积火焚躯者"，"岁有数辈"。④ 难怪宋人说辽朝的佞佛已成"巨蠹"，这种状况在整个北京史上也是仅有的时期。佛教作为文化，自有它一定道理，但任何事情过了度便要走向反面。所以，一直到元朝，还有人问儒士出身的张德辉："或云，辽以释废，金以儒亡，有诸？"⑤ 辽朝中后期崇佛确实太过分了。

邑社组织 由于燕京地区佛教信徒很多，出现了许多民间的会、社组织，这种组织当时称为"邑"。最常见的有"千人邑"，在目前保留的许多有关佛教的碑记、幢记中均可见。清人《倚晴阁杂抄》中记录了在广宁门大街北巷有一块辽碑，额称"弥勒邑特建起院"，并记载有邑首、邑长、邑正等许多名目，可见这种邑会组织非常严密，有大大小小的头目。涞水县的千人邑又名"念佛千人邑"，由沙门信善所组织。范阳白带山云居寺僧谦讽等也组织了"千人邑"，他们的社规是"协办唱和，结千人之社，合千人之心，春不妨织，秋不废获，立其信，导其教，无贫富先后，无贵贱老少。施有定例，纳有常期，贮于库司，补兹寺缺"⑥。这说明，一些组织邑会的人物也注意到佛教带来的不少社会问题，因而通过组织稍

---

① 陈述《全辽文》卷七《王泽墓志》《王泽妻李氏墓志》，中华书局1982年版。
② 《辽史》卷二十六《道宗纪·赞》。
③ 《全辽文》卷八《六聘山天开寺忏悔上人坟塔记》，中华书局1982年版。
④ 《全辽文》卷四《重修范阳白带山云居寺碑》，中华书局1982年版。
⑤ 《元史·张德辉传》。
⑥ 《全辽文》卷四《重修白带山云居寺碑》，中华书局1982年版。

加调整和规范,所以有很大的号召力。

邑会组织根据功能还有不少其他名称。

如燕京仙露寺为安置佛舍利组织了"舍利邑",房山为刻造石经组织了"经寺邑"。云居寺有一座燃灯塔,本为邑众化聚三万缗钱所建,每至上元环塔燃灯,三日不息,仍由邑众出资供应,故称"燃灯邑"。此外,还有赢钹邑、螺钹邑,大约是为作佛事提供乐队的组织。四月十八日为佛诞生日,所以又有"太子诞生邑"。这些邑社组织遍及燕京各地的乡间村镇,对于佛教在民间的传布有重大作用。

三 辽南京佛教之特点与兴盛的原因

辽南京佛教之所以如此兴盛有很多原因。

首先,是因为自隋唐以来,这里已有很好的佛教文化基础。它不仅表现在有众多的寺院,而且有众多的信徒,并有不少学僧进行佛教的研究和传播。

其次,是适应辽朝社会的需要。契丹人在隋唐之时还处于原始部落联盟的后期。阿保机在短短的一二十年内完成了建立奴隶制国家的任务。而又过了仅仅五六十年,到辽景宗和圣宗时期便迅速向封建制度转化。社会发展如此迅速,便急需某种统治思想来统一民众。儒学为治国所需,但对于文化并不太高的契丹民众来说未免接受艰难。但是,又总要选择一种信仰、一种思想。契丹的原始宗教是萨满教。这是一种多神的信仰。而佛教虽为释迦牟尼所创,但并不像其他西方宗教那样是独神而排他。佛教也是东方宗教,东方宗教有着共同的特征:便是多神可以并存。佛教为人们描绘了一个诸佛并存的图画,这与萨满教的信仰在某些方面可以相通。日本人鸟居龙藏说,佛教中,尤其是佛教的密宗,"有易投一般人民信仰之性质"。"凡求子、安产、求福、退魔、治病等,皆有密教之法。此因与萨满教取一致行动也。萨满原为辽人固有之宗教,真言宗加持祈祷又类似之,故密教为契丹所喜"[①],这种分析是有道理的。而一种佛教宗派一旦被接受,其他宗派自然会接踵而至。幽燕以往盛行律宗,戒律虽然繁复,但总比禅家的玄机易于把握。于是,幽燕僧人便可借助契丹人的心理大行其道。契丹社会一旦接受,燕京这个辽朝宗教的策源地自然为历代帝王所

---

① 鸟居龙藏:《满蒙古迹考》,台湾南天书局1982年版。

重视，便更加盛况空前了。

就幽燕本身来说，从唐代后期，至五代、辽初，又是动荡不安的时期，先是藩镇割据，后又有异族的压迫，无论士族还是普通百姓，都需要从宗教中获得精神解脱。

有此种种原因，辽南京的佛教得到特殊的发展机会。

但是，辽南京的佛教又不同于辽朝其他地区，而有自己的特点。这主要表现在以下两点：

第一，儒味甚重。

燕京的不少僧人原来是儒生，后来弃儒归佛，所以重佛理的研究，而又有较好的文学修养，因之造就了一大批佛学人才。如上述天开寺忏悔上人，原来便是儒生。又如，易州马头山善兴寺花严座主"自幼宗儒理"，"人所共师"，后"舍儒俗"，"归佛门"。[①] 而沙门了沫，原"世籍燕为名家"，曾"研求六艺子史之学"，后来成为著名僧人。而主持《契丹藏》编纂的无碍大师诠明，更是一代硕学，其事迹见于后述。辽其他地区寺院、僧众、信徒也不少，也有个别是学僧，但不像燕京有一个学僧群体。这样，便为辽朝在燕京编印《契丹藏》和在云居寺续造佛经奠定了基础。诚如陈垣先生所说，"燕云十六州为中华旧垠，士大夫寄迹方外"[②]，早有传统。但虽然弃儒就佛，而原有的儒气依然浓重。

第二，律宗为主，兼有各个宗派的精英。

唐代中后期以来，中原和江南禅宗盛行，但燕京地区却既不同于南方，又不同于辽朝内地。辽朝内地盛行密宗，燕京却以律宗为多。但这并不排斥其他宗派。《松漠纪闻》说，燕京寺院虽多"然皆律院，自南僧至，始立四禅院"。说南僧至始立禅院不假，但说南京寺院都是律宗则不确。如悯忠寺住持诠明是法相宗代表人物，燕京圆福寺住持觉苑是密学的大师，而治净土宗的学者亦有之，至于律宗更不待言。可见，辽南京是集佛教各派人物为一地的佛学研究之地，而并非简单地传经布教。因此，燕京僧人多有著述，许多人学有所专，但并不仅专于一派、一经，往往是佛学的通才，且懂得儒学，通晓音韵，并有很高的文学造诣。

---

① 《全辽文》卷一十一《易州马头山善辉花严坐主塔记》，中华书局1982年版。
② 陈垣：《中国佛教史籍概论》，科学出版社1957年版，第79页。

第二节　辽南京的佛教宗派与《契丹藏》的编纂印制

辽朝处处要与宋朝较量，在文化上的较量则主要是佛教。辽朝在佛教方面主要有两项贡献：一是编纂、印制了大藏经，被称为《契丹藏》；二是在房山云居寺进行了大规模的石经续造。这两项巨大的文化工程都是在燕京进行的。

一　辽南京众多的佛教宗派、学僧及著述是《契丹藏》编纂的基础

辽朝很重视僧才的培养，并有考选制度。方法是择一境之高僧担纲，考选经、律、论学优者为法师，指导讲、业、诵三方面功夫，并选习专攻。而燕京高僧便往往是这种担纲的人物。

燕京地区有各种佛教宗派及代表人物，他们往往博学多才，并有许多著述。

首先应当介绍的是法相宗代表人物燕京悯忠寺沙门诠明。诠明是一位学识渊博的高僧，他可以"总讲群经，编糅章钞"[1]，圣宗赐号无碍大师。著有《法华经玄赞会古通今钞》《金刚般若经宣演会古通今钞》《弥勒上生经会古通今钞》《成唯识论详镜幽微新钞》《百法论金台义府》五种经部及科文，共七十三卷，以阐释法相宗创始人唐玄奘及其弟子窥基的学说。这些著作为《义天录》所著录，至今尚有部分残卷遗存。宋朝于熙宁六年（1073年，辽咸雍九年）还将诠明所著《法华经玄赞会古通今（新）钞》转送日本游方学僧成寻。[2] 从各方材料印证，诠明就是《契丹藏》的主编，见于后述。

密宗主要流行于辽上京和契丹内地，但代表人物却在燕京。这就是燕京圆福寺的觉苑。觉苑是辽代第一流的学者，被辽朝加封"燕京圆福寺崇禄大夫、检校太保、行崇禄卿、总秘大师"等职并赐紫衣。他"学瞻群经，专攻密部"。西天竺摩揭国三藏法师兹贤来辽，觉苑从之受学，"穷瑜伽之奥诠"，因而"名冠宗师"。[3] 著有《大毗卢遮那成佛神变加持经义释

---

[1] 《全辽文》卷六希麟《续一切经音义序》，中华书局1982年版。
[2] 转引自张畅耕、毕素娟《论契丹大藏经之雕印》。
[3] 《全辽文》卷九《神变加持经义释演密钞引文》，中华书局1982年版。

科文》五卷，《大科》一卷，《演密钞》十卷。"毗卢遮那"即"日"，故《大毗卢遮那成佛神变加持经》又称《大日经》，唐人所译，僧一行撰《义释》阐明经义，觉苑的这些著作是对《义释》的进一步发挥。

净土宗的代表人物是燕京奉福寺忏主非浊。他是故守太师兼侍中圆融国师的弟子，重熙八年（1039年）兴宗召其赴阙，赐紫衣。先授上京管内都僧录，后为燕京管内左街僧录。清宁元年加崇禄大夫检校太保，后又升太傅、太保等名号，赐号纯慧大师。著有《往生集》二十卷。此书由高丽而传至日本，对日本影响甚大。此外，非浊还撰有《三宝感应略录》三卷。

律宗是燕京本地流行最盛的宗派，所以治律学者亦甚多。燕京奉福寺圆融大师，燕京永泰寺沙门守臻均是这方面的代表，皆有著述。还有蓟州甘泉普济寺沙门非觉，则是辽朝后期的律学宗师，号称"独步幽燕"[1]。由以上情况可以看出，辽代的燕京是学僧辈出的地方。

二 佛经的整理与《契丹藏》的雕印

应县木塔出土文物证明《契丹藏》雕印于燕京 辽朝曾雕版印刷《契丹藏》，这是众所周知，见于记载的。但是，《契丹藏》造于何地一直不清。1974年，考古工作者在应县辽代木塔的第四层释迦塑像的背腹内发现一大批文物，其中主要是佛教经卷。从这些经卷中证明，《契丹藏》的雕造地点就在辽南京。这些经卷中有《大藏经》十二卷，这十二卷中保存最完整的为《称赞大乘功德经》，其中明确记载，是统和二十一年（1003年）刻于燕京，由刻工穆咸宁、赵守俊、李存諰、樊遵四人雕版。《妙法莲花经》卷四Ⅰ式之卷首画上又有"燕京雕历日赵守俊并长男次弟同雕记"。两经皆为硬黄纸、卷轴装。其他诸经大部分亦标明在燕京制造，并留下了雕版人的姓名及雕造地点。如《释迦摩诃衍论通赞疏科卷下》《释摩诃衍论通赞卷第十》，是咸雍七年（1071年）由燕京官方奉旨雕印，印背均有"宣赐燕京"的戳记。还有许多由民间作坊制造。如《妙法莲花经》卷四Ⅲ式为"燕京檀州街显忠坊门南颊住冯家印造"，《佛说八师经》为"大昊天寺福慧楼下印造"，《上生经疏科文》为"燕山仰山寺前杨家印造"，《释摩诃衍论通赞卷第十》为"燕京弘法寺奉宣校勘

---

[1] 《全辽文》卷九《非觉大师塔记》，中华书局1982年版。

雕印流通"。杂刻中《新雕诸杂赞》雕印于"燕台大悯忠寺",上面印有各种杂经目录,可以说是北京地区最早的图书广告。这样,不仅证明了《契丹藏》的印造地点,同时,在学术界久有争议的《契丹藏》刻印时间也有了新的突破。以往,人们认为《契丹藏》始于兴宗时期,日人妻木直良在他的《论契丹大藏经雕造之事实》一文中便持这种说法。而经过我国学者对出土文献的查对核实,同时对经目排比方式进行剖析,对参加编纂的名僧大德生平做缜密的考证,从而证实,《契丹藏》确实于统和年间开始印造。木塔所出土十二卷《契丹藏》都是以千字文编帙号。由"女"字编号的《称赞大乘功德经》刻于统和二十一年(1003年),有燕台圣寿寺沙门道诠于统和二十一年(1003年)私刻的经单。但因大藏经刻印必须"敕准",所以道诠的经单应是根据《契丹藏》复刻,否则不必有千字文帙号。这说明,到统和二十一年(1003年),《契丹藏》已印刷流通。

圣宗时期,燕京僧才辈出,希麟著《续一切经音义》,完成于统和五年(987年)。行均著《龙龛手鉴》,完成于统和十五年(997年)。看来,这一切,都是服务于《大藏经》的编撰、雕造。

在《释摩诃衍论通赞卷第十》题记中,除标明由燕京弘法寺奉宣校勘雕印流通外,还注明勘者是"殿主讲经觉慧大德沙门行安勾当、都勾当讲经诠法大德巨沙门方距校勘",以及"印经院判官朝散郎守太子中舍骁骑慰赐绯鱼袋臣韩资睦提点"。这说明,当时燕京设有刻经院,由朝廷官员总提其事。下面各寺院分工编辑、校勘,并可负责流通。在各刻经寺院附近又有许多刻印作坊。上述这份题记中,刻工人数多达47人,有的题记则达45人。[①] 这一切都表明经过了严密地组织、细微地分工,才进行了这项工作,当时燕京各大寺院几乎都参与其中。

关于《契丹藏》的主编诠明 关于《契丹藏》的主编,以往并无定论。上世纪80年代后期,王承礼先生发起编写《辽代文化》的倡议,朱子芳先生负责佛教部分。朱先生经过各方考证,认为《契丹藏》的主编为燕京悯忠寺钞主无碍大师诠明。该书未及编完,二位先生相继去世,全书未曾出版。笔者亦曾参加《辽代文化》编写组,与朱先生讨论《契丹藏》主编问题,至今仍认为朱先生见解言之有理。

---

① 闫文儒等:《山西应县佛宫寺释迦塔发现的契丹藏》,《文物》1982年第6期。

朱先生首先根据义天《飞天别传跋》里的一段话为依据："近者，大辽皇帝诏有司，令义学沙门诠晓等再定经录，世所谓《六祖坛经》《宝林传》等皆焚除其伪妄，条例则《重修贞（开）元续录》三卷中载之详矣"。朱先生认为，"诠晓"即诠明。因为，在《义天录》中，著录有"《续开元释教录》三卷，诠晓集"的记载，在"诠晓"下注旧名"诠明"。所以，再定经录的正是诠明，而诠明为圣宗时人，"大辽皇帝"即指辽圣宗。这个《续录》即诠明为编写《大藏经》"再定"的经录，以区别于北宋的经录。而鉴别真伪，删焚伪妄正是主编的职责。诠明可"总讲群经"，并有"编糅章抄"的能力，其著述之丰已见上述，而悯忠寺又是编纂《契丹藏》的中心，说诠明是《契丹藏》的主编合情合理。

无碍大师诠明大约卒于统和末年。此时，按照《续开元释教录》雕印的契丹大藏经初期工程已完成，并已部分印刷颁行。以后，《大藏经》的编校则由瑜伽大师可元和总秘大师觉苑继续主持。经过三代主编的不懈努力才完成了《契丹藏》的编校雕印工作。

《契丹藏》的内容包括五部分：

第一部分为《大藏经》之本藏，因循《开元释教录》；第二部分依诠明《续开元释教录》编定；第三部分为开泰八年宋朝送的天禧本新译密宗佛典；第四部分为兴宗敕准入藏的随编录入的唐译密宗遗经及契丹沙门译经及著述；第五部分为道宗敕准入藏随编入录的契丹著述。以上五部分总计579帙，1382部，6030卷。

宋朝的《开宝藏》比《契丹藏》开印要早，但目前存世者皆印于崇宁、大观年间（1102—1110年）。这样，应县木塔发现的《契丹藏》，便是我们所能见到的最早的大藏经刻本和实物了。而《契丹藏》与房山石经卷次编写一一吻合，说明石刻与木板所用为同一底本。

《契丹藏》不仅当时在辽朝境内发行，而且影响及外域。《辽史·道宗纪》载：咸雍八年（1072年）十二月，"赐高丽佛经一藏"。《契丹藏》传入高丽后又传入日本，日本又曾据高丽覆刻本再刊。

第三节　辽代云居寺石经的续造

一　房山云居寺石经辽代续造之背景

房山佛教石经始刻于隋唐之交的沙门静琬。静琬自隋至唐，直到唐贞观十三年（639年）方卒于幽州，在白带山从事刻经事业达三十年之久。云居寺东峰有藏经洞九个，静琬所刻经版藏于第五洞。唐开元、天宝年间，房山刻经得到朝廷和贵族的大力支持，使刻经工作达到一个新的高峰。但不久发生安史之乱，后来又有武宗灭佛，使刻经工作中断。唐末虽有复兴，但远不如静琬和唐代中期的规模。从五代到辽初，幽州动乱，刻经再次中断。

辽朝皇帝笃信佛教，燕京佛教大为兴盛，这就为房山石经的续造提供了一个大环境。从王正所撰《重修范阳白带山云居寺碑》中可看出，辽朝在穆宗应历年间对云居寺有一次大的复修和扩建。据碑文记载，王正于应历初来云居寺，与寺主谦讽和尚相会。十五年后，即应历十五年（965年）又来云居寺，看到谦讽对该寺已大加扩修：计"建库堂一座，五间六架"；"建厨房一座，五间五架"；"建轮转佛殿一座，五间六架"；"建暖厅一座，五间五架"；又有"燕主侍中兰陵公"赞助"建讲堂一座，五间七架"；"又化助公主建碑楼一座，五间六架，并诸腰座。建饭廊二十三间四架，次又建东库四间五架。次建梵纲经廊房八间四架。次盖后门屋四座"。"余有舍短从长，加朱施粉。"① 而据沙门智光《重修云居寺碑记》，"皇朝应历十四载，寺主苾刍谦讽，完葺一寺"，进一步证实这次修葺的具体时间是在应历十四年（964年）。但后来，"倾国兵火，遂致伤缺"。于是，在统和二十三年（1005年）再次复修。② 重修以后的云居寺已按辽人习俗，殿宇、庙门皆东向，其规模宏大，建筑壮丽，至今仍留许多辽代的碑、塔、幢等遗迹，在当时，更是京西最兴盛的寺院之一。"燕都之有五郡，民最饶者，涿郡首焉，涿郡有七寺，境最胜者，云居占焉。"③ 经过景宗、圣宗两代，辽朝经济已达到最兴旺的时期。辽代续刻石经与隋唐的不同之处，在于隋唐刻经主要是民间资助；而辽代刻经大多由朝廷直接统率，由涿州官员具体负责。所以，辽朝的经济发展便为房山刻经奠定了物质基础。

而在圣宗统和年间，燕京正在进行《契丹藏》的大规模校勘、雕印工作，大批的学僧已整理出《大藏经》的篇目，并对内容详加校勘、注

---

① 《全辽文》卷四《重修白带山云居寺碑》，中华书局1982年版。
② 《全辽文》卷五《重修云居寺碑记》，中华书局1982年版。
③ 《全辽文》卷八《涿州白带山云居寺东峰续镌四大部经记》，中华书局1982年版。

释、研究。这样，更为石经续造提供了学术条件。

二 云居寺石经的续刻

在燕京城内大规模校刻《契丹藏》的同时，房山云居寺的石经续造也逐渐开始。今云居寺石经洞外，发现有辽圣宗"统和十三年岁次乙未"题记的《般若心经》残石四块，说明在统和年间已有小规模的续造。但经版既小，字迹拙劣，说明并非有计划大规模进行。

辽朝正式启动续造石经的工程是在圣宗太平年间，由韩绍芳发起。

韩绍芳为辽代开国佐命之臣韩延徽四世孙。他在圣宗太平年间为枢密院直学士，并任涿州知州，太平七年（1027年），韩绍芳于从政之暇，"游是山，诣是寺，陟是峰"，看到东峰藏经洞内的石经。于是，召僧内"耆秀"，询问石经情况，但因"代去时移，细无知者"。于是，取出经版，验名对数，既得《正法念经》《大般若经》《大华严经》《大涅槃经》各一部，合计七百一十卷，碑二千一百三十条。① 韩绍芳这次统计可能是以每卷三碑粗略计算，与实际有较大出入。但不管如何，有了个底数。以上便是静琬及其门人导公等五代人所刻石经总成果。及韩绍芳得知"自唐以降，不闻继造"，便"喟然有复兴之叹"。乃具表奏明圣宗，圣宗本极"洞悉"佛典，得韩绍芳奏章，"深快宸衷"。于是，委命瑜伽大师可玄，提点镌修，勘讹刊谬，补缺续新。可玄是继诠明之后勘校《契丹藏》的负责人，所以，城内的木版佛经与云居寺石版刻经同出一个样本便可以理解了。此时圣宗已是晚年，可玄的工作估计主要是"补缺"，至于续新可能数量还少。但无论如何，这项大的文化工程是开始了。

兴宗即位，继续刻造工程。他首先解决的是经费问题。唐代刻造石经主要是私人捐助资金。兴宗考虑到这项工程浩大，所费甚多，只靠寺院筹集，民间捐助，难以久历年所。于是，决定"出御府钱"，于重熙七年（1038年）开始，放贷取息，以供刻碑之用。同时，又"委郡吏相承提点"。自此之后，以时系年，开始了前所未有的大规模、有计划的续刻工程。所以，我们现在看到的辽代刻经都是由涿州主管来负责，有大量题记可证。据近年核查，《大般若经》最后八十卷和《大宝积经》十二帙、一百二十卷的前十二帙，是在兴宗时刻成的。道宗皇帝崇信佛教的程度可谓

---

① 《全辽文》卷八《涿州白带山云居寺东峰续镌成四大部经碑记》，中华书局1982年版。

历代皇帝之独步,自然要继续这项工作。经今人依拓片对照,道宗所刻石经共计八十七帙,一百六十一部,六百五十六卷,碑石1084条。

道宗时期坚持刻经事业的是名僧通理大师。他在大安九年(1093年)在云居寺开放戒坛,进行传道,所得钱万镪,均用于刻碑。经今人核对,通理所刻经为六十九部,四百三十卷。前人所刻多为大乘经,而通理所刻多为律和大乘论,以补前人之所缺,使大乘经、律、论三藏完备。

天祚帝时,云居寺石经刻造由通理大师的弟子善伏负责。其间,有"故守太保令陈国别胥"施助,共刻经十二帙,一百余卷。

唐代石经未编帙号,而辽代刻经的按《千字文》顺序编有序号,系按后晋僧可洪《新续藏经音义随函录》千字文帙号编排,与燕京所印《契丹藏》一致。

在道宗通理大师刻经后,山上藏经洞均已贮满,于是,其弟子们将后来的经石俱藏于地穴中。上筑台造塔一座,并刻文字标记,这便是现在的压经塔,又称南塔。新中国成立后考古工作者发现了这些穴藏的经版,与以前的不同是均为小碑,共4080片。

三 云居寺辽代刻经的价值

房山石经历唐、辽、金、元、明五代,前后达千年之久,被人们视为佛学之珍宝。它不仅保存了佛教经典及佛教兴衰的大量资料,而且集哲学、金石、书法、美术史料为一体;其大量的碑刻题记则提供了当时社会政治、经济、文化等各方面的史料。许多学者认为其价值可与敦煌莫高窟媲美,故云居寺又被称为"东部敦煌"。

但就历代情况而言,又数辽代刻经最多,规模最大。

石刻佛教经典,比木刻印刷品有特殊的优越性,一是校勘准确,避免了辗转抄刻之误。二是保存持久,不怕天灾水火及人为的破坏。佛家刻经的缘起便是受灭佛运动的劫难而想出的避劫之策;而对于今人来说,则留下了大量的珍贵文物,便于我们对佛学和古代思想的研究。

辽代刻经的意义,首先是便于我们对辽代佛教本身的研究。它提供了辽朝中期以来佛教发展的情况。我们从大量题记中可以了解到佛教的组织、僧人的专业、著名学僧的贡献等等。以《持世经》为例,有"校勘讲百法论沙门法明,校勘讲唯识论法门法式,校勘讲上生经沙门可寿,提点诵法华经沙门法选,(云居寺)都维那沙门可聿,尚座讲百法论沙门去息，寺主持念沙门可成，首座持念沙门季令"①等。可见，每个僧人都是术业有专攻的。又如《贤劫经》题记表明，这两条为太子武骑尉所造，并有其"出家妹戒师崇谛"，而其侄子还取了个佛教名字叫"金刚奴"②。可见，辽代士族出家已是较普通的现象，佛教文化已渗入人们日常生活。

辽代与唐代不同的是官方筹资并由涿州官员直接提点其事。所以，唐代题记多反映民间情况，而辽代题记则大量反映了当时的职官情况，从而使我们对辽代政治、军事、文化有更多的了解，可补《辽史》之缺。仍以《持世经》为例，题记中除了僧人，还有"推忠同德功臣、崇禄大夫、行刑部尚书兼门下侍郎同中书平章事、兼修国史、知枢密院事、上护军、安定郡开国侯、食邑一千户、实封一百户梁颖"。这个梁颖，身兼这么多官职，而《辽史》无传，仅见于《道宗纪》，称宰相。通过这条题记，我们才得知这位梁颖曾为刑部尚书，并曾兼修国史。题记中还有许多《辽史》中不曾见的官员，特别是涿州官员，在题记中记载甚多。如吏部侍郎判涿州军事邓愿，以及萧安宁、耶律宁、宋文通、耶律泽、萧昌顺、萧惟平、萧德顺等，都是历代涿州主官。通过这些官员，我们可以看到，在辽朝中后期，不仅在燕京的军事官员和京官要职中有很多契丹人，即使像涿州这样典型的汉地州府中，契丹人为官的也已经很多。他们提点州政，而且大都热心佛教，这是契丹人从深层接受中原文化的表现。

此外，辽代石经还为我们提供了辽代书法家、篆刻家的情况和作品。从重熙末年刻造《大宝积经》开始，刻石上都有书经人署名，有僧，有俗，有殿试进士、乡贡进士、乡贡律学、燕台逸士和一般布衣等各种身份的人，其书法风格各异，不乏精品。而石经的镌刻者也留下了姓名，以吴、邵两家为最多，他们可能是燕京的碑刻世家。

最后，房山石经中还为我们留下了大量的北京乡土史料。特别是辽朝后期，经济开始下滑，刻经经费不足，民间捐助复又加强，在刻经题记中留下了他们的住址和姓名。如《金刚顶瑜伽中略出念诵经》题记中，便记载有"宛平县李河村""范阳县马坊村""宛平县东胡林"等。③由此可知，东胡林村辽代已有其名，同时说明，辽代的宛平县在后期已包括了

---

① 中国佛教协会编《房山云居寺石经》图版五十二。又见《房山石经题记汇编》，书目文献出版社1987年版，第345页。

② 《房山石经题记汇编》，书目文献出版社1987年版，第354页。

③ 同上书，第399页。

今门头沟区大片地区，起码包括清水河流域。

第三节　其他宗教

辽朝对各种宗教采取了兼容并蓄的政策，尊儒，崇佛，信道，同时还保持着本民族的原始信仰萨满教。在辽南京佛教虽然占据着优势，但其他宗教也在发展。

一　道教

道教在幽燕地区是发展很早的，唐末，刘仁恭竟划出一个玉河县供应道士王若纳，幽州的道教显然在当时占有优势。辽朝建立，阿保机在建立孔庙、佛寺的同时也设道观于上京。《胡峤陷北记》说，在上京看到的不仅有僧尼，而且有不少道士，且幽蓟之人为多。而阿保机的长子耶律倍曾译《阴符经》，此经为道教重要经典之一，后收入《道藏》。可见，耶律倍是一个道教信仰者。耶律倍曾大量在幽州设法购书，藏于他的"万卷楼"，其道教的观念及书籍应该也是自幽州人那里获得。

辽朝中期，佛教虽大兴，但并不排斥道教。圣宗耶律隆绪兄弟三人，他本人信佛亦信道，"道释二教，皆洞其旨"。其弟隆裕"自幼慕道，见道士则喜"。后来隆裕为东京留守，曾大建道教宫观。兴宗同样佛道并信。当时，燕京大族刘氏家族的刘四端兄弟与道士王纲交往甚密。兴宗夜宴，与后妃、刘氏兄弟及道士王纲等进入乐队，而且命后妃穿上女道士的服装入戏。皇后的父亲萧磨只认为众目睽睽，皇后易道装不雅，兴宗说："我尚为之，若女何人也？"① 当场打破萧磨只的脸。至道宗时，还封了王纲、姚景熙、冯立等道士为显官。

辽南京不仅是辽朝佛教发祥地，也是辽朝道教发起之处，据《辽史·地理志》载：南京"坊市、廨舍、寺观，盖不胜数"。这个"盖不胜数"可能只是诸项建筑总体形容，实际上，见于记载的道观则为数很少。据《全辽文》《顺天府志》等文献记载，可知其名者仅有天长观、龙兴观、元宫等。《顺天府志》卷八载天长观在旧城昊天寺之东会仙坊。又云该观"肇基于唐之开元，复于咸通七年，辽催圮，大定初增修"。所以，

---

① 《契丹国志·兴宗文成皇帝》。

天长观应是由唐至辽而又至金。辽代虽摧圮，但金代既云"增修"，可见辽朝仍是存在的。另外，《全辽文》卷九收有寿昌六年《龙兴观创造香幢记》，文末题："当院讲经道士许玄龄、涿水濮阳吴卿儒造。"捐助者既在涿水之畔，该道观亦应在南京境内。另据《全辽文》卷十《上方感化寺碑》记载，该寺原名"元宫"，是道观，后来才改为佛寺。元宫是蓟州的道观。

至于辽南京的知名道士，见于记载者亦甚稀。薛大训《神仙通鉴》记载，有刘元英者，字宗诚，号海蟾子。初名操，字昭远，后得道，"称为燕地广陵（今文安）人，一云大辽人"。又据《龙兴观创造香幢记》，有"当院讲经法师"许玄龄。

辽朝的宗教政策虽云儒道佛并举，但就传世资料看，道教之于佛教相差不啻天壤。由于佛教的急速膨胀，使道教式微。辽南京情况同样如此。从元宫改为寺院便是实例。

二 萨满教

萨满教是集自然崇拜、图腾崇拜、祖先崇拜为一体的原始宗教，它是以万物有灵为基础的多神教。我国北方很多民族的原始信仰是萨满教，契丹同样如此。吕光天先生在《北方民族原始社会形态研究》一书中认为，萨满教大约在旧石器时代晚期便出现了，而随着社会的发展，所崇拜对象有不同重点，从自然崇拜到图腾崇拜，再到祖先崇拜是萨满教三个发展阶段。我国北方有二十多个民族信仰萨满教，特别是在游牧生产方式为主的民族中和奴隶制情况下，萨满教更为盛行。契丹人既信萨满教，自然也传到燕京。

虽说萨满教从理论上讲可分为三个阶段，但在实际生活中，各种崇拜是交织在一起的。契丹人的祭天、拜日、祭山、祭树等属自然崇拜。后来有了燕云十六州，学习中原习俗，过重五、中元、重九之节，而仍然行祭天之礼。至于皇帝即位，皇后册封，甚至猎手接飞鹰，鸟自投地，皆以为天赐。所以，宋人说，契丹祭天，一岁不知其几。而祭品则重青牛、白马、白黑羊。而青牛、白马是被契丹人看作他们的祖先骑之而来的天神，所以又结合了图腾崇拜。燕京是契丹帝王们活动的地区之一，自然经常举行这种活动。汉族虽不像契丹有那么多祭祀活动，但不能不受到影响。北京地区目前留下不少辽代寺院皆东向，如大觉寺、云居寺、戒台寺皆向东，便是契丹崇日的证明。契丹好日恶月，《燕北录》说："契丹如见月蚀，当夜各备酒相贺，戎主次日亦有宴会。如日蚀，即尽望日吐之，乃背日坐。"对于雷电、旋风，同样以为不祥。如遇旋风，以鞭子打四十九下。用鞭子打旋风的习俗直至1949年以前还在河北地区流行。

契丹人怕鬼，每出征定要"射鬼箭"。辽朝经常自南京出征，也要举行这种仪式。常用的方式是抓来一名宋朝的俘虏，举行仪式后乱箭射死。另外，在大的征战后，五更要追祭亡灵。而正旦首先要"吓鬼"。《燕北杂记》云："戎主别有鼓十六面，发更时擂动，至二更方住，三更再擂。"这种擂鼓吓鬼类似中原的放鞭炮。

契丹有职业萨满巫师，女称巫，男称觋，合称巫觋。有太巫、大巫、巫三等，太巫职位最高，是专为皇帝祭神服务的。

幽燕地区也有巫师，一般有较高的文化修养，懂一些天文地理。如冀州人王白，曾为晋司天少监，太宗入汴得之，后来常以巫卜"决人祸福"。汉人魏璘，亦以卜术著名。周人攻燕，穆宗问卜于魏璘。有些著名巫师还是医生，实际上是进行精神疗法。

三 伊斯兰教

流行于中亚地区的伊斯兰教在辽代已传入燕京，这从北京牛街清真寺可得到证明。

伊斯兰教自唐代传入中国，辽代与西域商人，尤其是回纥商人通商，伊斯兰教由此传入燕京。

牛街清真寺位于宣武门外牛街路东。据《旧都文物略》云："寺为北宋时所建。宋真宗至道六年，有筛海尊哇默定者入勒中国，生三子，长不知所之；次曰筛海那速鲁定；三曰筛海撒阿都定。留居东土，请颁敕建寺。撒阿都定君遂建寺于东郭。那速鲁定建寺于南郊，即牛街清真寺也。是旧名柳河村、岗儿上。"然考之史实，至道为宋太宗年号，仅有三年，本无"至道六年"。周沙尘编《古今北京》认为该寺建于至道二年（996年）。而常征等所编《北京城市发展史略》又说该寺建于995年。以上二论均不知何据。而北宋直到1122年方占领燕京，建燕山府，不论宋太宗朝、真宗朝，当时北京均属辽管辖。所以，这个寺院的修建年代，以宋朝纪年换算，总是在辽统和中期是毫无疑问的。今寺内大部分建筑为后代改建，只有大殿之后的"窑殿"是辽代遗物。

四 景教

景教是基督教中的聂思脱里派，唐贞观九年（635年）传至长安，因从波斯传来，最初称波斯教，后改称大秦教。

20世纪20年代北京西山发现辽应历十年（960年）《三盆山崇圣院碑》，而碑额雕有十字架，① 因名十字寺，"内有好些十字架，还有叙刘亚的名字"。陈垣先生说："然不知如何转为佛寺，想当时亦一景教礼拜堂也。"② 据北京文物部门考察，该寺还有元代十字碑，证明确实为景教活动场所。既然辽应历年间已有此碑，说明在此前后已有景教在这里建礼拜堂。说辽代已有景教，这并非孤证。20世纪20年代在大同之西北还挖出许多辽代铜十字架，西辽耶律大石称葛儿汗，也是由聂思脱里派加封的。这说明，唐以后，景教在中原虽暂时沉寂，而在边疆地区还是相当活跃的。

---

① 曾毅公：《北京石刻中所保存的重要史料》，《文物》1959年第9期。
② 《陈恒学术论文集》第一集。

第十三章　中国历史发展的大势与南北文化交流中心的形成

中国的历史是中华各民族共同创造的。正如于宝林先生所说："从一个特定的角度而论，一部中国历史就是各民族互相交流，互相碰撞，共同成长而逐步走向统一的历史。"① 不过从表象看，唐以后直到元统一全国之前，似乎不是统一，而是分裂。辽与北宋对峙，金与南宋对峙，被人们称为又一次的南北朝。然而，这种表面的分裂，实际是全国走向大统一的前奏。我们之所以称它为"前奏"，包含着两方面的内容：其一，是从辽代起大大拓展了我国北方疆域，把自秦汉以来相互征战、各自经营的各北方民族统一起来；其二，便表现于空前规模的文化大交流。文化的相互认同是民族国家统一的前提。辽宋以兄弟相称，契丹人争取到一个与中原平起平坐的地位，这在中国历史上是一件大事，它表明北方民族不仅想积极加入到中华大家庭中来，而且有了这种实力。然而，从文化层面上讲，双方的差距依然是巨大的。所以，文化交流和北方民族文明程度的迅速提高便成为一种历史的大势、时代的主题，而承担这个时代主题的便是幽燕地区。

第一节　辽南京南北文化交流中心地位的形成

一　澶渊之盟与民族文化交流史上的划时代篇章

中国历史上向来不乏民族间的文化交流，北京更是中原与北方民族相互交流的重点地带。然而，这种交流经常是不正常的或不平等的。所谓不正常，是通过相互交恶的战争。在战争中，你俘虏我的人口，我抢夺你的

---

① 于宝林：《契丹古史论稿》，黄山书社1998年版，第205页。

财富，从中又获得人才、技术、文献、图书、典籍等等，以丰富自己的文化。而在非战争期间，由于中原王朝的强大，与边疆民族的交流则是不平等的。少数民族必须臣服，唯称"纳贡"，而中原政权的歧视和长期的"华夷之防"，使少数民族获得的文化信息与资源非常有限，因而边疆地区各民族长期处于落后状态。

就辽朝来说，要比其他北方民族文化条件优越。建国前，有大量的幽燕战俘和流民把中原文化营养带到草原；获得燕云十六州之后，又得到幽州这个文化基地。所以，辽朝得以快速发展。此后，在消灭石晋、进军开封的过程中，更有意收集图书、典籍、人才，尽载以北归。此后，便又与中原形成对立状态。战争和民间的私自传递固然可以得到一些新的文化消息，辽宋初期也曾有过彼此的使节往来，但这些交流方式毕竟是短期的、间断的、不全面的。而澶渊之盟，不仅打开了辽宋之间文化交流的新局面，在整个民间交流史上也创造了史无前例的新篇章。

1004年（辽圣宗统和二十二年，宋真宗景德元年），辽宋订立澶渊之盟，直到辽末宋金夹攻辽朝，这中间双方友好相处，保持了长达一百多年的和平局面。

澶渊之盟双方签订的誓书，除宋朝每年要给辽绢二十万匹，银一十万两的岁币，以"助军旅之费"，略显不公外，其余条款皆是和平友好的内容。包括：

①互不招降纳叛："或有盗贼逋逃，彼此无令停匿。"

②互不侵扰田土及防害生产："沿边州军，各守疆界。两地人户，不得交侵"，"至于垅亩稼穑，南北勿纵惊扰"。

③互不增加边防设备。所有城池、沟壕"一切如常"。

最后，双方盟誓："有渝此盟，不克享国。"[①]

除以上内容外，还有不少内容未写进条文。如，两国成为兄弟之邦，宋真宗略大，为兄，辽圣宗则为弟。宋真宗称承天萧太后为叔母，而皇后之间便自然是"妯娌"相称了。从此后的宋辽来往信件中，也确实如此。而此后朝代，两国皇帝逝世有前后，长幼有别，便一直从宋真宗和辽圣宗之时为序下排，有时是叔侄，有时是祖孙，有时又是兄弟。这是件很有趣的事，但其意义却十分重大。它表明，边疆民族终于得到与中原王朝真正

---

① 誓约全文见《续资治通鉴长编》卷五十八。

平等的待遇。

又如，双方互派使节，并进行相应的礼节。两国皇帝、皇后去世，对方皆发哀、辍朝，或禁娱乐。而皇帝即位、太后生辰或重大节日则互派使节致贺。宋真宗去世，辽圣宗在燕京设道场百日。辽圣宗去世，宋仁宗辍朝七日，在这七日内河北沿边州郡"禁乐七日"。而自盟约签订的次年，即1005年开始，双方每年互派使节，其接待方式、礼仪均相互商定。本来，契丹国王每年均在凉淀避暑，而这一年却改在幽州，为的就是接待宋朝使臣。

辽宋之间的平等外交是我国民族关系史上一个十分重大的转折。因为，它终于打破了长期以来中原政权一厢情愿的"朝贡"制度。长期的、制度化的友好交往，使南北文化交流在内容、时间、规模、深度方面都有一个明显的大拓展。在长达一百多年的时间内，你向我学习，我向你学习，友好竞争，使南北社会经济和文化发展大大缩短了差距。而共同民族心理的构筑更为此后中华民族的真正统一奠定了基础。所以说，这是一个时代的大主题。

而辽南京，正是在这种历史大势下成为南北文化交流的中心。

二 辽南京成为南北文化交流中心之原因

随着南北大规模的、长期的文化交流的开展，辽南京迅速成为南北文化交流的中心。这其中，有多方面的因素，归纳起来，主要有以下三方面的原因。

首先，是辽南京有雄厚的文化基础。辽朝有五京，但文化最发达的地方并不是辽朝的正式首都上京，而是燕京。两国通使后，双方需要有大量的外交人才，除正、副使之外，还要有大量随从人员；对方使节到来，又要有接伴使、馆伴使、迎伴使等等。这些人要有政治头脑，又要懂得礼仪制度，并且还要有文学修养。因为，使节到来，宴会上除礼节、歌舞外，还经常进行诗歌的唱和，没有文才，便会出丑，有损国家的形象。而在这方面，宋朝显然占有优势。辽朝向来以武力著称，而今和平突然降临，双方要进行文化较量，即使作急就章亦很难应付。而燕京是辽朝文化最发达的地方，自北朝以至隋唐，即使北方一般城市亦难与燕京文化相比。所以，最简捷的办法便是以燕京作为文化交流的中心，使用现成的人才。澶渊之盟后的第二年，即1005年，宋朝派出第一位使者孙谨，为贺契丹国母生辰使，承天萧太后和辽圣宗便是在燕京接待的。检索一下《辽史》，我们会发现，辽圣宗统和年间，萧太后和辽圣宗几乎年年到南京巡幸或长期驻跸，究其原因，前期多为处理边境事务，而后期则与使节往来有关。当然，承天萧太后也确实对燕京这座城市情有独钟。同时，宋使入境应参观些风景名胜、文物古迹。而在辽朝五京中，辽南京是最有魅力的城市。这里有辉煌的宫殿，众多的寺观、庙宇，虽上京亦不可比拟。所以，辽帝即使不在燕京会见宋使，宋朝的使节入境后，辽燕京也是唯一留宋使稍作停留的地点。况且，每年宋朝的岁币皆在南京之边境交接，大量的物资、人马、官员都在这一带相互交往，这自然使燕京文化人才大量集聚。

其次，是辽南京的地理位置所致。

当然，就总的情况来说，宋使到辽朝，辽帝在契丹内地接见的情况为多，或上京，或中京，或在其他"四季捺钵"的地点。但无论去何处，燕京都是必经之地。所以，燕京的官员们必须有很高的文化素养。他们日常要留心宋朝情况，宋使的每次到来又给他们带来新的文化消息。久而久之，不仅汉族官员，即使契丹人在南京为官者也迅速提高着自己的文化水平，从而使燕京这座城市文化气氛更为浓厚。傅乐焕先生曾根据王曾《上契丹事》《武经总要》，宋授《上契凡事》《薛映记》《陈襄语录》等文献考察了宋人出使辽朝的九条路线及沿途驿馆，[①] 每条路线都要先至幽州：

1. 由白沟至中京。

自白沟入辽境，经新城、涿州、良乡，而到辽南京，一般要在此稍作停留，然后北行，经孙侯馆、顺州、澶州、金钩馆。出古北口后，穿越今承德地区至今内蒙古赤峰宁城，即当时的中京了。其间，由古北口至中京又有九个馆，皆奚族地区。

2. 由白沟至上京。

由白沟入境至幽州（即燕京，宋人称幽州），然后同上述路线至中京，自中京继续北行，又历十个馆驿至上京。

3. 由白沟至木叶山。

先至燕京，又至中京，然后稍向东北，再历六馆至木叶山。

4. 由白沟至东京。

先至燕京，再至中京，然后一直向东，沿今建平、朝阳一线去东京辽

[①] 傅乐焕：《辽史丛考》之《宋人使辽语录行程考》，中华书局1984年版。

阳府。

5. 由白沟至神恩泊。

先至燕京，再至中京。此后，比去上京的路线稍偏西北。其间，由中京至神恩泊又需经十三个馆，神恩泊在草原深处。

6. 由白沟至长泊。

先至燕京，再至中京。长泊可能在中京附近，由中京再历三馆即至。

7. 自白沟至九十九泉。

"九十九泉"可能在今张家口东北与内蒙古交界之地。所以这条路线不同于以上皆自燕京出古北口。而是自燕京到清河之后出居庸关，经今雕鄂、赤城等地到辽代的炭山然后至九十九泉。

8. 由白沟至北安州。

北安州即今之承德兴化。故走由燕京至中京之路，出古北口之后，到如来馆，稍东即至其地。

9. 自白沟至清泉淀。

估计清泉淀即在燕京境内，故自燕京至清河馆后，又经两个驿馆后便可到达，具体地点则不详。

从以上路线可以看出，辽帝活动的地点无常，上京虽为首府，但宋使南来未必去上京，但每次却必经燕京。反之，辽朝到宋朝的使节，同样要自燕京，然后渡白沟，一路南行而去宋朝首府汴京。这样，燕京则成为辽宋使节相互往来必须经由的地点。宋使入境后，不论去何地，都需在燕京稍停，并接受燕京官员们的接待、宴请；辽使出境则又要在燕京做好各种准备。所以，南北文化信息自然是燕京接受最多。

不仅是辽宋两国，域外之高丽本是辽朝属国，接受辽朝册封。况且，高丽入宋若走水路有诸多不便，而至辽朝则只是一衣带水。高丽很重视学习中国文化，他们搜集中国文化的书籍、文献亦往往是直接到燕京购买。中国文化传至高丽后，又常辗转流向日本。这样，燕京不仅是辽宋双方以及西夏等地的文化交流中心，也是一个国际性的文化都会。

第三，辽朝在统和年间，正是校勘、雕印大藏经的时期。因而在这里不仅集聚了大量学者，而且形成集研究、印制、发行为一体的文化机构。辽朝不仅在燕京印制佛教经典，而且大量搜集，刻印儒家典籍，如五经传疏等。加之宋朝的图书商经常在边界走私南朝图书，从而使燕京成为最大的图书市场。具体情况见于下述。

总之，是天时、地利和历史的积累，使燕京成为文化交流的中心。

三 从辽宋双方的学习态度看南北文化发展趋向

以北宋与辽相比，在文化上无论深度和成就都是难以同日而语的。宋朝虽然已呈现出封建制度下降势头，但总的来说文化上仍然取得了巨大的成就。但是，如果从双方向对方的学习态度来讲，辽朝显然是处处虚心，积极向上，而宋朝则往往以老大自居，鄙视对方，文化态度显然趋向保守。这一点，无论从皇帝、朝臣和使节的态度上都看得十分明显。

首先说宋朝对契丹的态度。

澶渊之盟后，辽宋虽然以兄弟之国相互往来，在公开致对方的国书中也以礼互敬，但在宋朝内部的文件中，仍然采取不合时宜的鄙薄态度。宋朝的皇帝仍然经常称契丹为"北敌""敌国"。欧阳修则有《正统论》，主张应"正天下之不正，统天下之不一"。《旧五代史》称契丹皇帝为"虏主"，《册府元龟》则常用"虏""戎虏""北虏"等贬义词。王禹偁曾写《北狄来朝颂》，把契丹比喻为匈奴，说辽宋关系犹如匈奴之"臣服"于中原。

为上述态度作理论注解的是北宋理学家们。被称为"宋初三先生"的石介曾作《中国论》，特别强调"四夷"的野蛮，所以只能处在边荒之地。邵雍有《思患吟》说：

> 仆奴凌主人，夷狄犯中国。
> 自古知不平，无由能绝得。

宋朝文人的忧患意识很重是好现象，但把边疆民族看作"仆奴"，显然既狂妄又不符合当时的实际。"二程"论契丹，同样视为下等人。他们认为，中国人是最上层，是仁义的代表。程颐晚年自涪陵流放归来，见许多学者学习佛教，于是引发了一大片感慨，他批评唐代的文化政策说："唐有天下，如贞观、开元间，虽多治平，然亦有夷狄之风。……君不君，臣不臣，故藩镇不宾，权臣跋扈，陵夷有五代之乱。"[①] 在他看来唐朝的文化开放是导致灭亡的结果。二程还把阴阳观与夷狄联系在一起，认

[①] 《河南程氏外书》卷十二《二程集》。

为"阴之为物也，为甲兵，为阴谋，为疆臣，为夷狄，为宦官宫妾"，总之，把边疆民族与一切不好的事物联系在一起。

在以上思想指导下，自然很难有虚心的学习态度。所以，宋朝的使臣们到辽朝往往只看到契丹落后的一面，同时对辽尽量实行文化封锁。苏颂为贺辽主生辰使，看到契丹人的牧猎生活，显然十分鄙视地写道：

> 虏帐冬住沙陀中，索羊织苇称行宫。
> 从官星散依冢阜，毡庐窟室欺霜风。
> 舂粱煮雪安得饱，击兔射鹿夸强雄。①

其实，恰恰是这种与大自然顽强奋争的精神，才使契丹人建立了辽朝这样一个强大的北方国家。

当然，在宋人中也有相当明智、客观者。其中，以韩琦、富弼为代表。韩琦说："契丹宅大漠，跨辽东，据全燕数十郡之雄。东服高丽，西臣元昊，自五代迄今，垂百余年，与中原抗衡，日益昌炽。至于典章文物，饮食服玩之盛，尽习汉风。……非如汉之匈奴，唐之突厥"②，富弼则进一步指出，辽朝"仿中国官署，任中国贤才，读中国书籍，用中国车服，行中国法令……皆与中国等。而又劲兵骁将，强于中国。中国所有，彼尽得之；彼之所长，中国不及。……岂可以上古之夷狄待二敌（指辽与西夏）也！"③ 这种分析是符合实际的。可惜，宋朝如韩琦、富弼之明智者太少了。

而辽朝，虽然常以武力强大来恐吓宋朝，但在文化上的学习态度却是十分认真的。正如富弼所指出的，凡宋朝一切制度、图书、车服、法令等，有什么便学什么。宋人爱赋诗，辽朝君臣便学作诗，使节往来也颇可唱和。当然，在一般情况下，诗歌是比不过宋朝使节的。于是，辽朝使节又想出个新办法：以对子来和宋使比赛。辽使出"三光日月星"的上联，苏轼本来是作对的能手，但认为自己本已有名，副使对出才好，乃令副使对"四诗风雅颂"。但也有时辽占了上风。

---

① 《栾城集》卷十六。
② 《续资治通鉴长编》卷一百四十二。
③ 《续资治通鉴长编》卷一百五十。

辽使上联：白玉石天子建碧室。

宋林摅对：口耳王圣人坐明堂。

这是一个拆字对，"碧"字拆开为白、玉、石。而圣字的古代繁体为"聖"，拆开是口、耳、壬，下面不是"王"。于是，辽使讥笑林摅不识字。

当然，总的说来，双方比文才，宋人一般是要占上风的。

从辽宋两国在向对方学习的态度上，我们可以发现，辽朝确实有一种积极向上的态度。自己文化落后，便承认落后，认真学习，各方搜求。而宋朝则相当保守。自辽之后，金、元、清几代一再勃兴，和这种积极向上的文化态度是有关的。而北京，正是因为能够吸收所长，才从历史上的军事重镇变为军事、文化的双重优势的北方中心城市，从而为这座城市政治地位的继续抬升奠定了基础。辽代的南京人是文武兼习的，这一点从整个辽朝的历史中看得很清楚。他们既学南朝的风物、人情、制度，又熟习北国的牧猎与军旅、部族。从开封和燕京这两座都城来看，表面上燕京仍不如开封文物之盛，但开放性却比开封大得多，而且充满活力。

第二节 空前的交流规模与丰富的文化信息

一 规模空前的南北文化交流

澶渊之盟以后，辽宋双方聘使络绎不绝，边地官兵、居民友好相处，南北相互学习的机会大量增加。辽南京是南北使臣的必经之地，又是辽宋文书交换、岁币交纳、榷场贸易的地点，文化交流自然在这一地区集中展开，民间的友好交往自然也更多。这种文化交往的时间之长、规模之大的局面，历史上是前所未有的。傅乐焕先生曾作《宋辽聘书使表稿》，根据《辽史》《宋使》《续资治通鉴长编》集录宋辽使臣，自澶渊之盟次年，迄宋朝败盟攻打燕京（1122年），再加上宋太祖太平兴国间几年，凡一百十八年，得辽宋聘使一千六百余人。[①] 一般来说，出使有正副二人，正使为文官，副使多武官。此外，使节必带随从、车马、礼物，以最少的数量亦有五六人。这样，百多年使节及随员，两国起码要在万人以上。使节入境，被贺一方又要有迎伴使、接伴使、送伴使。这些人虽不出境，但在对

---

① 傅乐焕：《辽史丛考》，中华书局1984年版。

方使者往还中与之朝夕相处,是文化交流中最直接的人员。

还有学者对各类使节作了单项统计。从宋景德元年(1004年)至宣和三年(1121年)的117年中,仅贺生辰使一项,宋遣使140次,辽遣使135次;为贺正旦使者宋139次,辽140次;为祭吊而派出的使者,宋赴辽46次,辽赴宋43次;因有事商计而派的使臣,宋赴辽19次,辽赴宋20次。①

这些使者往来都要经过燕京,宋人了解辽朝首先通过燕京官员和对燕京的观察;辽朝了解宋朝也必然首由此地。双方使臣大多有很高的文化素养,多为朝廷重臣,其观察能力都很强。如宋朝的政治家王安石、科学家沈括、以断狱清明著称的包拯,以及文学家苏辙、苏洵皆曾使辽至燕京。其余文人学士,达官名流更不计其数。这使燕京获得的文化信息不仅数量大,而且水平高。这些人把宋朝的文化、制度、科学、技术及时带入燕京,又把辽朝的各种文化创造带回宋朝。而契丹的使者们,更十分认真地自宋朝学习到各种新的知识。

辽宋双方以白沟(今拒马河)为界,双方边关要员交往也十分频繁。如宋朝边关名臣李允则知雄州时,有许多重要的建树和创举,燕京的官员化装进入雄州,参观街巷,浏览市肆。宋人也有化装进入燕京的,还看燕京伶人做戏,甚至与文人唱和,作诗赋和对联。如岳珂在《桯史》中就曾记载了苏轼应辽人之请,为之所作对联。至于民间友好往来,也有文化交流的内容。南京涿州画家高益到汴京传授绘画技术,在开封大相国寺创作了大量壁画。

辽燕京不仅是宋使来往的主要接待地点,由于辽帝经常到燕京巡幸,西域、回纥、高丽使者也常到此地。至于各国商人到燕京的则更多。这使燕京文化交流的内容和辐射力空前扩大。

二 著名宋使及他们笔下的辽朝与燕京

在使辽的宋使中,不乏著名的政治家、科学家、文学家,按照惯例,他们在出使回国后,要把在辽朝的情形以及沿途所见所闻记录下来,呈交宋朝朝廷,被称作《语录》。傅乐焕先生认为,宋使回国作语录可能已成通例,故百余年间,宋人《语录》当不下百种,但见于记载和流传下来

---

① 《中国文化通史·辽西夏金元卷》,中共中央党校出版社2000年版,第72页。

的仅十四种，可谓十不存一。这十四种是：

1. 《戴斗奉使录》。
2. 《生辰国信使语录》，为冠瑊与康德舆作。
3. 路振：《乘轺录》。
4. 富弼：《富公语录》。
5. 富弼：《富文忠公入国语录》。
6. 张云叟：《张浮休使辽录》。
7. 余靖：《庆历正旦国信语录》。
8. 窦卞：《熙宁正旦国信使语录》。
9. 李罕：《使辽见闻录》。
10. 《陈襄国信语录》。
11. 《刘敞使北语录》。
12. 《王曾契丹志》，又称《王沂公上契丹事》。
13. 《薛映记》。
14. 《宋授上契丹事》。

而目前仅存者又只有六种。这些语录皆当时人记当时事，不仅在当时将辽朝的山川地理、风物人情、政治经济、宗教文化、生产技术等情况迅速传递到宋朝，对于后人研究辽代的历史亦有重要作用，其学术价值很高。除《语录》外，这些使者还沿途即兴写下了许多诗歌和文章，形象而又生动地反映了当时北国的山川风景和各族人民的生活状况，不仅使宋人了解辽朝，也促进了辽朝的文学发展。其中，有很多是状写燕京和燕山南北的，对我们研究当时幽燕状况很有价值。

仅举几例。

沈括，字存中，是宋朝著名的科学家。史载他博晓自然科学，于天文、地理、历法、音乐、医药、卜算无所不通。其所著《梦溪笔谈》著名于世。李约瑟称沈括为"中国整部科学史中最卓越的人物"。他于1075年为议疆界地出使契丹，归宋作《使辽图抄》。这样一位大科学家来到辽朝，自然有他独特的视角，因此特别注重自然、地理和生态状况。他看到辽朝内地"盛夏重裘，七月陨霜，三月释冻"；又注意北方"凡雨暴至，辄涨溢，不终日而复涸"。前者证实了今人关于11世纪、12世纪寒冷期的到来和农耕线南移的推断，后者则证明北方土地沙化而难以涵养水分的实际状况。

苏颂，字子容，宋人称之为"古君子"，既是文学家，又精于音律、星象、算法、经史及百家之说。他曾于1068年和1077年两次出使辽朝，共有前后使辽诗五十八首，反映了沿途所见所闻。他有《奚山道中行》，写古北口以外的自然环境和生活：

> 山川萦回极险难，才经深涧又高原。
> 顺风冲激还吹面，潋水坚凝几败辕。
> 岩下有时逢虎迹，马前频听异华言。
> 使行劳苦诚无惮，所喜殊方识汉恩。

苏颂还有专写牧猎生活的《契丹帐》诗：

> 行营到处即为家，一卓穹庐数乘车。
> 千里山川无土著，四时畋猎是生涯。
> 酪浆膻肉夸希品，貂锦羊裘擅物华。[①]
> 种类益繁人自足，天数安逸在幽遐。

此外，还有号称"唐宋八大家"的苏辙和欧阳修出使契丹。

苏辙，字子由，为苏轼之弟。他与其父苏洵、兄苏轼共称"三苏"，曾于1089年使辽。他在使辽时特别注意辽朝文化、图书等情况，回国向朝廷做出报告，并收入其文集《栾城集》。苏辙行至古北口，看到辽人为杨继业修建的杨令公庙，颇为感慨，写下《过杨无敌庙》诗：

> 行祠寂寞寄关门，野草犹知碧血痕。
> 一败可怜非战罪，太刚嗟独畏人言。
> 驰驱本为中原用，常享能令异域尊。
> 我欲比君周子隐，诔彤聊足慰忠魂。

对古北口外的情形，苏辙又有《出山》诗：

[①] 《苏魏公集》卷十三。

燕疆不过古北阙，连山渐少多平田。
奚人自作草屋住，契丹骈车依水泉。
橐驼羊马散川谷，草枯水尽时一迁。
汉人何年被流徙，衣服渐变存语言：
力耕分获世为客，赋役稀少聊偷安。
汉奚单弱契丹横，目视汉使心凄然。
石瑭窃位不传子，遗患燕蓟逾百年。
仰头呼天问何罪，自恨远祖从禄山。①

这首诗反映的内容十分丰富，既写了奚人走向定居的情况，又写了契丹逐水草而居的车帐生活，同时又描述了汉人佃种及租赋、差役较少的实际状况，以及契丹、奚、汉之间的民族关系。当时，不少宋人夸大契丹对汉人的奴役。从这首诗的情况看，契丹人骄横是不假，但汉人所负担的租赋、差役并不多。当然，燕山以南差役是较山北多的，但从总的研究看，当时辽朝确实比北宋赋税要轻。而苏辙对这一点采取了实事求是的态度。

欧阳修是又一位文学大家，"以文章名冠天下"，曾修《五代史》。他于1055年出使契丹为贺辽道宗即位使，沿途也写下许多著名的诗篇，特别是对契丹人艰苦的生活环境描写细腻。写冬季风光的有《北风吹沙》诗：

北风吹沙千里黄，马行确荦悲摧藏。
当冬万物惨颜色，冰雪射日生光芒。

写鞍马劳顿的有《马啮雪》：

马饥啮雪渴饮冰，北风卷地寒峥嵘。
马悲踯躅人不行，日暮途远千山横。
……

还有写使节们艰难行进的，如《书素屏》：

————————
① 苏辙诗见《栾城集》卷十六。

......
旷野多黄沙，当午白日昏。
风力若牛弩，飞砂还射人。
暮投山椒馆，休此车马勤。
开屏置床头，辗转夜向晨。
卧听穹庐外，北风驱雪云。①
......

看来，使者去辽是件苦差事，有时遇见沙尘暴，有时又逢大风雪。一般说，在中京以南尚有房屋馆舍，而若契丹皇帝在某地狩猎，便可能沿途住帐幕了。当然，在燕京境内接待的环境是大为不同的，不仅有豪华的馆舍，而且有酒宴歌舞，燕京官员宴请使者一次竟摆出十几种野味。有的使者病了，还换乘辽朝特有的奚车，宽车高箱，还铺上虎豹皮褥。而宋使在燕京停留期间，还参观寺院、内果园、耶律休哥祠等名胜，与辽朝内地形成明显的反差。由此亦可看出，燕京确实是辽朝文化最发达的城市。

宋人使辽回国后，他们在北国所作诗赋等很快便在宋朝境内流传开来，使宋人能具体地了解北国风情。而辽朝，不仅是官员和文人，连契丹儿童也学诗。当然，他们的学习是相当困难的。如汉人诗词有"鸟宿池中树，僧敲月下门"之句，契丹儿童学习时要颠倒阅读和理解，改为"月明里和尚门子打，水底里树下老鸦坐"。但无论如何，毕竟使南北的语言、文字、习俗逐渐沟通，对共同构筑中华民族的文化心理起了重要作用。

三　燕京书肆及沿边图书交流

我国的书肆自汉代便出现了。幽州自隋唐以来便多文雅之士，出现书肆应是较早的。但见于正式记载的是五代初。阿保机长子耶律倍性好读书，仰慕华风，曾"令人赍金宝私入幽州市书，载以自随，凡数万卷，置书堂于医巫闾山上，匾曰望海堂"。可见，早在五代初，幽州便是向契丹内地输送书籍的主要地点。

---

① 《居士集》卷六。

辽朝升幽州为南京，使这里的文化事业进一步发展。尤其是辽朝在燕京刻印大藏经和儒家经典，更大大促进了图书行业的发展。辽代的燕京有许多刻印作坊，经常是前店后厂。这些书肆不仅刻印，发售辽朝图书，也大量收购，翻印，出售宋人图书。许多宋人的诗词、文集在宋朝面世后很快就传到辽燕京，被迅速翻印。《渑水燕谈录》云："张云叟奉使大辽，宿幽州馆中，有题子瞻（苏轼）《老人行》于壁者。闻范阳书肆亦刻子瞻诗数十篇，谓《大苏小集》。"子瞻才名重当代，外至夷虏亦爱服如此。云叟题其后曰："谁题佳句到幽都，逢著胡儿问大苏。"关于苏轼诗词在燕京大量流行的情况，苏辙使辽路过燕京，回来亦向朝廷报告。他说："本朝开版印行文字，臣窃料北界无所不有。臣初至燕京，副留守邢希古接送，令引接殿侍元辛传语云：'令兄内翰《眉山集》已到此多时，内翰何不印行文集，亦使流传至此？'及至中京，度支使郑颛押宴，为臣辙言先臣洵（指苏轼、苏辙之父苏洵）所为文字中事迹，颇能尽其委曲。及至帐前，馆伴王师儒谓臣辙：'闻常服茯苓，欲乞其方。'盖臣辙尝作《茯苓赋》，必此赋已到北界故也。臣等因此料本朝文字多已流传在彼。其间臣僚章疏及士子论策，言朝廷得失，军国利害，盖为不少。……访闻此等文字贩虏中，其利十倍，人情嗜利，虽重赏罚而不能禁。"① 看来，辽朝从民间到官员，对三苏文字都十分熟悉，就连宋朝臣僚对朝廷的章疏亦传入燕京，所以苏辙很担心宋朝的利害得失为辽朝所知。而燕京印刷后又很快传到中京等地，辽朝官吏、文人对宋朝的诗词、文章甚至生活方式、养生之道，都有一种迫切的学习态度，在燕京书肆售宋人著述看来已是常事。而边界书商们经营的数量则更大。

对宋朝来说，他们十分害怕图书流入辽朝。这一方面是由于保护本朝机密的需要，同时也害怕辽朝文化的发展提高。所以采取了文化封锁政策。在辽、宋贸易中，本来，宋朝的书籍出口占很大份额，所以宋朝几次下令限止。景德三年（1006年）宋朝下令："民以书籍赴沿边榷搏易者，自非九经书疏悉禁之。违者案罪，其书没官。"② 熙宁三年（1070年）又重申禁令。元丰元年（1078年），复申"卖书北界告捕法"。这就是说，除九经书疏可合法交易外，其余一概不能出境。然而，朝廷禁止越

---

① 苏辙：《栾城集》卷四十一。
② 《宋会要辑稿·食货》。

严,图书价格越高,商人得利越多,所以走私图书难以禁止。

不仅宋人图书向辽输出,辽燕京的本国图书同样向宋输出。辽朝针锋相对,也下图书禁令,但同样禁止不住。如行均的《龙龛手鉴》出版后,很快流传到宋朝,并且进行翻印。看来,双方政治上的防范,很难阻止文化上的交流。因为,文化交流已成为中华民族南北共同发展的需要。

四 辽朝对宋的文化影响

人们谈起辽宋文化交流,往往只说宋朝影响了契丹,很少谈到北方影响南方,好像只有中原才有优秀文化而边疆民族只是需要"教化"的落后民族,甚至视为野蛮人。其实,每个民族都有自己的优势,都有自己的民族精神和创造。辽宋友好相处的百年之间,辽朝文化对宋人同样有巨大的影响。

比如,辽朝的绘画水平甚高,特别是画山水及动物,有开阔的视野,草原的刚劲。圣宗耶律隆绪雅好丹青,宋仁宗时,辽圣宗曾以"以五幅縑画千角鹿图为献,旁题年月日御画"[①]。而契丹贵族萧融亦反过来各方搜求宋人绘画。辽朝著名画家的作品更多被宋朝收藏于御府。胡瓌胡虔的作品均被视为珍品。

辽朝的佛教发展比北宋要更兴盛,所以,《契丹藏》也比宋人的大藏经更完备,且音义、注疏细腻。所以,《契丹藏》印成后亦很快被宋朝收藏。而行均的《龙龛手鉴》出版后,更在宋朝大量流行。《龙龛手鉴》不仅在当时,此后历代皆为常用字书。20世纪80年代,蒙史树青先生曾赠与一部线装《龙龛手鉴》,先生云"系解放初在旧书摊上购得"。可见直至清末民初仍在流行,足见其影响之久远。

辽朝对医药十分重视,且在尸体解剖、保存及治疗冻伤等方面有自己独到的研究。辽太宗南伐,死于北归途中,由于天气炎热,怕尸体腐烂而以盐巴和香料置体内保存。这在当时应是很先进的技术。宋使赵梃至辽,因天寒冻坏了耳朵,道宗急命辽朝医生调治。相陪的契丹人说:大使若用药稍迟,耳朵就保不住了。有人说这是因契丹人攻石晋时掠去了药方,实在谬矣!契丹地处北方严寒地带,治疗冻伤是辽医的特长。新中国成立后,在辽墓中还发现有最早的分指手套,可见辽人对防冻有独到的研究。

---

① 《辽史拾遗》卷九。

在辽墓中,还发现有我国最早的牙刷。契丹人多食肉类,对保护牙齿自然更重视,所以很早便注意口腔卫生。

辽朝果品不如宋朝多,所以十分珍贵。冬季果品难存,所以常做成冻果、蜜果。冻果必以冷水浸泡,至水面出冰,果品释冻,一如鲜果。宋朝使者带柑橘入辽,果冻以为不能食,辽人以法解冰,新鲜如常,宋人惊异之。直到现代,北京郊区亦流行冻果之法,实自辽而流传至今。

也有些果品是宋朝原无,而自辽学习种植的。比如西瓜,便是先由西域传至辽朝内地。辽人以牛粪"覆棚而种"之。宋人至辽,看到这种瓜皮翠绿而瓜肉鲜艳的西瓜十分惊奇,从此引入中原。在北京的一些辽墓壁画中,如赵德钧墓壁画、斋堂辽墓壁画,皆画有西瓜。可见,西瓜的传播路线是自西域而草原,由草原到燕京,又由燕京传入中原。

至于辽朝的乳制品,宋人也十分喜好。东京开封府有"乳酪张家",至南宋时,临安又有"贺家酪面",皆自辽而逐渐南传。至于燕京本身,更是南北皆聚,兼容并蓄。契丹人常用的汲水用品——鸡冠壶同样在北京辽墓中被发现。至于契丹人常吃的兔肉酱、鹿舌肉等当时更流行一时。而如今北京所流行"东坡肘子",据说系苏轼在定州做知州时发明的制法,为燕京人所爱,流传至今。

总之,不仅辽朝向宋朝学习,宋朝也向辽朝学习,而燕京则成为双方相互学习的媒介之地。

第三节 对域外的文化交流

辽代的燕京,不仅是国内南北各民族和不同政权之间进行文化交流的中心,而且是辽朝与东亚及中亚进行文化交往的重要地点。有的是直接交流,有的是间接交流,但总的来说,燕京是辽朝向外传布文化信息的主要源头。

一 与高丽的文化交流

辽与高丽一衣带水,有时兵戎相见,但大部分时间是月明风霁、友好相处的。双方使节往来,一如辽宋之间。高丽于公元925年开始遣使入辽直到1125年辽朝灭亡,高丽共向辽朝遣使173次。其中,高丽太祖朝(918—943年)1次;成宗朝(982—997年)9次;穆宗朝(998—1009

年）1次；显宗朝（1010—1031年）34次；德宗朝（1032—1034年）1次；靖宗朝（1035—1046年）14次；文宗朝（1047—1082年）20次；宣宗朝（1084—1094年）13次；献宗朝（1095年）2次；肃宗朝（1096—1105年）40次；睿宗朝（1106—1122年）37次；仁宗朝（1123—1146年）1次。[①]对照辽朝年代可以看出，双方友好交往主要是在辽朝中后期。这种交流规模并不比辽宋之间的规模小。高丽使者入辽，自然不像宋朝使节必经幽燕，但到燕京的次数也很多。特别是为搜求图书典籍和文化信息，往往由陆路或海路直接至燕京。至于辽帝在燕京时高丽使节朝贺自然要到此地。如，辽统和十二年（994年）春，圣宗至辽南京，高丽使来贡。统和十三年（995年）春，圣宗幸南京延芳淀，高丽使李周桢来贡。秋季，圣宗以景宗及承天皇太后石像奉安于延芳淀，高丽又有李知白来贡。

辽朝人到高丽的也很多。圣宗朝曾对高丽用兵，不少契丹官员留在高丽。据郑麟趾《高丽史》记载，在高丽南京附近的契丹人达数万之多，每逢节日聚会表演契丹戏，高丽人往往前去观看。而高丽为辽朝属国，辽朝册封时常以玉册、封印、冠冕、车辂相赐，高丽亦渐染"丹风"。

高丽与燕京最多的文化交流是图书。辽朝在燕京颁布印行大藏经后，几次赐赠高丽。道宗清宁九年（1063年），赠《契丹藏》给高丽，高丽王"备法驾，迎于西郊"。道宗咸雍八年（1072年），又赐"高丽佛经一藏"[②]。流入高丽的《契丹藏》还不只此二部。如高丽沙门慧照，一次就自燕京买回《辽藏》三部。[③] 高丽《五冠山灵通寺大觉国师碑记》载，辽道宗曾送大觉国师"大藏及诸经疏钞六千九百余卷"。大觉国师是高丽王文宗第四子，他出家后又曾至宋求法，归国时又带回宋朝所印佛经一千多卷。归高丽后，他把自辽、宋、日本所搜集佛教经典相互校对，并编一目录，名为《新编诸宗教藏总录》，共三卷。其中，收入辽十五人著作，五十部。其中，不少是燕京僧人及其著作，如希麟、非浊、行均，皆在其内。高丽又曾复刻《契丹藏》，复刻本又传至日本。

行均的《龙龛手鉴》也很快流行到朝鲜，有朝鲜古刻本，分为八卷。

[①]《中国—朝鲜·韩国文化交流史》，昆仑出版社2004年版，第756页。
[②]《辽史》卷二十三《道宗纪》。
[③]《三国遗事》卷三。

另外，希麟的《续一切经音义》也传到高丽。明清时，这部书曾一度在我国失传，后来才从日本找到了翻刻本。

二 辽燕京文化对日本及西亚等国的影响

日本与辽朝也有贡纳关系，但《辽史》中未见详论，辽朝对日本的影响，大多是通过朝鲜，然后影响日本。如上述燕京所印之《契丹藏》，便是先传至高丽，然后又传至日本，而行均的《龙龛手鉴》和希麟的《续一切经音义》，同样是先传至朝鲜，然后又流传至日本，日本又加以翻刻的。日本对辽既有贡纳，辽朝依例应有回赐。

辽朝与西亚以及波斯、大食诸国也保持着贡纳关系。从北京牛街清真寺辽代遗存及辽代即有伊斯兰教传入燕京的情况看，当时中亚的商人和教徒已有不少人到辽燕京活动。而从北京西山《三盆山崇圣院》辽应历年间石碑上的十字架说明，当时西方的景教徒或许亦至燕京。由于辽朝的文化政策相当开放，使得辽代的燕京成为一个国际性的文化都会。

第十四章　金代南北文化冲突与中都文化格局的确立

　　金代的中都，是北京都城文化全面形成的时期。有的学者认为，金中都文化仍是"区域文化"，此论大可商榷。金中都是北半个中国的正式都城，它具有都城文化的一切必备因素。此前，前燕虽正式在此建都，但为时只有四年，来不及充实都城文化的各个方面。辽代的燕京，虽经历了一百八十多年的漫长时间，也只能说为都城文化的方方面面准备了必要的条件。这并非完全由于它是陪都。实际上，辽上京的文化远不如辽南京发达。而是由于辽朝本身政治中心并不固定，四季捺钵各方游动，只在冬夏两季于捺钵地点集中处理政事。这反映了北方民族国家发展中政治逐步统一的必然过程。金朝虽然也有几京同时存在，但在海陵王迁都燕京直到金末南迁汴京之前，确实把金中都作为名副其实的政治中心，无论宫室、衙署、军备、官员、士人、百姓，皆以都城规制而设，一切军事，经济、文化政令皆由此而发。期间，为时虽只六十余年，但都城文化的一切要素却均已具备。若以金代仅统治半个中国为由而否认其都城文化的形成，那么，北宋之开封，南宋之临安便都不具备都城文化的全面条件了。其实，这只能说明南北都城的文化差异，而不能认为它们都是区域文化。纵观中国历史，何止是宋、辽、金和分裂时期都城文化有所差异，汉唐之长安、洛阳，元明清之北京，由于地域大小不同，所处自然及民族环境不同，其都城文化亦各具特点，但都具备都城文化的各种要素。

　　金中都是北京历史上一个十分重要的时期，也有许多值得深入探讨的问题。女真人不像契丹，有长期与幽燕汉文化接触的历史。金朝建国之前，生女真社会经济生活还十分落后。但刚刚建立奴隶制国家，却在短短的十来年间先灭大辽，又剪北宋。女真人在燕为都的时间不算很长，但短短的六十年，却比契丹人汉化的程度更深。历史是一个炼程，北京是个大炼炉，它承担着将中华各民族锻冶、炼造并熔铸为一体的重任。女真人的成长、发展如此之快，金中都的文化起了重要作用。而金中都自身文化的成长，更为它成为统一国家的都城做了必要的准备。契丹人获得幽燕，还只是窥中原文化之一角，而女真人先克开封，并据黄淮，又攻南宋，屡掳宋臣，则将中原文化之大部收于眼底。北京，正是在这个过程中迅速提高着自己的文化素养，逐渐形成其他都城无法替代的地位。

第一节　宋辽金三国角逐与燕京文人举足轻重的作用

一　女真人国家的骤兴与文化的贫困

12世纪初，中国大地上再起风云。此时的辽朝政治腐败，每况愈下，已是朝不保夕。南方的北宋，先后有宋江、方腊等大规模农民起义，早已烽烟遍地，岌岌可危。而就在此时，东北的女真族却迅速勃兴，举兵抗击辽朝的民族压迫。完颜阿骨打于1115年建立金王朝，从此驰骋铁骑，纵横南北。

女真是我国历史上东北地区的古老民族之一，曾先后以肃慎、挹娄、勿吉靺鞨等名称出现。契丹兴起，女真人附属之，自此始称女真。辽代，把比较发达的南部女真继续南迁于今辽宁一代，与当地的渤海人、汉人混居，并编入辽朝户籍，这部分女真人被称为"熟女真"。而北部的女真部落基本保持其原始状态，居住于白山黑水之间，称之为"生女真"。建立金王朝的正是这部分经济、文化、社会发展相当落后的生女真。完颜部是他们的核心部落，居于按出虎水。此地平原沃野，生女真主要从事狩猎和简单的农业生产，并出产良马、沙金、东珠、人参、貂皮、蜜蜡、松实等特产，作为对辽的贸易交换或贡品。辽天祚帝时对女真特产强取豪夺，取索不已。每派银牌使者前来逼索，还强使良家女子与之伴宿。辽帝酷爱打猎，向女真索取一种体小强健的猎鹰海东青，女真人需通过与五国部的战斗前去取获，常常伤亡惨重。而东珠的取得又要寒冬破冰，获蚌取珠，亦艰难万状。这一切使女真人愤怒难忍，终于在1114年兴兵伐辽，进攻辽之东部边镇宁江州。谁知辽朝不堪一击，女真一战大捷，阿骨打乘士气高涨，于次年称帝建国，并生灭辽之志。

然而，就女真人当时的文化基础来讲，是相当薄弱的。建国前，女真人还没有文字，并且不知纪年，"问之，则曰'我见草青几度矣'。盖以草一青为一岁也"①。所以，连部落首领皆不知自己生辰，"以后浸染华风，酋长皆自择佳辰，粘罕以正旦，悟室以元夕……"② 这里所说的"粘罕"，即宗翰；"悟室"，指完颜希尹。这样的上层人物都是自择生辰，可见金建国之前确实尚无纪年和历法。

再从婚姻习俗上看，生女真在辽朝后期尚未完全摆脱母系制的残余。《松漠纪闻》曾详细介绍了女真人的婚姻"旧俗"。"金国旧俗多指腹为婚姻，既长，虽贵贱殊隔，亦不可渝。"男家首先要"纳币"于女家，曰"拜门"。拜门之礼，少者十余车，多则十倍；并以大量的马匹供女家挑选，虽留者仅十之二三，但多者需牵来百匹，少则亦需十匹以供选择。至时女家皆坐炕上，婿家罗拜其下，谓之"男下女"。然后，其婿需在女家"执仆隶役，虽行酒进食皆躬亲之"。这样做三年奴隶，方可将妻子带回自己家中，女家赠之奴婢数十户及牛马数群相随。从这种婚俗中可以看出：第一，女家地位比男家地位高出许多，说明其母系残余相当重；第二，夫妻最后仍回归夫家，说明已基本完成向父系制的转变；第三，对财产多少十分重视，男方在妇家的待遇亦视纳币和赠送牛马之多寡而定，并做奴仆三年，奴隶制的残余十分明显。事实上，从太祖到太宗，所有战争基本以夺取财富和人口为目的，这正是奴隶制国家的特点。

至于礼仪制度，建国后虽有创建，但未脱部落联盟的痕迹，"君民同川而浴，肩相摩于道，民虽杀鸡亦召其君同食，炙股烹脯"③，这种情况直到太宗吴乞买时仍然保持，熙宗时方才改善，明君臣之与庶民百姓之礼。

然而，既然建立国家，就必须有一定的文化制度来支撑。女真与汉地相隔遥远，在建国前后，不可能像契丹人那样在长期与汉人交往中取得经验。女真赖以建国的文化就来源说，仍是中原文化。但这些文化是间接而来的，其途径有三：一是自辽朝间接学习，二是利用渤海文化，三是借用兀惹文化（或称温热文化）。

女真附属于辽，自然彼此来往甚多。道宗时阿骨打曾到辽朝进贡，与辽人作投壶之戏，契丹官不中，反而骄横耍赖，阿骨打几乎要拔刀与之相

---

① 洪皓：《松漠纪闻》。
② 同上。
③ 同上。

斗。在这种不平等的交流中，女真人自然难以学到真正的东西，也不可能信任契丹人。女真人信任并首先利用的是渤海人和兀惹人。

渤海国早在唐代便已封建化，有很高的文化素养。辽灭渤海国，其国人与女真比邻而居，甚得女真人信任。渤海人虽在契丹统治下生活了一百九十多年，但始终保持在唐代所受中原式文化教养。阿骨打在建国前即对渤海人采取怀柔、利用的政策。1114年，女真起兵攻打宁江州，便召见渤海人，并说："女真渤海本同一家，我兴师伐罪，不滥及无辜也。"[①] 及女真建国，首先起用的是渤海官员，同时，又以婚姻关系使两个民族关系更为密切。金廷将渤海世家女子召往上京会宁府，不少人成为诸王侧室。在渤海人中，有开国之臣杨朴，曾建议与辽议和求其封册，后升知枢密院事，为内相。又有辽阳渤海人张氏，一直为金人所重用。其中，张浩即后来金中都的设计者。其家族中还有张汝霖、张元素、张汝弼等，皆为显官。另有渤海大氏、李氏等大族皆显于金。女真人受渤海文化影响很大，如海陵王的母亲便是渤海大氏。世宗的母亲李氏也是渤海人，出生于教育世家，很有文化修养。世宗父即太祖子宗辅。宗辅去世后，按女真习俗，夫亡其兄弟、子侄可以续娶其嫂、其母。为抗拒这种陋俗，李氏竟削发为尼，可见受儒家熏陶已深。

兀惹是一个很小的部族，始见于辽，又作乌惹、温惹等，前人认为是通古斯语"森林"之意。其原住地有人以为在渤海国都龙泉府一带，也有的认为在黑龙江下游，始见于辽。而到辽末金初，且不论其原住何处，据《松漠纪闻》记载却已移居于宾州，在今吉林省东部伊通河一带。这个部族很小，但"衣制皆如汉儿"，而且文化修养很高。洪皓被扣留于金朝期间曾与其"千户"李靖相识，并知其家族姻亲关系。李靖曾于金天辅年间代表金朝出使北宋。当时宋金准备夹攻辽燕京，李靖出使议地界事宜。《宣和乙巳奉使行程录》说，宋使许亢宗及钟邦直路过宾州，"金人太师李靖居于是，靖累使南朝"。可见，李靖不仅是代表女真人统领兀惹的千户，而且有"太师"的头衔，并且出使宋朝不止一次。李靖的两个儿子"亦习进士举"（《松漠纪闻》）。而李靖之妹金哥，嫁给宗干为侧室，所生之子亦读儒书，好延接儒士。可见，金哥的文化修养也很深厚。李靖的侄女则嫁完颜希尹之子。也就是说，李靖和希尹是亲家翁。

---

① 《金史》卷二。

兀惹这样一个小部族，有这样高深的文化根基，其文化源头不得而知，尚需进一步探索。而女真人连这种小部族的文化人都如此重视，既说明其开放的文化态度，又证明其建国初对文化的渴求是如何急迫。女真人无法直接得到汉族文人的帮助，只好借助于渤海、兀惹人来与中原交往。直到太祖攻克燕京，才改变了这种文化上的困境。

二　从宋辽金在燕京的角逐看幽燕文人重大作用

金人建国后，立即开始对辽朝的全面进攻，并迅速攻克辽朝的上京、中京、东京等地。天祚帝逃往漠北，燕京成为辽朝抵抗金人的最后根据地。金朝一方面要自西京方面向沙漠进攻，追击天祚帝，另一方面则集中优势兵力攻取燕京。

宋与辽本是兄弟之国，但此时却想火中取栗，收复燕云汉族故地，以转移国内的阶级矛盾。

在此情况下，燕京的官吏和文人，面临着多方面的选择与思考。辽是已历一百八十年的旧主，况且，自辽朝中期以来，契丹加速封建化，与幽燕汉人已融为一体，许多文人世代在辽为官，保辽抗金的人士自然有之。何况，金人来攻，必将使人民遭殃，故园残破，即使从保卫家乡的角度，也要作一番抗争。而宋朝对燕京汉人来说，又是同胞一气，从民族感情上讲，期冀回归中原者亦在情理之中。但从实际情况而言，无论是宋还是辽，皆已腐败到极点，败亡是早晚之事。一些既讲求实际又有长远眼光的人，已看到女真新兴政权强劲的势头，对是否助金也在考虑观望。

我们之所以从这里开始讨论燕京文化，是因为，在此期间，燕京文人充分表现了他们的策略水平。不论对各自的立场作何种评价，他们的何去何从对三方都有举足轻重的作用。助宋，促成联金夹击收复燕云之国策；助金，左右着女真人对新占领区的各项政策；而抗金、败宋也是这些"文化官吏"为保卫家乡所做的最后一搏。由此可见，到辽末金初，幽燕文化已不同凡响，这里有一大批相当成熟的政治家。再往下延，纵观整个金代与南宋，在文化的具体成就上金朝确显逊色，但若论政治素养和应变能力，金朝的幽燕文人却似乎略胜一筹。这一点，从金初三国争燕的过程中已露端倪。

马植投宋定夹攻取燕之策　马植，辽燕京涿阴（今北京通州漷县镇）人，其家族世代在辽为官。关于马植奔宋的经过《宋史纪事本末》有一段较为详细的记述：

"（政和元年）冬十月，童贯以辽李良嗣来，命为秘书承，赐姓赵。燕人马植，本辽大族，仕至光禄卿，行污而内乱，不齿于人。童贯使辽，道卢沟，植夜见其侍吏，自言有灭辽之策，因得见贯。贯与语，大奇之，载与俱归，易名曰李良嗣，荐诸朝，植即献策曰：'女真恨辽人入骨，而天祚荒淫失道。本朝若自登、莱涉海，结好女真，与之相约攻辽，其国可图也。'议者谓：'祖宗以来，虽有此道，以其地接诸番，禁商贾舟船不得行，百有余年矣，一旦启之，惧非中国之利。'不听。帝召问之，植对曰：'辽国必亡。陛下念旧民涂炭之苦，复中国夕之疆，代天谴谪，以治伐乱，王师一出必壶浆来迎。万一女真得志，事不侔矣。'帝嘉纳之，赐姓赵，以为秘书丞。图燕之议自此始。"

关于马植提出宋金夹攻燕京的时间及对其本人的评价尚有争议。因为，政和元年即1111年，女真尚未起兵，马植何以预知四年后之事？至于马植的行为，有人说他"民族意识甚强"，亦未见得。既然"行污内乱，不齿于人"，大概是在辽混不下去才偷偷去见出使辽朝的童贯，并且改其姓名。然而，马植可能确实颇有些才干见识。《三朝北盟会编》卷一说："植，燕京涿阴人，涉猎书传，有口才，能文辞，长于智数。"且不论其为人如何，联金攻辽，收复燕云的建策确实是马植提出来的。而这个建议也是金人起兵后宋朝唯一可选之方略。若不是宋朝无能，想坐享其成，后来又指挥不当，如果以坚决的态度、合理的调度夺取燕京及幽燕，那历史可能便会改写了。《三朝北盟会编》还说，在耶律淳为帝后，马植还给汉人宰相写信，令其从内部策应，并对童贯说他在辽时曾与之在北极庙拈香为盟，共欲图辽。这说明，辽末对契丹政权失去信心的并非马植一人。而当宋人遣使与女真谈判时，阿骨打不买账，后来还是马植使金，双方订夹攻之盟。由此可见，马植在宋末对外政策上起了关键作用。而宋朝官员则远不如马植。

燕京官员另立政权作最后一搏 1122年，辽天祚帝在金朝的攻势下无力抵抗，留秦晋国王耶律淳及汉人宰相张琳、李处温留守燕京，自己却携妃子、财物，向西北沙漠逃窜。金人步步紧逼，天祚帝与燕京之间几个月消息不通。在此情况下，张琳、李处温及汉官左企弓、虞仲文、曹勇义、康公弼等聚议，决定拥立秦晋国王耶律淳为帝，在燕京另立政权，并得到辽将耶律大石和奚王回离保的支持。耶律淳曾组织辽东饥民为"怨军"抗金,尽管战斗失利,但仍颇有人望。当张琳、李处温等诣府,向淳山呼拜舞时,耶律淳自己还蒙在鼓里。足见这帮臣僚策划精密。应当说,在天祚帝逃亡且消息不通的情况下,在燕京另立政权以抗金,也是一种可行的方案。只是由于耶律淳胆小怕事,听到天祚帝要前来讨伐便惊恐病死,北辽小朝廷才人心混乱。而李处温父子与马植(赵良嗣)交通之事又泄露被杀,以至内讧。涿州郭药师又以常胜军降宋,方使燕京更加危机。但即使在这种情况下,当郭药师以宋军攻至燕京城内,燕京官员、士兵仍进行苦战,宋军无所接应,郭药师遂败。辽朝虽危,但对付宋人却还绰绰有余。可见,汉族大臣们另立政权的举措本身并非错误。耶律淳死后,其妻萧妃称制,欲联宋抗金。应当说这也是正确的,辽宋唇亡齿寒,这是很明显的道理。而与宋谈判的却是萧容、韩昉。韩昉后来是金朝最著名的文臣之一,既有很深的文化造诣,又具外交才能,联宋之议为韩昉等建策应是必然。而童贯拒绝了辽方的和议。韩昉说:"好邻居,朝廷蹙踏了;不知彼恶邻居也,必悔之!"① 这是一针见血的见解。然而,宋既不纳请和之议,北辽内部又内讧不已,金人终于出居庸关先占领了燕京。非燕无谋士,而不占天时也。

燕京官员降金,女真文化局面大变 金人兵临城下,北辽官员见大势已去,皆具表以降。有人说燕京官员反复无常,这也是事实。因为,燕人本处番汉交错之地,对"华夷之妨"本来就不太重视,与少数民族大多能平等相处。况且,契丹也是少数民族,辽人败局已定,便向金寻求出路。他们很注意现实,但并非全无君臣观念,在辽则忠于辽,降金则忠于金。金朝一下子得到这样一大批汉族官员,对于文化贫困的女真人来说确实如旱苗得雨。所以,在太祖朝、太宗朝对燕京官员都十分重视,委以重任。而燕京官员也竭尽力量为金服务,将中原文化以空前的规模与速度输入到女真人血液当中,对女真人的政策产生重大影响。

第一,帮助女真建立中原管理制度。

"初,太祖定燕京,始用汉官宰相左企弓等,置枢密院于广宁府(今辽宁北镇)。"② 后来,又把枢密院迁到平州。对这些汉官,大多以原来的官衔相安置。"太祖驻跸燕京城南,企弓等奉表降,太祖俾复旧职,皆受

---

① 《三朝北盟会编》卷十。
② 《金史》卷七十八《韩企先传》。

金牌。(左)企弓守太傅、中书令,(虞)仲文枢密使、侍中、秦国公,(曹)勇义以旧官守司空,(康)公弼同门下平章事、枢密副使权知院事,签中书省,封陈国公。"① 这显然是从汉族官员中学习了辽朝"以汉治汉""因俗而治"的办法,只不过没有像契丹人那种明确的南面官、北面官的制度。而是在进一步夺取中原大片土地后,迅速在中央整个改革为中原制度。

第二,使女真人明确了燕京对金政权的重要地位。

对于女真人而言,早期的战争还主要以劫掠财富为目的,他们对辽朝各地占领后一般是将人口、财产劫掠一空,迁往女真内地。金人第一次攻克燕京之后,阿骨打坚持与宋朝原来的约定,将燕京所辖六州归宋。这一方面固然因为全面消灭宋朝的策略尚未完全确定,同时也由于对燕京的重要地位估计不足。这时,连女真的一部分官员也提出不同意见,但阿骨打不听。左企弓等汉族官员,自然知道这其中的利害,劝阿骨打不要放弃燕京,左企弓并献诗曰:"劝君莫听捐燕议,一寸山河一寸金。"后来,阿骨打还是采用稍微折中的办法,将燕京财富、人口,特别是富家大户尽量北迁,而给宋朝仅留下一座空城,为二次占领燕京做准备。

第三,鼓动女真灭宋,并影响其对新区的政策。

在燕京的一些官员中,也有主动降金的。他们预见到辽宋的败亡已成定局,所以并非被动降金而被利用,而是主动为金的发展出谋划策。其代表人物有韩企先、时立爱、刘彦宗等。韩企先早就降金,得到重用。企先为辽初开国功臣之一韩知古的后代,后徙居柳城,所以早在女真人攻克辽东京后可能即降金了,并从金人攻中京、西京等地。当枢密院迁至燕京后,韩企先"凡汉地选授调发租税皆承制行之。"到太宗朝又为之定礼仪制度。"企先博通经史,知前代故事,或因或革,或取折忠。企先为相,每欲为官择人,专以培植奖励后进为己责任。推毂士类,甄别人物,一时台省多君子。"② 故连骄横的宗翰、宗望等皆雅重之,世称为贤相。

时立爱是典型的经慎重选择才服务于金的汉族官员。立爱为涿州新城人,其父以财雄乡里,岁饥时曾开仓赈贫,是个开明的大地主。时立爱于辽道宗年间中进士,为官刚正,忤权贵,后曾为燕京副留守。金太祖入

---

① 《金史》卷七十五《左企弓传》。
② 《金史》卷七十八《韩企先传》。

燕，时立爱并未直接求见，而是先使人送款，劝阿骨打对幽燕吏民"降宽恩，以慰反侧"，并建议对新占领区要区别对待，"顺则抚之，逆则讨之"。后来，阿骨打将燕京六州之地予宋，时立爱已看清宋比辽之腐败有过之无不及，故戒其家人、宗族不得求仕于宋。宗望再取燕京，时立爱则"诣幕府上谒"，拜同中书门下平章事。此后则从宗望军，"谋划居多"。

刘彦宗也是主动服务于金的人物，其初虽同样是随从辽官而降，但对时局的认识却很清醒。彦宗为唐幽州节度使刘评之后，这个家族从来文化根基很深，而且善于机变。彦宗是金初最得力的汉官。

刘彦宗、韩企先、时立爱，是金初统治汉地的实际执行者，也是影响太祖、太宗两朝政策的主要人物。他们不仅助女真人得到燕京，而且告诉女真人"南朝可图"。而当金人攻打汴京时，刘彦宗又且戒女真人说"萧何入关，秋毫无犯，惟收图籍。辽太宗入汴，载车辂、法服、石经以归，皆令则也"[①]。宗翰、宗望采纳其议，果然仅收图籍，并执徽、钦二帝等北上，对于稳定中原局势起了重要作用，对充实金朝的文化也具有重大意义。

总之，在12世纪初，燕京文人和官吏已是不可忽视的力量，其助宋有利于宋，存辽亦由其策划，入金则为之谋宋。从某种意义上说，得燕方可图谋中原；欲取燕先要得燕民之心；欲得燕民之心，须先得幽燕士子之心。燕京士人不像宋朝官员那样迂腐，但又有很高的文化素养和对形势的应变能力。在夺取汴京，掠获宋朝官员之前，燕京士人是金朝最有力的文化支柱。而此后宋人也加入金朝文化行列，金人又迁都燕京之后，中都则集中了南北文化人才，使之成为整个北方最有实力的文化之都。

第二节　新旧文化的冲突与女真民族精神的得与失

一　金初奴隶制度对中原传统的破坏

尽管金朝对幽燕文人十分重视，并积极学习中原文化，但毕竟是刚刚建立的奴隶制国家，并且刚刚从原始制度脱胎不久。他们带来一个新兴民族积极向上的精神，但也带来了野蛮与落后；再加上战争和民族歧视，在女真人占领中原初期，对中原的社会、经济和文化传统破坏还是很大的。

[①] 《金史》卷七十八《刘彦宗传》。

人口大迁徙和中原奴隶制插花地　陈述先生在研究辽史时指出，契丹人曾在草原上建立中原式的州县，和农业生产的"插花地"，指出这是促进契丹早期社会发展的一大经验。而余以为女真人则相反，他们一方面在把中原人口俘虏到草原和山林，同时又把女真人迁徙到中原，在中原建立猛安谋克，这是在封建制度传统中建立奴隶制插花地。前者是进步，后者则是倒退。当然，人口大迁徙的最终结果是南北文化的大交流，但对当时的中原来说，确实是大苦难。

金人第一次占领燕京之后，便进行了人口的大迁徙。本来，在12世纪初的宋辽金三国角逐中，燕京便遭到很大破坏。在这种情况下，金朝继续大举迁移燕京人口，无疑是雪上加霜。

金人取燕，如约归宋六郡之地，然而，却要索取郭药师军八千户，理由是这些人本来就是辽东关外之民。宋朝为保留常胜军而以燕人代替，而金人欲激起燕人对宋朝的愤恨，以便卷土重来，当然也同意这笔交易。"因而括燕山府所管州县百五十贯以上家业者，得三万余户，尽数起发，合境不胜残扰。"① 以每户四口计，便有十几万人。何况，这些人都是中产以上大户，每户绝不至仅四五人，其数量是十分可观的。同时，金又用阿骨爽之计，"寸金寸土衰取殆尽，将燕城职官、民户、技术、嫔嫱、娼优、黄冠、金帛、子女等，席卷而东"②。也就是说，城外的富家大户，城内的五行八作，以及所有可移动的财货，尽行洗劫。后来，那些富家大户在迁移过程中，由于平州留守张觉叛金解救，不少人逃回燕地，但家乡已是荆棘丛生，"狐狸穴处"。金人盘桓燕京将近半年，士兵到处劫掠，户户遭受洗劫，居民多逃匿山谷。金人再次夺燕后，又以燕京为军事基地继续南进灭北宋，"凡所经过，尽皆焚燹"③，"虏骑所至，唯务杀戮生灵，劫掠财物，驱掠妇人，焚毁庐舍产业"④。虽然刘彦宗等一再建议要"顺逆有别"，但华北平原遭受的灾难深重，社会经济已残破不堪。

当金人基本控制中原局面后，想恢复中原经济，但又采取了迁东北猛安谋克户进入中原的政策。这一方面是为充实中原农业人口，但同时也是为监视汉人，以镇压反叛。

---

① 《三朝北盟会编》卷十五。
② 《三朝北盟会编》卷十六引《平燕录》。
③ 庄季裕：《鸡肋篇》。
④ 《三朝北盟会编》，炎兴下，帙六。

猛安谋克是女真人基本的奴隶制组织,三百户为一谋克,十谋克为一猛安,本是兵民一体的军事组织,同时又成为土地占有分配的制度。熙宗皇统元年（1141年）,与南宋以淮水为界划定疆域,遂将猛安谋克大批南迁,除被迁的女真猛安谋克外,还有契丹、奚和渤海人。这些猛安谋克南迁后要计口授田"每耒牛三头为一具,限民二十五受田四顷四亩有奇"。熙宗是个改革派,其目的是为恢复农业。但女真猛安谋克户,实际上是与汉族农民争夺田地。这些猛安谋克户单独筑垒于村落间,棋布星罗,散居四方。对女真来讲,移居汉地是一种进步；但对中原来说,却是在封建制度中又建立奴隶制插花地。女真人原来虽从事过简单的农业,但不可能像中原人那样会精耕细作,而汉人失去土地,便只好给女真人当奴隶。

禁止汉服,强令削发 女真人占领幽燕,便推行女真旧俗,强令汉人髡发易服,以征服者的姿态强行把女真习俗加到汉人头上。天会四年（1126年）,金兵攻下正定,宋朝官员李邈被俘至燕京,勒令其"披发左衽",李邈不从而死。被俘到燕京的汉人如此,燕京想必已先行此法。《中兴小论》说,天会七年（1129年）六月,金朝下令"禁民汉服及削发不如式者死"。也就是说,不仅要削发,还必须有标准,达不到标准便是死罪。待刘彦宗死后,金朝又将枢密院迁到云州,由最顽固残暴的宗翰一伙执掌权力,燕京吏民更失去了起码的保护。而女真奴隶主的本性便是对财产的贪欲,这使燕京百姓饱受荼毒。《松漠纪闻》记载了这样一件事：当时金人于各处多设通事,通事们则借机大肆勒索。燕京有数十家欠了一个老僧六七万缗钱不还,老僧欲讼之于官,欠钱的人怕拘捕,贿赂通事,通事将僧人的状纸翻译为"久旱不雨,僧欲焚身动天,以苏百姓"。女真燕京留守不问青红皂白,便批了个"塞痕"（好）。待僧人出门,已架上柴薪,将僧人活活烧死。这种严重的民族歧视不胜枚举。

在燕云地区,不仅汉人遭受歧视,契丹人同样被歧视,终于出现了契丹将领耶律余睹的反叛。

耶律余睹在太祖时即降金,多立战功。而宗翰控制枢密院后,疑其与耶律大石相通,遂质其妻子。耶律余睹怒,约燕京统军使契丹人萧高六起事,事败,导致女真人对燕京的大屠杀。不仅契丹人被大屠杀,连汉族官员也有许多被害。熙宗即位后,对汉人多怀疑,改变了太祖、太宗多任和重用汉官的政策。而掌握燕京的宗弼则在燕京大杀汉官。皇统六年

(1146年），杀宇文虚中、高士谈，次年又杀田毂、奚毅、邢具瞻、王植、高凤廷、王倓、赵益兴、龚夷鉴等。上层汉官尚朝不保夕，更何况普通百姓！此时，燕京文化遭受严重挫折。

奴隶制战争使燕京民生凋敝　金人与宋作战，把燕京作为南下的军事据点，从而给燕京百姓带来沉重的差赋和兵役，造成对经济的严重摧残。天会五年（1127年）金人扩大侵宋，由于女真本部兵力不足，"起燕山……平州、长春八路隶于诸万户，入侵两河，取诸州郡"，强征燕京、平州等地百姓从军。其后，又多次自燕京征发工役。天会九年（1131年）"起燕云、河东夫运粮"，天会十一年（1133年），征兵不仅是一般百姓，连燕京富人子弟亦不能幸免，"禁燕云等路汉军不得雇人代名，须以正身"[①]。

熙宗朝号称提倡"文治"，但控制燕京的金军都元帅、兼燕京行台军事长官宗弼，仍然穷兵黩武。1135年，宗弼听从伪齐政权刘豫的建议，准备从海上入侵南宋，于是，"兴燕云、两河四十万人之蔚州交牙山，采木为筏，由唐河开创河道，运至雄州之北虎州造战船，欲由海道入侵江南。是役始于是岁之夏，以百姓大困，啸聚蜂起，海道之行遂成中辍"[②]。尽管熙宗在燕京还设"劝农司"，但百姓不是服兵役，便是服劳役，如何从事农业生产？

女真人进入中原初期，曾想把奴隶制度推行到长城以南，朝廷便以各种名义强占土地，因遭到中原百姓的强烈反对才不能实行。他们掠人为奴也是经常的事，甚至将掠来的人卖到高丽、西夏等地，或以奴隶换取马匹。女真人有强烈的优越感，即使不是奴隶的汉人、契丹人也被他们视为奴仆一般，这对中原的封建制度是极大的摧残。

二　女真人对华夏文化的积极态度

尽管女真人在军事上充分表现了奴隶主杀掠和破坏的一面，但当他们占领新区之后，所看到的风物、文明，仍然使他们十分景仰。有的学者指出，女真人最少保守，最肯学习，充分表现出一个新兴民族积极向上的心态，这确实是事实。之所以如此，正是因为生女真原来在文化上

[①]　《大金国志》卷五一卷八《太宗纪》。
[②]　《大金国志》卷九《熙宗纪》。

几乎是一张白纸，他们只是简单接触过中原文化，用这种简单的文化勾画出奴隶制国家的蓝图。他们并不像契丹人那样有一个较长的社会进步和与汉族频繁接触的机会。女真国家的建立，与其说是社会发展的成熟，不如说是辽末的残酷压迫"逼"出来的早产子。因为早产，自然会有许多先天不足；由于不足，便急切从各方吸取营养。如上节所述，女真人连渤海、兀惹这样的小国、小部的文化都肯虚心接受，便反映了这种急切的需求。而当他们走出白山黑水，控扼草原，夺取幽燕，并南下中原之后，更一下子开阔了视野。在这片广袤的土地上，除他们自己的本源文化，还有契丹文化、渤海文化，以及更先进的华夏文化。女真人很快把华夏文化作为自己的主导文化来学习。他们努力学习的态度和孜孜以求的精神令人感动。

为了学习中原文化，他们采取了许多措施。

尊孔重儒，遍搜图书　女真人进入中原之初，来不及读书学习，但却知道图书典籍的重要，所以，在战争中往往把搜求图书作为重要目标之一。这一点，自太祖阿骨打时便已开始了。天辅五年（1121年）十二月，太祖伐辽，便已下诏说："若克中京，所得礼乐仪仗、图书文籍，并先次津发赴阙。"① 在夺得燕京之后，除将财物、人口席卷而去外，由于要将燕京先交给宋，自然将图书典籍同样取之而东。金人伐宋，破汴京，特别重视文化的完颜希尹，"先收宋图籍"②。而宗翰之弟宗宪，十六岁入学，习女真字，未冠从太宗南征。"汴京破，众人争趋府库取财物，宗宪独载图书以归。"③ 后来宗宪与希尹共同制定典章制度，不仅借用辽制，而且"远引前古"，这与他们搜求，阅读中原典籍有很大关系。不仅是这些宗室大将，一般女真将领也很爱图书，完颜勖奉命劳军，宗翰问其所欲，完颜勖说：唯好图书。也载数车而归。而亦盏晖从宗弼下余杭，竟找到一部《资治通鉴》的雕版载之而归。

女真人对孔子和儒家先贤很尊崇。像宗翰这样典型的奴隶主代表人物，虽然一直强悍残暴，却也知道尊孔。金兵至曲阜，有人要挖孔子陵墓，宗翰问孔子何人，高庆裔说是大圣人，宗翰曰："大圣人墓岂可发！"

---

① 《金史》卷二《太祖纪》。
② 《完颜希尹神道碑》。
③ 《金史》卷七十《宗宪传》。

孔子墓得以保全。熙宗时，更封孔子第四十九代孙孔璠为衍圣公。女真上层，还有很多人以圣贤之名命名。如宗浩，本名"老"，但又取字"师孟"，即以孟子为师。而名相石烈良弼，本名娄室，又取字"师颜"，以颜回为榜样。除了儒家圣贤外，女真人还特别崇拜中原历史上的贤相。熙宗时完颜亮为左丞相，亮过生日，熙宗送他一幅司马光的像。

由于能直指中原文化的核心内容，所以女真人汉化很快，待到海陵定都燕京后，金室便宛若汉家朝廷了。这样，便把中都文化迅速置于中原传统的最高点上，较之辽代的燕京发生一种质的飞跃。

礼敬士人，贤者为师 女真克燕，以燕人为师；克宋，又以宋人为师。开始，是在战争中以燕人为谋士，如刘彦宗，一直佐宗望于军中，凡州县之事皆委之裁决。太宗攻宋，刘彦宗为之"画十策"。金人攻汴，刘彦宗劝其以萧何入关为则，宗翰、宗望皆"嘉纳"。彦宗之子刘筈，则为金制定礼仪，太祖崩，宋、夏使节吊慰，"凡馆见礼仪皆筈详定"。天眷二年，熙宗幸燕京，其法驾仪仗亦多由刘筈所定夺。至于时立爱、韩企先等，皆金初之谋士。在太祖、太宗时期，他们对汉文化可以说是"边做边学"，其主要的"老师"是燕京文人。

但随着国土的不断扩大和政治局势的逐步稳定，女真人认识到，必须把学习中原文化作为久远之计，要使他们的后代有足够的治理中原的知识，而不能再现学现卖。于是，特别注意聘请饱学之士教育其子弟，能请来的就请，请不来的强留、强押也要找最好的老师。这可以熙宗从师韩昉和完颜希尹强留洪皓为例。

韩昉是金代早期著名文人，他当老师看来是自愿的，而所教的便是金朝第三代皇帝熙宗完颜亶。《三朝北盟会编》卷一百六十六所附之《节要》说："今虏主完颜亶也，自童稚时，金人已冠中原，得燕人韩昉及中国儒士教之。"而熙宗本身学习也很勤奋，曾读《尚书》《论语》《五代史》《辽史》诸书，或日以继夜。所以，熙宗是第一位全面接受汉文化教育的女真皇帝。熙宗即位后，还与韩昉及大臣们讨论学习的体会。熙宗说："朕每阅《贞观政要》，见其君臣议论，大可规法。"韩昉则进一步指出"皆由（唐）太宗温颜访问，房、杜辈竭忠尽诚。其书虽简，足以为法。"熙宗又问应如何看待玄宗，韩昉说，唐玄宗是"有始而无终者"[1]。

---

[1] 《金史》卷四《熙宗纪》。

可见，熙宗学习不仅勤奋，而且重在应用，很重视中原王朝兴衰的历史经验。

金人灭北宋后，又积极吸纳宋朝文人，并欲以为师，但宋人不像燕人那样积极帮助女真人。燕人入辽已久，契丹是少数民族，女真也是少数民族，哪个兴旺就帮助哪个，已很少"华夷之妨"。而宋人则对少数民族更多怀有"夷虏"的偏见，不肯轻易就范。于是，女真人便强制请宋人作老师。希尹请洪皓教子，便是在这种情况下发生的。

洪皓是在建炎元年（1127年）作为南宋的使节入金的。此前，就有不少宋使被金扣留，原因是这些使者大多是宋朝高级文人，女真人强迫扣留以为己用。如金初的宇文虚中便是其中之一。洪皓也是饱学之士，金人将其扣留，洪皓拒绝仕金。于是，将之流放于东北的冷山（在今吉林境内）。冷山是完颜希尹的家乡，希尹是个极重视文化的人，曾造女真小字，于金朝有大功，他有八个儿子，便请洪皓来教其子。《完颜希尹神道碑》载：希尹"性喜文墨，征伐所获儒士，必礼节之，访以古今成败。诸孙幼学，聚之环堵中，凿圆窦，仅能过饮食，先生晨夕教授，其义方如此"。可见，其对儿孙的教育是何等认真和严厉。洪皓虽拒绝仕金，但作为老师还是尽职尽责的。当地苦寒，冬季久雪，有时需以牛粪为薪煮面而食。后来，洪皓又随其子弟至燕京。在此期间，与希尹的儿子们自然建立了师生之情，故其《鄱阳集》中还有给希尹长子彦青的诗。洪皓滞留金朝先后达15年之久才回归南宋，回宋后作《松漠纪闻》，记述金朝的部族、文化、政治、风俗等各种情况，有很高的资料价值。

由以上两例可以看出，女真人学习中原文化确实不遗余力。

借他山之石以攻玉　女真人要借中原文化发展本民族文化，但女真人与汉人语言不通。复杂的汉字一时难学，于是，早在太祖时，便命完颜希尹造女真字。天辅三年（1119年）女真字成。希尹所造之女真文字称"女真小字"，是"因契丹字制度，合本国语"，又仿汉字楷体制成的。后来，熙宗又进一步改造，熙宗所制者叫"女真大字"。待金人定都燕京后，便利用燕京的印刷条件，大量翻译汉族经典、图书为女真文，然后向女真本土传播，金代的中都便成为向北方普及汉文化的基地。女真人学习中原文化确实认真，不仅是上层，即使是中都的女真士兵也要背诵简单的汉文书籍。所以，女真人本源文化确实相当薄弱，是借他山之石来快速完成本民族文化建设的。

三 金朝迁建中都与女真全面汉化——兼对世宗文化政策的讨论和再评估

自熙宗朝开始，女真人汉化的倾向已很突出。熙宗提出"文治"方针，并大力倡导中原文化。这在当时，是提高女真文化素质，促进社会发展和保证对中原新占领区进行有效统治的进步措施，但却遭到了女真奴隶主旧势力的阻挠。海陵王杀掉熙宗，自己即位，这完全是皇室内部的权力之争，而并不代表旧势力。海陵迁都燕京，定鼎中都，这标志着女真人全面汉化的开始。事实上海陵王是熙宗改革的延续。但由于海陵王再次发动对宋战争，于是，史家对这个人物便产生许多争议，把海陵王与奴隶制武人相等同。世宗朝达到金朝发展的顶峰，但在文化政策上却采取了许多折中措施，他一方面积极学习中原文化，并促进北方向封建制转化；另一方面又提倡保持女真民族精神，不忘"旧俗"。于是，史家又认为，这位号称"小尧舜"的女真皇帝表现了极大的"局限性"。章宗是汉化最彻底的，诗词歌赋无所不通，宛若汉家天子，然而，正是从章宗开始，女真民族精神全面弱化。至于卫绍、宣、哀，则迅速没落，败亡。女真存国仅一百二十年，而辽朝却存在了二百多年，若加上西辽则近三百年。女真人建立的金王朝速起速亡，给人留下了深刻的印象。其兴，灭辽朝，剪北宋，如摧枯拉朽；其败，亦如秋风落叶，不堪蒙古一击。这其中固然有多种因素，但汉化与保持民族精神的关系是最值得注意的问题。所以，从海陵王到世宗、章宗，亦即金王朝在燕京这段的文化政策，有许多值得重新探讨的问题。少数民族入主中原，不认真学习华夏文化是绝对不行的，但如何对待本民族传统则又很值得深思；少数民族传统是否完全都代表落后更应该研究。这不仅是金史本身的问题，也有助于我们对现实政策的调整。

海陵王迁建中都，女真立足中原 熙宗的才干本就平平，晚年又嗜酒，少理政事，终于在皇统九年（1149年）为海陵王所杀。海陵王完颜亮乃宗干之子，母亲大氏为渤海人，所以自幼接受中原传统教育。海陵王实际继续了熙宗的改革，而且更加彻底。太祖、太宗朝多用燕京官员，因而多袭辽朝制度。但此时已与南宋进行皇统议和，金朝控制了淮河以北大片土地。如果说辽朝是燕云与草原并肩而行，金朝的国土重心部分已在中原。为适应新形势，海陵王于贞元元年（1153年）将首都从上京会宁府迁到了燕京，并改称中都，而以汴京为南京，原中京为北京，会宁府仍为上京，辽阳仍为东京。自此，中都燕京正式成为北半个中国的政治中心。为彻底打击奴隶主旧势力的根基，并将宗氏大部分迁往中都。同时，海陵王还杀太宗子孙七十余人，宗翰子孙三十余人，其他宗室子孙五十余人。① 为彻底打掉奴隶主复辟的幻想，海陵王并于正隆元年（1156年）迁葬金朝始祖以下十帝之陵墓于中都大房山。这些措施表面看来是排除异己，实际上标志着金王朝从草原山林到立足于中原的重大变革。它表明，女真人对华夏文化的学习已相当深，而对汉族地区的统治已充满信心。

然而，海陵王认为这些还不够，还想消灭南宋，"混一天下"。

对于海陵王用兵南伐，史家多与女真旧贵族武人相提并论，余以为大可商榷。从中华民族发展的大势来看，南北民族大统一已是大趋势。不能认为汉族对周边的战争就全是正义，而边疆少数民族对中原的战争便全是"野蛮"。中华民族的大融合，本来就是在和平与战争的交替中逐步完成的。金朝定鼎中都和海陵王准备灭南宋，只是全国大统一的先声。海陵王最终以失败告终，只能说明南北相持的局面尚未结束，统一的时机尚不成熟，而最终还是元帝国实现了全国的空前统一。海陵王南进的愿望虽然没有实现，但已发出以北方民族为主而统一全国的信号，燕京成为全国的政治、文化中心已是早晚之事。至于海陵王本人，为人残暴，多用佞人，荒淫好色等，则又当别论。其实，即使汉族帝王，如海陵之残暴、荒淫者亦不在少数。若论海陵王之最大失策，是又将首都自燕京迁往汴京。这不仅在当时耗费民力，引起举国骚动，更重要的是，一旦失去燕京便远离北方民族的基础。燕京之最大特点是地跨南北，兼有中原与北方民族文化之所长。北方民族入主中原，既要以中原故地来面对整个华夏，又不能离开自己的民族基地太远以失其后矩。所以，以燕为都是最佳选择。除去燕京地理形胜等其他条件外，从文化上讲，燕京是文武兼备的地方，它既有中原经世治国的儒学传统，又有北方的雄武之风；离开了燕京，不仅会失去北方民族自己的武力基础，也会失去文化上的最大优势。可惜，不仅海陵王犯了个大错误，金末又重蹈覆辙，金朝也就最后败亡了。

对世宗文化政策的再评估 世宗即位，又恢复了中都的首都地位，并采取了一系列改革措施，进一步使金朝南北协调发展。此时，迁往中原的

---

① 《金史》卷五《海陵》。

猛安谋克已逾百万，大多数也逐渐向封建化转变，将土地租佃给汉人耕种。在文化上则大兴儒术，世宗本人就亲自大讲儒术与治国之道。如大定二十年（1180年），世宗曾对宰臣说："近览《资治通鉴》，编次累代废兴，甚有鉴戒。"① 大定二十六年（1186年）又对侍臣说："朕于圣经不能深解，至于史传，开卷则有益。"大定二十七年（1187年）复对宰臣曰："朕观《唐史》，惟魏徵善谏，所言皆国家大事。"② 可见，世宗对中原典籍学习十分认真。在世宗的带动下，金中都的官员学习气氛甚浓，不仅女真官员学习，连宫中后妃亦学习汉文化。如显宗孝懿皇后徒单氏，好《诗》《书》，尤喜《老》《庄》。大定末，宫中还设"宫教"，使妃子与宫女从之学习。甚至，连皇家的侍卫亲军也必须背《论语》《孝经》等有关中原礼仪道德的书籍。也正是在这种情况下，金中都文化在世宗、章宗朝发展到高峰期。金朝社会的政治、经济也得到空前的发展。所以，史家将世宗称之为"小尧舜"。

然而，当代不少史学家也常批评世宗的文化政策，认为他汉化得还不够，理由是他特别强调并呼唤女真人不要忘掉"旧俗"。客气点的，认为这是南北政权分隔的局限；严厉些的则认为是奴隶制思想的残余。对这种观点，笔者绝不敢苟同，而认为大有商榷的必要。

这里，有三个问题必须搞清：

第一，世宗是在什么情况下提出不忘女真旧俗的。

大批女真人进入中原，学习中原文化是一种进步，许多女真人逐渐汉化也是历史的必然。然而，学习中原文化学什么，汉化进程中是否必须全部抛弃本民族一切传统？这正是女真人进入中原后遇到的最大问题。到金朝中期，移住中原的女真官员一味醉心于汉族士大夫生活，他们不仅在京城建造豪华的住宅，而且利用特权开设店铺以谋利。中都王公府第林立，约四五十处，而官僚住宅更不可胜数。世宗时官僚队伍进一步扩大，许多人无所事事，坐食俸禄，使统治机构日益腐化，效能低下。官员们习惯于敷衍塞责，阿谀逢迎，伪饰妒能。世宗指出："在位之臣，初入仕时，竟求声誉以取爵位；既已显达，即徇默苟容为自安之计。"③ 世宗主张"文

---

① 《金史》卷七《世宗纪》。
② 同上。
③ 《金史》卷六《世宗纪》。

治"方针并无大错,但官员一味沉醉文辞则令人担忧。大定十七年(1177年),世宗与太子、诸臣在东苑赏牡丹,晋王允猷赋诗,相和者十五人。完颜兀术的儿子完颜伟得知,便说:"不知三边有急,把作诗人去当得否?"① 旧史把此事看作"文武之争",实际上这是民族精神向何处发展的问题,完颜伟之所言不无道理。

而迁往中原的猛安谋克户亦经常是不耕不织,把土地转租给汉人坐享其成。有的甚至变卖土地以求享受。如此等等,使女真民族逐渐弱化。汉人经世治国的经验没学到多少,士大夫的迂腐享受却学会了;汉人勤恳劳作的技能没学到,却由懒惰而转向贫困。

世宗便是在这种情况下,而呼吁振兴民族精神的。应当说,这没有什么不对。世宗对熙宗、海陵王尽变女真故态不满,他常对女真官员说:"汝辈自幼惟习汉人风俗,不知女真纯实之风。"② 变纯实进取为懦弱懒惰,确实已是女真文化的最大隐患。

第二,世宗提倡的"旧俗"是什么内容?少数民族传统是否完全等于落后。

其实,世宗不仅不反对学习汉文化,而且亲自提倡,此点上已有述。世宗提倡的只是让女真人不要忘记祖先,不要忘记他们纯实上进的民族精神。世宗大力提倡女真文,在中都成立了译经所,大定四年(1164年)诏以女真字译书籍。大定五年(1165年),译经所进所译《贞观政要》《白氏策林》。大定六年(1166年),复进所译《史记》《汉书》。大定十五年(1175年),又诏译诸经。大定二十三年(1183年)译经所进所译《易》《诗》《论语》《孟子》《老子》《杨子》《文中子》《刘子》及《新唐书》,命颁行之。与此同时,又设女真学,选诸路猛安谋克子弟三千人学习。又选其尤俊秀者百人至京师学习。须知,迁往中原的女真人虽渐习汉语,但不少人还是用女真语,至于白山黑水间之女真旧部仍是用自己的母语。世宗提倡以女真语翻译汉文经典,这正是向北方传播中原文化的有效途径,何错之有?世宗带领官员及宗室子弟至上京,亲自作歌,令以女真语演唱。有的学者说这是"复古主义的大合唱",其实,世宗自己说得很明白,他是要"曲道祖宗创业艰难,及所以记述之

---

① 《大金国志》卷十七。
② 《金史》卷七《世宗纪》。

意"。记住祖先的艰难不应该吗？中华民族的大融合是否便要使少数民族都忘掉自己的语言和祖宗？至今，新中国还在党中央的领导下，帮助少数民族整理他们的文字、历史，歌坛上也流传着藏族、蒙古族等多民族的歌曲、舞蹈，难道有什么不妥吗？

第三，少数民族与华夏文化相融合，是否便等于应当全部汉化，少数民族的传统是否全部等于落后？

我国是一个多民族的大家庭，从来是你中有我，我中有你。不可否认，华夏文化是我国的主源文化，但还有许多他源文化。而每个民族，也都有自己的本源文化。少数民族不断汉化，而汉族也在不断吸收各民族的文化营养，唐代吸收"夷""狄"的东西就很多。以幽燕来说，自古便常向北方少数民族学习，包括他们的服饰和语言。成百万的女真人进入中原，文化不可能只是一边倒。中原文化由于其深厚，有极大的吸引力，但宋以来儒家思想渐趋僵化，文人渐变懦弱也是事实。学习中原要学先进的，对待自己也不能泼洗澡水连婴儿也一并泼出去。这是众所周知的道理，但一遇所谓"番汉问题"，不少人又采用双重标准。生物需要多样性，文化同样如此。女真人中后期的问题恰恰不是出在"怀旧"，而是出在完全模仿汉文化，忘掉本源文化，从而使其民族精神弱化。以海陵王和章宗相比，两个人都能创作出很好的诗，但气势却大不相同。同样是写扇子，海陵王为人题扇云"大柄若在握，清风满天下"。而章宗所写的《聚骨扇》词，则变成了"几股湘江龙骨瘦，巧样翻腾，叠作湘波皱"。巧固巧矣，但"龙骨"既瘦，也只能使湘水微皱，其旨微而志弱明矣！

至于章宗之后的几代皇帝，诚如罗继祖先生所概括的，晚金是"无君无相无将无兵"[①]，局面便不可收拾了。

其实，一些有远见的后世政治家早已注意到这一点。清代一直强调满族入关后要坚持习武狩猎，保持健康的体魄，同时使用几种文字，尊重各民族的特点，便是吸取了女真弱化的历史教训。只是到清代后期，八旗子弟提笼架鸟，玩物丧志，重蹈女真后期之覆辙才又衰弱下来。北京这个城市向来是文武兼习的，习武、知兵同样是一种文化。

---

① 罗继祖：《晚金政局》，《辽金史论文集》第五辑，文津出版社 1991 年版，第 208 页。

第三节　金中都文化地位的大提升与
黄河古都文化的衰降

一　金中都文化格局

金代的中都是建立在华夏文化的故地上，无疑是以中原传统文化为主体。但是，金中都既不同于辽南京，也不同于以往任何一个中原都城。辽代的燕京不仅地位与金中都不同，而且，就文化结构而言，它与草原文化的结合还可以说是两层皮，或叫"混合面"。而以往的中原都城，虽然不断吸收着各民族的文化因素，但以农耕文化与汉族传统礼教为基本文化体系，这是毫无疑问的。而金中都与这两者都不同。从表面看金朝处处追随宋朝文化，且大力提倡儒学，未脱宋文化臼穴，但如果仔细研究，便会发现，它是既袭辽，又学宋，同时又有自己的创造，它是一种北方草原、东北山林和中原农耕文化的"复合体"。而且，这种"复合"已不同于辽代燕京的"混合"，在各种文化之间，正在发生着一种"化学反应"。这种反应始于金，继于元，完成于清，从而最后使北京成为中华各民族文化的总代表。金中都真正存在的时间虽然只有五十二年，但它却标志着一个新型都城的正式兴起。

首先，从制度文化看。

金朝建国初实行的是勃极烈制度，即部落联盟的首领集团。所以，太祖阿骨打和太宗吴乞买，虽有皇帝之名，但并不能完全集权于一人之手，有时，勃极烈甚至可否定皇帝的决定。太祖、太宗与大臣们可同川而浴，摩肩而行，君臣之礼并不那么严格。既得辽土及燕京，多用燕京官员之策，同时也因为女真原是辽朝属国，故大体承袭辽制，即因俗而治，女真及北边仍为部族制，燕云则建枢密院行汉官制度。待到灭亡北宋，熙宗时借鉴辽、宋，设三师、三公，并以三省作为最高决策机关，至天眷元年（1138年），终于废除了勃极烈制度。待到海陵王定都燕京，世宗又进一步改革，中都的中央机构便完全与中原王朝接轨了。不过，金中都仍不同于一般中原都城，它不可避免地仍保留有北方民族制度的痕迹。海陵王任用官员随心所欲，世宗时期官中文武对立仍很严重，以至文武分党，水火不容。世宗太子完颜允恭，虽"仁厚友爱"，但因为未担任过军职，武人势力便十分不满。武人势力实际上是勃极烈和部族军事制度遗留下的痕迹。而同时，金朝北边不少部族仍保留原始制度。如乌丸部、室韦、术不姑、乌古敌烈、乌隈于厥、阻卜别部等，都保持着原有的部族或民族文化。金中都既然要管理全国事务，必然有相应的制度。而在中都周围的京畿地区，则是中原农耕文化与女真及北方民族的兵民一体的猛安谋克制度并存。

金代虽不像辽朝皇帝那样四时捺钵，形成定制，但仍然明显地保持着捺钵文化的影响。金世宗虽号称文治，但仍习惯于春水、秋山的狩猎活动。如，大定六年（1166年），秋猎，至三岔口、凉陉；大定十年（1170年）八月至柳河川；大定十一年（1171年）九月猎于横山；大定十二年（1172年）二月如顺州"春水"，同年六月如金莲川；大定十五年（1175年）又如金莲川；十六年（1176年），再次金莲川。而大定二十五年（1185年），从四月直到九月，则反复往来金莲川，[①] 如此等等。金章宗是典型的汉化女真皇帝，于诗词、绘画、点茶等与宋朝士大夫的爱好别无二致，但却性好击球、射柳。如明昌元年（1190年）三月，击球于西苑，百僚会观；五月，又射柳，击球，纵百姓观。至于春秋二季，仍保持"春水""秋山"的习惯。只是由于气候转冷，金莲川"中夏降雪"，金莲川去得少了。而自世宗、章宗以来又在中都近郊修建了许多行宫及寺院名胜之地，所以在京郊进行春水秋猎的时间为多。可见，北方民族不可能进入中原便完全放弃他们的民族习俗和文化特点。且不可小看这些习惯，以为只是帝王们玩玩乐乐而已，它反映了北方民族强悍、矫健的气质。到清代正式把秋季狩猎定为制度，就是希望不失去这种北方民族的优势。一方面要读经、赋诗，学习汉族的儒雅，同时又要习武狩猎保持原有的文化习惯。这种复合型的文化特质使金中都不同于其他中原都城而别具一格。

从金中都的人员构成来说，统治阶层自然是女真人为主，但市民百姓却是汉族为主。同时，又有大量的契丹人、渤海人、奚族人以及其他众多的北方民族。金代由于对宋作战，又将许多江淮人口掠至中都，因而使燕京集聚了南北各方面的文化和人才。所以，金代燕京的文化人也并非仅以本地世家大族为主了。这一点，从金代燕京的官员和文学家、艺术家以及学术家当中都看得很清楚。招揽，掳夺，扣留宋朝文人，在金是经常的事。这样，燕京不仅有北方文化的沉厚、朴拙，也增添了南方文人的优雅和巧思。

当然，女真人不仅是广泛地吸收，也有自己的创造。比如，在宫廷中

[①] 《金史》卷七、卷八《世宗纪》。

不仅对皇室子弟专门教育，还有对宫女、妃子的"宫教"；对侍卫军不仅要习武，而且要有儒学和伦理的教育。在考试、选拔人才方面，有童子试；对民族间的交流有通译，有译经所。如此等等，都是女真人在民族文化交流方面所做的特殊努力，下面尚有专章论及，此处不再详述。

总之，作为都城，金中都开辟了一种全新的文化格局。它以复合型文化结构为主要特征，既不同于传统的中原都城，也不同于北方民族国家的草原都城，是多民族统一国家即将形成的文化先声。

二 金中都文化地位的大规模提升与黄河古都文化衰降

我国华夏文化主要是在黄河中游，所以，古代都城也主要是在黄河流域。随着关中地区经济的衰落和长江流域成为经济中心，都城开始自西向东转移，唐代有东都洛阳，宋代又向东移至开封，便是这种转移的反映。然而，由于北方民族的不断崛起，出现了南北对峙的局面，也就出现了两个都城或说多个都城的对峙。辽以燕京与北宋的开封对峙，金以中都与南宋的临安对峙，便是南北均势在都城方面的反映。

不过，金代与南宋的对峙，打破了一个长期的格局，即以黄河中下游为政治、文化中心的传统。中原都城向南转移，北方势力在燕京崛起，长江流域和北方的都城拉碎了黄河流域的文化链条，黄河文化向两侧分离了。从古代的长安，到中部的洛阳，一直到开封，都是金王朝新开辟的中原故地。然而，这一线又是金与宋早期拉锯战最激烈的地方，必然造成对经济、文化的严重破坏。开封曾是北宋的都城，曾经是经济繁荣、人口稠密、文化最发达的地方，而到金代却"城外人物极疏"，"城里亦凋残"，不仅诸宫已毁，大内风光尽失，即使大户遗址亦尽荒丘满目了。金人打破开封，把大批文人掠之北去；而南宋建立后，黄河流域的文人、官员又随之大批迁往长江以南，更对黄河文化带来沉重打击。百姓南北分疏，士人南去北往。黄河流域既失去了政治中的优势，经济又遭摧残，皮之不存，毛将焉附？金代的黄河以西，京兆府及临兆一带，即今陕西境内，倒也出现了不少重要诗人，犹存唐、宋遗风，但总的来说，黄河流域以往的文化优势已不复存在。而与黄河文化衰降的同时，却是南北文化中心的崛起。尤其是金中都，它不仅取代了黄河古都以往的政治、文化地位，而且有北方民族强大的军事优势作后盾，既吸收了中原文化的沉厚、儒雅，又增加了北方文化的强劲与质朴，昭示着燕京这座城市继续上升的势头。

金代的中都，在文化上有一大抬升，这主要表现在以下三个方面。

第一，金中都为女真政权争夺"正统"地位作了一个有力的注脚。

金代的历史与辽有许多相似的之处，好像在处处效仿辽朝，但又处处比辽朝更进了一步。

辽金立国都以夺取中原土地为重要目标，但辽朝仅得燕云两地，而金朝却据有淮河以北大片中原故地。辽金都攻克了开封，但辽朝未能立足，得而复失；而金不仅俘中原皇帝而去，并在黄河流域逐步站稳了脚跟。辽和金均与宋议和，但辽宋号称"兄弟之国"，双方是平等的；而金却要求南宋称"臣"，并令本国在文字中不得称"南朝""北朝"，意思是比南宋又胜一等，要居宋之上。而这一切使女真人有了更大的信心，表示：金朝就代表"中国"。这便是少数民族进入中原后一贯的心理——争正统。而金中都地区的确立，为女真人"我即正统"的观点头作了一个有力的注解。

辽代的燕京虽然是唯一可以与北宋抗衡的城市，但毕竟还是陪都。辽朝的正式首府还在草原上的上京临潢府，说明契丹基本是一个立足草原而地跨中原的政权。女真人却不同，他们不仅把都城正式迁到燕京，而且把自己的祖坟也迁到中都城西部的大房山。这样，便明确表示：中原既是汉族的故乡，也成为女真人的第二故乡，中国的广大土地，是南北各民族共同的家乡。这表示，北方民族更迫切地要求中原民族对他们的认同。而事实上，金中都无论从建筑形制和都城的文化、制度都已和中原全面接轨。

第二，金中都汇聚了整个北半个中国的文化精英，并以多民族人才为特征。

任万平先生曾对金代文化区域结构进行了一个由质到量的认真考察。[①] 他指出，在整个金王朝境内，包括中都在内的河北、山西已经成为文化的重心区域，而开封至京兆府一线却严重的衰降。任先生做了一个量的分析，他根据文献资料，对有籍贯可考的进士、状元、诗人（包括词）以及书法、绘画艺术家进行了一次统计，其结果，明显展示出他上述结论，而中都地区更是文化重心区的重中之重。以进士来说，任先生共统计了四百四十五人。其中，中都路、西京路、河北东路、河北西路、河东南路、河东北路共有258人，占总数的57.98%，而完全是中都路的则高达

---

① 任万平：《论金代文化区域结构》，《辽金史论文集》第五辑，文津出版社1991年版。

75人。其中状元共23人，而中都路便有8人。诗人和词人，有籍贯可考者统计入312人，上述重心区231人，其中词人占61%，诗人占59.6%。中都路即有59人。艺术家统计在内有56人，上述重心区共34人，其中中都路有9人。至于这些人知名后留中都为官者自然会更多。另外，对学术著述，还统计了386种，其中，属重心区作者所著者269种，占有69%。而中都路本身便有43种。这些文人久留中都，或时常来往于中都，中都成为名副其实的文人荟萃之地，许多学问博大精深的人物更主要集中于比。当时，中都不仅有全国最高的教育机构，而且是全国印刷中心之一（另两个印刷中心则是山西的平阳和宁晋）。所以，中都不仅向全国输送人才，也输送文化教材。这与辽宋时期情况已发生明显变化。任先生还对北宋时期宰相的籍贯进行了统计，在统计之内的27人中，河南籍的便有18人，而河北籍的却是零。其余有山东6人，山西3人。可见，金代的河北已取代了河南的重心地位，而中都则取代了开封。

在金中都的文化人才中，有不少是少数民族，有女真人（包括著名的"文人皇帝"），也有契丹人和渤海人。

第三，是文化交流的范围进一步扩大。

辽代的燕京已是南北文化交流的中心。金代与南宋同样保持了互派使节的关系。与辽不同的是，金朝为充实自己的文化，经常强制扣留这些使节，为自己所用。南宋初派往金朝的使者，经常是有去无回。当然，坚持返回故国的也有，如洪皓，便被扣留了十五年，其中在西京二年，在东北十年，又滞留燕京近三年，最后才返回南宋，却又遭到了秦桧的排挤。而宇文虚中，则在金做了高官，与燕人韩昉等共掌词命，"金人号称国师"。除了这些大文化人，金人还将宋朝的皇室子女强掠而去，不少女子还被纳入后宫，这些做法固然野蛮，但对女真人迅速提高自己的文化发展水平确实起了作用。

金朝与西夏、高丽同样有频繁的文化交流。有金一代，与西夏相互往来三百余次，夏国的使臣进入中都，十分注意购买儒、释方面的图书。金与高丽来往也很多，金代向高丽派遣使节共118次，高丽遣金使节174次。[①] 至于北边各部族，更是通过金中都的官员和图书等加强对中原文化的了解。

---

① 杨绍金、韩俊光：《中朝关系简史》，辽宁出版社1992年版，第182页。

第十五章　金中都设计思想与建筑文化

城市，是物化的思想和制度，金中都又是北京都城建设的奠基时期。因为，先秦时期琉璃河古城还只是方国的都城制度；秦以后，无论是前燕在此建都或辽朝以燕京为陪都，都是在原有藩镇城的基础上加以局部的改造。金中都却不然，它有着一般中原都城一切应有的制度和设施，是经过周密设计、精心建造的。从前面说，它既继承唐制，又效仿宋制；从后面讲，元、明、清几代的都城建设又处处留下金中都形制的痕迹。所以，金中都是我国封建社会中期承上启下的代表性都城之一，同时又仍带有北方民族的文化的某些特点。关于金中都的城市建设，许多著述已记之甚详，所以，本书主要从文化思想方面进一步发掘、探讨。

第一节　金中都的规划、设计思想和总体布局

一　金中都的设计者和督建者

一个城市的设计和建造，反映了一个时代的政治、经济、文化需要，同时表达着这个时代的精神和理念。尤其是都城的建设，更反映了统治者的思想观念和一个政权的发展程度和特点。金王朝发展的速度是惊人的，建国时，甚至还没有一座像样的城市，阿骨打称帝时所住的地方叫"皇帝寨"，只不过比其他部落酋长们的居住地要大些，仅以木栅、柳行相围护。太宗时开始建上京会宁府，但皇帝的宫室与贵族的府第，以及普通百姓居民区仍处于一个城中，以至皇帝与大臣可摩肩而行，皇帝的娱乐活动百姓也很容易观看。也就是说，虽有都城，但其阶级的界限还不甚分明。熙宗时才在上京内城以北又建外城，以处普通百姓，阶级的分野便突显出来。而到海陵王建中都城，则完全按帝都之制。从公元1115年建国，到公元1153年海陵王正式迁移到中都，这中间只有三十多年，而金王朝则

从"皇帝寨"而发展到壮丽辉煌可冠中原的中都帝京。这种巨大的变化不能不归结于女真人积极向上和向各种先进文化看齐的结果。而从金中都的设计和建造者便可明显看到这种积极学习的态度。

金中都的设计和建设者，是个由渤海人、燕人、宋人结合而成的文化集团，是女真人统治范围之中最高层次的文化代表。

谈到金中都的设计、建设，首先要提到的是渤海人张浩。

张浩，字浩然，辽阳渤海人。"海陵召为户部尚书，拜参知政事。……起复参知政事，进拜尚书右丞。天德三年，广燕京城，营建宫室。浩与燕京留守刘筈、大名府尹卢彦伦监护工作，命浩就拟差除。"①有人认为张浩只是主持金中都宫城设计，是不对的，本传明确指出，从"广燕京城"到"营建宫室"都是由张浩统一调度。所以，对张浩其人，便应有个较全面的了解。按理说，对燕京城市的了解自然是燕人最多，而就文化底蕴而言，又是宋人为上，为什么由一个渤海人来总体提携金中都的设计和建造呢？这与渤海人在金朝的特殊地位和张浩家族及本人身世有关。

渤海国早在唐代便是我国东北最发达的地区，入辽以后，渤海国又是辽朝境内文化、经济仅次于幽燕的发达地区。女真人最早向渤海人间接学习到中原文化，而由于两个民族又毗邻相处，女真人对渤海人有着特殊的好感。所以，太祖、太宗得燕云后虽多用汉人之策，但从感情上讲，却对渤海人更为亲密。不少渤海人的女子被纳入后宫为妃，在金朝皇族的血液中很多人流淌着渤海人的基因。海陵王的母亲大氏是渤海人，世宗的母亲李氏也是渤海人，所以，张浩及其家族的显赫便完全可以理解了。

张浩的祖辈本姓高，原是渤海大姓，本传又说他是"东明王之后"。这个"东明王"，据日人外山军治研究，认为是高句丽东明王。②如此说来，张氏家族渊源便更深了。入辽后，其家族方改姓张，从汉姓，并仕于辽。张浩在太祖时便曾进策，"太祖以浩为承应御前文字"。太宗时，又"赐进士及第，授秘书郎"。熙宗时，张浩曾为之"详定内外仪式"③，并曾历户、工、礼三部侍郎，而田珏事件中，省台为之一空，张浩曾一人管

---

① 《金史》卷八十三《张浩传》。
② 外山军治：《金朝史研究》，黑龙江朝鲜民族出版社1988年版。
③ 《金史》卷八十三《张浩传》。

六部之事，足见这是一个有很大能量的人。其文化根基绝不亚于汉人。海陵王和世宗朝是张浩发展的最高峰。海陵王时张浩为尚书右丞，因建中都有功，又封蜀王，进拜左丞相。海陵王又欲迁都汴京并南伐，张浩曾委婉劝谏，海陵王虽未采纳，亦喜其言，又足见其机智。待到海陵王在南方被杀，世宗明知张浩"在正隆时为相，不能匡救，恶得无罪"，但仍然重用，拜太师、尚书令，命其"人才可用者，当举用"，"大政可就第裁决"，不必每日到尚书省办公。张浩死，世宗为之辍朝一日。所以，张浩是太祖、太宗、熙宗、海陵王、世宗五朝元老，足见其学识、经历、见解非同寻常。而张浩的子孙亦多人才，尤其是其次子张汝霖，既是著名的宰臣，又是著名的文人。

张浩的经历中还有一点值得特别注意，即曾先后负责修建东京、中都、汴京三处京城。太宗时，将幸东京（辽阳），"浩提点修缮大内"。正由于此，他对宫城、制度已经有丰富的经验。待修建中都时，自然是最好的人选。而海陵王又要迁都汴京，但当时汴京大内失火，于是再次使张浩管建汴京宫室。张浩对建筑的了解其实很早，太宗时他曾为平阳尹，近郊有淫祠，张浩令毁之，并修尧帝祠，"作击壤遗风亭"。可见，张浩对礼仪、建筑、宫室、风格等各方面均有杰出的见解。所以，金中都的设计如此精密、细致而壮丽，是与张浩的学识绝对不可分割的。

另一位应当重视的人物便是刘筈。他是中都建设集团中燕人的代表。

刘筈是唐代节度使刘评之后，金初的著名汉臣刘彦宗的次子。刘氏家族在辽朝以文才著称，是辽代韩、刘、马、赵四大家族之一。刘筈生于辽末，本来可以祖荫隶任阁门，但却舍身从学。金太祖克燕，刘筈从父兄降金。到熙宗时，刘筈便以他的文化根基而崭露头角。熙宗幸燕京，"法驾仪仗讨论者刘筈为多"。而到皇统年间，金宋已议和，南宋答应附属于金，需要得到金朝的册封，刘筈便担任出使南宋的"册封使"。刘筈到临安，宋人榜其居住地曰"行宫"，刘筈说："未受命而名行宫，非也"，请去其匾额而后行册封礼。南宋为讨好刘筈以金珠三十余万相贿赂，而刘筈不之顾，宋人叹曰"大国有人焉"①。可见，刘筈对中原礼仪、制度熟悉的程度，而这正是都城规划，设计中首先需要考虑的事情。刘筈在熙宗时即拜司空，海陵王即位，又拜尚书右丞相兼中书令。可能是由于刘筈对海

---

① 《金史》卷七十八《刘筈传》。

陵王有戒心，托疾求解政务，乃授燕京留守。刘筈既祖居燕京，又通礼仪制度，且又是燕京留守，同时还曾至宋朝都城，自然是中都规划的又一位最佳人选。

在金中都建设者中还有几位辽臣与宋人，即卢彦伦、梁汉臣、苏保衡、孔彦舟。

卢彦伦为汉人，但久居辽上京临潢府，金人起兵降之。当时金人开始修建城池，其最早即由卢彦伦为之规划的，"城邑初建，彦伦为经画，民居、公宇皆有法"①。熙宗天眷年间，又曾充提点京城大内所，所以有修建城池和管理都城的经验。海陵王诏建金中都时卢彦伦为大名府尹，乃命协助张浩修建燕京宫室。苏保衡系云中人，其父曾为辽西京留守，降金，苏保衡为宗翰所重用。海陵王建中都，张浩特举荐苏保衡分督工役。②海陵王迁都后为大兴少尹，又负责督建金陵工役，并迁工部尚书。海陵王欲南伐，又负责于通州造船。可见，苏保衡对工程建设十分熟悉。

在金中都的建造中还有宋朝降臣，孔彦舟便是其中的代表。彦舟本相州一无赖，避罪之汴，占籍军中，后降金，累官工部、兵部尚书。海陵王即位，为西京留守，金建中都，令其督工役，大概是看中了其使役百姓的能力。还有一位宋人梁汉臣，本系宋朝的宦官，因其十分熟悉汴京宫室情况使其参与其事。

从上述人员中可以看出，金中都的规划和建设，是由渤海人、燕人、辽人、宋人共同组成的设计班子。在他们当中，有的熟悉辽燕京情况，有的熟悉辽上京情况，有的熟悉宋汴京情况，有的参加过金上京和东京的建设，所以，在中都规划中，能集南北京城之大成。他们当中的主要负责人如张浩、刘筈、卢彦伦等，都有很高的文化修养，不仅熟悉建筑规划，而且颇知礼仪制度，故而在设计中能体现京都的各种礼制和功能。他们又是不同民族、不同政权、不同区域的人物。特别是张浩其人，身为渤海人，却既熟悉汉文化又了解女真的习尚与爱好。这个建设群体再次证明了，是各族人民共同创造了北京的历史文化。

二　中国都城制度的演变与金以前北京城市变化

谈到北京的都城，无论是讲金元还是明清，人们一般都用《周礼·

---

① 《金史》卷二十五《卢彦伦传》。
② 《金史》卷八十九《苏保衡传》。

考工记》来概括，即所谓"前朝后市，左祖右社"。就都城的核心部分所代表的思想而言，这无疑并没什么不妥。然而，从都城的实际情况和总体布局来讲，却远远没有这么简单。周以前的都城且不说，即使在周以后，历代都城的布局、结构、功能和指导思想，也有一个逐步发展、变化的过程。城市是阶级斗争的产物，都城是统治阶级的中心，而不同时期、不同社会发展阶段，随着政治、经济和文化观念的变化，都城制度也在变化、演进，实际情况要复杂得多。

杨宽先生是研究都城制度的大家，他曾著《中国古代都城制度研究》[1]一书，详述都城制度的演变，尽管在个别问题上到目前仍有分歧，但总的说来，这是一部关于都城演进情况和思想观念方面论述最深刻、全面的一部著作。所以，笔者想借助这部著作来说明北京城市和都城的发展与演变，为了解金中都的设计思想作一个铺垫。另外，关于金中都，不少人均认为是宋汴京的翻版，似乎一切都是照搬汴京。就总体情况讲，也确实以汴京制度为主，但实际上，是既有唐制的遗痕，又有燕地的实际，同时又有辽代和金初北方草原、山林文化的影响；尽管这些影响比宋都要小，却反映了金中都自身的特点。而杨宽先生，对这些都城均有所涉及。所以，我们可以以杨先生的观点为线索，结合北京金以前城市制度演变加以比较研究，从而对金中都的各种制度的渊源有更好的了解。

杨先生认为，都城研究的重点，首先是城和郭的布局变化，和"郭"内居民所在的坊和里以及市，其次才是宫室结构和布局。这种观点有一定道理，因为，它首先重视的是"君"和"民"的关系，宫室制度仅是统治阶级内部的事；而"市"的变化则突出反映了经济发展情况。他认为，从西周到唐宋，我国都城有三次大的变化。周至西汉，是小城连大郭的制度。小城在西南，是周王的宫城及贵族住地，因为古代以西南为尊长居住的地方。大郭在东偏北，是普通百姓居住的地方，即"筑城以卫君，造郭以居民"（《吴越春秋·佚文》）。也就是说，城和郭是分成两块，不像后世之郭内有城。杨先生认为这种制度一直延续到西汉，认为汉代长安只是内城，外面还有郭，但是以壕沟、山地等自然条件改造成的郭。关于西汉长安有无外郭，至今尚有争议，但总体来说，这种小城连大郭的制度起码是自西周直到秦统一全国之后是没什么问题的。而周代的诸侯国早期只

---

[1] 杨宽：《中国古代都城制度研究》，上海人民出版社2003年版。

有城而无郭，也就是说，百姓就住在城内被划定区域而已。但到春秋战国时，诸侯国强大起来，许多诸侯国也有城与郭分开的。拿北京来说，琉璃河是周初的燕国都城，所以按诸侯之制，只有一个城，说明还按礼制办事。而到后来情况就变了。在春秋时期，齐桓公打败山戎之后，燕国都城可能就迁到了蓟城。蓟城之所在，由于广安门火车站附近曾发现大量先秦宫室建筑物，大多数学者认为是蓟城的宫室区。但是，本人在写《北京与周围城市关系史》一书时，对这个问题的研究，又有很大疑惑。当时对宫室区的认定在广安门一带是没有什么疑问的。问题是，对整个蓟城的范围有许多令人不解之处。因为，古代的井是居民区的有力证据，而战国时期井圈所布，竟比后来（东汉后）的蓟城范围还大得多，并且偏东许多。其北部可达今西便门、宣武门、和平门一线，而南部可抵南三环。当时的蓟城为什么这样大，东汉以后的蓟城为什么又小得多，东部究竟是什么功能，心中一直不解。而若按杨先生的解释便很好理解。燕国定都蓟城之后，尤其是战国时期，周室已经礼崩乐坏，燕国又为七雄之一，自然也会逾制，出现小城连大郭的情况。也就是说，后来的蓟城（从东汉一直到辽），可能即是燕国"城"的继续，而东部、东南部所以有大量居民遗址出现，可能是"郭"，正好符合西南小城与东部大郭的相连的形制。同时，由于燕下都遗址尚存，也是东西两个城。其实，燕下都西边的"城"只是"郭"，是由于为防御秦国东来，由东而移至西，并且主要是军城，可见，小城连大郭的制度，同样在北京都城变化中有所体现，燕下都已是明证，战国时的蓟城也有其迹象。而周朝后期"蓟城"，特别是宫殿区，一直由后来的藩镇城及辽、金所基本继承，直到元大都方将重心向东北移动。

杨宽先生认为，到东汉，都城制度有一次大转变，即都城的"造向"由"坐西朝东"，变为"坐北朝南"；同时，由西城连东郭或西城连东北部的格局变为东、西、南三面"郭区"环抱中央北部"城区"的布局。也就是说，周代都城在西，郭区在东，所以帝王的正门在东或北，这便是坐西朝东。而东汉以后，由于郭区将帝城由东、西、南三面环抱，正门便设于南方，以示君临天下，便坐北朝南了。由此而产生的另一个变化是主要宫殿由东西横列而变为南北纵列，东汉洛阳的南北二宫就是这种变化的结果。而到魏晋北朝和隋唐，又以南北纵列发展为中轴两侧的对称格局，同时又将南部宫城正门外的南街延长，两侧分列中央重要官署。而郭区更加以规划,整齐地分为市、里。这种变化,是中央统一政权的需要,表明天子居中以君临天下。而衙署列宫室之下,既说明其臣属关系,亦便于朝拜和办公。东汉、北魏及隋唐时期,大体都沿用这种格局。而我们拿辽南京相比,却发现,辽南京的宫城并非如此。其宫城是就西南罗郭而为之,尽管宫城内主殿已同样变为纵向排列,但主要城区市里却在东北。这是因为,辽朝是借用唐代藩镇衙署而建(也包括刘仁恭父子所建宫室),衙署在西南,可能仍有古代西南为尊长住地的思想,辽朝诸事草创,因地制宜,宫城也就没有移之北部,对北面而坐的思想也不大重视。这说明,辽朝对汉文化的理解还远不如金代的女真人那么深入。而此后的金、元、明、清,便皆坐北朝南,以南门为主了。

杨宽先生认为,我国都城的第三次变化在唐代后期和宋代的汴京(宋汴京前身格局由后周世宗底定)。其主要变化有二:一是打破了以往坊巷封闭的格局;二是市场由封闭、固定变为可以沿街、近桥而设。我国最初的坊是严格封闭的,四面围墙,只有坊门通大街,居民住宅之门是不能直向大街开的,并有严格管理,入夜不能出入。而唐代后期则发生了改变,"坊"也成为城市区域的名称,居民的门可直接通街。而市场的沿街而设,则说明经济的进一步发展,旧时封闭的市场已不能适应都城众多居民生活的日常需要。再以辽南京相比来看,封闭的坊巷和划区设市的制度并无多大改变。这再次说明北方民族的都城又滞后一步。

而金中都,既吸收了中原传统礼制,如"前朝后市,左祖右社"的制度;又改变了辽南京宫城偏于西南隅的旧态,而改为居中而坐。但同时,市场旧制似又未能变化多少,"革新之际"又仍"存旧"。至于辽代契丹人爱好的球场,郊野类似"捺钵"的别墅行宫,则又反映了北方民族的特点,具体情况见于下节。总之,了解金中都不可不了解中国整个都城制度的演变,从金中都可以看出北方民族逐步向中原看齐的过程,但也可看到南北社会经济发展的一定距离和民族间的差异。

三 金都多重方城的总体布局

金中都的基本格局确实是向北宋都城汴京学习。而宋代汴京又是由五代周世宗柴荣奠定的基础,由前代州城而扩大的。原来的州城范围比较小,周世宗在州城之外围扩而建郭,比原来的州城扩大了四倍。这样,宋代汴京就有了三重城圈的结构,即宫城、内城和外城。这与唐代都城相比，又发生了一个重大变化：唐代宫城在全城的北部正中，而宋代都城的宫城却在全城的中央，真正体现了天子居中而坐。金中都既要效仿汴京，但又利用辽代南京的宫室，这就必须加以改造。因为，辽南京的宫室区是在南京城的西南角，并不居中。同时，原来的辽南京城也比较小，金人处处模仿宋朝，就必须扩而大之。

金中都的规划和设计者们作了巧妙的构思，即原辽南京北城墙基本不变，而在东、西、南三个方向大体各拓展三里左右。这样，宫殿区虽仍稍偏西南，但基本是处于全城的中间了。

金中都城现在的地图中是三层，但到底是几层还值得商榷。其最中央部分是宫城，但在宫城的南部又有中央办公的衙署和太庙等。而宫城的东西两侧又有东西宫和附属的宫殿，并不在宫城之内，于是，便在宫城外又包了一圈，叫作皇城，这便是第二圈了。第三圈便是目前大多数人所认为的金中都大城或称外城。其北垣自羊坊店起经今会城门、太平街、受水胡同一线，至翠华湾转角处。东垣自翠华湾转向南，经今大沟沿、潘家胡同一线，直至四路通。南苑自四路通而西，直至今丰台区凤凰咀。西垣又由凤凰咀至西北角的羊坊店。这中间有的地方略有偏斜，并非一直笔直。总的看，大体呈正方形。实际测量，西墙长4530米，南墙长4750米，东墙长4510米，北墙约长4900米。也就是说，东西略长于南北，共18690米。据各种史料记载，当时的金中都三十五里左右，这是指宋尺。这18690米，若按宋尺计算，确实是三十五里左右。这个大城，据《日下旧闻考》引《金图经》《大金国志》《析津志》均云有十二个门，即东西南北，每面有三个门。唯有《金史·地理志》说有十三个门。据于杰、于光度先生考证，金中都原来确实是十二门，但由于中后期，特别是章宗时期，到北部的万宁宫活动较多，所以在北部新开了一座光泰门。这样，北垣便有四门，由西自东为会城、通玄、崇智、光泰；东垣由北向南为施仁、宣曜、阳春；南垣由东向西为景风、丰宜、端礼；西垣由南向北为丽泽、灏华、彰义。这样，除后开的光泰门位于东北角外，其余十二门皆东西、南北两两相对。中间是全城中轴线（实际偏西），但南北之间的大街为皇城所中断。其余各门之间均有笔直的大街，居民的坊巷便分布在这些由大街分割成的方块中。

然而，需要讨论的是，金中都除外城之外，还有没有一个更大的"外郭"。目前，谈到金中都城，一般只讲到外城为止。提出外郭问题的首先是于杰先生。在其与于光度先生合著的《金中都》一书中提出："关于中都城之外是否有一'外郭'和城内是否有四个'子城'的问题，各种说法不一，迄今尚无定论。但就现存的某些记述来看，似有外郭和子城，因资料缺乏，无法进一步证实。写在本节的内容，不是结论性文字……"[1] 于杰先生是从事考古工作的，他所说的"资料缺乏"，主要是指考古资料。于先生亦曾与笔者谈过这两个问题，当时便觉得很有道理。可惜尚未来得及详细请教，先生即已长逝矣。惜哉，于公！不过，从于杰先生在其著作中留下的资料和推论，我仍然认为，他提出的金中都还有一层大外郭的见解是正确的。

于先生提出的第一项依据是宋人的《北行日录》。该书云：

（乾道五年，即公元1169年）十二月二十七日戊申，晴，风大作，抵暮不止。四更初，东行六十里，过卢沟河至燕城外。去燕京宾馆百余步，使副上马三节具衣冠，随入馆亭中亭子。……赐酒果，酒九行，罢，入城，道旁无民居。城壕外土岸甚厚，夹道植柳甚整。行约五里，经端礼门外，方至南门。过城壕，上大石桥，入第一楼，七间，无名。旁有二亭，两旁青粉高屏墙甚高。相对开六门以通出入，或言其中细军所屯也。次入丰宜门，门楼九间，尤伟丽。分三门，由东门以入。又过龙津桥……

从上面记述看，使者过卢沟河不久即至"燕京城外"，而在进城之前要至宾馆之"馆亭"，举行一定的礼仪，金方赐酒果，酒九行，可见是入城前的正式礼节。然后再入这个"城"。然而，入城后却无民居，仅以整齐的植柳夹道，再行五里才到了燕京城的西南门——端礼门。沿端礼门外再东行，才进入金中都的正南门——丰宜门，从丰宜门进入金中都城内。由此可见，不仅在中都城外有一个大郭，郭外还有壕沟，壕外还有很厚的土埂。

于先生提出的第二项证据，是《大金国志·燕京制度》中曾记载："都城周围，凡七十五里。"同书《东海郡侯记》中又记载："大城汙漫，凡七十余里。"以往，人们认为这"七十五里"或"七十余里"是笔误，

---

[1] 于杰、于光度：《金中都》，北京出版社1989年版，第60页。

是将"三十五"误写"七十五",杨宽先生的《中国古代都城制度研究》亦采此说。现在看来,并非误写,而是指金中都的郭城。

于先生的第三项证据,是列举了《东海郡侯记》中,金末蒙古人攻打金中都的经过。一次是1211年,蒙古军由昌平攻中都,城内大乱,金中都少尹奏请"开京城一十八门"让居民出入,使自为计。然而,金中都城只有十三个门,这"一十八门"显然指外郭城门。而在同书中,又记述了公元1212年蒙古人再次攻打中都,并记载了城门的名字,1212年十月十日,"大军至城下,一屯仁皇寺,一屯大安门"。十一月初一,蒙古兵攻城,"攻顺阳门、南顺门、四会门",而金兵自城楼上以粪便浇沃,蒙古至兵乍进乍退。后来,还是金朝内部官员,开"苑城洞门",把蒙古军放进来,所以,"初二日午,攻内城南角道"。蒙古人在城下积柴与城平,而金兵掘地道出来烧毁积柴,使蒙古军不能登,蒙古军才退去。这次战争,显然是只攻破了中都的郭城,而未能进入内城,而郭城的城门有大安、顺阳、南顺、四会等。

另外,于先生还举了金宣宗逃亡汴京出金中都,有的记载出丽泽门,有的记载出南顺门,于先生认为是先出内城东南的丽泽门,再出南顺门,即先出内城,再出郭城。

余以为,于杰先生上述的证据和逻辑推断,已足以说明金中都确有外郭,不能因为外郭早已毁弃,难找考古证据而便不能定论。解决这个问题很重要,第一,从上述战例看,外郭对保卫金中都的安全起了重要作用。第二,明代开国,朱元璋建都南京,除应天府城(周六十六里)外,还在洪武二十三年(1390年)又建了一个方圆约一百二十里的外郭。而后来建都北京,也是由宫城、皇城、内城、外城四重组成,只是因为经费不足,才只修了南部外城,形成现在北京"凸"字形格局,如若全部修完,则仍是一层又一层的四重格局了。即宫城、皇城、内城、外城(郭)四重城。郑孝燮先生称这种结构为"多重方城中轴规划",或称"多重同心布局"①,这是十分贴切的。然而,这个多重同心之始虽起于汴京,但只有三重,而四重结构的多重同心却自金中都。所以,郑先生又说,"金中都是北京建都的摇篮",同样非常确切。

另外,于杰先生还提出金中都城内有四个"子城",即大城之内又

---

① 郑孝燮:《杰出的传统的古都"多重方城中轴"规划》,《北京文博》2003年第4期。

筑小城，主要作军事防御据点。据《大金国志》和《金国南迁录》所记，系金初粘罕（即宗翰）所建，并一直保留到金末，我以为同样是可信的。

四　金中都的坊与市

辽代的南京原有三十六坊，金中都扩建后有六十二坊，围绕在皇城外的东西南北。这些坊有的是辽南京旧时所有，有的则为金代所建，也有的是南京旧坊重新划分的。对于这些坊的名称，于杰、于光度二位先生在《金中都》一书中列出了大部名称，并根据历史文献予以定位。这里需要讨论的是，金中都的坊与辽南京的坊，在管理方面有无变化。辽南京的坊是仿照唐代都城，有严格的围墙和坊门，一般居民的院门只能开在坊内的巷中，而不得直通大街，以便管理。而对金中都的坊究竟管理如何，还有不同意见。有的认为金代坊巷大体如辽南京。但于杰先生认为，到金代，辽时旧坊有的可能保留围墙，有的已经拆除，或逐渐打破，而边缘地区之新坊"大多无坊墙"。郑孝燮先生更明确地认为："金中都和元大都的城内虽然也划分为许多里坊，但这只是供管理用的名称。"[①] 这种判断余以为是正确的。也就是说，唐、辽的坊巷制度到金代已由完全封闭而逐渐开放。

然而，市的制度却可能保留原来状况。辽代城北有市，这种市场是封闭管理的，也有围墙，市中还有看台，以观察市场情况。而宋代的汴京（其实从唐代晚期已开始）则可沿街、近桥设市，从而出现了如《东京梦华录》和《清明上河图》中所描绘的情景。而金中都，却未见沿街设市的记载。但在《析津志辑佚》中却有一段关于马市的记载，据这段记载，市中的经纪人有二百二十余人，市中还有"三灵侯之别庙"，可能是马市信奉的神灵。经纪人就有二百多，整个市场的繁荣便可想而知了。而此处还提到"旧市"，可能即辽代已存的百货俱全的市场。所以，金中都的市场可能不止一处，其开放程度却远没有北宋汴京、南宋临安那样大。而马市却比汴京大得多，这是北方民族鞍马生活带来的特征。

[①] 郑孝燮：《杰出的传统的古都"多重方城中轴"规划》，《北京文博》2003年第4期。

第二节　中正与对称——金中都的皇城、宫城结构及郊坛

我国自汉以来，一直以儒家思想为核心，儒家思想的核心又是中庸。所谓"中庸"即"执两端用其中"。这种思想在建筑上便体现为坐北朝南，居中而坐，和中轴突出、左右对称的原则。两宋时期是儒家思想的又一个高峰，这种思想便表现得更加突出。同时，自汉、唐以来，大一统的观念和高度的中央集权制度也要求在都城建设中有所反映。皇帝是至高无上的主宰，中央的官吏、衙属要附属其下，百姓则又环其周围。皇帝坐北朝南，都城的正门自然在正南，皇帝由北向南而行，便出现了以宫城为中心的笔直御街和都城中轴线。抛开其中的封建思想不说，这种建筑格局实在是世界建筑史上独一无二的艺术构想：既美观大方，又给人一种稳定、凝聚、和谐的感觉。金中都正是在这种儒家思想第二个高峰期的杰作，所以是北京都城史上首次对中正对称原则的集中体现，由此而开辟元大都、明清北京格局之先河。

为了说明以皇帝宫室为中心的对称中轴，我们还是从宫城说起。

一　宫城中殿起伏，东西两宫相佐

我国都城自魏晋南北朝到隋唐，从坐北朝南又发展为东西对称和南北中轴线布局。北魏在洛阳建都时已省去南宫，而北宫就变成皇帝办公、居住的完整主体，而在南宫原址中央设宽阔的铜驼街，两旁分设官署。隋唐的长安，宫城内已有外、中、内三朝制度，北宋因之。金中都的宫城、皇城确实全面效仿汴京，所以首先要确立宫城内的三大殿，因为这才是都城真正的中心。所谓"中心"，不一定是都城的正中央，而是说它起到提携全局的作用。据《金虏图经》《揽辔录》《北行日记》《大金国志》《金史·地理志》等书记载，可大体得知金中都宫殿格局。在宫城的正中，由北向南，排列着昭明殿、仁政殿、大安殿三座大殿，这三座殿均呈"工"字形布局，即在主殿之后均有一辅殿，而三大殿又均设宫墙相隔离，但又居中设门贯通。最北的昭明殿是皇帝的"正位"，其后辅宫叫隆徽宫，为皇后"正位"，这应是帝、后正式居住的寝宫。中间的仁政殿原为辽代所建，工程质量非常好，它是皇帝"常朝便殿"，即日常办公的地

方，东西各有朵殿，朵殿上有楼，称东上阁、西上阁。而最南的大安殿是整个宫城的主殿，面阔十一间，建在三级露台上，有十四级石阶，殿前有宫城内最大的广场，应是皇帝会见群臣，正式上朝的地方，广场的设置正是为了列朝排班的需要。大安殿正面有大安门，再南有应天门，出应天门即直通皇城的千步廊，并与金中都城的正南门——丰宜门遥遥相对。这三大殿居中纵列的格局，使我们自然想起了明清故宫的三大殿，金中都主体部分的格局确实开后世之先河。中路巍峨起伏的大殿和殿间的广场、朵殿，使主体部分威严而又不显呆板，同时明确突出了皇权至上的思想。

与中路东西并行两路又左右纵列。

西路的西北角称西宫，即十六位，是妃子所居；西宫稍南有庆和殿和泰和殿，应是皇帝的便殿。再南有三组横列的殿阁，中间是蓬莱，两侧西为神龙殿，东为坤仪殿。这组建筑紧临西南部的鱼藻池和琼林苑，即宫城内的园林区。

东路的最北为内府各监、局，中间有寿康殿，南部为芳苑。在寿康宫和芳苑的东侧突出的一块便是东宫了。

以上西宫住妃子，东宫住太子，和宫内水域、御苑在西部的做法同样为后世所借鉴。这三路以高墙相围，形成南北长、东西窄的宫城。由于这些宫殿是利用了辽代宫城，所以金中都扩展后虽然居中，但仍偏于全城西南。

二 千步廊左右与皇城

皇城是在宫城周围再筑一层围墙，环宫城而设中央的各种机构，而实际上，皇城的主要建筑群是在宫城南部的千步廊两侧。所以，皇城并非均等地环绕宫城，而是北、东、西狭窄，南部开阔，这也体现了皇帝坐北，其余一切臣僚在下的思想。

出宫城南面的正门，是宫城的护城河，相当于今北京天安门前的金水河。过桥后，河前有一条东西大街；而向南便是著名的千步廊。这样，便形成了一个"丁"字形的空间。千步廊比东西街要宽阔得多，实际上是宫城前的广场。杨宽先生认为，这种宫城前的宽阔御道而兼广场性质的格局，自北魏建都洛阳便已开始，是将宫门前的铜驼街一直向南开拓。而到隋唐又进一步拓展。建筑，都是为应用，并表达某种思想，这种"丁"字形广场的出现，杨先生认为，是为了适应每年元旦的大朝会。至时，不仅京城百官前来，全国各地官员还要"上计"，即呈报全国户口、财政、土地等图籍。周代，在春秋以前没有大的朝贺之礼，天子、诸侯、卿大夫的朝仪比较简单，重大的典礼是在宗庙举行，这是宗法制的要求。而秦以后，是统一国家的中央集权制度，所以秦汉开始朝仪，表明"皇帝之贵"，从"尊祖"变为"尊君"。于是，每年一度有"元旦会仪"，不仅是为天子上寿，而且是考校全国情况的盛会。隋唐以后，郡国上计与元旦朝会分开，户部主管上计，而朝会却越来越隆重。唐代即有"三朝"：外朝、中朝、内朝。而宫前的广场即成为排班的地方，是为了"外朝"的大聚会，是加强中央集权、巩固国家统一的一种手段。所以，金中都、汴京都有千步廊，并一直延续到元、明、清。当然，新中国的北京天安门前的小广场现已扩建为大广场。而东为历史博物馆，是我们祖先的历史；西为人民大会堂，是人民的社稷天下。历史的"左祖右社"又发展而为今用，天安门广场则成为全国人民团结、统一的象征。但究其源头，却是从金中都的千步廊开始。

千步廊的两侧各有廊屋，即东廊与西廊。东西两排廊屋又均分为两段：北段长，占三分之二；南段短，占三分之一。从《事林广记》卷二留下的《燕京图志》看，两廊的建筑是十分密集的。

西廊主要是政府机关，其北段为六部所在，而南段有接待宋使的会同馆。

东廊的北段实际又是两重建筑南北相连，南段又有单独的围墙。这样，东廊实际为北部、中部、南部三块。北部是太庙，与西面六部相呼应。中部的建筑却很特殊，是一座大球场，这显然是承袭辽制，是北方民族特有的设施。金代许多习惯承袭契丹，每年端午射柳、击球。这座球场便是习武和娱乐的场所。南部一组建筑有来宁馆。

而在西廊之东南角有鼓楼，东廊之西南角有钟楼，与千步廊东西两侧遥相呼应。

这里，要特别说明一下原庙（即太庙）和钟鼓楼的问题。

有人说，金中都建立以前，女真人无原庙，这种说法是错误的。女真人建国前确无原庙。但在太宗时即开始建原庙，至熙宗时《金史》更明确有"太庙成"的记载。据景爱先生在《金上京》一书中的考证，金上京的原庙有三次变化。太宗时，原庙在上京西面的护国林，这里原是太祖阿骨打最初的陵墓，后来太祖改葬上京和陵，太宗即在护园林太祖陵丘原址之上建神宁殿。据《呻吟语》记载，天会六年（1128年）八月二十四日，令人俘宋朝二帝至上京，即到护园林"以二帝见祖庙"，又命二帝"行宰羊之礼"。既云"见祖庙"，显然已明确神宁殿的原庙性质。到天会十三年（1135年），又在上京皇城中的庆元宫设太祖原庙。而到熙宗天眷初，又于上京东的"春亭"建天元殿，安太祖、太宗御容。到皇统八年，整个太庙才全部完工。可见，金中都建立前，女真人不仅有太庙，而且多次改善，迁建。女真人最初的原始信仰是自然神，崇拜天地日月和山林，从崇信自然到有了自己的原庙，变自然崇拜为祖先崇拜，已是一大进步。

而到金中都建立，皇帝居中于高大的殿宇之中，宫城外是左祖右社，中央集权的国家性质进一步完整体现。

另一点要说明的是关于钟鼓楼。鼓楼之设自唐代便出现了。唐代长安宫城南门每日于天明和日落时击鼓，作为报时的信号，而各街亦随之鼓声摇动，城门和坊门便闻鼓而开闭。而金中都则是设钟鼓二楼，于皇城千步廊南端东西分设，西面的鼓楼又称武楼，东面的钟楼又称文楼。按《易经》之说，东面属木，主文笔；西面属金，主兵。我想，文、武楼之名可能与此有关。至元大都时，钟鼓二楼才改在中心台附近，由北到南，纵向而设。

千步廊穿过整个皇城南部，出皇城南门，至丰宜门大街直出金中都城正南丰宜门。而皇城北部的拱辰门又有笔直的大街通往中都城正北门——通玄门。这样，以宫城三大殿为中心，以千步廊向南通丰宜门大街，向北入通玄门大街为中轴的格局便形成了。这是统一王朝政权高度集中的思想在都城制度中的完整体现。

三　南北文化的结合——金中都的郊坛

中原都城都有郊坛，金中都亦不例外。值得注意的是，金中都的郊坛是结合女真习俗演变而来。

女真人受辽朝的影响，许多习俗和信仰与契丹相仿佛。金初，都城尚未建立，故尚无郊坛之祭，但却已有拜天之礼，史载：

"金因辽习俗，以重五、中元、重九日行拜天之礼。重五于鞠场，中元于殿内，重九于都城外。其制，刳木为盘，如舟状，赤为质，画之云鹤纹。为架高五六尺，置盘其上，荐食物其中，聚宗族拜之。若至尊则于常武殿筑台为拜天所。"① 除上述仪式外，重五拜天礼行后还要"击球"，所以，重五的拜天礼要在球场举行。上京的拜天仪式不像中都那么严肃，直到大定二十五年（1185年），世宗到上京，于中元在殿内拜天，而在球场击球时还"许使民纵观"。而重九的拜天，则往往在上京城南外。今上京遗址城南有一大土丘，俗称"点将台"，其实，应是南郊拜天的场所。

至于其他郊祭之坛，上京建立之前均尚未设，到熙宗时，幸燕京，看到各种制度，才在上京逐步设郊坛。

金中都的郊坛却已十分完善。

作为都城，首先重视的是社稷坛。金中都的社稷坛在何处，尚无明确考证。从"左祖右社"的规则，它应在千步廊的西部偏北，与太庙相呼应。但关于金中都社稷坛的制度，据《金史·礼志》记载，"社"是由四周为垣，东、西、南而开神门，中间饰以五色土，与后世的社坛相似。而南面却别开生面地植以栗树相表。社坛是祭土神的地方。

而稷坛则是祭谷神的，有望祭堂，有雨则拜。

金中都社稷坛的设置表明他们对中原农耕文化的重视。

除社稷坛外，最重要的便是对天、地的祭拜了，故南有郊天台以祭天，北有方丘以祭地。

《析津志》云："郊天台在城之南五里"，"设郊祀置主之"。至于其祭天的方式，估计是中原与女真习俗结合。而北郊的方丘则设于通玄门外。

除此以外，金中都的郊坛还有：

朝日坛：亦称大明坛，在东部施仁门外东南。

夕月坛：亦称夜明坛，在西部的彰义门西北。

高禖坛：在南部景风门外东南。《金史·礼志》云："明昌六年，章宗未有子，尚书省臣奏行高禖之祀。"可见，这个高禖坛是为求子嗣的。

雨师坛：在端礼门西南，于立夏后申日祀之。

南郊坛：在丰宜门外。

拜郊台：在中都城西南七里。②

---

① 《金史》卷三十五《礼志八》。
② 此说据《大明一统志·顺天府》。而于光度先生在《北京通史》第四卷中云："拜郊台，在中都东部垣外。"二者孰为是尚需进一步考证。

风师坛：在景风门外。

从以上情况看，金中都的郊坛之制虽大部份效仿中原，但不少是结合女真习俗，所以不仅有日坛、月坛，而且祭风神、雨神，自然崇拜的痕迹依然十分明显。

第三节　北京园林的奠基时期——金中都皇家园林

北京的园林出现很早，早在战国时期，燕国即在今西郊石景山、金顶街、磨口等滨水、低山之地设有宫室和苑囿。辽代的南京皇城有内果园，北郊的琼华岛上亦建皇家宫殿，东郊则有进行春捺钵的延芳淀。但是，作为都城建设重要组成部分的皇家园林，却是在金中都时所奠基。它不仅美化了金中都的自然环境，而且为后世的园林建设提供了借鉴。

一　莲花河的利用与皇城同乐园、鱼藻池

金中都宫城周围有西苑、东苑、北苑和南苑。但是，其中最重要的是西苑，因为，它是后来明朝利用三海作皇城御园的前身范例。

辽金之时，燕京西北有两条重要水源，一条是北部的高粱河水系，其水流南来，汇为玉渊潭；另一地稍南，古称洗马沟，即莲花河，由西向东而来，汇聚于莲花池。金中都的西苑便是由莲花水系的河流与湖泊而建的。莲花河早在辽代便被利用，作为辽南京西垣的护城河。而这条河入辽京城以后，又汇为西北与东南两片湖泊。金中部扩建后，这两片湖泊正好在皇城西部，一在皇城西，一在皇城与宫城之间。而宫城的西宫恰与两湖接近，利用这片水泊造园，既改善了皇城与宫城过于封闭、沉闷、严肃的氛围，又便于皇帝、后妃们的游乐。这样皇城与宫城的西部便成为清水碧波，楼台亭榭的风景之地，与宫城内的崇高殿宇形成明显的反差，而调节着整个宫廷生活的气氛，确实是十分巧妙的构思。

西苑实际由两大部分组成，在皇城内的是鱼藻池，它一直延伸到宫城外的西南部，其中有岛屿，又有瑶池殿，因处于宫城西华门外，又称西华潭。另一部分在宫城之外稍偏西北处，称作同乐园。金时赵秉文有《同乐园二首》，以诗描写西苑风景，其二曰：

石墙作垣竹映门，水回山复几桃源。

毛飘水面知鹅栅，角出墙头认鹿茸园。

看来，苑中不仅山水有致，而且养有鹅、鹿等动物。而宫内的部分构造按我国古代习惯又称玉林苑、太液池，其中有瑶光殿、鱼藻殿、横翠殿、临芳殿、瑶池殿等一系列建筑，并以山石为岛，小溪为河，植以竹、柳、杏林，是一处庞大的园林。这片地方，直到清末民初尚有多处湖泊，可惜今已无存。后来的明清借用北海、中海、南海造御苑，实际是借鉴了金代的西苑格局。

除西苑外，还有东苑。据于杰先生考证，位于皇城东垣内侧以南，西临宫城东垣，北至东华门。这里原是辽代内果园，内有五凤楼、迎月楼等建筑。

宫城之北稍偏西又有北苑，其中有小溪及池沼。《金史·刑志》记载，有监察御史陶钧，曾携妓游北苑，事情被发现，陶钧被杖六十。可见，北苑与官居民舍相连，故陶钧得以入内。

南苑，又称熙春园，在皇城外，金中都南门丰宜门内偏西处。大定二十五年（1185年），世宗还在上京，其太子完颜允恭（后追封显宗）去世，便曾殡于南苑内的熙春殿。此地原为唐节度使刘怦墓地，金建南苑后赐钱令刘家后裔将墓迁出。辽代城南有球场，所以南苑又是端午击球、射柳之地。

二　近郊水泊的利用与园林、行宫

金中都的皇家园林和大型行宫特别多，这主要有两个原因，一是女真人保持了捺钵文化的习惯。辽代帝、后于不同季节到不同地点去打猎，称四季捺钵，而女真人要是在春、秋两季，称为"春水""秋山"。建国初，女真人生活在白山黑水之间，春水、秋山的地点是在自然山林里，距首都上京也比较远。迁都燕京后，看到中原的皇家苑囿便特别羡慕，除在宫城设御苑外，便于近郊大建行宫、园囿，以满足春水、秋山需要。当时，女真人的民族性格已开始弱化，加之中原大臣的劝谏，不希望皇帝到很远的地方去，金中都近郊的园林便一时大起。另一个原因是当时的自然环境还很好。建造园林必须依山傍水，无水的园林便没有生气。而辽金时期，北京地区还是河网密布，处处有清泉湖泊，金朝很好地利用了这些水资源，作为皇家园林建造基地。从目前留下的资料看，金中都城外的园林遍布东西南北。北京现在的园林，除清代的圆明园、颐和园外，其余大多是在金中都时期已经开发（包括西山名胜），甚至比现在的数量还要多。所以，说金中都是北京园林的奠基时期一点不为过。

万宁宫 万宁宫在今北海一带，辽代已有开发，建有凉殿，俗称萧太后梳妆台。金大定十九年（1179年）在此建大宁宫，后又更名寿宁宫、寿安宫，章宗明昌二年始更名为万宁宫。①

金代万宁宫周围有很多水泊，属高粱河流域，在万宁宫外还有不少稻田。万宁宫当时规模已经很大，章宗明昌六年"命减万宁宫陈设九十四所"②，被裁减的即有九十四所，整个园林建筑则不知有多少。金帝经常到万宁宫，尤其是章宗时期，在万宁宫的活动很多，如承安元年（1196年），章宗于三月到万宁宫，因为天旱，命官员祭岳镇海渎。估计当时万宁宫已修建琼华岛，据说，岛上的许多山石都是金人破汴京时直接从汴京的皇宫御园中掠来的。所以，万宁宫的起建时间可能更早。承安二年（1197年），章宗从四月到七月，在此住了整整四个月，并在紫宸殿处理政事。蒙古人攻中都，中都城内宫室御园被焚，而万宁宫却得以保存，故后来建元大都便以万宁宫为大都西苑，从而确定了元大都宫城的基本位置。

西湖与钓鱼台 西湖是莲花河的发源处，因在中都之西，故称西湖。西湖水东流，辽代作为辽南京西垣的护城河，金中都又引此水造西苑，所以，这在当时是京城西部一处最重要的水源，而其源头的水泊因在城西而得名西湖，又名太湖，即今莲花池的前身。不过，金代的西湖要比现在的莲花池大很多。此湖上承石景山一带的小河，本身则为一处喷涌的泉水。《明一统志》云，此湖"广袤十数里，旁有泉涌出，冬不冻，东流为洗马沟"。可见，直到明代面积仍然很大，金代的西湖风景美丽，游人颇多，花柳与湖水相映，是一个郊游的好去处。

钓鱼台即今玉渊潭之地，辽代已经存在，为西山水蓄积之处，本地亦有清泉。金代于此设钓鱼台，《日下旧闻考》云："西郊有钓鱼台，是金主游幸处。"从其名称看，金代可能真的曾在此建钓鱼之台，传说为章宗钓鱼处，周围多花柳与寺院，为皇家之行苑。

---

① 见《金史》卷二十四《地理志》。
② 《金史》卷十《章宗纪》。

建春宫 建春宫位于中都城南,即元代"放飞泊",明清之南海子。《金史·地理志》和《章宗纪》中,均有建春宫的记载,章宗曾多次至此,并作为"春水"之地。章宗泰和八年(1208年)二月,召有司说,建春宫虽为禁地,但仍可令百姓耕种。可见,当时建春宫的范围也很大,除湖泊、宫室外,还有不少可耕之地。

长春宫 长春宫即辽代延芳淀春捺钵行宫而建,长春宫之名辽代已有。《辽史·地理志》曾详细记载过延芳淀春季捕鹅的情形。金代在辽建春宫的基础上又建了许多宫室,如芳明殿、兰皋殿、辉宁殿等,也是金帝进行春水活动的地点之一,在今通州漷阴之地。

这里需要讨论的是,长春宫旁的延芳淀的面积究竟有多大。《辽史·地理志》称其方圆"数百里"。不少人对此颇有疑问,认为可能是"数十里"之误。于杰、于光度先生在《金中都》一书中亦认为"其周围不至有'数百里'之大"。余以为,辽金之地理情况不可与后世相比。辽代南京之东南部水域很多,处处为池沼,到容城、雄县一带则为大片塘泊,数百里延绵不绝,宋人以之限辽之军马。而当时的延芳淀虽稍处于塘泊地区偏北,但地势甚低,有数百里方圆(即周长)不足为奇。且辽于此特置漷阴县进行管理,若面积很小亦不必如此。辽时春捺钵时,每每有皇帝、太后、嫔妃、大臣,各部族酋长、军队,沿湖之西侧大规模设临时的"行宫"帐幕,湖面太小亦不足以容纳。故金中都时,长春宫旁的延芳淀仍不至很小。但北京地区自元以后一直存在地下水下降、地表湖泊缩小的趋势。当年有名的中都西湖,今仅留一弯池水,便是明证。而通州一带又号称京东粮仓,开发耕地,填湖造田更会使水域减小,甚至消失。当年雄县、容城的塘泊浅不可涉足,深不可行舟,而今,数百里间水泊皆已不见。雄县东还曾发现宋人在古河道中遗留的船只,但已填埋土中,足见近千年中北京东南地区地理形势之巨大变化,所谓"沧海变桑田"是一点不假的。我们之所以要特别讨论这个问题,是要说明,辽金时期北京地区的自然环境要比现在好得多。金人之所以能在金中都周围大建行宫御园,是与当时优越的自然环境分不开的。

三 西山风景区的开发与寺院、桥梁建筑

金代不仅借京郊水泊建造行宫,而且利用西北的山林大造行宫和寺院。如昌平的"银山宝塔",便始自金代的大延圣寺。至今仍存金代塔

林，其中的懿行禅师塔共十三层密檐，较之辽塔少了些浑厚，但多了些细腻与精美。民间有"银山宝塔数不清"的说法，足见当时塔林之规模，后代虽毁坏不少，但至今仍存金塔五座。当时的大延圣寺规模很大，有僧人五百多，是金中都著名风景之地。

此外，章宗时还在今西山一带建有八处行宫，称为"章宗八院"。这些行宫有的是独设，有的和寺院相连，如今大觉寺，便是辽代的阳台山清水院，金代因之，并建行宫。

中都西北的玉泉山、香山，也是金代行宫最密集的地方。金代的香山不仅有寺院，还有不少楼阁。辽代即有香山寺，据《金史·胡砺传》记载，宋人胡砺为金人所掠，于天会年间行至燕山，曾藏匿于香山寺。可见，香山寺辽代已存。而《金史·世宗纪》又云"大定二十六年三月，香山寺成"，世宗赐名为"大永安寺"，并赐田两千亩，栗树七千株，钱二万贯。可见，金代又重修了香山寺，并且规模很大。辽代南京栗子生产很多，故特设栗园司。金世宗一次赐大永安寺栗树七千株，可见香山本是辽代栗子生产重要基地之一。金帝还在大永安寺附近建有行宫和会景楼。辽末耶律淳在燕京建北辽，死后葬于香山，称永安陵，但一直不知陵之具体位置。于杰先生认为金改香山寺为永安寺可能与耶律淳的永安陵有关，余以为很有道理。

今石景山区磨石口村北之翠微山，金代有双泉寺，金章宗时在这里也建有一处小的行宫。另外今石景山唐代称石经山，《日下旧文考》卷一百○四引《重建石景山玉皇殿碑略》之按语云，为"幽州、卢龙两节度使刘相公"造藏石经之处。这位"刘相公"应为好佛的刘总。金代的石景山上仍有寺庙建筑。而由此往西北，经今三家店、军庄到金代的仰山，又建有栖隐寺。

此外，今房山云水洞一带在金时同样已经开发。由于大房山系金陵所在，附近建有行宫、寺院亦是很好理解的事情。

这些西山的行宫、寺院的金代建筑大多已不存，但从其风景之秀丽和后代建造的寺院、名胜仍可想象当年金朝建筑之繁华。

由于金朝很重视对河道、水流的利用，金中都的桥梁建筑更十分有名。入中都城后即有著名的"龙津桥"，而卢沟河上则有更为著名的卢沟桥。龙津桥今已不可寻，而从卢沟桥的建造艺术可以想见金代造桥水平之一斑。关于卢沟桥，诸种著述皆多有描绘，此处不再多说。但我们从这里可以想见，金中都的建筑艺术水平较之前代已有相当大的提高。

第四节　彼岸建筑艺术——金陵

一　女真人对山林的依恋与金初帝陵的启示

古代帝王侍死如"侍生"，陵寝的制度往往反映了一个时期、一个民族当时的习俗和崇尚。房山金陵是金朝迁都燕京后，亦即金朝中期的产物。此时的女真人汉化已经较深，陵墓制度自然效仿中原。但女真人又有自己的民族个性，所以，大房山金陵实际是中原文化与东北山林文化交融的结果。这一点突出表现在陵址的选择上。要证明这一点，首先要回忆一下金初陵墓制度。

在不少历史文献中，都记载金代的陵寝制度是海陵王时期才形成的。也就是说，认为此前金朝帝王陵墓未成制度。余以为，这些论述是错误的，与其他史料和研资料相抵牾。

《金虏图经·山陵》云："虏人都上京，本无山陵。祖宗以来，止葬于护国林之东，仪制极草创，逮亮徙燕，始有置陵寝意……"《大全国志》卷三十三《陵庙制度》亦说："国初，祖宗止葬护国林之东，逮海陵徙燕，始令司天台卜地于燕山之四周……"这两则记载，似乎都认为金初，即海陵之前，金朝不存在山陵制度。金初，太祖去世葬于上京护国林之东不假，但却忽略了熙宗时期对山陵制度的创建。

金代建国时的各种制度都不健全，皇帝住的地方叫"皇帝寨"，与一般村寨相连，只不过是部落酋长的住地。太祖死后，便葬于皇帝寨，亦即上述"护国林之东"。护国林在上京城西北，与郭城居民区紧相毗邻。今仍存一大丘，经勘测与上京城之夯土层一致，东侧曾发现砖砌地道，应是墓道所在。女真与契丹一样有朝日之俗，所以此墓为坐西朝东。《大金集礼》载，天会元年九月六日，吴乞买在墓道未掩时，于隧道前被宗干等赭袍加身，即皇帝位。考古界一般认为，此处即太祖陵。当时没有陵号，也没有陵域的总体规划，说草创是对的。

但到熙宗时，上京已建城，对中原的制度有了更深的了解，太祖陵又临近居民区，感到显然不合适。所以，太宗死后，首先提前一个月"改葬太祖于和陵"，一个月后，又"葬太宗于和陵"。皇统四年，太祖陵改称睿陵，太宗陵改称恭陵。可见，在未分设陵号之前，"和陵"是金朝皇陵的总号。关于和陵的具体地点，最初是俄国学者 L. M. 雅克夫列夫于 1939 年考察发现的，其位置在上京之东，阿什河西源老母猪顶子山下。此处不仅发现三座已破坏的陵墓遗址，并发现石人雕像、石羊、碑趺等遗物。雅列可夫的考察报告为：《阿什河流域金代墓葬、墓碑考证》，发表于《大陆科学报》，译文见于《黑龙江史志》后来，景爱先生往上京地区考察，他在《金上京》一书中，认为此处即和陵，老母猪顶子山即金史中所称"胡凯山"。此山坐北朝南，东西横卧，气势雄伟，山前南坡渐缓，两侧如翼，再前又二水合流，与房山九龙山主陵区形势非常相似。山前台地上有三座陵墓遗址，前面并列的两座，左应为太祖墓，右应为太宗墓，两墓之间约距 50 米。二墓之上有一遗址，应为太祖、太宗的父亲世祖劾里钵及其妻子翼简皇后拿懒氏之墓。

除和陵外，熙宗即位后又追谥其父宗峻为景宣皇帝，改葬兴陵，庙号徽宗。同时，又将始祖以下、太祖以前九代十世先祖皆加帝号、庙号，自护园林改葬于阿什河的山岭中，雅克夫列夫和景爱先生均认为可能在阿什河东岸王泉火车站以北的狮虎岭附近，其地形与老母猪顶子山十分相似。另外，金代有宗室陪葬制度，在阿什河东岸金代墓葬很多。所以，"现阿城市境内东部张广才岭山区，就是上京皇陵之域"，"皇陵的范围应当是很大的"[①]。由于未看到其他正式考古资料，以上考察意见尚应进一步实证。但熙宗时皇陵制度已基本完善是无疑的。虽不如后来房山陵之壮丽，但规模、形制已相当可观，更谈不上没有。

无论从护园林还是张广才岭的和陵，都可以看出，这个以狩猎为生的民族对山林的依恋。护园林是上京东部一片树木葱郁的林区，金时想必林木更茂、范围更大。而和陵遗址已看出女真人对中原陵墓风水观念的理解。但比中原民族似乎更重视依山造陵和山势的雄奇与林木的茂盛。不少研究金陵的学者都指出，房山金陵从各处看均明显地沿袭唐制，而金中都城却大多仿宋制。这确实不假，而处处仿宋的女真人为什么在陵制上要仿唐？余以为，这是因为唐人因山造陵的制度与女真人对山林的热爱正好吻合，如果说，唐代帝王以崇高的山岭为墓地是表示帝王至高无上和唐文化恢宏的气魄，而女真重视山陵与群峰相连，更多反映了他们对山林的自然情感，可能有仿唐的因素，更多的可能是暗合。

---

① 景爱：《金上京》，生活·读书·新知三联书店 1991 年版。

对海陵之前上京帝陵问题绝不可忽视，因为从山脉形势、地域之广阔、宗室陪葬区等，都可以看出房山金陵的渊源。这样，对房山金陵的许多问题便更好理解了。

二　大房山金陵陵域及几个葬区的分布

海陵王于贞元元年（1153年）正式迁都燕京，不久即命司天台卜地，准备迁移皇室的墓地，最后，以大房山云峰寺为山陵，于贞元三年（1155年）开始建陵。

大房山向为燕京西部之名胜，其主峰茶楼顶，俗称猫耳山，海拔1307米，山脉自西而来，又北折，横亘于燕京之西南。主峰之西北有支脉九龙山，其势如九龙纵列，奔腾雄起。20世纪80年代，本人应齐心先生相约，同往其地，恰逢雨后，入谷，只见九峰耸立，相连如屏，山间云雾缭绕，山前台地青翠欲滴，较之唐代帝墓之雄奇似更胜一筹。九龙山之左又有一岭，于大房山下逶迤而南，便是凤凰山。再东，山势稍低，继续再行，与凤凰山共同形成一条南北向的开阔谷地，出口处叫作龙门口，即至陵区入口处。金陵的实际范围则更大，据《大金集礼》记载，大安年间曾勘察山陵地界，最后确定其"周围计地一百五十六里零三百一十二步"为北界；于杰先生认为应在今大石河出（金之龙泉河）一线，西起长操村一带东至大石河出口之山岭尽头，今黄坡村以东。其西界应由长操一带至今霞云岭以东的一处1200米高度的山岭（金时称木浮岭），也就是说，比现在大石河南北向部分稍偏西。其南界自今之水泉背南麓东行，经今黄山店偏北，黄岩寺偏南处，继东行至今周口店以北的小山岭。其东界自今周口店北起，向北行，至今三府林（北京勘测处之1976年版《北京地图册》为三福村）。[①] 如果将东西南北四界相连，可以看出，是一个东西略长，南北稍窄的方形，其主峰茶楼顶在整个陵域的中心，恰似金中都与宫城的位置，似乎是巧合，又似有意选择。然而，茶楼顶（猫耳山）却在主陵云峰岭西南，并且高于云峰岭200米左右，虽然更为雄伟，若按中原汉族墓葬习俗是不允许的，然而女真人并不忌讳，章宗还在茶楼顶上建有行宫，可见金人有自己的习尚，并非完全效仿汉族制度。

金陵是以九龙山为主陵区，然后围绕主陵左右分布不同的陵墓，墓葬

---

① 于杰、于光度：《金中都》，北京出版社1989年版，第126—127页。

区均在整个陵域东南部，面向东部平原，这符合女真人朝日的习惯。然而，整个陵域为何划得这样大，仍与女真人对山林的爱好有关。金代的大房山周围不仅山势雄伟，而且山林茂密。山间密布着河流与清泉，风景十分秀丽。所以，金帝不仅将大房山作为祖先的陵园，而且还作为游玩、休闲之地。章宗于陵下和大房山主峰均建行宫即是证明。而章宗和他父亲显宗完颜允恭的陵墓就在茶楼顶东北连泉顶之东峪，生前喜欢这片山陵，死后又葬在山林之中。明嘉靖八年的《重建连泉古刹碑》记载，有一僧人来此游历，"前山游玩章宗古墓，后往从巅峰，分林拨木至山"。可见，自陵墓至山顶，直到明代仍林木茂盛之极。既然既是山陵，又是游玩之地，周围自然要空间庞大。金代陵域周围都建有"封堠"和堡垒，有军士把守，连泉顶上即留有金代的碉堡。金朝还在大房山建山神庙，并准备将山神封为王，礼部查不到典故，才未能使山神作王爵，这是金人崇拜山林的又一证明。世宗大定二十一年（1181年），还是将大房山山神封了一个"保陵公"（《金史·礼制》），而且要"岁时奉礼"。大定年间又为陵设县，称万宁县，章宗时改奉先县，而陵域几乎占了奉先县的三分之二。金陵入口之要冲建有规模庞大的磐宁宫，据杨亦武先生考证，磐宁宫位于房山城西北洪寺村西塔洼一带。[①] 而主峰茶楼顶上又建有一片开阔的山场，其北侧有一片松林，即崇圣宫所在。崇圣宫之东有白云亭，西侧则有古弈台，传说为章宗与山僧对弈处。由白云亭而东便入九龙山太祖诸陵区。这种高山的行宫，在中原并不多见，且与陵园共建，亦属少有。杨亦武先生曾指出，有人往往把九龙山陵区即当作金陵是错误的，余以为杨先生的提示十分重要，实际上，金陵的范围要大得多，它是一处皇家陵园与行宫相结合的山林风景区。

三　金陵的考古发现及诸陵分布

金陵的陵区并不止九龙山一处，而是有多处。据杨亦武先生之《大房山金陵考》，认为有以下几个地点。

1. 九龙山陵区，有太祖以下六陵：

太祖完颜旻（阿骨打）睿陵。

太宗完颜晟（吴乞买）慕陵。

[①] 杨亦武：《大房山金陵考》，《北京文博》2000年第2期。

德宗完颜宗幹（斡本）顺陵，海陵之父，系海陵即位后追谥，世宗削其帝号后可能已迁往鹿门谷的诸王兆域。

梁王宗弼（兀术）陵，海陵即位，兀术系海陵叔父，故亦葬于九龙山，是金初最大战功者，也是唯一陪葬于太祖陵的王爵。

睿宗完颜宗辅，景陵。宗辅为太祖子，世宗父，世宗即位追谥帝号，于上京胡凯山迁来。

世宗完颜雍（乌禄）兴陵。

2. 凤凰山陵区。

凤凰山在九龙山西南的一道南北走向的山岗上，其东麓派生出一道道小岭，如凤凰展翅，故名，在这一带又有许多峪、谷，适于建造陵墓，所以又分布有四个陵区。

A. 石门峪，葬始祖以下十帝陵。

B. 熙宗完颜亶之思陵，海陵杀熙宗，但在自上京迁太祖，太宗陵时亦迁来，但最初只葬于诸王一起，太宗天会元年（1123年），世宗复其帝号，其陵曰思陵。大定二十八年（1188年）改葬峨眉峪。

C. 断头峪坤后陵。是全陵中唯一一处后妃陵墓，本是葬世宗原配乌林答氏及其下五妃之地。世宗去世后迁乌林答氏之墓与之合葬，所以坤后陵实际仅存五座妃陵。

D. 康乐峪陵。杨亦武先生推断应为卫绍王陵。

3. 连泉顶东峪陵区，有裕陵和道陵。裕陵是世宗皇太子允慕和章宗之父，章宗即位后追封帝号及陵号。道陵即章宗完颜璟之墓。

4. 鹿门峪诸王兆域。

金代陪葬制度早在熙宗时即出现，当时建太祖墓，即将太祖诸子陪葬于胡凯山。燕京金陵用了这种制度，将诸王葬于皇帝陵域之内。鹿门峪在今车场村西北，今十字寺沟，北依三盆山，东隔一岭，与太祖陵相邻，金代又称为蓼香甸，熙宗被从上京初迁时即藏于此，后改葬凤凰山思陵。

史学界一般认为，金陵是近几年方于九龙山发掘的。其实，自20世纪70年代初开始，陵域内的墓葬即有零星发现，文物部门并加以清理。1994年，又在康乐峪峪口北侧发现一石椁墓。近几年，北京市文物研究所开始对九龙山主陵区进行较细致的勘测，并对太祖陵开始发掘，但具体情况仅见于报端零星报道，至今未看到详细发掘报告。然而，从这些报道中，我们仍然可约略看到女真人的一些葬俗。如1972年在长沟峪煤矿断头峪建筑职工住宅时发现的五座金墓,皆为石椁墓,每具石椁皆以六块两面磨光的汉白玉石板构成,椁内放红柏木棺。棺外涂红漆,并用银钉嵌以银片,壁上绘以云龙卷草和火焰花纹等。主墓及其两侧墓均为东西向,而头上脚下的两座为南北向,呈十字形。以石椁下葬为女真习俗,而主墓坐西朝东则反映了向日之俗。在主墓中还出土一些玉器,由此,杨亦武先生等认为即坤后陵所在。

而最近对太祖及其后墓葬的发掘中,又发现了女真皇后的金花珠冠和冠后的玉饰"纳言"。这些,对我们了解女真人的生活、习俗都提供了宝贵的资料。随着金陵的进一步发掘,我们最终会揭开大房山皇家陵寝的层层面纱,并看到其真实面目。

第十六章　学术、教育与科技

第一节　教育与科举

　　提起金代的文化，人们往往与南宋对比而论其高下，这是不公平的。北方少数民族原来的基础差，他们与中原政权不在同一个起跑线上，若论学习态度和进步的速度，女真人不仅在百年间有一个大飞跃，而且有自己的特点和创造。这一点在教育与科举方面表现得尤为突出。

一　多层次、多系统的教育制度

　　金朝在建国之前和建国之初，基本没有教育可言。但建国之后，很快感到教育的重要，特别是学习汉文化的重要。最初是女真人的上层贵族，聘请或强留燕人、宋人教其子女。如前所述，金人以燕京韩昉为师和宋人洪皓教授希尹子女就是最好的例子。到熙宗时，诸王子弟仍保持这种教育方法，往往请学识渊博、品行端正的汉人学者为教师。待到海陵迁都燕京，各方面的文化需要迅速加大，很快感到人才的缺乏。但由于海陵王把重点放在对南宋的战争上，教育和选拔人才的制度尚未来得及全面设置。而到世宗朝，南北形势大局已定，国家日益稳定，学校和科举便全面形成制度。

　　科举是我国选择人才的特殊方法，而学校教育又是参加科举、进入仕途的第一步。女真人在进入中原之后，很快感觉到自己在文化方面与汉人的差距，如何全面提高本民族的文化素养已成为当务之急。如果仅采取中原传统的教育方法，显然对女真人不利，所以，在金中都的教育系统中，实际存在传统的中原教育，如太学、府学、州学等；同时又有对女真人本身特殊的教育系统，而对女真人不同层次的人群又分别有不同的教育方法。这样，金中都的教育系统也就形成了一种多元化的制度。这是女真人特殊的创造与贡献,不仅在当时已显示出其优点,使女真人比契丹、西夏文化进步都要快,而且对我们今天针对不同民族具体情况因人、因地施教也有重要启示。

宫廷教育系统 宫廷是最高统治集团,是教育的重点,然而与历代中原王朝不同的是,金代的宫廷教育,不仅是在太子、诸王子弟的层面,而且扩大到嫔妃、宫女和侍卫。也就是说,整个宫廷各阶层的人都要受教育。

1. 太子与亲王教育。太子是皇帝的接班人,向来受到最高的教育。金代对东宫官员,如太师、太保、少师等向来要求很严格,他们不仅本人要是饱学之士,而且在教育太子的过程中,不仅要讲书和议论,并要对太子在孝俭、德行、修行、正身方面进行指导。如海陵王即位后,即选张直用为太子光英的老师。张直用学识渊博,曾于海陵即位前作海陵王和其兄的老师,值此又以教太子。而到世宗朝,任太子太师的人则有女真人完颜宗贤、完颜守道和渤海人李石等。这说明,此时女真人已有自己的高级人才,与金初情况又大不相同。

而各亲王府亦设王傅一人,文学二人。王傅多以状元担任,而文学则需从进士中挑选。对亲王的教育与太子不同,因为亲王为皇帝的辅助者,因而多教以"赞导礼仪",使他们明白君臣之别。而文学主要是教授各方面的学识。

2. 侍卫教育。金代的侍卫是很值得注意的一个宫廷群体,由近侍局掌管,其提点为正五品,近侍使从五品,副使从六品。其下有奉御,即入寝殿小底,又有奉职,即不入寝殿小底。他们大多为女真宗室和贵族子弟,是直接侍奉皇帝,并上传下达各种旨令的人,同时又是皇帝的耳目,有时还作为使节劳军或出使他国,权力很大。因此,金代绝少阉宦之祸,这与近侍权重有关,所以,金廷很重视对侍卫的教育。世宗时,开始规定侍卫亲军要学习用女真文字翻译儒家经典,大定二十三年(1183年),规定以女真文翻译《孝经》作为侍卫教材。章宗泰和年间,下诏令亲军学习《孝经》和《论语》。至于对近侍中的高级官员,还要"选有德行学问之人为之教授"[①]。而侍卫们由于既得到皇帝的信任,又受到严格的教育,不少人由侍卫出身而后来进入仕途,有的还任高官。可见,近侍教育取得

---

① 《金史》卷九《章宗纪》。

了很大的成效。

3. 嫔妃和宫女教育。金朝的后妃们文化水平普遍比较高，她们往往在入宫之前便受过良好的家庭教育，有的还有相当高的文学修养。兹举二例。

世宗原配乌林荅氏昭德皇后，不仅治家有方，而且颇有政治头脑，且幼读诗书，能写出一手水平很高的文章。其家族世为乌林荅部酋长，其父石土黑从太祖征辽，本是以武功显赫，但因世代与皇室通婚，却使女儿自幼攻读诗书。熙宗皇统年间，世宗完颜雍以宗室子封葛王，先后任兵部尚书及中京留守、燕京留守和济南府尹等。熙宗晚年好酒嗜杀，对宗室多猜忌。乌林荅氏多劝说完颜雍审时度势以自保。世宗之父宗辅伐宋时得白玉带，传之世宗，甚宝之。乌林荅氏以为此带非王邸所应有，应献之天子，世宗听其谏，献之熙宗，熙宗果喜，"独于世宗无间"。海陵即位，多杀宗室，世宗正在济南为府尹，又因从乌林荅氏之谏，献辽骨犀佩刀、吐鹘良玉茶器等得以保全性命。但海陵仍心怀猜忌，乃命送乌林荅氏至燕京为人质。海陵好色，乌林荅氏自度难免受辱，但恐世宗遭受不测，召家人晓之以理，毅然就道。行至中都近郊良乡固节镇，投湖自尽。死后，发现其留下一封遗书，《金文最》全文收入，称《上世宗书》，今录于下，以观女真妇女文化之一斑。书云：

> 尝谓女之事夫，犹臣之事君，臣之事君，其心唯一，而后唯之忠；女之事夫，其心唯一，而后唯之节。故曰忠臣不事二君，贞女不更二夫，良以此也。
>
> 妾自撩蒲柳微驱，草茅贱质，荷蒙殿下不弃，得谐琴瑟之欢。奈何时运不济，命途多舛，打开水面鸳鸯，拆开花间鸾凤。妾幼读诗书，颇知义命，非不谅坠楼之可嘉，见金之可愧，茅欲投其鼠，恐伤其器，是诚羝羊触藩，进退两难耳。故饮恨以行，挥涕而别。然其心得已哉？诚恐楚国亡猿，祸延林木，城门失火，殃及池鱼尔。妾既免从君危，幸免逆亮，不知从意，以为移花就蝶，饥鱼吞饵矣。吁，燕雀岂知鸿鹄之志哉！
>
> 今至良乡，密迩京国，则妾洁身之机可以呈矣。妾之死为纲常计，纵偷生忍辱，延残喘于一旦，受唾骂于万年，而甘聚麀、鹑奔之诮，讵谓之有廉耻者乎？妾之一死，为后世为臣不忠，为妇不节之劝

也,非若自轻沟渎而莫知者比。妾顾殿下修德政,肃纲纪,延揽英雄,务悦民心,以仁易暴,不占有孚矣。殿下具卧薪尝胆,一怒而安天下,勿以贱妾故哀毁以伤生,而作女儿心也。裁书永诀,不胜呜咽悲痛之至。

此书不仅文字洗练,而且情理并茂。特别是最后一段,将辞世之刻,仍劝世宗延揽英雄,卧薪尝胆,以仁易暴,不占有孚。铿锵有力,掷地有声,有胆有识。且遣词用典均甚娴熟,实在难得。女真进入中原方三四十年,而其妇女的文化修养如此之深,不能不归功于金人的"宫教"。世宗因怀念乌林荅氏,此后即位一直未立其他皇后,而令追封乌林荅为后,以为后宫榜样。

又有章宗元妃李氏,名师儿,因其家有罪,没入宫中,可见原先并非像乌林荅氏那样有家学根底,但入宫后从"宫教"张建学习,不仅能作字,且知文义,被章宗纳为妃。《元妃李氏传》中,还记载了宫教的具体情况:"故事,宫教以青纱隔障蔽内外,宫教居障外,诸宫女居障内,不得面见。有不识字及问义,皆自障内映纱指字请问,宫教自障外口说教之。"① 看来,宫教起到了相当的效果,李师儿便是从中受益者。

中央教育系统　金代教育管理较此前入主中原的少数民族政权更加完备,既参照中原教育制度,并针对女真族文化基础较差的情况,与汉人分别设学,同时又十分注重学以致用,进行专科学校的设置,金朝学校的开办由礼部负责,而学校的管理与课程设置由国子监负责,直接隶属尚书省。所以,国子监既是教学机构,又是中央教育管理机构,并负责对地方学校教育的监管。金朝国子监始设于海陵天德三年(1151年),迁建中都后更为完善,设国子祭酒、司业各一人,分别为正四品、正五品。下面又有丞三人,助理祭酒和司业的工作。国子监下面的学校有国子学、女真国子学、太学、女真太学;另有司天台五科、太医院学十科。以上共称中央六学。

1. 国子学。始置于天德三年(1151年),实际是贵族学校,但进行的是普通教育。学生的主要成员是宗室、外戚、功臣子弟及三品以上官员子弟,年十五岁以上者,有学生200人,十五岁以下者则入国子小学。学

---

① 《金史》卷六十四《后妃传》。

校设博士，另有助教二人、教授四人。他们不仅要执教，并负责典籍的整理、校勘工作。此外还有书写官，负责写金帝的实录。虽进行普通教育，但责任甚重。

2. 太学。太学实际是比国子学更高一级的学校，应是针对全国而设的养士教育机构。大定六年（1166年）始置，最初有160人。后定五品以上官员子弟150人，曾得府荐及终场250人，凡400人。[①] 章宗时进一步扩大。于承安四年（1199年）在京城南建太学，总屋七十有五区，西置古今文籍，秘书省新所赐书；东置三代礼器及祭器，并行礼于辟雍。其学生要求至少精通一经以上，并且能诗赋，实际上是有一定基础而到中央深造的学生，由博士一人、助教四人进行教学和管理。

3. 女真国子学。是大定四年（1164年）设立的专门学习以女真文翻译儒学经书的学校。学生由各地猛安谋克选拔，数量很大，共3000名，然后择优者百人入中都女真国子学，以编修官教之。

4. 女真太学，为大定二十八年（1188年）设立，教学内容与一般太学生不完全一样，设于太学之内。

5. 司天台五科。在籍学生76人，其中，汉人50人，女真人26人。设天文、算历、测验、漏刻、三式五科。隶秘书监。

6. 太医院十科，生员共50人，隶宣徽院。

地方教育系统　金朝的地方教育相当完善，有中央直接管理的京、府、市镇、防御州设立的学校，称"京府镇州之学"；又有地方自己管理的刺史州学；并有县学和乡学。

中都乃京师所在，地方教育尤为完备。中都大兴府的府学可能比其他地区的府学设置要早，各地府学为大定十六年置，而选举志云："京师府学已设六十人，乞更增四十人"，说明此前即已存在。大兴府由于是女真人集中的地方，除一般府学外，还设女真府学，以新进士充教授。女真府学可能是为一般士民子弟所设。

大兴府之下隶十个县、一个镇，各县均有县学。至于整个中都路各州的州学，自然较其他地区更为完善、发达。

私人教育　除官方所办的正式学校外，中都的私学也比较发达。私学有的是学者自己招收弟子，设学授业，如赵质，因举进士不第，"隐居燕

[①]　《金史》卷五十一《选举志》一。

城南，教授为业"①。章宗到城南春水，过其地，闻有讽诵之声，入其斋舍，又见壁间所题之诗，召至行殿，命之为官，赵质婉言以辞。于是，章宗"赐田千亩，复之终身"。赵质是辽朝第一任燕京留守赵思温的后代，自辽初便一直为世家大族，所以有条件自己办学。

金中都地区的士人还有到其他地区办学的。如霸州人杜时升，博知天文，不肯仕进，南渡黄河，隐居嵩、洛山中，从学者甚众，教以"伊洛之学"②。

此外，一些家庭聘请私人在家中教其子弟者亦不在少数。特别是儿童的启蒙教育，主要是家教与私塾两种方式。

金代教育的内容以儒家典籍为主，但又结合汉人和女真人的不同情况选择教材之轻重。在经、史、子、集中，以经史为主，保持了燕京地区经世致用的传统。而对女真人的教育，尤其注重治世之道，特别选择《贞观政要》以教育女真人。

二 科举制度与人才的选拔

金代科举分乡试、府试、省试、殿试四级。"金人之科举，先于诸州分县赴试，诗赋者兼论策作一日，经义者兼论策作三日，号为乡试，悉以本县令为试官。……榜首曰乡元，亦曰解元。次春分三路试，自河以北至女真皆就燕，关西及河东就云中，河以南就汴，谓之府试。……凡二人取一，榜首曰府元。至秋尽，集诸路举人于燕，名曰会试。凡六人取一，榜首曰敕头，亦曰状元。"③这就是说，燕京不仅是会试的地点，也是整个华北、东北地区府试的集中之地。这是金初的情形。金迁中都后，自然仍将中都作为全国廷试的地点。礼部设有辞赋考试院和经义考试院，大兴府亦分设两科，考官归此二院管辖。大定四年以后，又专为女真人开设女真策论进士科。参加女真策论进士考试的人预先由各地猛安谋克选拔，择其优者选入中都学习，可免乡试、府试，直接赴会试、御试，这是金朝为培养本民族人才而特设的科目。它固然有民族特权在内，但有利于少数民族文化、政治水平的迅速提高，应当看作一个创举。元朝的蒙古进士榜，清

---

① 《金史》卷一百二十七《赵质传》。
② 《金史》卷一百二十七《杜时升传》。
③ 洪皓：《松漠纪闻》。

朝的满蒙八旗榜皆由此而发端。女真进士以"策"为主，是阐述国家时务的一种文体。在文化考试上，对女真进士似乎有所照顾，但作策论后又要加弓箭考试，这都是针对民族特点采取的特殊措施。《金史》记载了女真策论进士的一场考试，是在悯忠寺举行的，悯忠寺临西宫，其塔上夜间风吹有声如乐，考官大喜，说乐音入宫，证明文路大开，乃取徒单镒以下二十七人中试。说明女真人深深感到由武功得天下后，进一步走向文治的迫切性。

除上述科目外，金朝还有些选择人才的特殊科目，设有"博学宏辞科"，"以待非常之士"；另有"贤良方正""能言极谏""达于从政"等，均为不定期考试。在金中都，朝廷还设有"律科"，是专为选拔法律人才而设的。参加律科考试者，不仅要有文字表达能力，而且要"拟断当"，即考察会不会断案，断得是否恰当。章宗时，认为律科参试者不仅应懂律法，而且应懂教化，增加《论语》《孟子》方面的题目。

金中都为选拔少年人才设有"经童"制。这种制度从太宗完颜晟时便已发端。太宗发现一位叫刘天骥的汉族儿童，七岁即能读《诗经》《易经》《书经》《论语》《孟子》诸书，以为奇才，便主张自少年开始注意选拔人才。熙宗时正式列入科举制度之中，海陵和世宗时曾废止，章宗又加以恢复。

历代的科举制度自然是为统治阶级服务的，但金朝在这种制度中所加的对女真人和专业人才的选拔等，不能尽视为阶级或民族特权，而应更多注意其因用择才的思路。汉族政权从来歧视少数民族，认为他们身为"蛮夷"，没有文化教养；女真人注意本民族特殊教育，迅速提高了文化水平，我们今天有些学者又说是"民族特权"，是对汉人的"民族歧视"，这是不公平的。少数民族文化基础较差，区别对待应在情理之中。这些做法不仅在当时十分奏效，对我们今天进行民族教育亦有所启发。

第二节　中都学术

一　儒学统治地位的进一步确立及典籍的翻译

儒学及学术著作　幽燕自北朝以来便以儒学著称，但隋唐之时，由于军阀割据，士人专心攻读经学的传统被打破，更注意经世致用，文武兼习。加之辽代佞佛甚重，辽燕京的学术可以说是围绕佛学来进行的，但对儒学经典的搜求、印刷和流布却一直未断。金中都却不同。金朝自建国起便崇尚儒学，而到熙宗时，更以儒家学说为统治思想。熙宗"适诸父南征中原，得燕人韩昉及中国儒士教之。后能赋诗染翰，雅歌儒服，分茶焚香，弈棋象戏，尽失女真故态矣。视开国旧臣，则无知夷狄。及旧臣视之，则曰宛然一汉户少年子也"。(《大金国志》)这段描述虽有明显的对少数民族文化的歧视，但熙宗受儒学影响很深确实不假。皇统元年（1141年）熙宗巡幸燕京，曾亲祭孔子庙，说："孔子虽无位，其道可尊，使万世景仰。"自此"颇读《尚书》《论语》《五代》《辽史》诸书"①。待金朝正式迁建中都后，进一步确立了儒学的统治地位。学术界不少人认为世宗提倡女真文化是反对汉文化，这是不妥的。其实，世宗是以女真文翻译儒家经典，以便在女真人当中普及中原文化。章宗时，国力已盛，金中都士人，特别是高层官员，开始深究儒学学理。如果说，辽代的儒学还停留在治世应用的层面上，金代的学者则进而借鉴宋代理学，在哲学上有所发展。

金代对儒学贡献最大者首推赵秉文。

赵秉文（1159—1232年），字周臣，磁州滏阳人。自世宗大定二十五年（1185年）登进士第，开始入仕，章宗明昌年间入为应奉翰林文字，同知制诰。宣宗贞祐四年（1216年）拜翰林侍讲学士；兴定初拜礼部尚书，兼侍读学士，同修国史，知集贤院事。是一位历仕五朝，官至六卿的老臣，也是金朝后期在文化和学术上最具影响的人物。他与杨云翼同掌文柄，被并称"杨赵"。赵秉文擅长诗词，精于书法，提倡孔学，推崇韩愈。杨云翼赞赵秉文说："盖其学一归诸孔孟，而异端不杂焉，故能至如此，所谓儒之正理之主尽在是矣。天下学者景附风靡，知所适从，虽狂澜横流障而东之，其有功吾道也，大矣！"② 赵秉文曾与杨云翼共著《龟监万年录》和《君臣政要》。他自己的作品有《易丛说》十卷、《中庸说》一卷、《杨子发微》一卷、《太玄笺赞》六卷、《文中子类说》一卷、《南华略释》一卷、《列子补注》一卷、删集《论语》《孟子解》各一十卷、《资暇录》十五卷。另集其文章为《滏水集》三十卷。③ 其著述可谓

---

① 《金史》卷四《熙宗纪》。
② 《闲闲老人滏水集引》。
③ 《金史》卷一百十《赵秉文传》。

丰厚!

赵秉文不仅注意儒家思想中的治世之道,而且吸收了宋代理学思想,进一步论述"道"和"性"的问题,从哲学方面研究儒家义理。他认为,"道"是天道,也是天理,是超自然的,形而上谓之道,形而下谓之器。也就是说,道之体是理性的,第一位的;道之用是物务的,是第二位的。而"道"就是太极,他产生于人们心中,"根于心,成于性",不是缥缈难及的,只要能做到"慎独",即在独处时谨慎不苟,便可以得道。此外,对"人性"和君臣、父子、夫妇、朋友间的关系,也都纳入"道"的系统,认为其中的关键是"诚"。而"诚"则要从认真学习入手。

赵秉文对理学引入北方颇有贡献,对中都影响很大,时称"金士巨擘"。

儒家经典的翻译 为了在女真人当中普及汉文化和推广儒学经典,世宗时在中都设有"译经所",将儒家典籍翻译成女真文。大定五年(1165年)"翰林侍讲学士徒单于温进所译《贞观政要》《白氏易林》等书。六年(1166年)复进《史记》两《汉书》,诏颁行之。选诸路学生三十余人,令编修官温迪罕教以古书,习作诗、策"[①]。大定二十三年(1183年)九月,"译经所进所译《易》《书》《论语》《孟子》《老子》《杨子》《文中子》《列子》及新唐书。上谓宰臣曰:朕所以令译《五经》者,正欲女真人知仁义道德所在耳"[②]。此年,并以女真字《孝经》十部分赐护卫亲军。这些措施,对迅速提高女真人文化水平和推动中原文化在北方民族中的传播都起了重要作用。

章宗时,于明昌五年(1194年)在中都设"弘文院",进一步翻译汉文经典。为选择经书内容,当年还诏求购《崇文总目》内所缺书籍,并设立藏书库。后来,准备迁都汴京时,要将全部藏书运走,其书竟达三万车。

二 金中都的史学

编史机构及实录修纂 金朝继辽仿宋,在中央设编修历史的机构。金中都有国史院,隶尚书省。国史院由监修国史主持,并设修国史,同修国

[①] 《金史》卷九十九《徒单镒传》。
[②] 《金史》卷八《世宗纪下》。

史的官员，主持修史的工作。下设编修官，从事具体编纂工作。这套班子，主要是修前代历史，即《辽史》。又有著作局，隶属秘书监，设著作郎、著作佐郎等，掌修日历。尚书省还常设修起居注的官员，后又专设"记注院"，专修起居注。官修国史的门类也与辽代一样，有起居注、日历、实录。

金代修《实录》共十部，即《祖宗实录》《太祖实录》《太宗实录》《熙宗实录》《海陵实录》《睿宗实录》《世宗实录》《显宗实录》《章宗实录》《宣宗实录》。这些《实录》是元代修《金史》的主要资料来源，但目前已大多散佚。

金人修史非常注意寻访史料，无论是民间记忆的先人遗事，还是碑文、墓志等均加以认真搜集、利用。如完颜勖负责修《祖宗实录》，由于女真人建国前没有文字，自然无所记载，完颜勖乃"访问女真老人，多得祖先遗事"，撰成始祖以下十帝事迹，成《祖宗实录》三卷。其中，关于部族的记载均细述某部、某村、某乡、某水等，以示区别。至于与契丹来往征战，连"作谋诡计，悉无所隐，故所举咸得实"①。这种传统也贯彻到后来修《辽史》的过程中。而海陵王时，"修起居注不任直臣"，所以在世宗时又诏令史官"访求得实"，加以修改，大定七年（1167年）八月，纥石烈良弼进《太宗实录》，大定十一年（1171年）又进《睿宗实录》。纥石烈良弼曾拜完颜希尹为师，颇具文才。大定后期，修《实录》的主要是完颜守道。守道是完颜希尹的后代，希尹又称谷神，世宗看了完颜守道的作品说："卿祖谷神行事未有当者，尚不为隐，见卿直笔也。"② 可见，秉笔直书的作风还是坚持较好的。

《辽史》的修撰　我国向来有为前代修史的传统，金人灭辽后同样着手进行《辽史》的编修。金人修《辽史》有两次，一次在熙宗皇统年间，另一次在章宗之时。

《辽史》的最初编修是辽朝遗老耶律固负责进行的。工作未完成，耶律固去世，由其门人萧永祺继修，"作纪三十卷，志五卷，传四十卷"共七十五卷，于皇统八年（1148年）完成。有的学者指出，辽代耶律俨《皇朝实录》也是七十五卷，金人可能是在《皇朝实录》的基础上修撰

---

① 赵翼：《廿二史札记》卷二十七。又见《金史》卷六十六《完颜勖传》。
② 《金史》卷八十八《完颜守道传》。

的。卷数相合倒不一定可以为据，但熙宗时去辽代不久，而耶律俨的《皇朝实录》又是辽代编写最好的史书，耶律固以之为基础倒是很自然的事情。

章宗时，文事聿兴可能是对耶律固和萧永祺所编《辽史》还不太满意，故在中都再次组织《辽史》编修工作。这次编修，参加者实力很强，由参知政事移剌履提控，同修国史党怀英、凤翔府治中郝俣为刊修官，应奉翰林及文字移剌益、赵沨等七人为编修官。此时，辽亡已近六十年，载籍失散已多，所以首先进行广泛搜集资料的工作，"凡民间辽时碑铭墓志，及诸家文集，或记忆辽旧事，悉上送官"[①]。到泰和元年（1201年），又增加三名编修官，并"诏分纪志、列传，刊修官有改除者，以书自随"。党怀英以年老致仕，《辽史》尚未完成，乃命翰林直学士陈大任以本职专修完成。这样，至泰和七年（1207年），《辽史》终于编修成功了，第二次修《辽史》前后历十九年。此书未刊行，但元时尚存，是元修《辽史》的重要史料来源之一。

卫绍王时，还曾命儒臣撰写《续资治通鉴》。因宋司马光的《资治通鉴》下限是五代末，故令人所修《续资治通鉴》实际上是一种编年体的《辽史》。承担此项工作的是杨云翼，整个工作可能未完成，故《金史·杨云翼传》仅记有"《续资治通鉴》若干卷"。

私人修史及中都史学家　金代世宗、章宗两朝，文治彬彬，人才蔚起，除官方修史外，不少文人自己也著史书，如上述杨云翼与赵秉文，不仅研究儒学，还共同编史，在朝期间共著《龟鉴万年》《君臣政要》。除此以外，还有蔡珪、元好问、萧贡等。均是著名学者，有自己的史学著述。

萧贡，字真卿，原籍京兆咸阳，大定二十二年（1182年）进士，先在地方为州、县官，因左丞董师中、右丞杨伯通推荐，到中都为翰林修撰，曾与陈大任一起编写《辽史》，后改刑部侍郎，并知大兴府乡。萧贡十分好学，"至老读书不倦"[②]。他著有《注史记》，达百卷，是结合金朝施政对《史记》做出的进一步评论与阐述。

蔡珪，系金初大文人蔡松年之子，其祖蔡靖为宋守燕山府，后降金。

[①]　《金史》卷一百二十五《党怀英传》。
[②]　《金史》卷一百五《萧贡传》。

可以说是个文化世家。蔡珪曾中进士第，不求调，后除澄州判官，又为三河主簿。蔡松年去世，海陵起复蔡珪为翰林修撰，同知制造，改户部员外郎，兼太常丞。世宗朝曾放外任，后复为翰林修撰，迁礼部郎中。蔡珪在史学方面著述甚丰，他集沈约所著《宋书》、萧子显所著《齐书》和魏收《北魏书》的《志》，编成《南北史志》，共三十卷。另有《续金石遗文跋尾》十卷，显然是有关金石学方面的书，故对历史掌故、古代文字的研究甚有造诣。金建中都城时，有两燕王墓在旧燕京城外，城墙扩展，两墓圈在东城内，大定九年诏改葬城外，俗传为战国时燕王及太子丹墓，及启墓，东墓题为"燕灵王旧"，蔡珪认为，"旧"与"柩"通，作《两燕王墓辨》，据葬制、名物、款式等考定为西汉墓。可见，蔡珪对金石、古文字、墓葬制度等方面均有研究。并有文集五十五卷。[①]

元好问，字裕之，其先出拓拔魏。其父元德明累试不第，放浪山水间赋诗自适。元好问七岁能诗，年十四从陵川郝晋卿学习，"淹贯经传百家，六年而业成"[②]。赵秉文见其诗，以为"近代无此作"，自此名震中都。今人一般均知元好问为著名诗人，其实，他还是一位杰出的史学家。元好问的《中州集》被称为是"以诗存史"的著名著作。在这部书中，他共收入金 256 人的 2100 多首诗，为其中 254 人立传，在《李汾传》（见《中州集》卷十）中，还详述了金中都国史院的官员分工。对金末政治、经济、国家丧乱等均通过为诗人立传来表现。这些诗人传记，俨然可集成一部金代艺文传。有人曾作过统计，《中州集》的 254 人传记中，《金史》中有传和名的达 111 人之多。所以，《中州集》是后来元人编写《金史》的重要资料来源。另外，元好问还有《壬辰杂编》。

这些史学家虽不都是金中都人，但其史学著作，大多成于在中都为官期间，因而推动着整个中都史学发展。

第三节　科学技术

金代是我国北方科学技术长足进步的时期。而金中都则集中了各方面的科技人才。女真人由于迫切需要吸收各方面的知识，故而很少保守，与

---

① 《金史》卷一百二十五《蔡珪传》。
② 《金史》卷一百二十六《元好问传》。

其他朝代不同的是，金王朝对科学技术人才往往给予和政府官员相当的品级，虽无行政权力，但无疑对科技人员是一种很大的鼓励，因而促进了科技进步。金王朝还特别注意有计划地培养人才，如天文、医学，均设专科教育，定期招收学员，对科学发展起到了推动作用。

一 天文与历法

女真人建国之初，不仅没有天文历法知识，甚至不知纪年，问其年月，只知"草青几度"。随着国家的建立和对辽、宋战争的进行，这种状况显然太落后了。所以无论是辽还是两宋，不论是朝廷掌管天文、历法的官员还是两朝的仪器设备，一律掠之而去，有的直接留在燕京，有的先运送上京，后又迁至中都。所以，金代的天文和历法是在辽、宋两朝的基础上建立的。

金仿宋制，设司天台，又称"候台"，先隶太史局，属秘书监，金初的天文观测，往往是把科学与迷信纠缠到一起，所以，司天台的职责是"掌天文历数，风云气色，密奏以闻"，以天象来预测政权的安危。司天台设提点，下有台监、少监、判官、教授、司天勾管等官员。为了培养人才，司天台下设专科教育学校，在籍学生七十六人，汉人五十，女真人二十六。学习的科目有天文科、历算科、三式科、测验科、漏刻科等。[①] 学生分到各科学习，由相关工作人员管理。学生年龄在15岁以上，30岁以下。三年招生考试一次。而入学的考试科目多为民间数术之类。如以《宣明历》试推步，以《婚书》《地理新书》试合婚、安葬，及以《易》试巫法、六壬、三命五星之术等。[②] 但从入学后的分科看，还是十分重视天文的基础知识和观测实践。司天台的仪器是从北宋开封掠取的，但不少在运输途中或损或毁，如天轮赤道牙距、拨轮悬象钟鼓、司辰刻报、天池水壶等皆损，唯铜制浑天仪得以保全，立于中都司天台上。估计在中都司天台建后又制作了一些其他仪器，如计时的滴漏等。后迁都汴京，因浑天仪不易车载，弃置原地。元人吴师道有《城外纪游》诗，写他到元大都南——旧金中都城游历的情形，他还看到这座浑天仪。诗云："城南靡靡度阡陌，疏柳掩映连枯荷。清天突兀出天半，金光耀日如新磨。珑珎遗制

---

① 《金史》卷五十六《百官志二》，《秘书监》。
② 《金史》卷五十一《选举法》。

此其的，众环倚植森交柯。细书深刻皇祐字，观者叹息争摩挲。……长春宫苑最宏丽，飞楼涌殿凌层波……"从中可以看出，元时浑天仪还置于旧地，且光亮如新。从诗中还得知，司天台临于元长春宫，即金太极宫，于光度先生考证，认为其址在今白云观以西。这件宋皇祐年间的浑天仪到元代已难使用，但为此后刘秉忠等制作新的天象仪器提供了实物借鉴。

金代主持司天台工作见于记载者有杨极、赵知微、刘道用、杨云翼等。此外，还有耶律履（又称移剌履）也是著名的天文学家。这些人皆为大学问家，一般既通儒学，又知数术、天文和礼仪。其中，尤以耶律履和杨云翼最知名。耶律履为辽东丹王耶律倍九世孙，自幼聪敏、及长、博学多艺。世宗朝任国史院编修官，当时准备设女真策论进士科，但以往进士科多重诗赋，礼部以为策论与进士所学不同，不可称进士。耶律履说：隋唐最初取进士本专试策，唐高宗时才杂以诗赋，文宗时才专用赋，今女真诸生以试策称进士有何不可？可见，耶律履是很主张实际的人。章宗朝为尚书右丞。履精于历算书绘之事，曾指出《大明历》之误，编有《乙未历》。[1] 杨云翼更是金朝后期最具影响的人物，章宗时即为太常博士、太常寺丞、翰林修撰等。宣宗贞祐三年（1215年）"转礼部侍郎，兼提点司天台"[2]，兴定初迁翰林讲学士、兼修国史、知集贤院事，后拜礼部尚书，改御史中丞。他曾与赵秉文共撰《龟监万年录》，并有《圣学》《圣孝》等文。在天文学方面有《五星聚井辨》《悬象赋》；数理方面有《勾股机要》《象数杂说》等著述。

司天台的工作内容，一是观测天象，以测国家之吉凶。其内容可从《金史·天文志》见其一斑，既有对天象的客观记载，又杂以迷信，以星斗变化、日月之食、云气之象来预测政治、军事。但这些记载，又为后人研究天文提供了实际资料，如日食、月食、太阳黑子、昏雾、阴云、彗星等等，均按准确的年、月、日、时加以记载，对我们研究历史上天体变化情况留下了第一手资料。

司天台的另一项重要工作便是修订历法。

金朝最初的历法是由司天杨极所编，自天会五年始，到天会十五年颁行，称为《大明历》。但到海陵正隆年间和世宗时期，一再发现以《大明

---

[1]《金史》卷九十五《移剌履传》。
[2]《金史》卷一百十《杨云翼传》。

历》所推测的天象不准，预测日食，几次不食。于是，世宗命司天赵知微重修大明历。便在此时，耶律履亦献其编的《乙未历》。大定二十一年（1181年），世宗命尚书省礼部员外郎任忠杰与司天台的历官共同研究、比较这两部新编的历法，最后，还是采用了赵知微的《重修大明历》。

章宗朝，司天历官又进《太乙新历》，章宗命礼部郎中张行简等校订，张以为需待发生日食时实际检验，故没有结果，被搁置。大安初，杨云翼方又对《太乙新历》进行参订，云翼指出其问题二十余条，所以《太乙新历》一直未曾颁行。因此，金代真正修订、颁行的还是《大明历》，期间仅在大定年间进行过一次大的修改，直到元代《授时历》颁行才废止。

二　医药与名医

金代继承了辽、宋的医学成就，如医书、图籍等，但又有新的发展。无论对人体的认识，如经脉穴位，还是对病理、药理等，都有新的发展，并出现了一批著名的医学家。

中都的医疗机构和医官　金代和辽宋一样，在朝廷和大兴府都设有医疗机构。

在封建社会，朝廷的医疗机构首先是为宫廷服务的。中都的医药机构有尚药局、太医院和御药院。

尚药局由提点掌管，为正五品官。下有使、副使，分别为从五品和从六品，负责掌管汤药果品。此外还有直长、都监等。

而中央的医疗机构主要是太医院。太医院同样设提点，为正五品，下设正、副使，分别为从五品和从六品，另有判官，掌诸医药和整个太医院的行政管理工作。另有各科负责人，称为勾管，一般十名医务人员设一位勾管，勾管系各科中医术精良者。太医院内有正奉上太医、副奉上太医，为太医中的首领人物；另有一般医生，分十科，共五十人。这些太医主要负责皇帝、太子、后妃的医疗。

御药院，有提点为从正五品；另有直长，正八品，掌管皇帝的御用汤药。[1] 在中都大兴府，还有府医院，负责官员称为"医正"，下设一般医生八人，称"医工"。

---

[1]　《金史》卷五十六《百官志》。

值得特别注意的是，金朝还设有专门培养医学人才的学校，中都大兴府人数最多，有学生三十人，其余京府仅二十人，散府节镇十六人，防御州便只有十人了。这些学生要分科学习，称为"医学十科"，每月以疑难病症来测试，三年一次由太医院的太医测试。不在学籍的医生亦可补试。[①] 另外，在礼部下设有"惠民司"，原为在市场上出售汤药给一般市民而设，主官为"惠民令"，中有"惠民承"（大定三年由于薪俸缩减而取消）。

金朝的太医官均设有品级，自熙宗时定天眷制，由从四品以下，立为十五级。最高者为保宜大夫、保康大夫、保平大夫，皆为从四品。其下还有保颐、保安、保和等名目。[②] 从以上情况看，金代从中央到地方，有一套相当完整的医疗系统。当然，这些官方机构和医生，主要是为各级统治者服务的；虽有"惠民司"，但一般百姓不可能得到真正的医疗服务，百姓的医疗与健康，主要是靠民间医生。

医学大师和金代的医学成就 金代医学较之前代有很大发展，并有重大突破，这主要靠民间著名医学家的贡献。

自唐宋以来，方士多以长生和房中之术惑众，尤其是士大夫阶层，为穷其私欲，常常朝夕服饵，饮金石躁烈之物，久而化热，多致实热之症，而世上庸医，又以麻、桂、巴豆等辛热之剂而泻，遗毒尤甚。而金代名医主张凉泻之法，纠正了这种谬误。另外，宋朝主要由官方药局出版标准方剂，由宫医请医验方，按方用药，造成用药的公式化。这些均阻碍了医学的发展。而金代打破了这种局限，提出古方不能治病，应另创方剂。宋时还主张五运六气说，也应从实践中加以分析辨证。在这种情况下，金代出现了一批著名医学家，挑战传统。如成无已、马丹阳、刘完素、张子和、张元素、李杲、窦汉卿等，皆一代名医，在中国医学史上占有重要地位。他们一般活动在民间，从长期的实践中得到真知灼见，并有自己的著作。

在中都地区活动的主要有马丹阳、张元素等。

马丹阳，又名马钰，生于天会元年（1123年），卒于大定二十三年（1183年），系北方道教全真七真人之一。马丹阳精通针灸，治人无数，他在总结实践经验的基础上著有《十二穴歌》，也称"马丹阳十二穴"，

---

① 《金史》卷五十一《选举志》。
② 《金史》卷五十五《百官志》。

是古代临床针灸的重要著述和总结。由于其穴位"手不过肘，足不过膝"，在取穴和配穴上无任何危险，而医疗效果却很好。

张元素（1151—1234年），字洁古，易州（今河北易县）人，8岁试童子举，37岁应试经义进士，因犯庙讳而下第习医。著有《医学户源》《珍珠囊》《病机气宜保命集》等医学著作。其《珍珠囊》是一部有关药性研究的著作，书中对一百多种药物进行了讨论。张元素行医不仿古方，他认为"运气不齐，古今异轨"，"古方新病不能也"[①]。河间刘完素本人便是大医学家，但自己却得了伤寒，张元素往治，诊断后以为原来服用之药性寒而汗不能出，乃另用处方，刘完素病愈，张元素自此名声大振。

张元素有弟子李是，亦深得其师医术之精要，亦为名医，善治伤寒、痈疽及眼疾，并有著述。

三　地理与方志

前面谈到的蔡珪，不仅是著名的文学家和史学家，而且在方志学方面也做出了重要贡献。他著有《补正水经》五篇，是对汉代所修《水经》所做的增补、考订。此外，还有《晋阳志》十二卷。

另外，世宗朝有梁襄，对幽燕及北方地理形势、气候特征等十分熟悉。《金史》保留了他一篇《谏世宗幸金莲川疏》，从中可以看出，梁襄是一位地理学家，对幽燕及北方草原、东北山林的自然环境、山川地理、气候特征都有认真的研究。

梁襄字公赞，绛州人。少年时"性颖悟，日记千余言，登大定三年（1163年）进士"。襄长于《春秋左传》，"至于地理、氏族无不该贯"[②]。从他的《谏世宗幸金莲川书》中，可以印证，《金史》对他的这种评价是实事求是的。当时，世宗欲到金莲川游兴，金莲川在今张家口地区东北与内蒙古交界处，是辽代帝后们夏捺钵的传统地点。但是，至金世宗时气候已发生了重大变化。梁襄说："金莲川在重山之北，地积阴冷，五谷不植，郡县难建"，而且"气候殊异，中夏降雪，一日之间，寒暑交至"。其实，在辽代的早期和中期，即距梁襄生活的时间一百年之前，情况并不如此。辽初，阿保机建国时即在"炭山"开垦土地，种植五谷，"炭山"

[①]《金史》卷一百三十一《张元素传》。
[②]《金史》卷九十六《梁襄传》。

是与金莲川相邻的。而到辽圣宗时，承天萧太后还经常到金莲川游幸，假如当时便如梁襄所说"五谷不植"，"中夏降雪"，承天后不会对金莲川有那样大的兴趣。辽代不仅到金莲川，而且还把更向西北的鸳鸯泊（今张家口地区西北安固里淖）作为游幸之地，足见当时整个坝沿地带还是水草丰美，气候良好的。梁襄所说的情况，证明了我国金代正是又一次寒冷期到来的时期，梁襄以一个地理学家的敏感，注意到这种变化。对世宗大定初金莲川的生活环境，梁襄也十分清楚，他指出，若去金莲川，"挂甲常坐之马，日暴雨蚀"，而侍卫和士兵又要"穴居野处，冷唊寒眠"，"卫宫周庐才容数人，一旦霖潦积旬，衣甲弓刀沾湿柔脆"。看来，当时金莲川一带确实阴冷多雨，生活环境已相当恶劣。对自燕京至金莲川的道路梁襄了解亦很具体，指出："行幸所过，山径阻修，林谷晻霭，上有悬崖，下多深壑"，情况确实如此。梁襄的这篇《疏》，为我们了解由辽至金北方气候变化提供了很好的资料。

而对金中都的地理环境，梁襄也进行了概括，指出"燕都地处雄要，北依山险，南压区夏，若坐堂隍，俯视庭宇，本地所生，人马勇劲，亡辽虽小，止以得燕故能控制南北，坐致宋币，燕盖京都之首选也"，对燕地理位置的重要性表述十分准确。至于举汉唐之事例，由唐代离宫距离，到世宗在济南的生活，都证明他对历史地理的变迁有着深入的研究，虽未见其他论著，仍可断言梁襄的确是一位杰出的历史地理学家。

第十七章　承前启后的金中都文学艺术

在我国文学艺术史上，由于唐诗、宋词、元曲皆是巅峰之作，金代便显逊色了，然而，就北京历史而言，金代的文学艺术，却是一个空前发展和全面奠基的时期。因为，隋唐之前，北京以军事活动为主，魏晋北朝时期文化上虽有很大发展，但以经世致用的儒学为重。隋唐之际，渐兴儒雅之风，虽有诗词方面的佼佼者，但与长安、洛阳文人荟萃的局面相比，自不可同日而语。辽代学唐比宋，燕京成为北方的文化中心，但辽朝崇尚质朴应用，虽尽力搜求南朝词章，但一来双方书禁甚严，二则文化的重点又放在佛学上，文学上的成就便甚少了。金代则不同。金朝的燕京，既有辽宋投降金朝的文人，又有金朝强行扣留的南宋人，这些人多怀念故国，感伤时局，往往以诗词抒发情怀。金中都建立之后，女真人汉化甚深，开始出现金朝自己的文学家。特别是到章京朝，金与南宋各自偏安，君臣以为"太平"，恋于安逸，文人多在文辞上大下功夫，加之如海陵、章宗等均亲自倡导，上行下效，作品不断涌现。在戏剧、绘画，民间艺术上更开拓出一派全新的局面，此后元大都的文学、艺术，处处留下金代的痕迹。所以，对金代中都之文艺，不可不给予特别的关注，它既有承上启下的作用，又是南北文化差异逐渐缩小的时期，并为北京都城文艺开创先河。

第一节　诗词与评论

北宋时词最流行，而诗也别具一格，金朝诗词是在继承"北宋诸贤"的基础上发展起来的。金代诗词宗于苏黄，从艺术上说似未脱北宋窠臼，也未出现超越前人的大诗人，但也有不少相当出色的作品，特别是涌现出一批女真诗人，并且比汉族文学家毫不逊色，这在北方民族发展史上是少见的现象。金中都是北方文化最集中的地方，他们中，有的是本地人，有的是外地来金都为官的，其作品不仅反映了当时的社会生活，而且对中都景物多有描述，为我们了解中都的历史情况提供了宝贵的资料，同时也在北京豪放、粗犷的文化特征中添加了优雅、细腻的新因素，为南北文化的交融奠定了基础。

一　金代早期诗人与士人的苦闷

金初攻占燕山府，多罗致辽宋士人，其中有不少擅长诗词。如韩昉、蔡松年、吴激、宇文虚中、高士谈等，都是活跃在金初文坛上的著名诗人。当时金朝对宋的战争尚很激烈，从金王朝来说，正是蓬勃向上的时期。但是，这些汉族文人有的是被迫降金，怀念故国，有的是南宋的使节，被迫扣留，思念故土；有的虽主动为金朝服务，但并不被金廷信任而留于官场是非之中。所以，他们的作品并非反映金初女真政权主流形势，而表现了十分复杂、矛盾的心情，却也正是南北民族激烈撞碰的一个侧面。

如宇文虚中，宁叔通，号称金初诗坛盟主。他本是成都人，仕宋累官至资政殿大学士。建炎二年（1128年）为南宋祈请使，要求金归还宋徽宗，金人却强制将宇文虚中也扣留了。金朝命其为翰林学士承旨，掌辞命，被尊为"国师"，但他仍心系故国，哀怨悲愤，如在《又和九月》诗中写道：

>老畏年光短，愁随秋色来。
>一持旌节出，五见菊花开。
>强忍玄猿泪，聊浮绿蚁怀。
>不堪南向望，故国又丛台。

诗中充满了哀怨和无奈，表达了对故国的思念。

吴激和蔡松年皆以词著称，并称"吴蔡体"。

吴激，字颜高，又号东山，建州人，工诗词，善书画，也是奉使至金被强制扣留的，命为翰林侍制。据刘祁《归潜志》记载，有一次宇文虚中和吴激等在张侍御家宴会，发现一位侍酒歌妓原是宋朝宗室女子，曾嫁与宋徽宗生母陈皇后的娘家人，但却流落北方为歌妓，于是宇文虚中作了一首《念奴娇》，而吴激则作了一首《人月园》。宇文之词平平，而吴激

的《人月园》却从此较广为传唱,备受推崇,词曰:

> 南朝千古伤心事,犹唱后庭花。归时王谢,堂前燕子,飞向谁家?恍然一觉,仙肌胜雪,宫髻堆雅。江州司马,青衫泪湿,同是天涯。

北宋中叶以后,填词工巧,常隐括唐人诗句填词,称为"隐括体"。吴激的《人月园》,正是利用古人诗句隐括而成。前两句是取杜牧《泊秦淮》"商女不知亡国恨,隔江犹唱后庭花",古今之事两相映衬,说明北宋灭亡而宋女犹如商女。下面又用刘禹锡的《乌衣巷》,而取"旧时王谢","堂前燕子",写今朝宋廷之由盛至衰。最后方推出人物本身和自己身世悲凉的同感,借《琵琶行》写出"青衫泪湿"的无限悲痛。这首词全部借用唐人诗句,但剪裁连缀,融为一体,并准确地把握了所写人物和要表达的思想,以故为新,含蕴犹深,而不露圭角。据说,当时身为文坛盟主的宇文虚中本视吴激为后进,此《人月园》一出,却刮目相看,自愧不如,从目前吴激所留的辞章看,他常以看似平淡的笔墨,推动读者感情的波澜,产生震撼人心的艺术感染力。如《春从天上来》,也是写宋梨园旧人流落北国,其中有"舞破中原,尘飞沧海,飞雪万里龙庭"的句子,这确实是对北宋被灭的写照,与白居易的"渔阳鼙鼓动地来,惊破霓裳羽衣曲"有异曲同工的效果。宇文虚中自愧不如是有道理的。由此可见,吴激在词作的成就并不比南宋差,大概由于人们不太重视金代文学,名气被埋没了。

蔡松年之父蔡靖曾为北宋守燕京,金人攻燕,蔡松年随父降金,为太子中允,后因任真定府判官,故称真定人,实际上,其主要活动是在燕京,并从金人伐宋。海陵迁中都,蔡松年提出徙榷货以实京城,并行引钞法,对中都经济发展做出了贡献。蔡松年才气颇高,但好逢迎,熙宗朝又卷入朝廷党争。海陵虽用,但又对其怀有疑忌,故松年晚年并不得志。他和宇文虚中、吴激等不同,是忠心服务于金廷的,但晚年亦有归根退隐之念。故在《念奴娇》中写道:"离骚痛饮,笑人生佳处,能消何物,吏甫当年成底事,空想岩岩玉碧。五亩苍烟,一丘寒壁,岁晚忧风雪……崔嵬胸中冰与炭,一酹春风都灭。"看来,思想上很矛盾,蔡松年的词有两大源头,一是"东晋奇韵",二是东坡乐府词的清旷。其《相见欢》云:

云闲晚溜琅琅。泛炉香。一段斜川松菊，瘦而芳，人如鹄，琴如玉，月如霜。一曲清商人物，两相忘。

这是一首短短仅三十字的小令，但却将秋月的闲云、炉香、松菊、明月等境物淡墨白描而出。没有抒情的字句，但却让人们看到作者归隐泉林的心境。清虚、空灵，正是蔡词的特点。

另外，有蓟州渔阳（今密云、怀柔交界处梨园庄）张斛，字德容，先是由辽入宋，官为武陵守，后又由宋入金，为秘书省著作部，这种时局不断动荡和漂泊不定的生活给幽燕人民带来无穷的苦难。张斛的诗便反映了这种状况，如他的《沙边》诗写道：

晚雨涨平堤，沙边独杖藜。
长风催雁北，众水避潮西。
楚客相逢少，吴天入望低。
故园无路到，春草自萋萋。

从诗中，我们似乎看到了一位拄杖的老人，在春风中遥望燕山脚下的家园。

而由南向北流落的，有着同样的心情。如高士谈，原为宋祁州户槽。仕金为翰林直学士，进退失据，有无限的苦闷，其《不眠》写道：

不眠披短褐，曳杖出门行。
月近中秋白，风从半夜清。
乱离惊昨梦，漂泊念平生。
泪眼依南斗，难忘故国情。

以上两首诗，一写北望幽燕，一写眺望南国，对金初中原动荡，南北人口颠沛流离的痛苦，通过艺术手段加以反映，让我们似乎看到一南一北两个老人在拄杖对泣，仕金的官员们尚且如此，普通百姓的苦难便更为深重了。

二　从海陵王和章宗诗词看武功与文治

女真人对汉文化的热心和努力学习的态度，是很值得令人赞叹的。到金朝中期，他们不仅熟悉了汉族经典而且学习汉人吟诗、作赋乃至操琴绘画和焚香点茶；不仅一般女真士人如此，皇帝、后妃亦率先效仿。由于金朝皇帝自太子时便受到严格的教育，有名师指点，不少人有很深的文化造诣，在此情况下，使他们成为诗坛上的重要成员。如海陵王、金章宗、完颜璹等，不仅是女真诗人中的佼佼者，即便在整个金代诗词中亦占有重要地位。

海陵王完颜亮，是金朝的第四代皇帝。此人既有雄才大略，但又狠急毒辣；既有很深的汉文化修养，但又充满了女真的粗犷刚健。他弑熙宗自立，又荒淫好色，可杀己母，而又夺臣妻。但在迁建中都，进行改革方面表现了空前魄力。这种特有的经历和性格，是一般诗人所少有的。所以，宋岳珂在《桯史》中称他为"逆亮辞怪"，这是相当贴切的。请看其《鹊桥仙》（待月）词：

　　停杯不饮，停歌不发，等候银蟾出海。不知何处片云来，做许大，通天障碍。
　　虬髯掀断，星眸睁裂，唯恨剑锋不快。一挥斩断紫云腰，仔细看，嫦娥体态。

这首词分上下两片，上片写待月不至，为云遮蔽。本来，片云蔽月是常有的现象，但完颜亮性甚急，看成"做许大，通天障碍"，以致停杯不饮，停歌不发。既写出了"待月"的心情，又很自然地透露出其心理特征。下片写他对这"片云遮月"的态度。哪怕只是片云、片刻，他也等不得，所以竟将"虬髯掀断"，气得"星眸睁裂，"恨不得拔剑斩断云腰，立即看到月中嫦娥体态，其狠急的性格、狂妄的野心表露无遗。评论家常认为，这首词的显著特点，是"铲尽浮词，直抒本色"，确实如此。他的语言，处处自然，毫无词中常见的文绉绉的酸腐，也没有当时充斥词坛的脂粉气，就格调而言，则豪横骏爽，剑拔弩张，而本人的确桀骜之气溢于词表。说"词如其人"，确实不假。这首词写在他决心对宋作战之前，写的是"侍月"的实境，但无形中看到其急窥南宋江山的野心。

完颜亮留下来的诗词仅数首，但每首皆不同凡响。完颜亮曾派使臣入宋，暗绘临安城郭，西湖和吴山形势。又令人绘他自己的像于吴山之顶，并题《西湖图诗》曰：

> 万里车书尽会同，江南岂有别疆封。
> 提兵百万西湖上，立马关山第一峰。

此诗充满了希望统一大江南北的霸气，但又看出其无比骄横睥睨一切的性格。另有题扇诗云："大柄若在手，清风满天下"，直书帝王豪情。同时，也表现了女真人崇尚以武力征服天下的风气尚未消退。

海陵王南侵失败，世宗大倡文治。由世宗至章宗，金朝经济发展，社会号称"承平"。于是统治者笔下的诗词风格也发生了很大变化，从豪放变为工巧。这一点，自世宗太子完颜允慕的诗中已看出苗头，他有一首《风筝韵》：

> 心与寥寥太古通，手随轻籁入天风。
> 山长水阔寻无处，声在乱云空碧中。

完颜允慕志向高远，多有善政，从诗中可见一斑，可惜其寿不长，谢世过早。从这首诗可以看出女真人原来的粗犷、豪放已经很少了。而到章宗时，不仅求工巧，而且变为纤丽。较之完颜亮的恢宏霸气不同。章宗有《宫中绝句》诗云："五去金碧拱朝露，楼阁峥嵘帝子家。三十六宫帘卷尽，东风无处不杨花。"诗中，贪图安逸、富贵的思想表露明显，辞章虽工，但论志向，较完颜允慕的《风筝韵》又差一等了，更典型的作品是章宗的词《蝶恋花·聚骨扇》：

> 几股湘江龙骨瘦；巧样翻腾，叠作湘波皱。金缕小钿花草斗，翠绦更结同心扣。
> 金殿珠帘闲永昼；一握清风，暂喜怀中透，忽听传宣须急奏，轻轻退入香罗袖。

聚骨扇即析叠扇，宋时由高丽传入我国。这首词写宫廷妇女的生活，是一首咏物词,写得细腻而又生动,被评论家看作"玲珑剔透的艺术珍品"。从艺术手法上讲,金章宗完颜璟确实较乃祖又胜一筹,但从词中亦可看出,此时的金廷,耽于安乐,工于小巧,女真人建国初期那种勇猛进取的精神已丧失殆尽,而金朝的下坡路也便开始了。

对于金朝的这种潜在的危机,一些女真人中的有识之士早已注意到,并以诗词表达他们的隐忧。如完颜璹便是其中的一位。

完颜璹为世宗之孙,博学多才,喜为诗,工真草书,与文士赵秉文、杨云翼、元好问等为善交。平生诗文甚多,自删其诗,"存三百首,乐府一百首",号"如菴小稿"[①]。他目睹了世宗朝的治世、章宗朝的奢华、卫绍王和宣宗时的时局动荡。宣宗迁汴后,他家人口多,薪俸少;客来,贫不能具酒肴,但仍焚香煮茗,与客共谈中都往事,终日不倦,其诗词多有对时事的感慨。如《朝中措》云:

> 襄阳古道灞陵桥,诗兴与秋高。
> 千古风流人物,一时多少雄豪。
> 霜清玉塞,云飞陇首,风落江皋。
> 梦到凤凰台上,山围故国周遭。

这是首感今追昔之作,但并不胶结于一时一地,有大气包举的气势。一会儿想起灞桥的风云英雄,一会儿又借用苏轼的《赤壁怀古》,抒发对往日英雄的追念。但眼见朝廷山河日下,不由充满忧虑,所以在梦中还看到故国被"山围周遭"的情形。玉塞、陇首、江皋,均写秋怀,隐隐融进抑郁、冷凄与酸楚。这也是首借古人诗的"隐括体",其用典使事以意贯穿,浑然无痕、用意却很深刻。作者并未明写往日中都盛事,但千古英豪与今日秋景相衬,不能不引起人们深深的思索。

三 金代中后期的诗人和诗人笔下的金中都

世宗大定年间,走向金朝的盛世。章宗朝基本保持了旺盛的势头,又特别提倡文化,不仅亲自讲经论道,而且"吟哦自适"。于是,出现了一大批比较优秀的诗词作者。其中如党怀英、赵讽、刘迎、赵秉文、杨云翼

[①] 《金史》卷八十五《完颜璹传》。

等，都是著名诗人。此时的中都，经过几十年的建设，呈现出一派繁荣景色，京城内外的风景名胜又甚多，许多诗人或咏中都之事，或写中都之景，既让我们看到诗人的风采，也给我们留下了解中都景物的宝贵材料。

大定、明昌年间的诗人首推党怀英，号称"一时文学宗主"。

党怀英，字世杰，号竹溪，生于天会十二年（1134年），逝于卫绍王大安三年（1211年）。少年时与辛弃疾同拜刘岩为师。金人南下，二人一南一北，均成为一代著名诗人。怀英大定十年中进士，官至翰林学士承旨，于史学、诗词皆多贡献。其作品明丽而透出苍劲，其《立春》诗曰：

水结东溪冻未漪，风凌枯木怒犹威。
不知春力来多少，便有青蝇负暖飞。

一般写春者，多柔媚娇艳，而诗人却突出了初春乍暖还寒的凌风枯木。然而，春蝇敏觉，却已乘势而飞。这与其说是写春景，不如说是写朝廷各种势力的角逐。

党怀英的词也写得很好，许多作品臻于妙境，如其《月上海棠》云：

傲霜枝袅团珠蕾。冷香霏烟雨晚、秋意。萧散绕东篱，尚仿佛、见山清气。西风外，梦到斜川栗里。
断霞鱼尾明秋水。带三两飞鸿、点烟际。疏林飒秋声，似知人、倦游无味。家何处，落日西山紫翠。

这是一首借景抒情的词。有人认为是其初仕作汝阴令时的作品，余以为不像，从"西山落日紫翠"等语、诗中思念故里、隐露归潜之意看，到像是久仕中都的晚年作品。这首词艺术表现力很强，起笔写景：晚秋时菊团珠蕾，傲立枝头，烟雨秋霜中还散发出冷香，似乎使人看到了当年陶渊明采菊东篱的悠然自得；下片写晚秋的残霞被落日染成绯红的颜色，若鲤鱼断尾，三两鸿雁点缀在天际，引起词人无限遐想；最后落到"倦游无味"，显然是厌倦于官场的是是非非，想归隐田园了。这首词，境界清冷，笔调老辣，亦不似年轻人所为，党怀英起于世宗朝，而显于章宗明昌、承安之间。虽日夕在朝为显官，但终日伴君，不得不低眉掩声。一次读祝册于郊庙至章宗名字时压低了声音，章宗立即感觉出来，说：卿虽为尊君，但这是在郊庙，应当平读。可见要事事小心，这对于以清傲著称的党怀英来说自然难以适应，所以到承安初便请致仕，但既改外任，又被召回，所以有残霞、疏林的感触。难得的是，党怀英虽常居显位，仍关注下层百姓生活，其《村斋遗事》诗，写冬日农户烧柴聚暖："霜风入户寒割肤，生薪搓芽供燎炉。漫慢湿烟迷四隅，白鹤日见黔如乌。"作为封建时代的官员文士，对农村生活有如此细致的观察，实属不易。

与党怀英大体同时的诗人还有赵风、刘迎、周昂、刘汲等，他们长期在中都生活，留下了不少写中都景物的诗章。如周昂，大定年间进士，任过监察御史，《金吏》本传赞其"学术醇正，文笔高雅"。他有《香山》诗，写当时香山景色：

　　山林朝市两茫然，红叶黄花自一川。
　　野水趁入如有约，长松阅世不知年。
　　千篇未暇偿诗债，一竹聊从结净缘。
　　欲向安心心已了，手书谁识是生前。

从诗中可知，金代的香山似乎比现在风光更美，甚有野趣。不仅早有红叶满山、参天老松，而且黄花满川，流溪野水，幽静万分。

刘汲则有《南园步月》写南苑风光曰："云横树外山，树映山巅月。微风拂寒枝，疏光散清樾。"看来，当时的南苑以树木葱茏而著称。

金代后期活跃于诗坛者，最著名的是赵秉文和杨云翼。

赵秉文（1159—1232年），字周臣，自世宗朝入仕，一直到金末，号称"历任五朝，官至六卿"，晚年自号闲闲。元好问在《闲闲墓志铭》中评价他的诗"七言长诗笔势纵放，不拘一律，律诗壮丽，小诗精绝，多以近体为之。至五言古诗，则沉郁顿挫似阮嗣宗，真淳古淡似陶渊明"。赵秉文长期生活在中都，对中都的皇城景物，风景名胜十分了解，多有吟咏。其《卢沟》诗云：

　　河分桥柱如瓜蔓，路入都门似犬牙。
　　落日卢沟桥上柳，送人几度出京华。

诗中对卢沟桥上的景色、卢沟河（今永定河）两岸弯曲扭转的走势以及卢沟桥对京师的重要作用，都写得简洁生动。

赵秉文写玉泉山的景色更为具体、细腻。其《游玉泉山》写道：

> 夙戒游名山，山郭气已豪；
> 薄云不解事，似妒秋山高。
> 西风为不平，约略山林稍；
> 林尽湖更宽，一镜涵秋毫。
> 披云冠山顶，屹如戴山鳌；
> 连旬一休沐，未觉陟降劳。
> 高谈到晋魏，纪覃凌风骚。
> 玉泉如玉人，用舍随所遭；
> 何以侑嘉德，酌我玉色醪。

看来，当时的玉泉山，不仅林木葱郁，而且有湖水，且湖面甚宽，清澈如镜，绝不似今日泉断水枯的光景。

赵秉文还有关于农民生活的诗。如其《听雨轩》写道：

> 无田妻啼饥，有田稻蟠泥；
> 等为饥所驱，贫富亦两齐。
> 雨中窗下眠，窗外芭蕉雨。
> 置书且安眠，催租吏如雨。

诗中不仅写了农民的饥饿困顿，而且即使有些田地的人也只好在泥泞中劳作。作者想置书案头休息一下，但却听到催租官吏像雨一般的来往催促不停，作为统治阶级的高级文化人，能注意到这种状况也算难得了。

赵秉文的词也写得很好。金朝后期，朝政日益腐败，处处充满危机，赵秉文也产生归隐思想，但又不可能解脱，其《水调歌头》便是反映这种矛盾心理的游仙词：

> 四明有狂客，呼我谪仙人。
> 俗缘千结不尽，回首落红尘。
> 我欲乘鲸归去，只恐神仙官府，嫌我醉时真。

笑拍群仙手，几度梦中身。
倚长松，聊拂石，坐看云。
忽然黑霓落手，醉舞紫毫春。
寄与沧浪流水，曾识闲闲居士，好为濯冠巾。
却返天台去，华发散麒麟。

这首词充分运用了浪漫主义的手法，以奇幻的神仙境界表达自己超脱尘俗，洁身自好的精神追求。当时，有些朋友称赞他仙骨傲然、犹如仙人。他说我俗缘未了，只怕天上的神仙官府也嫌弃我醉后真实的狂态。还是拍拍天上众仙的手儿，回到凡尘来吧。即使在尘世，也可以倚松拂石，醉挥紫毫，作一地上的仙人，骑了麒麟，远离尘嚣，至于你们那些位列仙班的神仙们，你们那种仙梦，我都做了多少回了！

这首词天上地下，无论时间和空间都久远阔大，气势雄伟壮阔。将天上的黑云，且作浓墨以润紫毫，大书特书。见了群仙也不过拍拍手儿，似乎说："小仙们，您还嫩了点！"确实生动而又极富个性。评论家曾称赞赵秉文的词是"绝类离伦""纯凭天籁"，确实如此，不是阅尽世态炎凉，又有极高天分，是不可能写出这样的好词的。

第二节　清新隽永的民间文艺与戏剧

一　气势恢宏、成就卓绝的"诸宫调"

辽、宋、金之时，城市之商业进一步发展，由此而开成一个新的市民阶层。市民阶层不仅促进了城市经济，而且有着迫切的文娱需要。于是，北宋汴京的瓦子勾栏随之而起，民间艺人在闹市中频繁活动，民间的文学、艺术由此而被迅速推动。诸如杂剧、说唱、歌舞、百戏等便都应运而生。其中，说唱曲艺便是一种最受欢迎的文化活动。说的部分且不谈，唱的曲艺形式便有小唱、嘌唱、赚唱、诸宫调、鼓子词、吟叫、合生等等。北宋灭亡后，汴京的民间艺人南北星散，一部分逃到临安，一部分留于金境，金中都建立后则有不少集聚于中都。于是，中都便继承了北宋汴京的民间说唱艺术的诸种形式。金代世宗、章宗朝国家号为承平，各种民间艺术也进一步发展。曲艺说唱既然是市民的生活需要，也容易为女真等文化并不甚高的少数民族所接受，所以更空前兴旺。而其中，成就最为卓著并对后世影响最大的便是诸宫调。郑振铎先生在他的《中国俗文学史》中说，诸宫调是"讲唱文"里"最伟大的一种文体，不仅以篇幅浩瀚著称，且以精密、严饬的结构著称"，至少在歌唱一方面，她是"许多讲唱文体最登峰造极的著作；她有了极崇高的成就，她有了最伟大的作品遗留下来——虽然不过寥寥三部。她在宋、金、元三代的民间有极大的势力"[①]。

诸宫调的产生及其形式 诸宫调大约产生于北宋熙宁、元祐（1068—1093年）年间，其创始人为北宋泽州孔三传，其生平不详。王灼《碧鸡漫志》卷二云："泽州孔三传，首创诸宫调古传，士大夫皆能诵之。"可见，诸宫调创作之初，就有水平相当高的作品，不仅一般百姓喜爱，士大夫也很快传诵。郑振铎先生认为，诸宫调的"祖称"是变文，而其"母亲"却是唐宋词和大曲。变文，是唐代出现的讲唱文体佛教故事，它不同于梵歌，而有故事情节，亦即佛教故事的变体。开始是为进行宗教劝诱的，后来僧侣们越说路子越野，离开了劝诱的目的，到宋真宗时一道禁令便被扑灭了。若不是敦煌文库的发现，也许直到现在我们还不知道变文是什么样子。宋代变文虽已被禁，但却在讲唱文学中留下了它的影子，特别是历史题材的说唱文学中留下了它的影子，很多内容从变文就开始了。但是，诸宫调中，无论散文或韵文又都与变文不同，而是任意采取唐宋的大曲流畅的语言和悦耳的音乐。

因为诸宫调是以"唱故事"为主，所以首先应该了解它的音乐。

大曲，是唐宋时流行的音乐和歌曲，每数个曲调分别隶属于相应的宫调之内。而宫调又有很多种，亦即每个宫调下又各有若干曲调，所以总的曲调便很丰富了。唐宋的词也是有曲调的，即所谓词牌。把大曲集合同一宫调的若干曲组合成一个歌唱单位，有引，有尾，叫作一套，也就是"套数"。诸宫调将差不多唐宋以来的词，凡教坊大曲、流行大曲甚至宋唱赚（一些市井曲子）均网罗一尽，而被重新自由运用和组合，其包含的音乐元素自然是相当丰富了。其组合方法，郑振铎先生归为三类：（甲）组织二个同样只曲而成；（乙）组织二个或二个以上的只曲并附尾声；（丙）组织数个不同样的只曲并附以发尾声。他以《董西厢》为例研究统计，可归入甲类的达五十三套，乙类的有九十四套，丙类的有四十六套；这样多的曲子，配以唱词和道白，"讲唱时间不止一两天，也许要连

[①] 郑振铎：《中国俗文学史》，商务印书馆2005年版，第327页。

续到半月至三个月"，可见诸宫调既与杂剧不同，也不同于一般的说唱小段，而是用许多曲调唱说一部完整的故事，是类似近代"大鼓书"之类的曲艺说唱，但架构却比现代宏大得多。

而诸宫调中无论词或白，均生动、优雅，有很高的文学价值。所以，这是一种既可听又可读的民间文学形式。

诸宫调不同于杂剧有几个角色来演出，而是由一人弹奏并说唱。《西河词话》说："金章宗朝董解无不知何人，实作《西厢拍弹调》，则有白有曲，专以一人拍弹，并念唱之。"这里，把诸宫调的演出方式已说得很明了，而伴奏是用弦乐器，当地称"弦索"。

诸宫调传入中都估计不会很晚，但最兴盛的时期可能是在世宗到章宗之时。而金代的诸宫调又比北宋时有了更大的发展。因为据耐得翁《都城纪胜》记载，孔三传在北宋时所编诸宫调还仅以"传奇灵怪"入曲说唱，估计不会很长，另外孔三传还编有《耍秀才》，可能是打闹的内容，也不会很长。诸宫调在中都流行的初期，大约也是这一类内容，但历史和战争题材可能比较多，《董解元西厢记》卷一曾写出以往诸宫调的内容："打拍不知高下，谁曾惯对人唱他说他？好弱高低且按捺，话儿不是朴刀杆棒，长枪大马。"又概括介绍《董西厢》是："曲儿甜，腔儿雅，剪裁雪月风花，唱一本倚翠偷期话。"由此证明，《董西厢》出现之前，所流行的诸宫调内容，可能是以"长枪大马"等战争或历史题材为主，而到章宗时，随着整个社会向安定儒雅的转变，言情的诸宫调出现了，而且出现长篇巨制。当时，除《西厢》之外，常上演的还有《郑子遇妖》《倩女离魂》《崔护谒浆》《柳毅传书》等。

所以，应当说，诸宫调是始创于北宋，而兴于金和南宋时期。尤其是金中都，是北方说唱曲艺的摇篮。最著名的成功作品出现在金便是证明。

诸宫调的代表作　"诸宫调"今天所能见者仅三种。其中，《天宝遗事》为元代作品，是描写李隆基和杨贵妃的故事。另外两部都是金代作品，即《董解元西厢记》和《刘知远诸宫调》。其中，尤以《董西厢》成就最高。

董解元的身世不可详考，元代伟大的剧作家关汉卿曾著有杂剧《董解元醉走柳孙亭》，可能就是讲董解元的事，可惜今已佚。陶宗仪《辍耕录》说他是金章宗时人。钟嗣成《录鬼簿》说董解元"前辈已死名公，有乐府行于世"，并注明"金章宗时人，以其创始，诸列诸首"。涵虚子的《太和正音谱》也说他"仕于金始创北曲"。董解元是否曾仕金值得怀疑，起码到目前为止，还没发现有力的证据。而《河西词话》还说他为"金章宗学士"，大概也是由"解元"附会而来，其实解元二字在金元用得很滥，是对读书人的通称。董解元未必是北曲创始者，但为一代宗师是公认的。

《董解元西厢记》是在唐人传奇《莺莺传》故事的基础上改编为诸宫调的，《莺莺传》只不过是三千字的小说，而董氏《西厢记》却洋洋五万言，有白，有唱，文辞生动雅丽，对故事情节也有更改。在董氏的笔下，莺莺不再是委曲求全的闺阁弱女，张生也成了有情有义的坚定男儿，经过种种曲折，最后有情人终成眷属。元以后的文学评论家对《董西厢》评价都很高，胡应麟在《少室山房笔丛》中说："董曲今尚行世，精工巧丽，备极才情，而字字本色，言言古意，是古今传奇鼻祖，金人一代文献尽于此矣。"郑振铎亦云："董作的伟大，并不在区区文辞的漂亮，其布局宏伟，书写豪放，差不多都可以说'已臻化境'。这是部'盛水不漏'的完美的叙事歌曲，需要异常伟大天才与苦作以完成的。"①

《刘知远诸宫调》是讲述后汉高祖时刘知远与其结发妻子李三娘悲欢离合的故事。可能属于"朴刀杆棒"一类的诸宫调。其作者不详，但学术界大都公认是与《董西厢》大体同期的作品。该书是俄国探险家柯兹洛夫盗窃西夏黑水故城时劫走的，后藏于俄国彼得堡研究院，现已归还我国。全书12题，中间脱漏，首尾现存5题，其中存曲76段，曲牌61个。这部诸宫调与《董西厢》又不同，语言极浑朴、遒劲，近于自然和口语，也是一部力作。

诸宫调的价值及其对后世的影响　诸宫调的艺术价值是多方面的。首先，是音乐史上一大创新。它既不像"变文"演唱时的"梵吹"那样曲调简单，也不像"大曲"那样重复，而是集唐宋以来歌曲之大成，灵活运用，形成一个庞大的乐曲体系。而在文学方面，尤其是《董解元西厢记》，是一部杰出的力作，吴兰修在校本《西厢记》中曾感叹，元代王实甫《西厢记》杂剧有青出于蓝之叹，但又说："然其佳者，实甫莫能过之。汉卿以下无论矣。"这话虽稍有过头，但凡读过《董西厢》的人，确实均被他那新妍俊逸的辞采所感染。至于其故事结构布局，正如郑振铎所

---

① 郑振铎：《中国俗文学史》，商务印书馆2005年版，第346页。

说,"已臻化境"。诸宫调还创造了一种全新的曲艺形式,先不说对元杂剧的影响,对后世曲艺,特别是说唱曲艺的影响是十分巨大的。

诸宫调最直接影响后代的是元杂剧。元杂剧和宋杂剧不是一个概念。元杂剧直接继承的是诸宫调。元杂剧不同于诸宫调的是由角色在台上表演,但不像后来戏剧由多个角色演唱,却是由正末或正旦独唱到底,这便是继承诸宫调的一个明证。元杂剧中其他角色有对白,但绝无对唱,且与末也始终没有并唱。而元杂剧的内容不仅直接取材于诸宫调,其词曲很多亦是从诸宫调中派生而来。关于这点许多研究者做了细微的比较,此处不再赘述。所以,郑振铎先生说:"元杂剧是承受了宋金诸宫调的全般体裁的,不仅在枝枝节节的几点而已;只除了元杂剧是迈开足步在舞台上搬演,而诸宫调却是坐(或立)而弹唱的一点不同。我们简直可以说,如果没有宋金的诸宫调,世间便也不会出现着元杂剧的一种特殊的文体的。这大约不会是过度的夸张吧。"[①]

二 "杂剧"与"院本"及其在中都流行的情况

除"诸宫调"外,在金中都还流行着"杂剧"与"院本"。这两种东西都是戏剧,但却并不完全是一回事。后世称它们为"戏剧之祖",余以为并无什么不妥。但是,对"杂剧"这处称谓,各时期和不同的人似又并非指的一种内容。同时,和后来元代的"杂剧"又应区别。所以,应耐心对其源流分别考察。

周密和陶宗仪所称"杂剧"是"庞杂之剧" 最先全面介绍"杂剧"的是南宋人周密(1232—1298年)。他在其著作《武林旧事》中列了一个北宋"宫本杂剧"的大目录,多达280种。又过了一百多年,元末的文学家陶宗仪,又在其所著《南村辍耕录》中再次列了更为繁多的"院本"或新剧目录(见《辍耕录》卷二十),也被人们称为"杂剧",这个目录多达713本。两个目录差别很大,周氏目录许多在《辍耕录》中已不见。这一来可能是散佚,二则可能是南北流行的不同,陶氏所记,主要是北方的东西,即金、元两代的东西。但两者有个共同点,便是内容特"杂",其实并不是真正的"杂剧",而是包括大曲歌舞、杂耍、院本乃至诸宫调和比较原始的真正意义上的"杂剧"。最初,甚至现代,不少

[①] 郑振铎:《中国俗文学史》,商务印书馆2005年版,第378页。

人把这两个大目录都称为"杂剧",其实是一种误解。郑振铎先生在其《中国俗文学史》中已注意到这个问题,并将周氏目录分门别类,指出其"以大曲为最多","实际上恐怕最大多数是歌词,而不是什么戏剧性的东西"[1]。他也讲到真正的戏剧和院本,但并没有,也不大可能从中具体剥离而出。

于杰先生在《金中都》一书中则明确指出"那时的演出,是许多种戏同时出场,有杂技、曲艺、歌曲等,故称为'杂剧',即其包罗庞杂之意。但随着它的发展,'杂剧'之称谓只指由人物角色扮演的演出而言"[2]。余以为这种界定是相当合理而明确的。但是,于光度先生同为该书的作者与于杰先生合作,然而在他写《北京通史》时,似乎观点又不同了,他说:"北宋末年杂剧已很成熟、丰富,它不仅包括了滑稽对话的演出,也包括了用音乐伴奏歌唱故事,就是所谓'杂剧词',宋人周密所著《武林旧事》中列有北宋'官本杂剧'80个(疑是280个之误)以上。这些'官本杂剧'每个剧目都配上了官方教坊所使用的乐曲……"[3] 这样,似乎这280余种便都是又有故事,又有歌曲,又有人物扮演的杂剧了。作者接着便讲到杂剧中的"场"和角色分工,以及北宋亡后伶人北上演杂剧以及金廷大乐署的职掌官员和职责。如此一来,与他和于杰先生在《金中都》一书中的观点便全然相左了。也不知是于光度先生本来就不同意杰翁的意见,还是没有完全弄清于杰先生的意思,总之是把280种都看成真正意义上的杂剧。其实,无论如何,周密列的大单子,都一眼可以看出是包罗多种艺术形式的"杂烩"。

所以,我们首先应把"金杂剧"与周氏所云"杂剧"加以区别。我们这里讲的既不是宋人宫廷包罗万象的杂耍和歌舞,也不是后来由诸宫调脱胎的"元杂剧",而是北宋即流行,又在金代得以发展的有角色、有故事的杂剧。

杂剧的演变和宋金宫廷杂剧情形 余以为,真正意义上的"杂剧"是出自"参军戏",而"参军戏"很早便在北方出现了。十六国时,石勒便曾看"参军戏"。到了唐朝,"参军戏"可能已在社会上流行。《乐府杂

---

[1] 郑振铎:《中国俗文学史》,商务印书馆2005年版,第245页。
[2] 于杰、于光度:《金中都》,北京出版社1989年版,第275页。
[3] 《北京通史》第四卷,中国书店出版社,第292页。本卷文化部分由于光度先生执笔。

录》云:"开元中,黄幡绰、张野狐弄参军……开元中有李仙鹤善比戏,明皇特授韶州同正参军,以食其禄。是以陆鸿渐撰词,言韶州参军,盖由此也。"范摅《云溪友议》卷九中又说:"元稹廉问浙东,有俳优周秀南、季崇及其妻列采春,自淮甸而来,善弄参军,歌声彻云。"前面说的"陆鸿渐"即茶圣陆羽,据说陆羽不仅能写剧本,还曾跟着戏班子演出。可见当时的参军戏是流行于社会的。后一则材料则证明,戏班中不仅有男演员,还有女演员,而且既有插科打诨的对白,并且有歌唱。当时的"参军戏",据王国维在《宋元戏曲史》中考证,大多只有参军和苍头两个角色。

至宋金之时,杂剧发生了不少变化。首先是被宫廷御用化了。《宋史·乐志》中说,每年的三大宴节目,第十、第十五,均为杂剧。而据周密《武林旧事》中说,凡"上寿",只在行酒一盏间,与笙、笛等吹弹占着同样的时间,可见内容不可能太长。杂剧艺人有戏头、戏引、次净、副末等。杂剧分班,每班少则五人,多则八人,最好的戏班称"杂剧三甲"。《梦粱录》卷二十记载了杂剧演出的情形:"先做寻常事一段,名曰艳段。次做正杂剧,大抵以故事,务在滑稽唱念,应对通遍。此本是鉴戒,又隐于谏诤,故从便跣露,谓无过虫耳。若欲驾前承应,亦无责罚,一时取圣颜笑。凡有诤谏,或谏官陈事,上不从,则比辈做故事,隐其情而谏之,于上颜亦恕也。又有杂扮,或曰杂班,又名经元子、又谓之拨和,即杂剧后散段也。"

通过以上介绍可知:第一,杂剧的内容多为诤谏;第二,表演特点在于滑稽可笑,这样,即使有皇帝不同的意见也不过一笑而罢;第三,杂剧一般为三部分,有时是两部分,即先有个"艳段",其次是正剧,最后有个散段。所以,杂剧内容虽不同,其正剧却大抵全是故事性的,因此有数人扮作不同人物。《夷坚志·丁集》中即记载,在宋宫演杂剧的俳优们,有的扮作宰相,有的扮作僧侣,有的作道士,有的作士人,还有的扮"宅库"。那位宅库耳语说:"今日在左藏库,请相公料理一千贯。"扮宰相的人说:"从后门搬出去。"副者(大约是副净之类)举推梃杖其背说:"你作到宰相,原来也只要钱!"皇上看罢也只好一笑而罢。看起来,这种剧故事比较简单。但有剧情,有表演,有白,有唱,已具备了戏剧的基本要素,但其形态还比较原始。虽有唱段,但比较简单。

金朝宫廷杂剧也大致如此。《金史·后妃传》,记载了章宗元妃李师儿时势位显赫，官员们大概经常巴结李妃，以便升官发财，于是，伶人们便通过演杂剧来讽谏：

"一日，章宗宴宫中，优人瑇瑁头者戏于前，或问上国有何符瑞。优曰：'汝不见凤凰现乎？'其人曰：'知之，而未闻其详。'优曰：'其飞有四'所应亦异。若向上飞则风雨顺时，向下飞则五谷丰登，向外飞四国来朝，向里（李）飞则加官进禄。'上笑而罢。"

"里"和"李"谐音，优人借讲故事说谁若攀附李妃便会升官发财，讽刺朝政的昏乱、腐败。而章宗听了也只是一笑而已。

院本戏剧与市井文化　金代还流行着另一种戏剧形式，叫作"院本"。关于"院本"也有不同的理解和争议。

首先要解决的问题是，陶宗仪在《辍耕录》中所列的"院本新剧名目"是否都是戏剧。郑振铎先生在《中国俗文学史》中，曾把陶氏名目做了分类，有的做了解释，有的"许多不好解的，只好不加解释了"。尽管有许多不好解释，但他所能解释的部分，仍为我们对这个大目录的真实面貌有了更清晰的认识。郑氏所分共11类：

1. 和曲院本。郑氏说"和曲或解作和唱之曲"。所以，显然不是戏剧。

2. 上皇院本。王国维云"上皇"指徽宗，所以，郑氏认为"皆叙宋徽宗事矣"。但用什么方式叙述则未解。但余以为，也不大可能是角色戏剧，以曲子演唱的可能性为多。

3. 题目院本。王国维认为"题目"即唐以来"合生之别名"。"合生"又是什么？王氏举《事物纪原》卷九《合生》条说："比来妖妓胡人，于御之前，或言妃主清貌，或列王公名质，咏歌舞踏，名曰合生。始自王公，稍及闾巷……今人亦谓之唱题目。"所以，郑氏总结说是"所谓题目院本是以咏歌舞踏来形容人之面貌体质的"。因此，这一类不大可能有角色扮演。

4. 霸王院本。郑氏说是"演项羽之事"。是什么形式则未解释。

5. 诸杂大小院本。数甚多，凡一百八十九本。其中内容很复杂，但有些以"孤""旦"杂剧角色名目出现。郑氏未多做解释。

6. 院幺。郑氏云："或是均以《六腰》大曲来歌唱吧。"

7. 请杂院爨。数量也很多，107本。

8. 冲撞引首。数量也很多，共19本。郑氏解释，可能是冲州撞府时演正杂剧时前面的"艳段"或引子。

9. 拴搐艳段。共92本，郑氏说是正杂剧前面的"入话"。大约与第8类相似。

10. 打略拴搐。凡110本。郑氏解释说："大约此种《打略拴搐》只是市井戏谑之作，全以舌辩之机警及滑稽见胜，并不包含什么故事。"

11. 诸杂砌。凡30本，郑氏解释为"诸种杂扮"。

最后，郑氏总结说，这个《院本名目》"乃是宋、金、元三代许多杂玩意的俗曲本子的总目录"。郑氏又进一步指出，"于正宗的'杂剧'或'院本'之外，那名目里面最可注意的是，包括了许许多多显然不是演唱故事，而只是背诵机警的或滑稽的市井所好的事务名色以为欢笑之资而已"①。余以为，这个解释最值得注意。第一，它证明"院本名目"不都是戏剧；第二，说明行院既演戏剧，又有滑稽杂耍之类来补充；第三，郑氏所指"事物名色"中还举了例子，如《文房四宝》《香茶酒果》《背鼓千字文》等，从题目便可看出是单纯用机警、滑稽的手段来背诵，很可能如现代"相声"里的"贯口"，但也可能通过演唱，如今之"报花名""卖布头"之类。所以，从中可以看到今天曲艺的影子。然而，这一切均证明《院本名目》中所载，便如周密的《官本杂剧》一样，并非都是杂剧或院本戏剧，而是行院演出的各种形式和内容的杂陈。

但是，这个目录中确实有真正的"剧本"。郑氏特别指出在《打略拴搐》中虽有名物背诵之类的玩意，还有什么"猜谜"之类，但有的却指出了各种"家门"。如：和尚家门，当是以和尚为主角；秀才家门，可能是与秀才们开玩笑；列良家门，指星、相一流人物；禾下家门，疑指农夫；大夫家门，指医生；卒子家门，指士兵；邦老家门，指盗贼……凡列14个家门。这其中，可能便有真正的"院本剧"即行院所演的戏剧了。

还有一个需要弄清的问题，是"院本"这一名称的由来。这个问题牵涉到"院本"这种戏剧形式的性质。

明《太和正音谱》称"院本"即"行院之本也"。对这种说法不少人有争议。首先是"行院"指什么。王国维认为行院即指"倡妓所居"。而叶玉华先生的《院本考》中则认为："余意行院逐处作场势必适合民间趣味，村坊杂艺之掺入，使院本性质逐渐与杂剧相离而成为独立之一

---

① 郑振铎：《中国俗文学史》，商务印书馆2005年版，第296页。

体。"于杰先生在《金中都》一书中进一步概括说："院本是城市民间的创造并流行于民间的一种戏剧，它是流动演出的，因此，它必有演出班子。'行院'，也演出院本，但不等于就是'行院之本'。院本当为杂剧又吸收了其他艺术形式，如'诸宫调及民间演唱等，不仅剧中有对话，还有歌唱加入。据《辍耕录》称'唐有传奇，宋有戏曲、唱诨、词说，金有院本、杂剧、诸宫调。院本、杂剧，其实一也。'这说明院本仍是杂剧的演出形式，而加入了歌唱的新分。所以，金代之院本大概是一种歌剧。"

我是很赞同于杰先生这种概括的。也就是说，"院本"是杂剧的发展，它虽不全如宋、金官本"杂剧"，但并不能完全与杂剧相割裂，而应当看作杂剧形式的进一步发展，是种有故事，有角色，有对白又有歌唱的戏剧。它流行于民间，有戏班子，这种戏班冲州撞府，既在城市中演出，也在农村演出。所以，院本是比较成熟的戏剧，和后世中国戏剧已经相当接近了。而《辍耕录》所列之目录，则只能视为广义上的"院本"，包括戏班子其他零碎节目，不全指剧本。

金末元初人杜善夫有散曲《庄稼不识勾栏》，描写农民进城看到勾栏中演剧的情况，介绍的便是这种"院本戏剧"。从这本"散曲"中可以看到，金中都似有专门剧场，门口有守门人招徕顾客，介绍演出节目，并大声呼叫着，演出的剧目有《调风月》和《刘耍和》："说道前截儿院本《调风月》，背后么末敷演《刘耍和》。"也就是说，《调风月》是正剧院本，后面可能是附加的打闹段子。这篇散曲还具体介绍了《调风月》中有男女两个演员，并有化妆，有表演，有念白。女演员化装成女孩儿在台上"转了几遭"，男演员化装成反面角色，"裹着枚皂头巾，顶门上插一管笔，满脸石灰更着黑道儿抹"。《调风月》在元杂剧中仍然保留，是说小千户调戏燕燕的故事。上面的情节大约便是这个戏的早期蓝本。

金中都这样的演出可能很多。章宗明昌二年（1191年）下诏，禁止伶人将历代帝王入戏，说明当时以历史为院本剧题材的已不少。"院本"剧是适应市民文化而产生的一种艺术体裁。

三 "话本"与"小说人"

北宋末年，汴京开始出现一批讲历史故事的艺人，他们被称为"说话人",他们讲说的作品被称为"话本"。汴京有"霍四说《三分》",就是讲三国故事;又有尹常"卖《五代史》",即讲五代故事卖钱谋生。

金人占领中原后,许多艺人被掠到燕京,所以早在金初燕京便有说话人在活动了。《三朝北盟会编》中就记载,有一个叫刘敏的"说史者","讲演书籍",完颜充听到愤怒时拍案而呼。可见,这位刘敏说书的技艺很高超,颇能调动听书者的感情。完颜充为宗干之子,太祖之孙,熙宗皇统年间曾拜左丞相,皇统九年(1149年)死,《金史》有传。据此,在熙宗时"话本"和"说话人"便在北方流行了。

海陵王迁都燕京,话本进一步在燕京流传。由于这些人能言善辩,有的甚至做了官。如海陵王重用的张仲轲,"幼名牛儿,市井元赖,说传奇小说,杂以俳优诙谐语为业。海陵引之左右,以资戏笑"①。海陵即位,命其为秘书郎,后又迁秘书丞,转少监。后来,又做到左谏议大夫,修起居注等。可见,这位张仲轲当年说书的能力肯定不小,他以说"传奇小说"为主,同时又以"诙谐语"为业(大概类似现代的相声)。

金中都的"小说人"可能很受欢迎,所以收入甚多,家产不少。卫绍王末金宣宗初,蒙古军进攻中都,城被围困,金政府急需运粮车,"有贾耐儿者,本歧路小说人,俚语诙谐以取衣食,制运粮车千两(辆)。是时材木甚艰,所费浩大,观者皆窃笑之"②。一位"小说人"如此关心国家兴亡,实为难得。

由以上两例可以证明,金中都的"说话人"到中后期已从讲历史转变为讲传奇小说为主。他们既说书,又往往以滑稽、诙谐而吸引听众。至于其"话本"内容,至今尚不清晰,或许吸收了唐宋传奇,或有自己的新作。但不论何种,总要有"脚本",方能流传。

第三节 书画、音乐与舞蹈

一 书法与绘画

北京地区的美术发展实自唐辽起。尤其在辽代的南京,不仅出现了著名的画家、雕塑家,而且辽墓壁画也十分生动。较之辽代,金中都的壁画

---

① 《金史》卷一百二十九《张仲轲传》。
② 《金史》卷一百四《完颜寓传》。

和雕塑似有退步，至今也未发现多少墓葬壁画，民间美术作品几乎是个空白。但金中都上层文人的书画艺术却较前代有了一个大的进步，而且在题材上也有所转变。辽代画家主要以北方民族的游牧生活为主题，擅长绘山水、动物及契丹人出行、射猎等现实题材。民间绘画一方面是佛教故事，常绘于经卷卷首；另一方面主要是在墓葬壁画中，也是以现实生活为主的写实作品居多。而金代的中都，则出了一批文化修养很高的书画家。早期的画家尚继承了北方以动物、人物为主的强劲风格，中后期则与中原，乃至南方画家风格相接近，往往以山水、花鸟为题材了。他们模仿北宋宫廷作品比较多，虽然也有自己的创造，但以往北方画家的雄劲、阔大之风格却少继承。不仅是汉族文人，女真人同样如此。这说明，女真人汉化的速度既快，程度亦深。

金代文人往往是书画、诗词兼作的，所以书画很难单独而论。

金人灭北宋，将汴京文物掠夺一空，其内府书画、图籍皆载之而去。而金代的帝王，如海陵、显宗（世宗太子允恭）、章宗等皆喜翰墨、丹青，所以，金代的书画首先是自帝王提倡起来的。他们的书画修养又主要以学习北宋遗产而来。

海陵王完颜亮，不仅尝作墨戏，尤喜画竹。他还命画工随使臣前往南宋临安，潜入西湖，画西湖风光山水，回中都后再将他自己的骑马御画补绘于山顶，并亲题"立马吴山第一峰"的诗，这固然反映出他欲侵吞南宋的野心，也说明其对书画确实十分喜好。但若论作品，大概还难说品第，就不如他的诗词那样出色了。

世宗太子完颜允恭（后追封显宗），是一个有多方面文化才能的人。《归潜志》说他"好文学，作诗善画，人物、马尤工"。《全金诗》亦云，允恭"画獐、鹿、人、马，学李伯时墨竹，自成一家"。看来，已臻上乘。完颜允恭还特别喜欢书法，且有散落民间者，其笔锋"强劲挺拔"。书画如其人，他的作品还保持着世宗朝崇尚质朴的特点。

金章宗更是书画爱好者。明昌三年（1192年），他曾诏翰林文字王庭筠与秘书郎张汝方，对金廷内府所藏书画进行鉴定，按品级编卷。同时，仿宋宣和制度进行装裱，自书墨签，并钤之以宝。他自己则专门学习宋徽宗的"瘦金体"书法，而且颇有成就。现存者有其所书晋顾恺之《女史箴图卷》跋语，确实深得"瘦金体"之要旨。

在帝王的大力提倡下，金中都的官员与文人亦多喜书画，并出现了一批颇有成就的书画家。他们主要生活在金朝中后期。

赵沨，字文孺，中大定二十二年（1182年）进士，仕至礼部郎中，是金代著名的书法家。"性冲澹，学道有所得，尤工书，自号黄山。"当时的一代文豪赵秉文云："沨之正体兼颜、苏行草备诸家体，其超放又似杨凝式，当处苏、黄仲伯间。"[①] 可见，评价是很高的。当时，党怀英的小篆很著名，时人以为李冰阴以来鲜有能及者，而赵沨被人们与党怀英相配，号曰"党赵"。

赵沨之后有王庭筠，也是一位诗词、书画的全才。

王庭筠，字子端，本辽东人，据说，七岁学诗，十一岁赋全题。登大定十一年（1171年）进士，明昌年间为应奉翰林文字，曾负责整理，评定内府书画品第，入品者共五百五十卷。后迁翰林修撰。王庭筠的书法"学米元章"，而尤善山水墨竹画。泰和二年（1202年），王庭筠故去，享年四十七岁。章宗诏有司赐钱八十万以办丧事，并求其生平作品藏之秘阁。又以御制诗赐其家，云：庭筠"复以才选直禁林者首尾十年，今兹云亡，玉堂、东观无复斯人矣"[②]。可见，当时王庭筠声望之高。

另外，有李遹，明昌二年中进士，《大金国志》说"工山水""龙虎"，"入妙品，皆得先辈不传之妙"，而善于书法。

中都后期书画家当属赵秉文、张汝霖和移刺履。赵秉文长于梅、竹、石，笔力雄健，意境很高；张汝霖擅长画竹；移刺履善画兰，及鹿、马、人物。

金代书画家留下来的传世之作并不少，但我们见到的却不多。这是因为许多已流落到国外。

二 音乐与舞蹈

金朝的音乐，宫廷中所用的有雅乐、散乐、鼓吹，以及女真和渤海乐曲。

雅乐用于宫廷大典。其器乐主要自北宋汴京掠来，只是削刮了有讳金帝名字器名。先置上京，迁建中都后又移置中都。到章宗明昌年间，补铸了辰磬等器乐，至此乐器完备，音律始协。雅乐宫县二十六器，即编钟、

[①] 《金史》卷一百十六《赵沨传》。
[②] 《金史》卷一百二十五《党怀英传》。

磬、铙、鼓、笙、竽、箫、籥、篪、埙、琴、柷、敔等。但词曲失载。

散乐用于元日、圣诞拜贺及宴外来使臣。许亢宗使金，他在咸州宴会上看到的散乐器有腰鼓、芦管、笛、笙、方响、筝、箜篌、大鼓、拍板等。中都的散乐想来亦大体如此。

鼓吹即马上乐，分前后二节，大体袭辽、宋之制，大约为出行之用，海陵迁燕即用鼓吹。

本朝乐即女真音乐。金初的女真乐器主要是鼓和笛。女真人能歌善舞，世宗时又特别提倡女真歌曲，在金中都曾以女真旧音而配新的雅曲。金世宗本人看来亦颇通音律，会谱曲作词。如大定九年十一月庚申，皇太子允恭生日世宗亲自创作《君臣乐》并命演出，与诸臣共赏。大定十三年，又曾与太子共听女真歌曲，告诫太子莫忘祖宗淳朴之风。世宗之曲，今已无传，但他在上京唱女真歌时所填之词却仍保留于《金史·乐志》之中。此词开始讲祖先开国，后述海陵无道，再讲他二十多年的兢兢业业。尤其是最后一段，讲他回上都，怀念祖先和看到家乡故老的情况和心境，还是相当生动的。歌云：

"……国家闲暇，廓然无事。乃眷上都，兴帝之第。属兹来游然，恻然予思。风物减耗，殆非昔时。于乡于里，皆非初始。虽非初始，朕自乐此。虽非昔时，朕无异视。瞻然慨想，祖宗旧宇。属官音容，宛然如睹。童嬉孺慕，历历其处。壮岁经行，恍然如故。旧年从游，依稀如昨，欢诚契阔，旦暮之若。于嗟阔别兮，胡云不乐！"①

这是用汉语写出的词，而世宗唱时则以女真语，亦不知是以汉翻番，还是以番翻汉。看来，这首歌词水平还相当不错。史家每论至此，往往批评世宗是"怀旧"甚至称为"复古倒退"。余以为不然，怀念故乡、祖先，不仅是女真人，也是汉族的优良传统，不能说世宗到金中都做皇帝学习了汉族文化便应该全面抛弃女真文化。世界上动植物需要多样性，文化同样需要多样性。世宗不仅上京唱女真歌曲，在中都也提倡女真歌曲，但仍是以中原音乐为主体。番汉兼容并蓄，无疑丰富了中都的文化元素。

除了宫廷音乐，中都民间音乐也很发达。早在金灭北宋时，许多乐工北迁，便将中原流行歌曲带到燕京。金中都建立后，官方有"教坊"。教坊乐工不仅为宫廷服务，也将其作品传至民间。大兴府同样设教坊，有乐

---

① 《金史》卷三十九《乐志》。

工。而民间艺人善歌者也很多。尤其在中都"北市"等茶楼酒肆之中，还建有歌台。《辍耕录》中记载的许多目录并非完全是戏剧，不少是歌词目录。当时的歌、舞、说唱经常是融为一体的，很难将其分开。在河南焦作金墓中曾出土的孩童陶乐俑，有持排箫者、吹笛者、吹哨者、拍板者、歌者、舞者，个个生动有趣。民间尚且如此，金中都乐舞之盛更可想而知了。

第十八章 金中都的宗教

第一节 女真人的原始宗教及其在中都的演变

一 女真人萨满教的原始状况

萨满教以"萨满"而得名，又称"珊蛮"。《三朝北盟会编》说："珊蛮，女真语巫妪也。"萨满教是一种原始的多神信仰，举凡天地、山川、日月以及各种动物、植物，都看作被崇拜的对象。它是生产力相当低下的情况下，人们对大自然形成的一种信仰，表明对自然的恐惧与无奈。我国北方，特别是东北地区的不少少数民族多信萨满教。而萨满，亦即巫觋，是人与神之间沟通的媒介，所以他们的权力很大。女真人的萨满信仰似来自两个渠道。一部分是女真人自身的原始状态，这主要是巫师的活动和日常生活习俗中有所表现。另一部分是接受契丹人的影响，如重五、中元、重九日的祭祀活动，无论从内容到形式，皆直接承袭辽代。这一类活动似乎已提高了一步，将民间信仰上升到一定礼仪规范之中。

在生产力极为低下的情况下人们对生老病死视为被神的力量所左右。女真人若生病就以为是触犯了鬼神，故需通过萨满请求神灵的宽恕。"其疾病无医药，尚巫祀，病者杀猪狗以禳之，或用车载病者入深山大谷以避。"① 在女真人建国之前，不仅普通百姓信萨满，连女真贵族亦笃信不疑。女真人的四世祖石鲁，最初无子嗣，于是只好找萨满来帮助："初，昭祖父无子，有巫者能道神语，甚验，乃往祷焉。巫良久曰：'男子之魂至矣。此子厚有福德，子孙昌盛，可拜而受之。若生，则名之曰乌古乃。'是为景祖。"② 后来昭祖石鲁又生子女，皆以巫者之言命名。

---

① 《大金国志》卷三十九。
② 《金史》卷六十五《乌古出传》。

女真人认为，巫师不仅可以为人祈福，亦可为之诅祸。昭祖时开始制定法制，其诸父、国人不悦，竟执昭祖石鲁，并将杀之。有一个叫谢里忽的人弯弓注矢，才将昭祖救下来。这个谢里忽可能是会施巫法的人。其《传》云"国俗，有被杀者，必使巫觋以诅祝杀之者，乃系刃于杖端，与众至其家，歌而诅之曰：'取尔一角指天，一角指地之牛，无名之马，向之则华面，背之则白尾，横视之则有左右翼者。'其声哀切凄婉，若《蒿里》之音，既而以刀划地，劫取畜产财物而还。其家一经诅咒，家道辄败。"① 后来，昭祖又用谢里忽之计，掠获了乌萨扎部的财物。

萨满教直到建国后还在女真人中十分流行，宋人许亢宗出使金国，在上京宴会上看到六位妇人面涂丹粉，着彩衣，手执两面镜子，立于百戏之后"高下其手，镜光闪烁，如祠所画电母"②。这几位女人便是萨满教的女巫，在宴会上执镜作法。

在战争中，若有异常现象或梦兆等，亦由萨满加以解释、预测。

以上，大概便是女真建国前及建国初萨满教的活动方式。至于祭祀各种神灵，据《金史·礼志》记载，直到章宗明昌五年，"天地日月风雨雷师其礼尚阙"。所以，金朝许多萨满教内容的祭祀礼仪，是迁建中都后，才借鉴辽朝制度或创新而建。有的学者认为金中都的萨满教祭祀仅仅是自然崇拜的"遗意"，余却认为，是社会发展后的一种提升和完备。

二　萨满教的自然崇拜与中都祭祀活动

金中都有各种自然崇拜的祭祀场所和仪式，有的是因习辽代旧俗，有的是女真人自己的创造，大约均在章宗时方完备。

拜天。拜天之礼是辽朝遗留下来的旧俗。"以重五、中元、重九日行拜天之礼。重五于鞠场，中元于殿内，重九于都城外。"③ 金代的拜天活动重点在重五，即农历五月初五端午节。这一天，既要举行盛大的典礼，又有击球和射柳等娱乐，至时从皇帝到百官，全都参加，可视为朝廷的重大节日之一。至日，平明即命百官排班于皇城外东南部的球场南亭，皇帝着靴袍乘辇而至，自球场南门而入，至拜天台，礼仪过后，排食抛盏，饮

---

① 《金史》卷六十五《谢里忽传》。
② 《宣和乙》已奉使行程录。
③ 《金史》卷三十五《礼制》。

"福酒"，然后休息、更衣，再观看击球和射柳的游戏。至于射柳和击球的形式，皆如辽时，前已有述。在娱乐活动之后，又要为百官赐宴。这种活动年年举行，"岁以为常"。看来，女真人对契丹人留下来的马上运动还是非常喜爱的。所以，重五射柳亦有在其他地点举行的。

中元，即农历七月十五日，于光度先生云"八月十五"，非也。中元拜天，可能较为简单，所以仅于内殿举行。

重九，指农历九月九日，其仪式在都城外举行，这可能是由官员设祭，而由宗室参加的活动，而皇帝亦仅于常武殿筑台拜天。"其制，刻木为盘，如舟状，赤为质，画云鹤文，为架高五六尺，置盘其上，荐食物其中，聚宗族拜之。"① 于光度先生将"聚宗族拜之"理解为"居民合家望它而拜"是不确切的。这应是皇室宗亲为家族向天祈福的礼仪。

风、雨、雷师。在女真萨满教的信仰中，认为风雨雷电是各有神灵所司的。但在中都的礼仪活动中，却又加了中原文化的因素。

祭风师："为坛于景风门外东南，阙之巽地，岁以立春丑日，以祀风师。"② 景风门是中都城南墙最东的城门，按中原八卦之说，东南为巽（☴），为风，为顺，所以于此筑坛祭风，这中间显然加入了汉文化内容。

祀雨师："为坛于端礼门外西南，阙之坤地，以立夏后申日以祀雨师"③。端礼门是中都城南墙最西面的门，按八卦，西南为坤（☷），为地。祀雨为农业生产之目的，故并不再代表水的坎位（☵），而置于坤位，以祈降甘露，滋润土地。

祭雷师：雷与雨相伴，故与雨师为一坛，只是雨师为"中祀"，而雷师为小祀，似乎雷师比雨师的地位又小了一辈。

岳、镇、海、渎，即对山岳、海洋、河流、湖泊之神的祭祀。由于五岳及河海之神皆在外地，至时派官员前往，皇帝则可"遥祭"。其中，显然也加进了中原文化。

应当特别注意的是，女真人对山的崇拜和对"雨神"的期望。这反映在"诸神杂礼"之中。

祭"五岳"，是中原的信仰，而对女真人来说，一切崇伟的山岭皆值

---

① 《金史》卷三十五《礼志》。
② 《金史》卷三十四《礼志》。
③ 同上。

得崇拜，一切奔腾的江河皆有神灵，如长白山，是金人"兴王之地"，所以于世宗大定十二年封长白山神为"兴国灵应王"。而大房山，因是金帝陵寝所在，且"既定鼎于燕，西顾郊圻，巍然大房，秀拔浑厚，云雨之所出"，于是，封大房山神为"保陵公"，比长白山神仅次一级。并岁时奉祀，"其封域之内，禁无得樵采弋猎"①。

而对大河，除祭黄河之神外，还祭混同江之神。在中都，因卢沟河（今永定河）是燕京主要河流，所以还祭卢沟河神，并封之为"平安侯"。大约是祈望河水平静，莫为水灾之意。

至于雨祈，除祭雨师外，至天旱时更屡屡进行。如大定四年，农历五月尚无雨，乃使臣祈雨于北岳，又卜日于中都北郊，望祈岳镇海渎。七日后仍无雨，复祈于太社、太稷。再十日仍不雨，乃迁徙市场，并断伞与扇。

以上种种，均反映出女真人对大自然的尊崇。

第二节　金中都的佛教

一　适当控制和严密管理的佛教政策

关于金代的佛教政策，学术界似有两种差距很大的看法。如《中国文化通史·辽夏金元卷》，列举了一系列的例子，说明金朝相当尊佛教：始祖函普之兄阿古乃便开始信佛；太宗完颜晟自身皈依佛门，每年饭僧多达万人；熙宗太子病，皇上、皇后亲自幸佛寺向佛祈祷；世宗于各地大建佛寺等。给人的印象是，历代金帝均甚笃信佛教。而于光度先生在《北京通史·金代卷》中，又鲜明地指出，金朝是抑制佛教权利，甚至"排除迷信"。基点是：怕百姓假托释道，"传播反抗思想"。

为什么对金代佛教政策会有如此大的分歧呢？一来是对金朝各时期宗教政策的变化分析不够，二来是各自选取支持自己观点的不同材料，如此一来，自然各执一端。余以为，比较公允的判断是：金代早期，确实对佛教甚为尊崇，这既受高丽、渤海和辽朝的影响，也是逐渐接触中原文化的结果。从原始的萨满教，到有一定教义的佛教，应当看作一种进步，但自海陵开始，对佛教有所批评，世宗朝以后对佛教是适当限制和严格管理，

---

①《金史》卷三十四《礼志》。

既非完全笃信，也并未完全"排除迷信"，是既限制，又利用。

《金史·张通古传》记载了海陵杖打僧人法宝和张浩等之事，而且记述甚详。然而，这件事与其说是"抑制佛教"，毋宁说是对官员们的威慑。海陵篡位，大杀宗室，许多朝臣心下不安，苦闷中常去佛寺，以求安慰自己心灵。有磁州僧人法宝欲离寺南去，张浩、张晖等欲留，其他官员们也加以挽留。海陵闻其事，诏三品以上官员上殿责之曰："闻卿等每到寺，僧法宝正坐，卿等皆坐其侧，朕甚不取。佛者本一小国王子，能轻舍富贵，自苦修行，由是成佛，今人崇敬。以希福利，皆妄也。况僧者，往往不第秀才，市井游食，生计不足，乃去为僧，较其贵贱，未可与薄尉抗礼。"又对法宝说："汝既为僧，去往在己，何乃使人知之？"① 于是，打了僧人法宝一百杖，而张浩、张晖也挨了二十板子。这件事传达出一种信息，即金朝的皇帝不允许佛教凌驾于政权之上。而海陵对佛教的解释，也难得的清醒。但在海陵时期，似乎还没有更多的限制措施。

金朝开始对佛教加以限制主要是在世宗中后期。其原因主要有三个方面：

第一，吸收辽朝过分佞佛的教训。

辽朝之所以特别信奉佛教，其原因之一，是契丹人接受汉文化有限，文化程度不高。而金朝，从皇帝、太子到贵族，自幼便要像汉人世家子弟一样学习经史。金世宗通过对历代兴亡的了解，认识到，过分佞佛，对巩固金朝的统治并没有太大的好处。大定八年，他对臣下说："至于佛法，尤所未信。梁武帝为同泰寺奴，辽道宗以民户赐寺僧，复加以三公之官，其惑深矣。"世宗还谈了他自己思想转变的过程。大定十九年，他又谓宰臣说："人多奉释老，意欲徼福。朕蚤年亦颇惑之，旋悟其非。且上天立君，使之治民，若盘乐怠忽，欲以侥幸祈福，难矣。果能爱养下民，上当天心，福必报之。"② 世宗讲的是实话。世宗的母亲李氏为渤海人，世宗父亲死后，按女真旧俗要续嫁宗室。李氏一来信奉佛教，同时也为反抗这种陋俗，被迫出家为尼。所以，世宗早年确实信佛，可能受到母亲的影响。世宗即位后，作为儿子，自然要尽一份孝心，所以在东京大建佛寺。民国初辽阳出土有世宗大定年间的《东京大清安禅寺英公禅师塔铭》，说

---

① 《金史》卷八十三《张通古传》。
② 《金史》卷七《世宗纪》。

"贞懿太后以内府线三十余万，即东都建清安寺"，"中僮仆四百人"。又云："初，垂庆寺，即太后所居者，其尼尽戚里贵人。"可见，金初女真人信佛的还是很普遍的。说世宗一开始便反对佛教不是事实，说他一直信奉佛教也不是事实，世宗对佛教的认识有一个思想转变过程。

第二，金代中期以后，三教合流的倾向日益明显，金朝采取以儒家思想为主而佛道兼容的政策，所以不能单单支持佛教。

即使在世宗晚年，对佛教仍有所支持。如大定二十四年（1184年），金中都仰山寺建成，国家拨给田地。昊天寺重建，又赐田百亩。大定二十六年（1186年），香山寺建成，世宗幸寺，赐名大永安，"给田二千亩，栗七千株，钱二万贯"①。但是，这种支持是有限度的，以大昊天寺为例，每年仅可度僧尼十人。而世宗在适当支持佛教的同时，总的来说还是相信儒家的治世思想。大定二十七年（1187年），他仍训谕宰臣："人皆以为奉道崇佛设斋读经为福，朕使百姓无冤，天下安乐，不胜于彼乎？尔等辅相之任，诚能匡益国家，使百姓蒙利，不惟身享其报，亦将施及子孙矣。"②

章宗时，进一步强调儒家思想的统治地位。明昌三年（1192年），礼官奏唐代开元二年曾有敕文"闻道士、女冠、僧、尼不拜二亲，是为子而忘其生，傲亲而循于末。自今以后并听拜父母，其有丧纪轻重及尊属礼数，一准常仪"。礼官建议应以唐代这种规定规范佛、道的行为，章宗准奏。③ 这就是说，出家人仍然要遵守儒家的礼仪原则。

第三，与金代中期社会矛盾加剧和防止人民群众利用宗教进行反抗有关。

统治阶级利用宗教，人民群众同样可以利用宗教。大定中期，"民间往往造作妖言，相为党与谋不轨"。世宗问宰臣："南方尚多有反侧，何也？"大臣石琚说："南方无赖之徒，假托释道，以妖惑人。愚民无知，遂至犯法。"④ 当时有大名僧智究联络河北、山东郡县，夺取兖州，并取东平诸州府，劫军寨，掠甲杖，并以"应天时"为口号，反抗金朝统治。后来虽被镇压，但世宗吸取教训，所以在大定后期一再强调大臣们不要过

---

① 《金史》卷八《世宗纪》。
② 同上。
③ 《金史》卷九《章宗纪》。
④ 《金史》卷八十八《石琚传》。

分尊崇佛教。

然而，佛教在幽燕地区久已盛行，过分的限制同样会引起百姓的不满。于是，金王朝采取折中办法，尽将佛教纳入国家的管理之下。这在历代王朝中是相当特殊的，也留下了许多经验。

首先，在尚书省礼部之下设有专门负责宗教事务的官员，由他们来执定政策，进行管理，了解情况。礼部有员外郎一名，从六品。本来，礼部员外郎是掌管礼乐、祭祀、仪式等礼仪规则的，但金代的礼部员外郎却兼管医卜和释道，并负责对僧道的考试。这就是说，不论建寺院还是度僧尼，大部分需经国家批准。所以，金代大多是官办寺院。私办寺院也有，但需要报告朝廷批准。辽代，燕京地区寺院很多，寺院经济非常发达，许多寺院占有大批劳力和土地，这自然是与朝廷争夺经济收入。金朝首先取消了寺院享受"二税户"的特权。所谓"二税户"，即租种寺院土地的佃农，他们的税金在辽代由国家和寺院共享。金朝取消了寺院的这种特权，将两税户的税金全部收为国有，这在经济上对寺院便形成很大的制约。世宗大定十四年（1174年）下谕："闻愚民祈福，多建佛寺，虽已条禁，尚多犯者，宜申约束，无令徒费财用。"① 由此可见，在此以前，金朝便下过严禁民间私造寺院的命令，但仍未能制止，所以又加重申。大定十八年（1178年），又下诏"禁民间无得创兴寺观"②。经过这样一再的重申约束，寺院大部分被置于朝廷的监督、管理之下。辽代燕京民间，有许多佛教信徒组成"邑社"，不仅组织佛教活动，而且集资创建佛寺、佛塔。金代，这种民间宗教组织虽然存在，但却主要是筹集资金以帮助寺院刻经，刊印和解决寺院僧人困难。如此一来，寺院不仅失去了原来二税户的大量经济收入，民间大规模集资也不大可能，大规模发展便很难了。而对那些经政府批准所建的寺院，朝廷还是加以扶持。一是严加管理，二是经济控制，使大部分寺院皆纳入国家监督之下。

另一条措施，是把剃度僧尼的权力也纳入官方。

自佛教传入中国以来，僧人布道传法，影响民众，剃度僧尼向来是相当散滥的。而金朝不仅限制剃度的时间、数量，而且创建了对僧尼的考试制度，这也是史无前例的。

---

① 《金史》卷七《世宗纪》。
② 同上。

《金史·百官志》载，礼部负责对僧尼的考试：

"凡试僧、尼、道、女冠，三年一次，限度八十人，差京府幕职或节镇防御佐贰官二员、僧官二人、道官二人、司吏一名，从人各一人，厨子二人，把门官一名、杂役三人。僧童能读《法华》《心地观》《金光明》《报恩》《华严》等经共五部，记八帙。华严分为四帙。每帙取二卷，卷举四题，读百字为限。尼童试经半部，与僧童同。……中选者官给据，以名报有司。凡僧尼官见管人及八十、道士女冠及三十人者放度一名，死者令监檀以度牒申部毁之。"

对于这段文字的理解，《中国文化通史·辽西夏金元卷》和《北京史·金代卷》均云是每次考试只度八十人。余以为是误解了。上文开始说的"三年一次，限度八十人"，可能有所脱漏，最后才解释清楚，是说，僧道都参加考试，"及八十……者放度一名"。也就是说，每八十人取一，并非"每三年才许度八十人"。《文化通史》说："大定二十四年（1184年）建栖隐寺于仰山，以玄冥为开山祖师，国家拨给田地，在全国度僧一万名。"① 这一年全国即度僧一万名，每次考试各京府节镇动用那么多官员，全国甚至可能仅度八十名。另外，除国家考试外，高僧大德也并非全禁自度，只是限制数量。章宗承安三年规定："敕今长老、大师、大德不限年甲，长老、大师许度弟子三人，大德二人；戒僧年四十以上者度一人。"② 不过，总的来说，数量限制确实很严。

另外，私办寺院也还是有的。如降金的宋官刘彦宗之妹辩才，便曾创报恩寺，金朝并封她为"圆通全行大师"。章宗承安二年（1197年），存徽和尚愿复建始建于北魏的奉福寺，金廷也支持。复修工程于泰和三年（1203年）完工，章宗亲自赐名奉福寺。此外，中都还有福圣寺，也是燕京旧寺，"金大定年间金吾上将军李常出资质屋，迎致通庙大师圆琪，俾居师席，又延沙门行远主持"③。看来，这座福圣寺是由李常出资支持的。

至于官办寺院，政府之所以肯于投入大量资金，于光度先生指出，这是因为，许多寺院兼有皇帝行宫性质，所以奢侈华丽，这种分析是正确的。

---

① 郑师渠主编：《中国文化通史·辽西夏金元卷》，中共中央党校出版社2000年版，第204页。
② 《金史》卷十《章宗纪》。
③ 《（永乐）顺天府志》，中国书店2011年版。

二 中都名刹与佛教活动特点

辽代燕京佛教十分发达，寺院林立。大体说来，金代的中都对辽朝原来的大型寺院基本都保留了下来，并加以利用。如城区的唐辽所建开泰寺、悯忠寺、昊天寺、竹林寺、归义寺等，金代仍为大刹。而郊区，特别是西部山区的寺院，如阳台山清水院（今大觉寺）、马鞍山慧聚寺（今戒台寺）、檀柘寺，以及房山白带山云居寺等，都仍然相当兴盛。而金代新建寺院虽为数不多，但规模很大，如圣寿寺，香山大永安寺、城南大觉寺、城北光泰门外的庆寿寺等，皆为著名大寺。

圣秦寺 在金中都富义坊，著名文学家元好问曾为该寺洪倪长老作记。据《元一统志》记载，金大定、明昌年间有"堂宇百楹，食指千计"，规模是不小的。

大永安寺 在香山。这大概是金代所建最大的、最为壮丽崇宏的寺院。此处本来有两处小的寺院，但地域狭小。金世宗时，将两寺合而为一，加以重建，因山就势，分为上下二院。据《元一统志》记载，上院"因山之高前后建大阁，中有复道相连，并有栏槛相护，使之俯而不危。其北有翠华殿，可以鸟瞰山下田畴垅亩。其西则叠石为峰，槛竹交植，并有亭临泉"。实际上，这个上院，大约主要为金帝临幸，具有行宫性质。下院前有三门，中起佛殿，至于丈室云堂，禅寮客舍，廊庑厨库，靡不齐备。所谓"千楹林立，万瓦鳞次"，十分壮丽。寺院建成，世宗亲幸，赐名大永安，并给钱二万贯，田二千亩，栗树千株。这样优厚的待遇，在金代的寺院中是颇少的。

大觉寺在中部城区的南部，元时还有蔡珪所撰碑记。据元人所载此记云，原在辽南京城外，称之为义井院。海陵建中都，将城墙向南拓展三里，义井院遂圈入大都城中之开阳东坊。世宗大定中赐额大觉，为楼以架巨钟，并建塔以藏舍利，为堂以奉游坛圣堂。凡有毁坏处，皆加修葺。

大圣安寺是金代早期修建的寺院。太宗天会中，有佛觉大师琼公、晦堂大师俊公自南而来，声望颇高，有信徒"万指"。于是，帝后出钱数万为之建寺。熙宗朝赐名大延圣寺，大定三年以"内府重币"赐之再修。新建后"为郡城冠"。大定七年改大圣安寺。

至于私人所建的寺院，规模便小得多了。

目前在中都城区这些新修的寺院多无所寻觅，但郊区尚留遗迹。如檀柘寺，目前仍有历任大师灵塔，大多保存完好。又如昌平北银山脚下有一处金、元代时的塔林，其中有金塔五座，这里是金代大延寿寺。金大定年间，该寺有僧人500余。此外，还有散存各地的塔，形制不一，各具特色。如房山长沟乡西甘池村北，有一座六角七级的密檐式汉白玉金塔，玲珑剔透，端庄而秀丽。房山窦店于庄村南，有一六角三级密檐式砖塔，通高八米，底座与塔身高耸，顶部才建三层密檐，亦颇有特色。而在丰台区长辛店乡云岗村的金塔，则是一座砖结构实心花塔，下部粗大，显得敦厚而又别致。这些塔，反映了金代建筑的不同风格。

金代寺院活动不同辽代，比较起来，群众性的活动要少，而朝廷活动较多。但这些活动不完全是做佛事。金代寺院功能大体有以下特点：

首先，是具有多功能性质。寺院既是佛教活动场所，许多又是皇帝游幸的重要地点，如香山大永安寺、阳台山清水院便是最有代表性的寺院兼行宫的风景名胜之地。章宗时有所谓"章宗八院落"皆在山水秀丽之地，帝后常来游幸。这样，寺院得到朝廷的支持，而国家又可借以监督管理。还有些寺院是进行其他文化和政治活动的场所。如世宗大定六年"幸华严寺，观故辽诸帝铜像，诏主僧谨视之"[①]。可见，这里是放辽代皇帝铜像的地方。而在中都报恩寺，则供奉有金代诸帝"御容"。圣安寺则有章宗和李妃"御容"。此外，金代寺院还是科举考场，如竹林寺、悯忠寺便都做过考场。看来，僧人们想远离尘世政治也不大可能了。

其次，是朝廷和官员均注意高僧大德和佛教学术。

马鞍山慧聚寺第五代大师圆拱，字德明，原姓苏，范阳冯里人，少年出家，金天会中讲经于北山宝峰院。适逢金初大文人韩昉至其所"闻师法音，叹未曾有。明日，邀师饭于安集寺，右僧录延洪禅师亦在焉。韩公欲师与详商榷宗旨，师以晚进逊让再四。不得已，从之，挥尘终日，听者忘倦。二公喜曰：'学才辨冠三学矣。'"此后，不少名僧诣请佛教宗旨，"声实日彰，应者千里"。

又如，大定十八年（1178年），有女信徒法珍自印佛经一藏进奉朝廷，世宗特别命圣安寺设坛为法珍受戒为比丘尼。二十一年，以经版送达京师，二十三年朝廷赐紫衣弘教大师，并于弘法寺储藏经版。据《元一统志》记载，当时的大文人赵沨为之撰记，党怀英为之撰额。

---

① 《金史》卷六《世宗纪》。

金以前，幽燕多律宗和密宗，禅宗虽有，并不甚显。而金代的中都，禅宗不仅发展，而且出现了如万松行秀这样的著名禅师。万松行秀着重阐发了以佛教为主三教融合的思想，从而相当透彻地反驳了宋朝周敦颐、程颐、程颢、朱熹等大儒的排佛论。章宗时曾请万松行秀到内廷讲经，赐予袈裟，并命其住于仰山。万松培养了许多有名的弟子和学问家，李纯甫和金末元初的大文人耶律楚才便是其中佼佼者。万松行秀还著有《从容录》。

禅宗的发展是南北文化交流的结果。同时也说明，女真人接受汉文化较契丹人要深得多，他们对于禅宗的机锋和哲理也可以理解。这样一来，幽燕的佛学便在学理上深入了一步。

三　金代房山石经的续刻

房山云居寺刻经自隋大业年间开始，历经隋、唐、辽、金、元、明、诸代，长达一千余年。其中，辽代刻经事业最盛，而金代则是仅次于辽的又一重要时期。

金代云居寺与义谦法师　金人进入中原之初便崇信佛教，所以，房山云居寺并未因朝代的更替而衰落，刻经事业也并未因此中断。早在金天会年间，便开始了续刻石经的活动，此后一直未曾间断。然而，若论金代刻经最兴旺的时期，还是在世宗和章宗朝。此时，金朝国力强盛，中都的各项文化事业都发展很快，百姓生活亦较为稳定，从而为房山石经的续刻提供了社会基础。另外，云居寺在这一时期出现了一位著名的住持义谦大师，也为刻经的组织工作做出了具体的贡献。

义谦，俗姓严，世居范阳生于天会二年（1124年），卒于章宗承安五年（1200年），经历了太宗、熙宗、海陵、世宗、章宗五朝，可以说，见证了金王朝由兴起到发展的主要时期。义谦自幼好佛，少年出家入云居寺，礼禅师坦上人为师，后来又深研华严经。中年以后，仍以禅宗为主。大定二十年（1180年），应众僧及信徒之请为云居寺住持。云居寺本为律宗，自此改律为禅。由此，也看出金代佛教由律向禅的重大转变。义谦还"重修廊宇，别建僧庵"，使"西序东厨焕然顶新"[①]。义谦还同时提控长乡城（今良乡附近）义井院及李河（今房山区琉璃河）灵岩寺以及歧阳

---

① 《房山石经题记汇编》，书目文献出版社1987年版。

开化寺，从而更增强了云居寺的实力，使金代刻经走向一个新的光辉时期。

金代刻经情况 金代续刻石经始于太宗天会十年（1132年），由涿州知州张玄徵首刻。此时辽亡不久，大约是继承了涿州主官提控刻经的传统，刻的是《佛印三昧经》。此后便主要是民间或僧侣们筹资了。这部《佛印三昧经》是由山西奉圣州（今河北涿鹿）保宁寺沙门玄英和俗弟子史君庆募资所刻，自天会十年（1132年）至天眷三年（1140年），是接续辽代经帙的。而到皇统元年（1141年）至皇统九年（1149年）所刻，计有《大乘庄严宝王经》等一百八十三部，二百九十五卷，是宋自《开宝藏》中所译新经密教典籍，由刘庆余、玄英、史君庆等所刻。此外，在天会至天眷年间，燕京沙门见嵩还刻有一部《大瑜伽金刚性海曼殊室利千钵千臂大王教经》，十卷，分藏于石经山第一、二、三、四、七5个刻经洞内，表示石经山上也有金代刻经。

由正隆、大定至明昌初的五十年间，开始有许多金室贵族参与刻经活动，如"刘承相夫人韩氏"、张守仁、完颜永中等，共刻二十帙，计一百零一卷。其中，完颜永中即达七十四卷，刻石七百余条，占这一时期刻经的三分之一以上。完颜永中为世宗庶长子、章宗之伯父，大定年间先封赵王，后改汉王，章宗明昌年间改封并王。

金代刻经，除上述沙门见嵩之刻经藏于石经山藏经洞内之外，其他全部藏于云居寺压经塔地穴之中。1957年，考古工作者发现地穴，并将石经全部拓印。1999年9月9日，又与辽代经版一起回藏于新建的地窖式藏经穴内。

第三节　金中都的道教和全真派的贡献

金代早期比较重佛，而在中期以后，特别是世宗、章宗时期比较重道。世宗鉴于海陵耗费民力和急于攻取南宋而失败的教训，主张文治和尽量稳定社会，而道教清静无为的思想恰恰符合了这种要求。当然，金朝对任何宗教都控制比较严密，都要在不妨碍统治阶级利益的前提下才能立足。但总的来说，较辽代南京，金中都的佛教影响力呈下降趋势，而道教却有上升的势头。《大金国志》说："金国崇重道教，与释教同。自奄有中州之后，燕南、燕北皆有之，所设道职，于帅府置司，正曰道录，副曰道正，择其法箓精专者授之，以三年为任，任满则择别人。"到章宗时，又设道阶，共分六等，有侍宸、授经等。金代对道教徒同样要进行考试，三年一次，三十取一。而道教本身，又与以往不同，尽量向统治阶级的需要靠近，从而争取更大的生存空间。

一　金中都的道观

金中都的道观，同样是由政府支持修建的。其中，最著名者要属十方天长观和玉虚观。

十方天长观，是在唐代幽州天长观旧址上扩展并重新修建的。据金人郑子聃《中都十方天长观重修碑》记载，该观于大定十五年（1175年）秋奉世宗诏开始修建，"以今户部尚书张仲愈、劝农使张仅言董其役，且命勿急。自经始迄落成，凡八年"。一座道观的修建由户部尚书亲自主持，一修便是八年，可见朝廷重视的程度。金代天长观在今西便门内大街东侧一带。建成后的天长观规模相当可观，同碑记载了其建筑的具体情况，有许多建筑所奉神灵的内容十分值得玩味，故不惜烦琐，节录于下：

> 前三门榜曰：十方天长观。中三门曰：玉虚之门，设虚皇醮坊三级。中大殿曰玉虚，以奉三清；次有阁曰通明，以奉昊天帝。次有殿曰延庆，以奉元辰众象。翼于其东者有殿曰澄神，翼于其西者曰生真，以奉十六位元辰。东有钟阁曰灵音，奉玉皇大帝、虚元玉帝。次有阁曰大明，以奉太阳君。次有殿曰五岳，以奉诸岳及长白山兴国灵应王。西阁曰飞云，以秘道兼奉三天使君。次有阁曰清晖，以奉太阳皇君。次有殿曰四渎，以奉江河淮济之神。洞房两庑及方丈凡百十六楹有奇。
>
> ……凡为钱以钜万计，皆出自禁中……

以上重点符号系笔者所加，细心的读者可能已经看出，这座十方天长观所供奉的神灵，除一般道教所信奉之三清、昊天、玉皇大帝外，又加了些特殊的神灵，如太阳神、长白山兴国灵应王等。道教虚拟的神灵本来就很杂，天上地下无所不包，这与女真人的原始信仰有点相似，而五岳四渎本来是中原传统信仰，金代的道教却特别把长白山神加了进去，并对太阳神给以特殊的地位。这样，中原的道教与女真人的信仰便融为一体，难怪

"钱以钜万计,皆出自禁中"了。天长观建好后,朝廷经常在此活动,章宗屡次幸天长观,"建普天大醮"。但到泰和二年(1202年),天长观却遭受大火焚毁,于是,朝廷又另建太极宫以代之。

金中都的另一所大道观是玉虚观。据《元一统志》载,此观原址为金代开国功臣宗弼(兀术)的祠堂,但到金朝中期,这位马上夺天下的功臣可能已不大被重视,于是于其址建玉虚观。《元一统志》还载有泰和八年(1208年)所立之碑,碑文曰:"三代之上言道者必祖黄帝,而言治者亦莫不尊之。由是意黄老之道,无非益于治也。然秦始皇驱天下之力以求长生,汉武帝竭天下之费以要神仙,卒不可得,取笑后世者,何哉?用者过也。"这里明确说明,逢临治世,则需黄老之学,而对秦始皇、汉武帝妄求长生与神仙的做法加以批判。若说金帝信道一点也不为长生自然也不是,世宗晚年便请全真教王处一问长生之道。但总的来说,金代崇尚道教,主要是主张清静无为,在统治者来说,是由国初的频繁战事向中期社会稳定的一种转化;对劳动者来说,则以"安贫乐道"抑制其反抗情绪。所以,若说金中都的道教是"御用道教",大体是不错的。当时的玉虚观在金中都东北部之仙露坊,相当于今菜市口以西的广内大街路北一带。玉虚观同样为朝廷敕建,由户部尚书庞铸亲自撰碑。

二 全真教及其在金中都的活动与贡献

金代以前的道教流派并不鲜明,人们将其分为丹鼎派、符箓派,无非是以其从事的活动为重点而所冠的名称。一般来说教义也并无准则,不过是崇尚黄老清静无为而已。金代开始,北方百姓生活动荡,想追求安定的生活,而统治阶级也要以道教劝人安守贫困,麻醉人民。道教徒适应这种需要开始创建新的流派。先有河北沧州人刘德仁以老子《道德经》为主旨创大道教,又有卫州人萧抱真创"太一教",这两个流派都得到金朝的认可。但由于其创建者文化素质较低,难以满足上下各层次的需要。在这种情况下,全真教便应运而生了。

全真教的创建者王喆(1112—1170年),字知明,道号重阳子,故人们又称其王重阳。王喆自幼习儒,家住陕西咸阳,本是大地主,有巨万之富。金兵侵入中原,王喆想投笔从戎,但宋军一战即溃,王喆对宋已失去希望。金人占领北方,并笼络士人,王喆亦想转而为金效力,但考场屡挫,一气之下开始走向宗教。他开始隐于终南山,无非炼丹修行,并无什么生徒。于是，又走山东，并收缙绅弟子士人，即马钰、谭处端、刘处玄、丘处机、王处一、郝大通和女道士孙不二。这七个人都有较好的文化修养，很快在各地建起几个会社。王喆死后，由马钰掌教，发展亦不甚大。约在金世宗晚期，刘处玄掌教，此后又有丘处机掌教，并开始进入中都活动，使全真教迅速为金廷所接受，并取得很大发展。特别是在金末，蒙古军一再攻金，百姓饱受兵燹之苦，于是纷纷加入全真教，以求得到精神上的安慰，使全真教成为当时北方道教最大的流派。

全真派道教的教旨以"澄心定意，抱元守一，存身固气"为"真功"。这是指修炼养生方面。而在思想方面，提倡"济贫拔苦，先人后己，与物无私"为"真行"。即所谓"功行俱全"，故名为"全真"。这些口号，对苦难的百姓来说，自然有很大的号召力。而在政治上，全真派竭力与金王朝取得一致，争取支持，并不反对朝廷，故而上下皆能适应。

首先到金中都活动的是王处一。大定二十七年（1187年），王处一被金朝征至中都，世宗问以养生之道，王处一教世宗"慕己以无为"。

大定二十八年（1188年），召丘处机进京，"筑馆于万宁宫之西，以便资访"①。

《磻溪集》中，丘处机自己也讲述了他这一次来金中都的情况，说："臣处机以大定戊申（二十八年）春二月自终南山召赴阙下，蒙赐以巾冠衫系，待召于天长观。越十有一日，旨会处机作高功法师，主万春节醮事。夏四月朔，徙居城北宫巷。越二日，己巳，奉圣旨塑纯阳、重阳、丹阳三师像于宫庵。彩绘供具，靡不精备。后五月十八日召见于长松岛，秋七月十日再召见，剖析天人之理，颇惬宸衷，薄暮，言归……中秋，以他事得旨放还山。"由此看来，丘处机这次来中都，一是为世宗讲养生之道，二是宣传全真教对"天人之理"的理论见解，三是主持金宫道教仪式，四是帮助塑宫庵神像，活动实在不少。他从春二月自终南山至中都，一直到八月中秋之后方返回，金世宗不仅多次接见，还特地为他在万宁宫西筑馆居住，看来全真教深得世宗赞许。

此时，金世宗的身体已十分虚弱，于是，再次召王处一来中都，但王处一抵京，世宗已"驾崩"了。章宗即位，乃命王处一设醮，为他的爷

---

① 魏初《魏磻溪长春成道宫记》，见《金石萃编示刻稿》卷上，转引自于杰、于光度《金中都》。

爷金世宗"祈冥福"。世宗、章宗连连召见全真教徒，这使全真派在中都名声大噪，王处一趁机收了许多信徒。但此时章宗刚刚即位，怕教徒聚众闹事，乃于明昌元年（1190年）下诏"罢全真五行毗卢"，同时禁太一混元教私建庵室。但不久许多官员便纷纷上奏，认为全真教对朝廷无害，反而有利，章宗很快又收回成命。至此，全真教再未遭受禁止。章宗时还一再召见王处一。

表面看来，全真教是意图为统治者服务的，但全真教以"济贫拔苦，先人后己，与物无私"为口号，对劝导统治者少压榨百姓还是有利的。尤其到金末元初，全真教达到全盛时期。特别是丘处机，在蒙古军占领中都之后，丘处机应元太祖成吉思汗相召，远赴西域大雪山。当时丘处机已是七十余岁的高龄，他断定蒙古人必将取得天下，乃欣然应命，带领十八名弟子，不畏艰苦，奔赴西域，劝成吉思汗节制杀戮，"敬天爱民"，这不仅对成吉思汗本人，对整个蒙古上层在中原的政策也起了重要影响。丘处机东归后住燕京长春宫，为此后道教在燕京的发展奠定了很好的基础。此虽是后话，但与王处一、丘处机等早期在金中都的活动和宣传有很大关系。

主要参考文献

一 古籍

《史记》
《汉书》
《后汉书》
《三国志》
《晋书》
《北史》
《周书》
《魏书》
《北齐书》
《南齐书》
《隋书》
《旧唐书》
《新唐书》
《旧五代史》
《新五代史》
《宋史》
《辽史》
《金史》
《资治通鉴》

《三朝北盟会编》
《大金国志》

《析律志辑佚》
《契丹国志》，上海古籍出版社1985年版。
《辽史纪事本末》，中华书局1982年版。
《日下旧闻考》，北京古籍出版社1981年版。

（宋）路振：《乘轺录》
（宋）苏辙：《栾城集》
（宋）王曾：《上契丹事》
（宋）沈括：《使辽图抄》
（宋）洪皓：《松漠纪闻》

二　今人著述

徐旭生：《中国古史的传说时代》，文物出版社1985年版。
苏秉琦：《中国文明起源新探索》，生活·读书·新知三联书店1999年版。
宿白主编：《苏秉琦与当代中国考古学》，科学出版社2001年版。
郑师渠主编：《中国文化通史》，中共中央党校出版社2000年版。
曹子西主编：《北京通史》，中国书店1994年版。
白寿彝等：《中国文化史丛书》，上海出版社1984年版。
孙淼：《夏商史稿》，文物出版社1987年版。
陈平：《燕史纪事编年会按》，北京大学出版社1995年版。
齐心主编：《图说北京史》，北京燕山出版社1999年版。
陈述：《全辽文》，中华书局1982年版。
陈述：《契丹社会经济史稿》，生活·读书·新知三联书店1978年版。
杨树森：《辽史简编》，辽宁出版社1984年版。
张博泉：《金史简编》，辽宁出版社1984年版。
于宝林：《契丹古代史论稿》，黄山书社1998年版
杨昭全：《中国—朝鲜—韩国文化交流史》，昆仑出版社2001年版。
于杰、于光度：《金中都》，北京出版社1989年版。
郑振铎：《中国俗文学史》，商务印书馆2005年版。
北京考古研究所：《北京考古四十年》，北京燕山出版社1990年版。